Rudi Ott

Satz und Urteil

Sprachphilosophische Untersuchungen über das
Verhältnis von Grammatik und Logik in der
Deutschen Grammatik von Karl Ferdinand Becker
(1775–1849)

# Europäische Hochschulschriften

Publications Universitaires Européennes
European University Papers

Reihe XX
Philosophie

Série XX    Series XX
Philosophie
Philosophy

Bd./Vol. 9

Rudi Ott

Satz und Urteil

Sprachphilosophische Untersuchungen über das
Verhältnis von Grammatik und Logik in der
Deutschen Grammatik von Karl Ferdinand Becker
(1775–1849)

Herbert Lang Bern
Peter Lang Frankfurt/M.
1975

Rudi Ott

# Satz und Urteil

Sprachphilosophische Untersuchungen über das
Verhältnis von Grammatik und Logik in der
Deutschen Grammatik von Karl Ferdinand Becker
(1775–1849)

Herbert Lang Bern
Peter Lang Frankfurt/M.
1975

ISBN 3 261 01518 7

©

Herbert Lang & Cie AG, Bern (Schweiz)
Peter Lang GmbH, Frankfurt/M. (BRD)
1975. Alle Rechte vorbehalten.

Nachdruck oder Vervielfältigung, auch auszugsweise, in allen Formen
wie Mikrofilm, Xerographie, Mikrofiche, Mikrocard, Offset verboten.

Druck: fotokop wilhelm weihert kg, Darmstadt

Meiner lieben Frau

R e n a t e

Meinen lieben Kindern

B a r b a r a
und
M a r c e l

# VORWORT

Philosophisches Interesse ist Anstoß und Fundament der vorliegenden Arbeit über das Verhältnis von Grammatik und Logik in der Syntaxtheorie von Karl Ferdinand BECKER. Von der Geschäftigkeit der strukturalistischen Linguistik wurde die transzendentale Fragestellung, die sich dem sprachkonstituierenden Logos zukehrt, aus der Diskussion weithin ausgeklammert. Aber gerade von daher waren die Auseinandersetzungen um die Sprache seit alters angetrieben. Die Werke von K.F. BECKER sind ein Zeugnis dafür, daß philosophisches Interesse an der Sprache keineswegs den Blick für die historisch feststellbaren Phänomene und für die in der Sprachentwicklung waltenden Strukturen trübt: durch diese hindurch gilt es vorzustoßen auf den Grund dessen, was Sprache ist und was in ihrer Darstellungsfunktion aufscheint.

Eine erneute Entfaltung dieses Problems muß bei der sprachphilosophischen Diskussion des 19. Jahrhunderts einsetzen. Als vorzügliches Objekt einer solchen Untersuchung erwies sich das Werk des Offenbacher Arztes Karl Ferdinand BECKER (1775-1849), der in einer eigenständigen Leistung, die im Gedankenaustausch mit Männern des Frankfurter Gelehrtenvereins, mit W.v. HUMBOLDT, J. GRIMM, Fr. BENECKE, Fr. SCHMITTHENNER, S.H.A. HERLING, C.W. HEYSE u.a. entstand, eine Theorie der Grammatik aus dem Geiste der Frage nach einer allgemeinen Grammatik entwickelte. In philosophischer Hinsicht ist K.F. BECKER besonders von der Naturphilosophie F.W.J. SCHELLINGs und der Aristoteles-Rezeption seines Schwiegersohns Adolf TRENDELENBURG beeinflußt. Die vorliegende Arbeit will herausstellen, wie K.F. BECKER Sprache, insbesondere die Syntax betrachtet und das Verhältnis von Grammatik und Logik bestimmt. Sie versteht sich auch als einen Beitrag zur Geschichte der Sprachphilosophie im 19. Jahrhundert.

Den Impuls zur Auseinandersetzung mit der Sprachphilosophie, besonders mit K.F. BECKERs Werken, erhielt ich von Professor Dr. Rudolph B E R L I N G E R, der mich in seinen Vorlesungen und Seminaren an der Universität in Würzburg in das Handwerk des philosophischen Denkens einführte. Ihm gilt mein vorzüglicher Dank für die Geduld und Mühe, mit der er die Entstehung dieser Arbeit begleitete. Im Sommersemester 1974 wurde diese Arbeit als Dissertation im Fach Philosophie von der Philosophischen Fakultät der Julius-Maximilians-Universität in Würzburg angenommen.

Es lohnt sich, das Gesamtwerk des Arztes, Pädagogen und Sprachforschers Karl Ferdinand BECKER der Zukunft zu erhalten. Große Verdienste für seinen Nachlaß hat sich der Magistrat der Stadt Offenbach/Main erworben, die ihn aufgrund seiner mehr als 30-jährigen Tätigkeit in Offenbach mit Recht zu ihren großen Mitbürgern rechnen darf. Außer den Werken von G. HASELBACH und G. WEIGAND, auf die bezüglich der Biographie BECKERs hier verwiesen werden muß, wurde noch 1973 vom Stadtarchiv Offenbach (W. Münzberg) im "Verzeichnis zum schriftlichen Nachlaß des Dr. Karl Ferdinand Becker 1775-1849" - in Vorbereitung des 200. Geburtstages - der gesamte Bestand als Grundlage für Forschungen zusammengestellt. Dem Magistrat der Stadt Offenbach, vornehmlich Herrn Stadtrat Alfred Lotz, danke ich für die freundliche Förderung bei der Drucklegung.


Mainz, am 1. Advent 1974

           Rudi Ott

INHALTSVERZEICHNIS

Literaturverzeichnis                                    III

Einleitung: Auf dem Wege zur transzendentalen Fragestellung in der Sprachphilosophie                                  1

1. Kapitel: Theorie der Sprache im Vorfeld
            des Ansatzes von Karl Ferdinand
            Becker                                      10
   § 1  Der organische Charakter der Sprache            10
   § 2  Das Sprachverständnis des englischen
        Empirismus (John Locke) und Platonismus (Shaftesbury)                               28
   § 3  Sprache und Denken in der philosophischen Grammatik von James Harris             37
   § 4  Johann Werner Meiners Versuch einer
        philosophischen Sprachlehre                     63
   § 5  Sprachphilosophische Ansätze bei
        Karl Leonhard Reinhold                          79
   § 6  Sprache als Ausdruck unserer Gedanken bei J.G. Fichte                             84

2. Kapitel: Sprache und Logik in der aristotelischen Philosophie                      109
   § 1  Das Problem der Sprache bei Aristoteles                                          109
   § 2  Das Urteil in der aristotelischen
        Logik                                          122
   § 3  Grammatik und Logik bei Adolf
        Trendelenburg                                  135

3. Kapitel: Das philosophische Fundament von Satz und Urteil in der Grammatik von Karl Ferdinand Becker ... 154

§ 1 Erkennen und Darstellen in der Einheit von Vernunft und Sprache ... 154

Exkurs: Der Zusammenhang von Denken und Sprechen in der sprachphilosophischen Diskussion bei Hamann, Herder und F.X. Baader ... 175

§ 2 Sprache in der Spannung von Dynamis und Energeia ... 196

§ 3 Syntax als Einheit von logischen und grammatischen Kategorien ... 222

§ 4 Denk- und Anschauungsformen im Rahmen der Syntax ... 232

§ 5 Der Satzgedanke und die Satzverhältnisse ... 250

§ 6 Satz und Urteil in syntaktischer und logischer Betrachtung ... 259

Schlußbemerkungen ... 293

# LITERATURVERZEICHNIS

ADELUNG J.C., Mithridates oder Allgemeine Sprachenkunde mit dem Vater Unser als Sprachprobe in beynahe fünfhundert Sprachen und Mundarten, I. Teil, Berlin 1806

APEL K.O., Die Idee der Sprache in der Tradition des Humanismus von Dante bis Vico, in: Archiv für Begriffsgeschichte, Bd. 8, Bonn 1963

ARISTOTELIS Opera, 5 Bde., ed. O. Gigon, Berlin $^2$1960-61

ARISTOTELIS Categoriae et Liber de Interpretatione, ed. L. Minio-Paluello, Oxford 1949

ARISTOTELES, Kategorien. Lehre vom Satz, übersetzt von E. Rolfes, Hamburg $^2$1968

ARISTOTLE'S Prior and Posterior Analytics. A revised text with introduction and commentary by W.D. Ross, Oxford $^2$1957

ARISTOTELIS Topica et Sophistici Elenchi, ed. W.D. Ross, Oxford 1958

ARISTOTLE'S Metaphysics. A revised text with introduction and commentary by W.D. Ross, 2 Bde., Oxford 1966

ARISTOTELES, Metaphysik, übersetzt von H. Bonitz, hrsg. von H. Carvallo und E. Grassi, Reinbeck 1966

ARISTOTELIS Politica, ed. W.D. Ross, Oxford 1964

ARISTOTELES, Politik, nach der Übersetzung von Susemihl, hrsg. von N. Tsouyopoulos und E. Grassi, Reinbeck 1965

ARISTOTLE, De anima, edited with introduction and commentary by W.D. Ross, Oxford 1961

ARISTOTELES, Über die Seele, übersetzt von W. Theiler, Darmstadt $^3$1969

ARISTOTELES, Kleine Schriften zur Seelenkunde, übersetzt von P. Gohlke, Paderborn $^2$1953

ARISTOTLE, Poetics, introduction, commentary and appendixes by D.W. Lucas, Oxford 1968

ARISTOTELES, Über die Dichtkunst, übersetzt von A. Gudeman, Leipzig 1921

ARISTOTELIS Ethica Nicomachea, ed. J. Bysvater, Oxford 1962

ARISTOTELES, Nikomachische Ethik, übersetzt von F. Dirlmeier, Stuttgart 1969

ARISTOTLE'S Physics. A revised text with introduction and commentary by W.D. Ross, Oxford 1936

ARISTOTELES, Physikvorlesung, übersetzt von H. Wagner, Darmstadt $^2$1972

BAADER F.X.v., Sämtliche Werke, 16 Bde., hrsg. von F. Hoffmann u.a., Neudruck der Ausgabe Leipzig 1851, Aalen 1963

BAUMGARDT D., Franz von Baader und die philosophische Romantik, Halle 1927

BECKER K.F., Organism der Sprache, Frankfurt $^2$1841, Nachdruck Hildesheim-New York 1970

BECKER K.F., Ausführliche deutsche Grammatik als Kommentar der Schulgrammatik, 2 Bde., Frankfurt 1843, Nachdruck Hildesheim-New York 1969

BECKER K.F., Das Wort in seiner organischen Verwandlung, Frankfurt 1833

BECKER K.F., Schulgrammatik der deutschen Sprache, Frankfurt $^1$1831

BECKER K.F., Die Deutsche Wortbildung oder Die organische Entwicklung der deutschen Sprache in der Ableitung, Frankfurt 1824

BEIERWALTES W., Proklos. Grundzüge seiner Metaphysik, Frankfurt 1965

BENFEY Th., Geschichte der Sprachwissenschaft und orientalischen Philologie seit dem Anfange des 19. Jahrhunderts, mit einem Rückblick auf die früheren Zeiten, München 1869

BERLINGER R., Vom Anfang des Philosophierens, Frankfurt 1965

BERNHARDI A.F., Sprachlehre, 2 Theile, Berlin 1802 und 1803

BODAMMER Th., Hegels Deutung der Sprache. Interpretationen zu Hegels Äußerungen über die Sprache, Hamburg 1969

BONALD L.G. de, Oeuvres complètes, 12 vols., Paris 1817-1819
BONITZ H., Über die Kategorien des Aristoteles, Wien 1853, Nachdruck Darmstadt 1967
BÜHLER K., Sprachtheorie. Die Darstellungsfunktion der Sprache, Jena 1934
CASSIRER E., Philosophie der symbolischen Formen, Erster Teil: Die Sprache, Darmstadt $^4$1964
CASSIRER E., Aristoteles' Schrift "Von der Seele" und ihre Stellung innerhalb der aristotelischen Philosophie, Tübingen 1932, Nachdruck Darmstadt 1968
CASSIRER E., Das Erkenntnisproblem in der Philosophie und Wissenschaft der neueren Zeit, 3 Bde., New Haven $^3$1922, Nachdruck Darmstadt 1971
CASSIRER E., Leibniz' System in seinen wissenschaftlichen Grundlagen, Hildesheim 1962
CHLAPAR'EDE E., Rousseau et l' origine du langage, in: Annales J.-J.R., t. XXIV (1935) 95-120
CHOMSKY N., Aspekte einer Syntax-Theorie, Frankfurt 1969
CLOEREN H.-J., Philosophie als Sprachkritik im 19. Jahrhundert, Textauswahl I, Stuttgart-Bad Cannstadt 1971
CLOEREN H.-J., Philosophie als Sprachkritik bei K.L. Reinhold. Interpretative Bemerkungen zu seiner Spätphilosophie, in: Kantstudien 63 (1972) 225-236
COSERIU E., L' arbitraire du signe. Zur Spätgeschichte eines aristotelischen Begriffes, in: Archiv für das Studium der neueren Sprachen und Literaturen 204 (1968) 81-112
DESCARTES, Oeuvres. Correspondance I, hrsg. von Ch. Adam und R. Tannery, Paris 1969
DERBOLAV J., Hegel und die Sprache. Ein Beitrag zur Standortbestimmung der Sprachphilosophie im Systemdenken des Deutschen Idealismus, in: Sprache - Schlüssel zur Welt, Festschrift für Leo Weisgerber, hrsg. von H. Gipper, Düsseldorf, 1959

DERBOLAV J., Platons Sprachphilosophie im Kratylos und in den späteren Schriften, Darmstadt 1972

DIELS H., Über Leibniz und das Problem der Universalsprache, in: Sitzungsberichte der Königlich Preußischen Akademie der Wissenschaften zu Berlin 1899, 1, S. 579-603

DÜRING I., Aristoteles, Heidelberg 1966

FICHTE J.G., Von der Sprachfähigkeit und dem Ursprung der Sprache, in: Philosophisches Journal einer Gesellschaft Teutscher Gelehrter, Bd. 1, Heft 3 und 4, hersg. von F.J. Niethammer, Neu-Strelitz 1795, Nachdruck Hildesheim 1969, S. 255-273.287-326

FIESEL E., Die Sprachphilosophie der deutschen Romantik, Tübingen 1927

FREGE G., Begriffsschrift, eine der arithmetischen nachgebildete Formelsprache des reinen Denkens, hrsg. von I. Angelelli, Nachdruck Darmstadt 1971

FUNKE O., J. Harris' "Hermes", in: Studien zur Geschichte der Sprachphilosophie, Bern 1927

GADAMER H.-G. (Hrsg.), Das **Problem** der Sprache, München 1967

GADAMER H.-G., Wahrheit und Methode, Tübingen 1965

GEHLEN A., Der Mensch. Seine Natur und seine Stellung in der Welt, Bonn 1950

GRABMANN M., Die Entstehung der mittelalterlichen Sprachlogik, in: Mittelalterliches Geistesleben, Bd. 1, München 1926, S. 104-146

GRABMANN M., Thomas von Erfurt und die Sprachlogik des mittelalterlichen Aristotelismus, in: Sitzungsberichte der Bayerischen Akademie der Wissenschaften, Phil.- Hist. Abtlg., Jhrg 1943, Heft 2, München 1943

GRAMMAIRE générale et raissonnée ou La Grammaire de Port-Royal. Edition critique présentée par H.E. Brekle, Tome I, Stuttgart-Bad Cannstadt 1966

GRIMM J., Sprache - Wissenschaft - Leben, Stuttgart 1956

HAMANN J.G., Schriften, hrsg. von F. Roth, Berlin 1825
HAMANN J.G., Sämtliche Werke, 6 Bde., hrsg. von J. Nadler, Wien 1949-1957
HAMANN J.G., Briefwechsel, 5 Bde., hrsg. von W. Ziesemer und A. Henkel, Wiesbaden 1955-1965
HAMANN J.G., Schriften zur Sprache, **hrsg. und eingeleitet** von J. Simon, Frankfurt 1967
HANKAMER P., Die Sprache. Ihr Begriff und ihre Bedeutung im 16. und 17. Jahrhundert, Bonn 1927
HARRIS J., Hermes or a Philosophical Inquiry Concerning Language and Universal Grammar, London 1751, a Scolar Press Facsimile, Menston 1969
HARRIS J., Hermes oder philosophische Untersuchung über die Allgemeine Grammatik, übersetzt von Ch. Ewerbeck, Halle 1788
HARTMANN N., Die Philosophie des deutschen Idealismus, Berlin $^2$1960
HASELBACH G., Grammatik und Sprachstruktur. Karl Ferdinand Beckers Beitrag zur Allgemeinen Sprachwissenschaft in historischer und systematischer Sicht, Berlin 1966
HEGEL G.W.F., Phänomenologie des Geistes. Theorie Werkausgabe Bd. 3, hrsg. von E. Moldenhauer und K.M. Michel, Frankfurt 1970
HEIMSOETH H., Metaphysik der Neuzeit, München und Berlin 1934, Nachdruck Darmstadt 1967
HEINEMANN F. (Hrsg.), Wilhelm von Humboldts philosophische Anthropologie und Theorie der Menschenkenntnis, Halle 1929
HEINTEL E., Sprachphilosophie, in: Deutsche Philologie im Aufriß, hrsg. von W. Stammler, Bd. 1, Berlin-Bielefeld 1952, S. 454-498
HEINTEL E., Einführung in die Sprachphilosophie, Darmstadt 1972
HELMSDÖRFER G., Karl Ferdinand Becker, der Grammatiker. Eine Skizze, Frankfurt 1854

HERDER J.G., Abhandlung über den Ursprung der Sprache, hrsg. von Th. Matthias, Leipzig 1901
HERDER J.G., Sämtliche Werke, 33 Bde., hrsg. von B. Suphan, Berlin 1877, Nachdruck Hildesheim 1967-68
HERDER J.G., Sprachphilosophische Schriften, hrsg. von E. Heintel, Hamburg $^2$1964
HOBBES Th., Opera philosophica quae Latine scripsit omnia, Vol I, ed. W. Molesworth, Aalen 1961
HOFFMANN E., Die Sprache und die archaische Logik, Tübingen 1925
HOLZ H.H., Zum Problem der Konstitution von Bedeutung, in: Actes du XIème Congrès International de Philosophie, Amsterdam-Louvain 1953, Bd. 5, S. 180-185
HORN J.C., Monade und Begriff. Der Weg von Leibniz zu Hegel, Wuppertal-Kastellaun $^2$1970
HORN J.C., Die Struktur des Grundes. Gesetz und Vermittlung des ontischen und logischen Selbst nach G.W. Leibniz, Wuppertal-Kastellaun 1971
HUMBOLDT W.v., Schriften zur Sprachphilosophie, Werke Bd. 3, hrsg. von A. Flitner und K. Giel, Darmstadt 1963
JACOBI F.H., Werke, 6 Bde., hrsg. von F. Roth und F. Köppen, Darmstadt 1968
JELLINEK M.H., Zur Geschichte einiger grammatischer Theorien und Begriffe, in: Indogermanische Forschungen 19 (1906) 272-316
JUNKER H., Sprachphilosophisches Lesebuch, Heidelberg 1948
KAINZ F., Psychologie der Sprache, 4 Bde., Stuttgart 1954-56
KANT I., Werke in zehn Bänden, hrsg. von W. Weischedel, Darmstadt 1968
KAULBACH F., Einführung in die Metaphysik, Darmstadt 1972
KÖNIG J., Sein und Denken. Studien im Grenzgebiet von Logik, Ontologie und Sprachphilosophie, Tübingen $^2$1969

KORNINGER S., G.W. Leibnizens Sprachauffassung, in:
Die Sprache. Zeitschrift für Sprachwissenschaft 4
(1958) 4-14

KRAUSE K.Ch.F., Zur Sprachphilosophie, hrsg. von Ph. A.
Wünsche, Leipzig 1891

LEIBNIZ G.W., Neue Abhandlungen über den menschlichen
Verstand, übersetzt und eingeleitet von E. Cassirer,
Leipzig $^3$1915

LEIBNIZ G.W., Hauptschriften zur Grundlegung der Philosophie, 2 Bde., übersetzt von E. Buchenau, hrsg. von
E. Cassirer, Hamburg $^3$1966

LEIBNIZ G.W., Die philosophischen Schriften, 7 Bde.,
hrsg. von C.J. Gerhardt, Berlin 1880, Nachdruck
Hildesheim 1960

LEIBNIZ G.W., Opuscules et fragments inédits, ed. Conturat, Paris 1903

LEIBNIZ G.W., Grundwahrheiten der Philosophie. Monadologie, übersetzt, kommentiert und eingeleitet
von J.C. Horn, Frankfurt 1962

LERSCH L., Die Sprachphilosophie der Alten, 3 Teile,
Bonn 1838-1841, Nachdruck Hildesheim-New York 1971

LOCKE J., An essay concerning human understanding,
collated and annotated by A.C. Fraser, Vol II,
new edition, New York 1959

LOHMANN J. (Hrsg.), Lexis. Studien zur Sprachphilosophie, Sprachgeschichte und Begriffsforschung, 3 **Bde.**,
Lahr 1948-1952

MAGER, Die grammatischen Kategorien, in: Pädagogische
Revue 3 (1841) 321-371

MARIN L., Die Auflösung des Menschen in den Humanwissenschaften. Das bedeutungsetzende Subjekt nach dem
Modell der Linguistik, in: Concilium 9 (1973) 390-397

MEINER J.W., Versuch einer an der menschlichen Sprache
abgebildeten Vernunftlehre oder Philosophische und
allgemeine Sprachlehre, Leipzig 1781, Nachdruck
hrsg. von H.E. Brekle, Stuttgart-Bad Cannstadt 1971

MISCH G., Lebensphilosophie und Phänomenologie, Darmstadt ³1967

PATZIG G., Die aristotelische Syllogistik. Logisch-philologische Untersuchungen über das Buch A der "Ersten Analytiken", Göttingen ²1963

PETERSEN P., Die Philosophie Friedrich Adolf Trendelenburgs. Ein Beitrag zur Geschichte des Aristotelismus im 19. Jahrhundert, Hamburg 1913

PLATON, Sämtliche Werke nach der Übersetzung von F. Schleiermacher und H. Müller, hrsg. von W.F. Otto, E. Grassi, G. Plamböck, 6 Bde., Reinbeck 1957-59

PRANTL C., Geschichte der Logik des Abendlandes, 2 Bde., Leipzig ²1927

REINHOLD K.L., Grundlegung einer Synonymik für den allgemeinen Sprachgebrauch in den philosophischen Wissenschaften, Kiel 1812

REINHOLD K.L., Das menschliche Erkenntnisvermögen aus dem Gesichtspunkte des durch die Wortsprache vermittelten Zusammenhangs zwischen der Sinnlichkeit und dem Denkvermögen, Kiel 1816

RIES J., Was ist Syntax ? Ein kritischer Versuch, Prag 1927, Nachdruck Darmstadt 1967

RITTER J. (Hrsg.), Historisches Wörterbuch der Philosophie, Bd. 1, Darmstadt 1971

ROTHACKER E., Logik und Systematik der Geisteswissenschaften, München 1927, Nachdruck Darmstadt 1970

SAUSSURE F. de, Grundfragen der allgemeinen Sprachwissenschaft, übersetzt von H. Lommel, Berlin und Leipzig 1931

SAUTER J., Baader und Kant, Jena 1928

SCHELLING F.W.J., Schriften von 1794-1798, Nachdruck Darmstadt 1967

SCHELLING F.W.J., Schriften von 1799-1801, Nachdruck Darmstadt 1967

SCHELLING F.W.J., Schriften von 1801-1804, Nachdruck Darmstadt 1968

SCHELLING F.W.J., Schriften von 1806-1813, Nachdruck Darmstadt 1968

SCHELLING F.W.J., Vorbemerkungen zu der Frage über den Ursprung der Sprache, in: Sämtliche Werke, 1. Abtl., Bd. 10, Stuttgart und Augsburg 1861, S. 419-426, 4. Erg.bd., hrsg. von M. Schröter, München 1959, S. 503-510

SCHELLING F.W.J., Zur Geschichte der neueren Philosophie. Münchner Vorlesungen, Darmstadt 1959

SCHLEIERMACHER F., Ueber Leibnitz unausgeführt gebliebenen Gedanken einer allgemeinen philosophischen Sprache, in: Sämmtliche Werke, Abtl. 3: Zur Philosophie, Bd. 3, Berlin 1835, S. 138-149

SCHMIDT S.J., Sprache und Denken als sprachphilosophisches Problem von Locke bis Wittgenstein, Den Haag 1968

SIMON J., Das Problem der Sprache bei Hegel, Frankfurt 1966

SNELL B., Der Aufbau der Sprache, Hamburg $^2$1952

SPRANGER E., Wilhelm von Humboldt und die Humanitätsidee, Berlin $^2$1928

STEINTHAL H., Der Ursprung der Sprache, im Zusammenhange mit den letzten Fragen alles Wissens. Eine Darstellung der Ansicht Wilhelm von Humboldts, Verglichen mit denen Herders und Hamanns, Berlin $^1$1851

STENZEL J., Philosophie der Sprache, München und Berlin 1934, Nachdruck Darmstadt 1964

STENZEL J., Sinn, Bedeutung, Begriff, Definition. Ein Beitrag zur Frage der Sprachmelodie, Darmstadt 1958

S. THOMAE AQUINATIS In Aristotelis Libros Peri Hermeneias et Posteriorum Analyticorum Expositio, ed. R.M. Spiazzi, Rom $^2$1964

TRENDELENBURG A., Aristotelis De Anima Libri Tres, Berlin 1877, Nachdruck Graz 1957

TRENDELENBURG A., Geschichte der Kategorienlehre, Berlin 1846, Nachdruck Hildesheim 1963

TRENDELENBURG A., Logische Untersuchungen, 2 Bde., Leipzig $^3$1870, Nachdruck Hildesheim 1964

TRENDELENBURG A., Elemente der aristotelischen Logik, hrsg. von R. Beer, Reinbeck 1967
TUGENDHAT E., Rezension zu Wieland W., Die aristotelische Physik, in: Gnomon 35 (1963( 543-555
VATER S., Übersicht des Neusten was für Philosophie der Sprache in Teutschland gethan worden ist, Gotha 1799
VATER S., Versuch einer Allgemeinen Sprachlehre, Halle 1801, Nachdruck eingeleitet und kommentiert von H.E. Brekle, Stuttgart-Bad Cannstadt 1970
WEIGAND G., Karl Ferdinand Becker - ein hessischer Pädagoge und Sprachphilosoph des 19. Jahrhunderts, Frankfurt 1966
WEISCHEDEL W., Der Gott der Philosophen. Grundlegung einer philosophischen Theologie im Zeitalter des Nihilismus, Darmstadt 1971
WIELAND W., Die aristotelische Physik. Untersuchungen über die grundlegung der Naturwissenschaft und die sprachlichen Bedingungen der Prinzipienforschung bei Aristoteles, Göttingen 1962
WHORF B.L., Sprache - Denken - Wirklichkeit. Beiträge zur Metalinguistik und Sprachphilosophie, hrsg. von P. Krausser, Reinbeck 1963
WILLMANN O., Art. Becker, Karl Ferdinand, in: Roloff E., Lexikon der Pädagogik, Bd. 1, Freiburg 1913, Sp. 364-366
WILLMANN O., Didaktik als Bildungslehre. Nach ihren Beziehungen zur Sozialforschung und zur Geschichte der Bildung, Freiburg-Basel-Wien [7]1957
WITTGENSTEIN L., Philosophische Untersuchungen, Frankfurt 1971
BREKLE H.E., Semantik, München 1972
COSERIU E., Die Geschichte der Sprachphilosophie von der Antike bis zur Gegenwart, Teil I: Von der Antike bis Leibniz, Tübingen 1969

COSERIU E., Synchronie, Diachronie und Geschichte.
   Das Problem des Sprachwandels, München 1974
DIESTEL H., Die rationelle Sprachforschung. Auf ihrem
   gegenwärtigen Standpunkte geprüft und psychologisch
   begründet, Königsberg 1845
LYONS J., Einführung in die moderne Linguistik,
   München 1971

EINLEITUNG

AUF DEM WEGE ZUR TRANSZENDENTALEN FRAGESTELLUNG
IN DER SPRACHPHILOSOPHIE

1. Sprache war seit eh und je Gegenstand philosophischen Nachdenkens. Man hatte schon früh erkannt, daß die Gedanken des Menschen nicht ohne das artikulierte Wort sich fassen ließen und Bestand haben können. Das Ganze der Sprache ist e i n e Form, in der sich die Verfaßtheit des Kosmos zu erkennen gibt, "der Sinn, der durch alles hindurch wirkt" (HERAKLIT, fr. 41, Diels). In dem Begriff des $\lambda \acute{o} \gamma o \varsigma$, einem Grundbegriff der griechischen Philosophie, ist Sprache als fundamentale Vermittlungsinstanz immer mit gemeint.
HERAKLIT hat auch die Sprache dem Prinzip der Einheit der Gegensätze in der Harmonie des Kosmos zugeordnet. Nach E. HOFFMANN (1) ist $\lambda \acute{o} \gamma o \varsigma$ die Wirklichkeit, der Kosmos, der vom Menschen gedacht und in der Artikulation der Sprache zum Ausdruck gebracht werden kann. Sprache ist gesagtes Denken, weil der $\lambda \acute{o} \gamma o \varsigma$ als Gesprochenes die Gesetzlichkeit des Kosmos widerspiegelt, die von Bewegung, Werden und Vergehen gekennzeichnet ist. Wie im $\lambda \acute{o} \gamma o \varsigma$ die Synthese der Gegensätze stattfindet, so vereinigt der Satz Subjekt und Prädikat und bringt dadurch die Wirklichkeit zum Ausdruck (2). Das Wort ist ein einzelnes, dem ein anderes gegenübergestellt werden kann. Durch seinen Gegensatz bestimmt es sich näher, gibt aber auch

---

(1) Die Sprache und die archaische Logik, Tübingen 1925, S. 1-8
(2) Auf den Unterschied von $\lambda \acute{o} \gamma o \varsigma$ und $\acute{e} \pi o \varsigma$ kann in diesem Zusammenhang nicht eingegangen werden; vgl. HOFFMANN E., Die Sprache und die archaische Logik; PAGLIARO A., Logica e Grammatica. Eraclito B 1, in: Ricerche linguistiche 1 (1950) 1-57

seine Einseitigkeit kund. Erst durch die Vereinigung in der "gegenstrebigen Harmonie" ($\pi\alpha\lambda\acute{\upsilon}\nu\tau\rho\sigma\pi\sigma\varsigma\ \dot{\alpha}\rho\mu\sigma\nu\acute{\iota}\eta$, fr. 51, Diels) bekommt das Einzelne seinen Sinn, indem es als Einzelnes im Fluß des Werdens entdeckt wird, in diesem seinen Platz erhält, aber nur aus dem Gemeinsamen aller Dinge, dem $\xi\upsilon\nu\grave{o}\nu\ \kappa\alpha\grave{\iota}\ \vartheta\varepsilon\tilde{\iota}o\nu$ (fr. 114, Diels) verstanden wird. Sofern sich der Philosophierende der Begrenztheit des Wortes bewußt ist (fr. B 108, Diels), vermag das Wort der Ansatzpunkt wahrer Erkenntnis zu sein: denn "Eins, das allein Weise, will nicht und will doch genannt werden mit des Zeus Namen" (fr. 32 $\overset{\text{\textonesuperior}}{\varepsilon}\nu\ \tau\grave{o}\ \sigma o\varphi\grave{o}\nu\ \mu o\tilde{\upsilon}\nu o\nu\ \lambda\acute{\varepsilon}\gamma\varepsilon\sigma\vartheta\alpha\iota\ o\upsilon\kappa\ \acute{\varepsilon}\vartheta\acute{\varepsilon}\lambda\varepsilon\iota\ \kappa\alpha\grave{\iota}\ \acute{\varepsilon}\vartheta\acute{\varepsilon}\lambda\varepsilon\iota\ Z\eta\nu\acute{o}\varsigma\ \ddot{o}\nu o\mu\alpha$ ). Das heißt für den Philosophierenden: das Wort gibt uns e t w a s zu erkennen, wenn auch nicht die ganze Wahrheit; denn das Wort ist an die Sache gebunden. Die Wahrheit der Sache aber, die im Wort ausgedrückt wird, ist ewig, weil der $\lambda\acute{o}\gamma o\varsigma$ auch in der außersprachlichen Wirklichkeit erfahrbar ist. Sprache aber unterliegt dem Gesetz des Wandels (fr. A 6, Diels).

Das Wort ist also der notwendige Vermittlungsansatz, um zur Sache selbst vorzudringen. Der Philosophierende darf aber nicht beim Wort stehen bleiben, weil auch das Wort dem Wandel unterliegt (fr. 67, Diels) und täuschen kann. "Jeder einzelne sprachliche Inhalt ist immer zugleich Enthüllung und Verhüllung der Wahrheit des Seins; ist immer zugleich rein bedeutend und bloß andeutend".(3)

Nach HERAKLIT ist das Gemeinsame, in dem alle verschiedenen Erscheinungsformen des Ganzen, Natur, Sprache u.a. miteinander eins sind, der $\lambda\acute{o}\gamma o\varsigma$ als Prinzip aller Wirklichkeit, das vor aller Sprache erfahren und zugleich in der Sprache entdeckt werden kann. So muß jedenfalls HERAKLITs Satz verstanden werden: "die Menschen haben für diesen ewig seienden $\lambda\acute{o}\gamma o\varsigma$ kein Verständnis, weder ehe sie ihn vernommen noch sobald sie ihn vernommen haben (fr. B 1 $\tau o\tilde{\upsilon}\ \delta\grave{\varepsilon}\ \lambda\acute{o}\gamma o\upsilon\ \tau o\tilde{\upsilon}\ \acute{\varepsilon}o\nu\tau o\varsigma\ \dot{\alpha}\varepsilon\grave{\iota}\ \dot{\alpha}\xi\acute{\upsilon}\nu\varepsilon\tau o\iota\ \gamma\acute{\iota}\nu o\nu\tau\alpha\iota\ \ddot{\alpha}\nu\vartheta\rho\omega\pi o\iota\ \kappa\alpha\grave{\iota}\ \pi\rho\acute{o}\sigma\vartheta\varepsilon\nu\ \ddot{\eta}\ \dot{\alpha}\kappa o\tilde{\upsilon}\sigma\alpha\iota\ \kappa\alpha\grave{\iota}\ \dot{\alpha}\kappa o\acute{\upsilon}\sigma\alpha\nu\tau\varepsilon\varsigma\ \tau\grave{o}\ \pi\rho\tilde{\omega}\tau o\nu$ ).

---

(3) CASSIRER E., Philosophie der symbolischen Formen, Erster Teil: Die Sprache, Darmstadt 1964, S. 60

Denken, Sprache und Wirklichkeit lassen sich nicht auseinandernehmen, sie sind höchstens verschiedene Ebenen, auf denen der λόγος Gestalt annimmt.
HERAKLIT hat also in seinem Begriff des λόγος bereits auf den Platz der Sprache im Zusammenhang von Erkenntnistheorie und Ontologie aufmerksam gemacht und die hervorragende Bedeutung der Sprache herausgestellt.
An dieser Problemstellung wird auch eine Sprachphilosophie der Moderne nicht vorbeigehen können, es sei denn sie reduziert Sprache auf ihren instrumentellen Charakter als Signalsystem.
2. Obgleich in allen Epochen der Philosophiegeschichte das Problem der Sprache präsent war, kann erst in der Neuzeit infolge des erwachenden Methodenbewußtseins im Zusammenhang mit der Frage nach Bedingung und Möglichkeit von Erkenntnis von der Sprachphilosophie als einer spezifischen Aufgabe der Philosophie gesprochen werden. Jedoch muß sogleich bedauernd eingeschränkt werden, "daß es ... in der gemeinsamen großen Zeit deutscher Philosophie ... und deutscher Besinnung auf die Sprache ... nicht eigentlich zur Ausbildung einer Sprachphilosophie gekommen ist, in der sich das tiefe Verständnis für das Wesen der Sprache auf der einen Seite mit dem Niveau und dem Ernst der erreichten Methode philosophischer Reflexion auf der anderen Seite vereinigt hätte" (4). Wenn auch zu Beginn der Geschichte deutscher Sprachwissenschaften bei HAMANN, HERDER und W.v.HUMBOLDT die philosophische Fragestellung noch präsent war, so entwickeln sich Sprachwissenschaft und Sprachphilosophie in der Zukunft isoliert voneinander, ohne weiter füreinander fruchtbar zu werden. Man spürt das bereits in dem kurzen Briefwechsel zwischen Karl Ferdinand BECKER und Jakob GRIMM; beide haben die Sprache zum Gegenstand ihrer Wissenschaft, aber sie verstehen einander

---

(4) HEINTEL E., Vorrede zu J.G.HERDERs Schriften zur Sprachphilosophie, Hamburg 1960, S. XVII

nicht mehr, weil sie bereits verschiedene Formen der Sprachbetrachtung entwickelt haben (5). Als Ursache solcher Trennungen nennt HEINTEL den "Betrieb der Einzelwissenschaften", der nicht mehr nach der Grundlagenproblematik fragte, weil die Spekulation dem Wissenschaftsideal der Exaktheit nicht mehr entsprach (6).

Als Aufgabe der Sprachphilosophie ergibt sich daher, wie S.J. SCHMIDT zurecht feststellt, "die zureichende Formulierung einer transzendentalen Fragestellung" (7). Denn erst auf diesem Wege kann das philosophische Problem von Sprache sachgerecht angegangen werden. Es kann sich dabei nicht um die Übernahme einer traditionellen Methode handeln, die ja nicht am Gegenstand der Sprache entwickelt wurde und daher auch nicht sachgerecht sein kann. Vielmehr müssen die Grundprobleme der Philosophie in deutlichem Zusammenhang mit der Frage nach dem Wesen von Sprache neu gefaßt werden. Das Verhältnis von Sprache und Denken, das im $\lambda \acute{o} \gamma o \varsigma$ des HERAKLIT noch unter dem Prinzip der Einheit betrachtet wurde, wenn man dabei auch von verschiedenen Ebenen sprechen konnte, wird in der Neuzeit zur zentralen Frage. Denn spätestens seit WITTGENSTEINs Satz von den "Sprachspielen" (8) stellt sich die Frage, in welcher Weise Sprache und Denken aufeinander bezogen sind. Wie sehr Sprache ein altes und neues Problem für die Erkenntnistheorie ist, zeigt auch Gottlob FREGEs Forderung an die Philosophie, "die Herrschaft des Wortes über den menschlichen Geist zu brechen, indem sie die Täuschungen aufdeckt, die durch den Sprachgebrauch über die Beziehungen der Begriffe oft fast unvermeidlich entstehen, indem sie den Gedanken von demjenigen befreit, womit ihn allein die Beschaffenheit des sprachlichen Ausdrucksmittels behaftet" (9). Ist aber der Sprachgebrauch wirklich

---

(5) Vgl. HASELBACH G., Grammatik und Sprachstruktur, Berlin 1966, S. 36-49
(6) Sprachphilosophie, in: Deutsche Philologie im Aufriß, S. 454 f., 462 f.
(7) Sprache und Denken als sprachphilosophisches Problem von Locke bis Wittgenstein, Den Haag 1968, S. 5
(8) "Ich werde auch das Ganze: der Sprache und der Tätigkeiten, mit denen sie verwoben ist, das 'Sprachspiel'nennen." Philosophische Untersuchungen, S. 17

eine dem Geist fremde Macht ? Gerade die im Anschluß
an FREGE und WITTGENSTEIN entwickelten Theorien
nötigen zu einer gründlichen Betrachtung des Verhältnisses von Logik und Grammatik.
HERAKLITs Reflexionen über den λόγος weisen bereits
auf das beschränkte, zugleich aber bedeutungsvolle
Gewicht der Sprache für den Erkenntnisprozeß hin.
Für die Folgezeit ergab sich als Konsequenz aus
seiner Theorie die Frage nach der ὀρθότης ὀνομάτων
(PLATON, Kratylos) (10). Aber die Fragestellung hat
sich bei den Autoren der folgenden Jahrhunderte
stark verschoben, sodaß uns in der Philosophiegeschichte viele verschiedene Ansätze zur Betrachtung
des Verhältnisses von Sprache und Denken begegnen (11).
Daraus ergibt sich auch, daß die philosophische
Frage nach dem Ort der Sprache im Erkenntnisprozeß
je anders erscheint. Und wenn wir im Sinne der Transzendentalphilosophie nach der Sprache als Bedingung
oder Vermittlungsweg von Erkenntnis fragen, stoßen
wir bei verschiedenen Autoren auf verschiedene Ansätze und Antworten. Wer über Sprache nachdenkt, muß
es auf dem Wege der Transzendentalphilosophie tun.
In Analogie zur Bestimmung des Begriffs der Transzendentalphilosophie bei I. KANT ließe sich formulieren: wir müssen das Vermögen, welches wir Sprache
nennen, zu ergründen suchen und über die Bestimmung
der Regeln und Grenzen ihres Gebrauchs nachdenken (12).
Durch eine solche Untersuchung kann aufgezeigt werden,
welche Vorstellung über Funktion und Gestalt von
Philosophie der Reflexion über Sprache angemessen
ist und welche Prinzipien gelten. Transzendentale
Philosophie reflektiert über die Voraussetzungen
von Sprache, die über ihren instrumentalen Charakter

---

(9) FREGE G., Begriffsschrift, hrsg. von I. Angelelli,
    Darmstadt 1964, S. VI f.
(10) Vgl. DERBOLAV J., Platons Sprachphilosophie im
    Kratylos und in den späteren Schriften, Darm-
    stadt 1972
(11) Vgl. CASSIRER E., Philosophie der symbolischen
    Formen, Bd. 1; HEINTEL E., Sprachphilosophie, in:
    Deutsche Philologie im Aufriß, S. 563-620
(12) Vgl. Kr.d.r.V. A XVI

hinausgehen. Sie führt deshalb mitten in die Probleme
der Philosophie, die zu einem Problem der Sprache
werden. An einer transzendentalen Sprachbetrachtung
kann keine Analyse oder Kritik der Sprache vorbeigehen, weil sie sich über ihre (mehr oder weniger
stillschweigend) vorausgesetzten Annahmen vergewissern muß. Das Nachdenken über Sprache ist kein
physiologisches, psychologisches oder linguistisches
Problem - obgleich deren Aussagen über Sprache nicht
unterschlagen werden können -, sondern die Frage nach
dem Sinn, dem $\lambda \acute{o} \gamma o \varsigma$ , der die Wirklichkeit unmittelbar konstituiert. Transzendentale Sprachphilosophie
hilft diesen Sinn, der sich auf der Ebene von Sprache
kundgibt, zu vermitteln. Nach JACOBI fehlte es "nur
noch an einer Kritik der Sprache, die eine Metakritik
der Vernunft sein würde, um uns alle über Metaphysik
e i n e s Sinnes werden zu lassen" (13).

3. Aufgabe der vorliegenden Arbeit ist die Untersuchung des Verhältnisses von Sprache und Denken bzw.
von Grammatik und Logik am Beispiel von Satz und
Urteil in dem für die deutsche Grammatik wichtigen
Werk des Offenbacher Arztes Karl Ferdinand BECKER.
Es soll deutlich gemacht werden, welchen philosophischen Ansatz im Verständnis von Sprache BECKER entwickelt hat und wie er danach das für die Erkenntnistheorie wichtige Verhältnis von Satz und Urteil bestimmt hat.

Diese Arbeit unterscheidet sich daher in ihrer Fragestellung deutlich von dem Werk Gerhard HASELBACHs,
muß allerdings dessen großartige Untersuchungen
immer wieder anerkennend und kritisch berücksichtigen.
Die Problematik, auf die es in der folgenden Untersuchung ankommt, ist bei HASELBACH - bedingt durch
die sprachwissenschaftliche Fragestellung aus der

---

(13) JACOBI F.H., Werke, Bd. 1, S.252 f.

Schule Ernst OTTOs - nur angedeutet und soll in
sprachphilosophischer Hinsicht ausgeführt werden.
Es können aus naheliegenden Gründen nicht alle An-
deutungen HASELBACHs verfolgt werden, insbesondere
nicht die historischen und linguistischen. Die Arbeit
beschränkt sich auf die philosophische Basis für
die Theorie des Satzes bei K.F. BECKER und versucht
besonders herauszuarbeiten, ob und inwiefern ein
Zusammenhang mit der ARISTOTELES-Rezeption im 19.
Jahrhundert vorliegt. Zum Verständnis des BECKER-
schen Ansatzes ist vor allem seine Verflechtung
mit anderen sprachtheoretischen Konzeptionen seiner
Zeit, vornehmlich solchen, die auf eine allgemeine
Grammatik abzielen, aufzuzeigen, ohne auch hier
Vollständigkeit erreichen zu können.
In den Theorien einer allgemeinen Grammatik, die
als Idee vom Altertum über das Mittelalter bis in
die Neuzeit hineinreicht, ist die Frage nach dem
Verhältnis von Denken und Sprache, von Grammatik
und Logik von zentraler Bedeutung. Unter den zahlreichen Versuchen zur Aufstellung einer allgemeinen
oder philosophischen Grammatik in der Neuzeit seien
folgende genannt:

Claude LANCELOT und ARNAULD, Grammaire générale et
  raissonnée de Port Royal (1660);
BEAUZE'E, Grammaire générale ou exposition raisonnée
  des éléments necessaires du langage pour servir
  de fondement à l'etude de toutes les langues (1767);
Silvestre de SACY, Principes de Grammaire générale
  (um 1790)
James HARRIS Lord Malmesbury, Hermes or a philosophical inquiry concerning language ans universal
  grammar (1751);
John Horne TOOKE, Επεα πτεροέντα or the diversions
  of Purley, 2 Teile (1786 und 1805, Neuausgabe 1829);

Johann Werner MEINER, Versuch einer an der menschlichen Sprache abgebildeten Vernunftlehre oder philosophische und allgemeine Sprachlehre (1781);
J.S. VATER, Versuch einer allgemeinen Sprachlehre (1801)
August Friedrich BERNHARDI, Sprachlehre, 2 Bde.,(1801 und 1803);
ders., Anfangsgründe der Sprachwissenschaft (1805) (14).

Martin GRABMANN konnte nachweisen, daß die philosophische Grammatik oder Metagrammatik nicht erst in der Neuzeit entstanden ist; bereits im 13. und 14. Jahrhundert entwickelten sich aus der Grammatik der Artistenfakultät Ansätze einer Sprachphilosophie oder Sprachlogik, die besonders in den zahlreichen "Tractatus de modis significandi" erkennbar sind (15). Häufig haben diese Schriften auch die Bezeichnung "Grammatica speculativa" ( z.B. bei Johannes DUNS SCOTUS und THOMAS VON ERFURT ) und beziehen sich auf den Bedeutungscharakter der Sprache, d.h. sie betrachten die Sprache, insofern der Laut e t w a s aussagt. Daß die Idee einer allgemeinen Grammatik heute noch Geltung besitzt, wenn sie auch mit anderen Mitteln und auf anderen Wegen verfolgt wird, zeigt das Werk von Noam CHOMSKY: Aspekte der Syntax-Theorie (16).
Eines kann vorab gesagt werden: BECKERs Grammatik ist ohne die Kenntnis der Spekulationen der allgemeinen und philosophischen Grammatik nicht verständlich. Für W.v. HUMBOLDT galt sogar das Prinzip, daß alle Sprachkunde von der allgemeinen philosophischen Grammatik ausgehen müsse (17).

---

(14) Vgl. J.S. VATER, Übersicht des Neuesten, was für Philosophie der Sprache in Deutschland gethan worden ist, 1799; BENFEY Th., Geschichte der Sprachwissenschaft und orientalischen Philologie in Deutschland seit dem Anfange des 19. Jahrhunderts mit einem Rückblick auf die früheren Zeiten, München 1869, S. 298-312
(15) Vgl. GRABMANN M., Die Entwicklung der mittelalterlichen Sprachlogik, in: Mittelalterliches Geistesleben, Bd. 1, München 1926, S. 104-146; ders., Thomas von Erfurt und die Sprachlogik des mittelalterlichen Aristotelismus, München 1943

Ob aus dieser Untersuchung etwas für die zeitgenössische Sprachphilosophie gewonnen werden kann, darf zwar vermutet, kann aber erst am Ende entschieden werden.

---

(16) Frankfurt 1969
(17) Schriften zur Sprachphilosophie, Darmstadt $^3$1963, S. 145

1. Kapitel

THEORIE DER SPRACHE IM VORFELD DES ANSATZES
VON KARL FERDINAND BECKER

§ 1  DER ORGANISCHE CHARAKTER DER SPRACHE

BECKERs philosophische Theorie vom Satz finden wir in der knappen Formulierung: "Die organische Gestaltung des ganzen Satzes besteht darin, daß in ihm ein Allgemeines mit einem Besonderen in dem Gegensatz von Tätigkeit und Sein zu einer organischen Einheit verbunden ist, und daß sich bei der Entwicklung des Satzes in jedem besonderen Verhältnisse dieser zu einer Einheit verbundene Gegensatz wiederholt." (1) Und deutlicher: "Der Satz ... ist der Ausdruck eines G e d a n k e n s, und der Gedanke ein Akt des menschlichen Geistes, durch welchen ein S e i n als ein Besonderes in eine T ä t i g k e i t als ein Allgemeines aufgenommen, und die Tätigkeit als die Tätigkeit des Seins angeschaut (von dem Sein p r ä d i z i e r t) wird." (2) Diese Theorie wird in den Werken des Autors nicht weiter philosophisch geklärt, sondern lediglich inhaltlich auf die drei Satzverhältnisse hin (prädikatives, attributives und objektives Satzverhältnis) grammatisch expliziert.

Der Grundgedanke der gesamten Sprachtheorie BECKERs ist die Idee des Organismus der Sprache, von der er auch im Titel eines seiner wichtigsten Werke spricht (3). Der Ansicht HASELBACHs (4) ist zuzustimmen, wenn er für diese Idee eine unmittelbare

---

(1) Organism der Sprache, S. 229 f.
(2) ebenda, S. 230; vgl. Ausführliche deutsche Grammatik, Bd. 2, S. 1 und öfter
(3) Organism der Sprache, Frankfurt 1841
(4) Grammatik und Sprachstruktur, S. 74

Abhängigkeit BECKERs von der Philosophie SCHELLINGS, HUMBOLDTs und TRENDELENBURGs behauptet. Eine Verwandtschaft mit der Sprachphilosophie Friedrich SCHLEGELs ist auf Grund der organischen Idee, der Evolutionstheorie und der Idee vom Ursprung der Sprache offenkundig, obgleich sich SCHLEGEL sehr viel stärker in einer spekulativen Theorie bewegt als K.F. BECKER, der immer von vorfindlichem Sprachmaterial ausgeht (5). Im folgenden soll vor allem der Zusammenhang mit den "Logischen Untersuchungen" Adolf TRENDELENBURGs genauer untersucht werden, weil diese Arbeit vornehmlich den Aspekt der Beziehung zur aristotelischen Logik im Werk BECKERs verfolgt (6). Obwohl W.v.HUMBOLDT in seinem Brief vom 26. März 1826 beteuerte, daß BECKERs Ideen über die Entwicklung der Sprache den seinigen entsprechen, bestehen trotzdem noch Differenzen im Grundsätzlichen, auf Grund deren man nicht von einer Rezeption der HUMBOLDTschen Sprachphilosophie durch K.F. BECKER sprechen kann. Die Gemeinsamkeiten und Unterschiede, die vor allem den Organismusbegriff betreffen, werden hier nicht mehr ausgesprochen, weil sie von HASELBACH bereits in ausreichender Weise herausgearbeitet wurden (7). Die größere Nähe zur Naturphilosophie SCHELLINGs ist unverkennbar. HASELBACH kennzeichnet den Organismusbegriff BECKERs in folgender zusammenfassender Definition (8):

---

(5) Vgl. zu F.SCHLEGEL: FIESEL E., Die Sprachphilosophie der deutschen Romantik, Tübingen 1927, S. 110-119
(6) Für die Beziehung zu F.W.J. SCHELLING ist vor allem heranzuziehen: "Erster Entwurf eines Systems der Naturphilosophie" und die "Einleitung zu dem Entwurf eines Systems der Naturphilosophie", in: Schriften von 1799-1801, Darmstadt 1967, S. 1-326; sowie der Abschnitt "Deduktion des Organischen" in dem Werk "System des transzendentalen Idealismus", ebenda, S. 491-504; außerdem SCHELLINGs "Vorlesungen über die Methode des akademischen Studiums", in: Schriften von 1801-1804, Darmstadt 1968, S. 441-586. Für HUMBOLDT vergleiche man: SPRANGER E., Wilhelm von Humboldt und die Humanitätsidee, Berlin ²1928
(7) Grammatik und Sprachstruktur, S. 49-63
(8) ebenda, S. 80

"Organismus ist ein Seinsgefüge, dessen durchgehende Formkategorien sich in dichotomischer Individualisierung über vier Schichtengefüge, jeweils modifiziert gestaltet, bis ins Konkrete erstrecken, das sich nach einem immanenten dichotomischen Bildungsprinzip entwickelt, das nur auf Grund eines gleichartig kategorial gegliederten Bewußtseins erkannt und ebenso mittels Sprache bzw. Sprechens dargestellt werden kann." Diese Definition macht deutlich, daß die Sprachtheorie BECKERs nur im Rahmen einer transtendentalen Sprachbetrachtung sachgerecht gewürdigt werden kann. In einzelnen Punkten kann diese Definition allerdings nicht unwidersprochen bleiben.

1. Sprache ist ihrem Wesen nach nicht ein fertiges Produkt, das vom sprechenden Individuum reproduziert wird, sondern sie ist erst im Sprechen g e w o r d e n und ist noch durch jedes Sprechen im W e r d e n. Das Wesen von Sprache läßt sich erst aus dem Vorgang des Sprechens verstehen, weil im Vorgang des Sprechens ein Gedanke in einer bestimmten Lautkonstellation festgehalten und mitgeteilt wird (9). Sprache kann nur verstanden werden, wenn sie hinsichtlich ihrer immanenten Entwicklung und ihrer Werdensstruktur betrachtet wird. Für BECKER gilt also die aristotelische Verfahrensweise: Wenn man die Dinge von vornherein in ihrem Werden beobachten kann, so gibt dies die beste Betrachtungsweise (Pol 1252 a 24 f.). Sprache gibt von dem logischen Prozeß kund, in welchem der Mensch seine geistige Anschauung von Gegenständen und Beziehungen entwickelt. Der Begriff der Logik ist nicht im Sinne der formalen Logik zu nehmen, die auf eine feste Regelmäßigkeit ausgeht, sondern in der prozeßhaften Gestalt des erkennenden Bewußtseins, in welchem das Subjekt und Objekt vermittelt werden. Diesen Entwicklungsprozeß zählt BECKER zu den organischen Verrichtungen, d.h. "Verrichtungen lebender Wesen, welche aus dem Leben des Dinges selbst mit einer inneren Notwendigkeit hervorgehen, und zugleich

---

(9) Organism der Sprache, S. 1

das Leben des Dinges selbst zum Zwecke haben, indem nur durch diese Verrichtungen das Ding in der ihm eigenen Art sein und bestehen kann" (10).
Diese Definition unterliegt Mißverständnissen; sie muß vornehmlich gegen eine mechanistisch-physikalische Erklärung abgegrenzt werden (11). Für TRENDELENBURG besteht ein Unterschied zwischen der physikalischen und der organischen Weltansicht (12). Der alleinige Ansatzpunkt der physikalischen Betrachtungsweise sind die physikalischen Ursachen, während die organische Weltansicht als "Ansicht des sich verwirklichenden Geistes" nur Organe und Kräfte sieht, die von einem Gedanken gebildet und nur vom Gedanken geleitet werden (13). Der Gedanke ist der Schöpfer der Organe; er bildet ihnen einen Zweck ein. Das Einzelne wird deshalb nur aus seiner fundamentalen Eingliederung in das Ganze des Gedankens verstanden. Der Zweck gibt ihm seinen eigenen Wert und macht es zum Organ der Wahrheit. Das Einzelne muß auf die Idee des Ganzen zurückgeführt werden, um erkannt zu werden. Es ist eine Entwicklungsstufe der unendlichen Idee, die sich selbst in den Dingen anschaut und dem Erkennenden begegnet. "Mit der organischen Weltansicht, die im Gedanken des Ganzen als dem Ursprünglichen die Welt und was darinnen ist, wurzeln läßt, verklärt sich der Begriff der Idee. Sprache spricht von der Idee eines Organs, wenn es in seiner Funktion auf das Ganze des lebendigen Leibes zurückgeführt und wenn daraus seine angemessene Gestaltung begriffen wird. Idee ist der Begriff der Sache, in der organischen Bestimmung eines bedingten Ganzen erkannt"(14).

---

(10) ebenda, S. 1
(11) SCHELLING will in seiner Naturphilosophie den Gegensatz zwischen Mechanismus und Organismus aufheben, weil "die positiven Prinzipien des Organismus und Mechanismus dieselben sind". Außerdem ist "ein allgemeiner Organismus selbst die Bedingung (und insofern das Positive) des Mechanismus". Von der Weltseele (1798), in: Schriften von 1794-1798, S. 404
(12) Logische Untersuchungen, Bd. 2, S. 496
(13) ebenda, S. 500
(14) ebenda, S. 507

2. Geist, Vernunft, Idee, Zweck, das Unbedingte - das sind Namen für das Zentrum, aus dem heraus sich das Organische entfaltet und bestimmt. Die konkreten Erscheinungsweisen der ewigen Idee sind geprägt vom Gegensatz, der in der organischen Betrachtung zu einer Einheit der Differenzen zusammenfließt: wie Seele und Leib, so sind Begriff und Laut eine organische Einheit. "Der Geist erzeugt zu der Anschauung den Begriff und zu dem Begriff die Anschauung und offenbart in der freien Herrschaft über den größten Gegensatz der Welt seine schöpferische Macht"(15).

Anschauung und Begriff korrespondieren zwar in adversativer Weise, aber sie vereinigen sich in einer dialektischen Bewegung. Der Begriff bedarf der Anschauung nach Maßgabe von Bewegung, Raum und Zeit, sonst ist er eine leere Hülse; er ist denkunmöglich. In der Sprache wird diese grundlegende Spannung am deutlichsten. Die Wörter der Sprache als Produkte des Geistes enthalten noch die ursprünglichen Vorstellungen, die aus der Anschauung erwachsen. "Die Wurzeln der Sprache als Verba die Tätigkeiten der Dinge bezeichnend, gehen großenteils auf die Bewegung und die Arten der Bewegung als die sinnliche Erscheinung der Tätigkeit zurück"(16). Alle Wortarten lassen sich auf ursprüngliche Verhältnisse der Bewegung, des Raumes und der Zeit zurückführen, auch rein logische Begriffe. Das Denken in Begriffen hat die Imagination zur Voraussetzung, die auf Grund der in der Anschauung vermittelten Bewegung die Vorstellung eines Bildes entstehen läßt. Das abstrakte Denken macht die konkrete Anschauung zu ihrem Vehikel (17). Es empfängt die Bewegung der äußeren Welt und entwirft sich in den inneren Vorstellungen. Der Grund der Möglichkeit, sich Dinge vorzustellen, liegt nach TRENDELENBURG in der

---
(15) Logische Untersuchungen, Bd. 2, S. 538
(16) ebenda, Bd. 1, S. 223
(17) ebenda, Bd. 1, S. 48

ursprünglichen Gemeinsamkeit "der äußeren Welt des
Seins und der innern des Denkens"(18), in der Bewegung, die in der dialektischen Vermittlung zu einer
konstruktiven Bewegung wird, d.h. unterscheidet und
verbindet. "Wie in der Verbindung der Begriffe die
Bewegung nach einem gemeinsamen Punkte hin, so wird
in der Unterscheidung die Bewegung gedacht, die von
einem gemeinsamen Punkte wegstrebt"(19). Die Basis
dieser Konstruktivität ist die Übereinstimmung von
Denken und Sein, von Vernunft und Gegenstand. TRENDELENBURG nimmt die von ARISTOTELES ausgeprägte Abbildtheorie von Erkenntnis auf. Erkenntnis geschieht
durch die richtige Verknüpfung von Begriffen ($συμ$-
$πλοκὴ\ νοημάτων$; de an 432 a 11). Die entstehenden
Formen der Kategorien entsprechen den Formen des
Seins: "so vielfach diese ausgesagt werden, so viele
Bedeutungen des Seins bezeichnen sie" (Met $\Delta$ 1017 a 22).
Erkenntnis beruht auf der adaequatio intellectus et
rei (20). Denn"das wahrnehmende und wissende Vermögen
der Seele ist der Möglichkeit nach gleich den Dingen,
dem Wißbaren auf der einen, dem Wahrnehmbaren auf
der anderen Seite" (ARISTOTELES, De an 431 b 26)(21).

---

(18) ebenda, Bd. 1, S. 141
(19) ebenda, Bd. 1, S. 145
(20) THOMAS VON AQUIN, S.Theol. I, q. 16, art. 1,3
(21) HASELBACH verfehlt den BECKERschen Organismusbegriff, wenn er ihn als eine Metapher "zur Erklärung schwer beschreibbarer metaphysischer und seelisch-geistiger Phänomene" bezeichnet (Grammatik und Sprachstruktur, S. 76). Der biologische Organismus ist nicht der "Originalbegriff", der auf andere Bereiche übertragen wird, weil man dort eine ähnliche Struktur annimmt. ROTHACKER weist darauf hin, "daß die traditionelle Einstellung, es handle sich hier um die Heranziehung biologischer Analogien zum Verständnis geistiger oder gesellschaftlicher Phänomene gar nicht selbstverständlich ist. Grundsätzlich könnte oft genau so gut das Umgekehrte der Fall gewesen sein und ist es gewesen... So kann 'Organismus' oft nicht viel mehr besagen als 'Einheit in der Mannigfaltigkeit'... Teleologie .. intensive Wechselwirkung der Teile oder den Rang des Ganzen vor den Teilen" (Logik und Systematik der Geisteswissenschaften, Darmstadt 1970, S. 86). Verwunderlich ist diese

Denken als Bewegung bildet den Gegenstand ab, insofern er als sich bewegender wahrgenommen wird. Der Gedanke erscheint in den Dingen, "er setzt sie voraus, wie sie ihn voraussetzen" (22). Denken und Sein sind eine organische Einheit. Die imaginative Kraft des Denkens gewährleistet die Aufnahme des Gegenstandes der sinnlichen Wahrnehmung, indem aus ihren Kategorien die gestaltende Bewegung herauswächst. Bewegung als gemeinsame Grundkategorie des Denkens und Seins vermittelt die beiden Bereiche (23).

Gegen KANT stellt TRENDELENBURG fest, daß die konstruktive Bewegung das Prinzip bietet, um die objektive Einheit des Gegenstandes subjektiv nachzubilden, ein "Prinzip, welches von vorneherein Anschauung und Verstand einigt, das a priori ist und doch nicht nur subjektiv" (24), d.h. sie liegt vor aller Erfahrung als Bedingung aller Erfahrung. Als Ur-Tätigkeit ist die Bewegung ein ontologisches Grundphänomen, das allem Denken und Sein zugrunde liegt. Sie ist das Kernmoment der Freiheit des Geistes, aus der der sinnlich gegebene Gegenstand schöpferisch erzeugt wird (25). Die produktive Phantasie ermöglicht dadurch die Sinneswahrnehmung, daß sie sich alle Eindrücke aneignet und sie zusammenfaßt. Der Geist besitzt eine entwerfende Kraft, die die einzelnen Punkte der Wahrnehmung zu einem Ganzen zusammenschließt. Ein empirisches Indiz für diesen Sachverhalt findet TRENDELENBURG in der Tätigkeit der Organe und Muskeln, dies aber weder im metaphorischen noch im engeren physikalischen Sinne.

---

Interpretation HASELBACHs auch deshalb, weil er gerade BECKER öfters den Vorwurf des Physiologismus macht und deutlich hervorhebt (S. 76), daß der Begriff des Organismus "der Sphäre geistigen Seins" angehört. Richtiger ist seine Charakteristik des Organismus als "Struktur des allgemeinen Lebens" (S. 77).
(22) TRENDELENBURG A., Logische Untersuchungen, Bd. 2, S. 29
(23) ebenda, Bd. 1, S. 337
(24) ebenda, Bd. 1, S. 379
(25) Der Nachweis des a priori läßt sich freilich erst a posteriori führen; denn "Bewegung wird eigentlich nicht wahrgenommen, sondern aus der Veränderung des

Die Grundkategorie der Bewegung hebt die von DESCARTES
vollzogene Trennung von Bewußtsein und Ausdehnung auf.
"Die konstruktive Bewegung, die einer äußeren Tat
der Natur entspricht und dadurch die Erkenntnis der
äußeren Welt vermittelt, ist erste Bedingung aller
weiteren Erkenntnis, indem sie gleichsam von dem
Geiste zur Natur und von der Natur zum Geiste über
die beide trennende Kluft die Brücke schlägt" (26).
Ursprung und Antrieb der Bewegung ist der Geist selbst,
der als Selbstbewußtsein der Grund seiner selbst ist,
sich selber schafft und erkennt. Er ist die apriorische Tat, die Bedingung jeglicher Erfahrung. An der
Erfahrung als Stoff vollzieht sich der Geist, indem
er die vorhandene Welt gestaltet und zur Erkenntnis
ordnet. "Erst wenn sich die Welt der Erscheinung zum
Gesetze verklärt, erblickt der Geist in ihr das eigene
Gegenbild, das er sucht" (27). In der ursprünglichen
Bewegung wird das a priori des Geistes mit den Erscheinungen der sinnlichen Erfahrung vermittelt, die
in diesem Vermittlungsprozeß dem Geist als Objekt anschaulich werden. Da der Entwurf des Geistes Zwecke
intendiert, erzeugt er Bewegung, die sich auf ein
Ganzes bezieht (28).
3. Organisch heißt bei BECKER: ein Allgemeines scheidet sich in seine leiblichen Besonderheiten von Arten
und Unterarten; eine übergeordnete abstrakte Größe
stellt sich jeweils in ihren Besonderheiten dar. Der
Zusammenhang von Allgemeinem und Einzelnem ist aber
nicht derart, daß das Allgemeine den Vorzug vor dem
Einzelnen hätte, im Gegenteil, in den organischen
Dingen ist "alles Besondere zugleich Mittel und
Zweck" (29). Im Besonderen tritt das Allgemeine hervor und verwirklicht sich. Die Vermittlung des All-

---

    Ortes geschlossen" (Logische Untersuchungen,
    Bd. 1, S. 154)
(26) ebenda, Bd. 1, S. 326
(27) ebenda, Bd. 1, S. 329
(28) ebenda, Bd. 2, S. 534
(29) BECKER K.F., Organism der Sprache, S. 10

gemeinen und Besonderen geschieht in der darstellenden Bewegung.

Wie TRENDLENBURG schreibt BECKER der Bewegung die Fähigkeit zur Unterscheidung zu: aus dem Unterschiedslosen entwickelt sich das Unterschiedene. "Das Allgemeine liegt in den erscheinenden Bedingungen einer Sache vor und stellt sich in der Geschichte des Werdens selbst sinnlich dar" (30). Die Gemeinschaft von Denken und Sein ist der Grund der Möglichkeit, eine Sache so zu verstehen, wie sie entstanden ist. Die zusammenfassende Bewegung des Geistes bringt das Allgemeine des Grundes hervor, das den Inbegriff von zusammenwirkenden allgemeinen Bedingungen darstellt. Das Allgemeine tritt in der Entstehungsgeschichte des Individuellen in Erscheinung. Es ist zwar vor dem Individuellen da als Gesetz, aber "in den Erscheinungen ist es abgedruckt und kann daraus erkannt werden" (31). Auf Grund der Gemeinschaft von Denken und Sein kann die erzeugende Tätigkeit des Allgemeinen im Besonderen durch den Gedanken verfolgt werden. Der Gedanke faßt das Allgemeine der Tatsachen, das sich aus dem Allgemeinen des Grundes entwickelt, in seiner eigenen Bewegung zusammen. Oder anders ausgedrückt: der die Entwicklung des Besonderen verfolgende Geist führt kraft seiner eigenen mit dem Sein identischen Bewegung die Entwicklung auf ihre allgemeinen Bedingungen zurück, so daß aus dieser gemeinsamen Bewegung die Vermittlung des Allgemeinen und Einzelnen erwächst. BECKER kann deshalb den organischen Zusammenhang von Allgemeinem und Besonderem eine "Entwicklung von Innen" (32) nennen. Das Allgemeine des menschlichen Organismus ist der Gedanke, der sich leiblich ausprägt. Als solcher macht er die Besonderheit des ganzen menschlichen Organismus aus.

4. "Der Gedanke entwickelt sich seiner Natur nach in einer unendlichen Mannigfaltigkeit des Besonderen, die sich notwendig auch in der Sprache ausprägt; und auch jedes Besondere in der Sprache ist ein organischer Ausdruck eines Besonderen in dem Gedanken" (33).

---

(30) TRENDELENBURG A., Logische Untersuchungen, Bd. 1, S. 202
(31) ebenda, Bd. 1, S. 212
(32) Organism der Sprache, S. 10

Doch nur als Darstellung des Ganzen hat alles Besondere in der Sprache Bedeutung. Sprache selbst läßt sich auch nur als Besonderheit aus dem Organismus des Ganzen verstehen, das wir als Vernunft bezeichnen können, und hat in diesem Organismus ihren Bestand. An ihrer organischen Funktion können freilich zwei Seiten unterschieden werden: eine logische Seite, auf Grund deren Sprache nach den Begriffsverhältnissen betrachtet werden kann, und eine phonetische, die sich nach den Gesetzen und Bewegungen der Organe zur Lautbildung entwickelt. Beide Seiten bilden in der gesprochenen Sprache eine Einheit: ihren Ursprung hat Sprache in der produktiven Kraft des selbsttätigen Geistes, der nach außen in der Leiblichkeit des Organismus, der Lautgestalt des Begriffs, in Erscheinung treten muß.

Die Idee des Organismus der Sprache kommt dem Verständnis von Sprache nahe, das W.v.HUMBOLDT entwickelte (34). Die grammatische Form der Sprache korrespondiert den Kategorien des Denkens: "die allgemeinen, an den einzelnen Gegenständen zu bezeichnenden Beziehungen und die grammatischen Wortbedeutungen beruhen beide größtenteils auf den allgemeinen Formen der Anschauung und der logischen Anordnung der Begriffe" (35). Die Gegenstände der realen Außenwelt werden entsprechend den logischen Formen der Anschauung und des Verstandes durch die Tätigkeit des anschauenden Geistes als Mannigfaltiges aufgenommen und als Gedanken und Begriffe notwendig in organischer Einheit reproduziert. Zwischen den sinnlich angeschauten Dingen und den Formen der geistigen Anschauung besteht, ontologisch gesehen, eine organische Verbindung; denn "die Wahrheit der sinnlichen Anschauung

---

(33) Organism der Sprache, S. 11
(34) Über die Verschiedenheit des menschlichen Sprachbaus und ihren Einfluß auf die geistige Entwicklung des Menschengeschlechts, in: Schriften zur Sprachphilosophie, Darmstadt ³1963, S. 368-756. Die Idee des Organismus ist auch bei HUMBOLDT ein wesentliches Moment seiner Metaphysik. Vgl.

beruht auf dieser Übereinstimmung des Geistigen mit dem Realen" (36). Die von der sinnlichen Anschauung vermittelten Dinge werden durch das Werk des denkenden Geistes nach den seiner Tätigkeit eigentümlichen Gesetzen zu Gedanken geformt und zu einer organisch gestalteten Weltanschauung entwickelt. Die fortschreitende Entwicklung der Intelligenz eines Volkes, d.h. die Kulturentwicklung ist deshalb das innere Prinzip der Sprachbildung, nicht die Reflexion, die eher Künstelei bedeutet.

5. Die Funktion der Sprache im Ganzen der menschlichen Natur wird verengt, wenn man ihren Zweck allein in der Mitteilung von Sachverhalten oder im Gedankenaustausch sehen wollte. Das ist nur die äußerlich in Erscheinung tretende Seite. Über ihren Ermöglichungsgrund, der aus der Natur des menschlichen Seins selber zu verstehen ist, wird dabei noch nichts ausgesagt. Wie HUMBOLDT erkennt BECKER gerade in der Sprache die spezifische Eigenart des Menschen, die ihn zum Glied einer Gattung macht. Das menschliche Sein fordert neben der Gedankenmitteilung "eine Vereinbarung des individuellen Denkens zu einer Allen gemeinsamen Weltanschauung, durch welche auch das geistige Leben des Einzelnen zu einem Leben der ganzen Gattung wird" (37). Der Organismus der Sprache erstreckt sich also nicht bloß auf die Einheit des Individuums, sondern gliedert dieses auch in die geistige Einheit der ganzen Gattung ein, die das wirkliche Band unter den Individuen darstellt. Sprache lebt aus der Wechselwirkung der Individuen mit der geistigen Anschauung der ganzen Gattung. "Das organische Leben des Menschen, als eines geistig-sinnlichen Wesens, erreicht erst dadurch seine Vollendung, daß die Intelli-

---

SPRANGER E., Wilhelm von Humboldt und die Humanitätsidee, S. 141-152
(35) Schriften zur Sprachphilosophie, S. 468; vgl. zur Sprachphilosophie HUMBOLDTs: SCHMIDT S.J., Sprache und Denken als sprachphilosophisches Problem von Locke bis Wittgenstein, Den Haag 1968, S. 66-79
(36) BECKER K.F., Organism der Sprache, S. 13 f.
(37) ebenda, S. 3

genz des Individuums sich als Intelligenz der Gattung entwickelt; und der Gedanke wird dadurch, daß er ein gesprochener wird, aus der Sphäre des individuellen Lebens in die des Gattungslebens hinübergeleitet" (38). Das entspricht der Anschauung HUMBOLDTs, daß die Sprache kein Erzeugnis des einzelnen Menschen ist, sondern immer der ganzen Nation angehört (39). Ungeklärt bleibt bei beiden, was die Elemente eines solchen Sprachbewußtseins sein könnten.
Die Veräußerlichung der Gedanken in der Sprache ermöglicht erst den Zusammenhalt der Gattung. Denn der Geist ist so geartet, daß er nur etwas sinnlich Gegebenes empfangen kann. Die Gedankenmitteilung muß deshalb sinnlich vermittelt werden, damit sich daraus eine gemeinsame geistige Anschauung aufbauen kann, die dann wieder Sprache konstituiert. Der Laut muß alle Modifikationen des Gedankens aufnehmen können und der geistigen Anschauung entsprechen. Daraus muß gefolgert werden, daß "die Beziehung der Sprache und ihrer Laute zu den durch sie ausgeprägten Gedanken eine innere und notwendige und nicht eine äußere und willkürliche, wie etwa die Beziehung des Zeichens zu dem Bezeichneten" ist (40). Gesprochene Sprache beruht nicht auf Konvention, sondern geht "von selbst und notwendig aus dem Leben des Menschen, als eines geistig-leiblichen Wesens" hervor (41).
6. Nur diese organische Betrachtung der Sprache verhindert das Auseinanderfallen von Lautzeichen und Bedeutung. Denn Sprache kann in der ihr eigenen Funktion nur aus solcher organischer Einheit heraus verstanden werden. Darum verbietet sich die Trennung von Semantik und Semiotik in verschiedene Problembereiche.

---

(38) ebenda, S. 4
(39) HUMBOLDT W.v., Schriften zur Sprachphilosophie, S. 18
(40) BECKER K.F., Organism der Sprache, S. 8
(41) ebenda, S. 9

Ein Organismus läßt sich nur nach seinem Differenzverhältnis betrachten. BECKER bezeichnet den Gegensatz von Tätigkeit (Geist) und Sein (Materie) als die zentrale Differenz. Ebenso stehen Subjekt und Prädikat und alle anderen Verhältnisse des Satzes in einem Gegensatz. In der gleichen Weise lassen sich Begriff und Wort differenzieren und wiederum der Begriff in den allgemeinen Inhalt und seine Form. Der individualisierte Begriff differenziert sich in den eigentlichen Begriff und seine Beziehung zu anderen Begriffen. Das Wort differenziert sich in Stamm und Endung, Laut und Ablaut. In der Verflechtung dieser Differenzen wird die Sprache ein lebendiger Organismus, in dem Begriffe und ihre Beziehungen klaren Ausdruck haben.
Der Entwicklungsprozeß der Sprache ist von dem inneren Prinzip der Einheit des Organismus geleitet, das nach außen hin in Gegensätzen auseinandertritt. Sprache setzt sich also nicht aus selbständigen Bausteinen zusammen, sondern erst aus dem Prinzip der Einheit wird der Stellenwert der äußerlich in einem Gegensatz zueinander stehenden Elemente der Sprache erkennbar. Das Prinzip enthält in der Ungeschiedenheit alle besonderen Verhältnisse der sich in Gegensätzen entwickelnden Sprache.
In der Korrespondenz der Gegensätze entfalten sich die Gedanken zu einem wirklichen Begriff, der durch das Ineinander von Inhalt und Beziehung Bedeutung erhält. "Inhalt und Form des Begriffes, und ebenso Begriff und Beziehung sind die ursprünglich differenten Momente, durch deren Verbindung zu einer Einheit der Begriff gleichsam ein lebendiges Organ des Gedankens wird" (42).
Historische Sprachforschung kann deshalb für BECKER nur darin bestehen, sich von der "Idee eines die

---
(42) ebenda, S. 22

ganze Sprache umfassenden und sie in allen ihren
Teilen durchdringenden Organismus" (43) leiten zu
lassen. Ihre Methdde ist der Vergleich, der am
Stoff der Sprache eine Einteilung nach Gattung und
Art ermöglicht. Anders als die grammatische Betrachtungsweise, die die Wörter nur nach der äußeren
Form etymologisch bis in die feinsten Besonderheiten
ordnete, muß die Sprachforschung, die sich von der
organischen Idee leiten läßt, vor allem die syntaktischen Verhältnisse aufsuchen, weil nur so "die
Entwicklung der etymologischen Formen, wie die Natur
der Sache es fordert, aus den Formen des Gedankens
und Begriffs zu erklären"ist(44). Grammatik und
Logik treten wieder in ihre ursprüngliche Verbindung
ein und befruchten einander. "Insofern die Logik
uns die Einsicht in die genetischen und darum organischen Verhältnisse der Gedanken und Begriffe auf-
schließt, wird sie das Regulativ, nach dem die Grammatik ihre eigentliche Aufgabe zu lösen hat. Insofern
aber die Grammatik die Formen darlegt, in denen die
besonderen Verhältnisse der Gedanken und Begriffe
und ihre genetische Entwicklung sich in der Sprache
in einer leiblichen Gestalt ausprägen, eröffnet
sie der Logik die Einsicht in die innerste Werkstätte des denkenden Geistes" (45). An der Entwicklung der Sprache ihren Bedeutungsverhältnissen nach
können wir die organische Entwicklung des menschlichen Geistes verfolgen, der sich in der gesprochenen Sprache niederschlägt (46).

---

(43) ebenda, S. 23
(44) ebenda, S. 24
(45) ebenda, S. 26
(46) BECKER weist der Betonung in gleicher Weise wie
HUMBOLDT ein besonderes Gewicht im Organismus
der Sprache zu: sie ist der materielle Ausdruck
der logischen Form des Gedankens und dessen
Beziehungsverhältnissen. In: Organism der Sprache,
S. 289-306; vgl. HUMBOLDT W.v., Schriften zur
Sprachphilosophie, S. 524 ff. Die Betonung bekommt noch größere Bedeutung, wenn man bedenkt,
daß BECKER das Sprechen in den Mittelpunkt seiner
Theorie stellt und nicht die Schrift.

7. BECKER geht in der Methode seiner Sprachforschung "von der Bedeutung" aus, "nach deren Ausdrucksform gefragt wird" (47). Bedeutung ist für BECKER der geistige Inhalt der sprachlichen Gebilde, der alle Formen des Denkens und des Lautes durchgreift und sich in gleicher Weise in verschiedenen Seinsformen ausdrückt. Sprache repräsentiert in einem sinnlichen Zeichen eine bestimmte Bedeutung.

BECKERs Auffassung von der organischen Sprache muß in engstem Zusammenhang mit dem philosophischen Begriff des Geistes gesehen werden, den er selbst stets voraussetzt, aber nirgendwo ausdrücklich darstellt. Wir sind deshalb auf seine grundsätzlichen Erklärungen über das Wesen der Sprache und ihren Zusammenhang mit dem Denken angewiesen, um aus ihnen die philosophische Basis seiner Konzeption herauszufinden. Diese Analyse läßt deutliche Verbindungslinien zur Philosophie von LEIBNIZ, SCHELLING, REINHOLD und TRENDELENBURG erkennen.

Für LEIBNIZ bilden Sprache und Logik in der "CHARACTERISTICA UNIVERSALIS" einen zusammenhängenden Komplex. Satz und Wortbedeutung stehen zueinander im gleichen Verhältnis wie Urteil und Begriff; durch die Bedeutung, den Inhalt des Denkens, sind diese miteinander verknüpft (48). Gegen die englischen EMPIRISTEN insistiert LEIBNIZ auf einer logischen Analyse der Inhalte des Denkens, als deren Instrument er die Sprache auffaßt (49).

Das Ursprüngliche ist der Verstand. Die Worte sind Zeichen für die Denkinhalte. Er vergleicht die Worte mit Rechnungszeichen, Rechenpfennigen, die "anstatt

---

(47) RIES J., Was ist Syntax ? Ein kritischer Versuch, Prag 1927, Neudruck Darmstadt 1967, S. 9. Nach RIES ist "diese Methode an und für sich durchaus berechtigt und wertvoll"; ;jedoch vorläufig aus praktischen Gründen nicht ratsam". Es ist zu hoffen, daß in den Sprachwissenschaften dieses vorläufig nicht Ratsame , sofern es sich um eine fundierte Semantik handelt, nicht verloren geht.

(48) Vgl. HOLZ H.H., Zum Problem der Konstitution von Bedeutung, in: Actes du XIème Congrès International de Philosophie, Amsterdam/Louvain 1953, Bd. 5, S. 180 ff.

der Bildnisse und Sachen" verwendet werden, "bis man stufenweise zum Facit schreitet und beim Vernunftschluß zur Sache selbst gelangt" (50). Der Verstand ist das Konstitutivum von Sprache, insofern er die Worte mit dem Begriff der Sache vermittelt und somit der Sprache ein ontologisches Fundament gibt. Die Sprache erhält dadurch Objektivität in der Beziehung von Wörtern und Dingen, daß der Sprechende und Hörende mit dem Wort eine klare Idee und einen festen Begriff verbinden können. Ohne dieses Fundament sind der Irreführung und dem Selbstbetrug Tür und Tor geöffnet und die Sprache verbaut eher die Erkenntnis und die zur Erkenntnis führende Kommunikation als daß sie diese erleichtert (51). LEIBNIZ nennt die Sprache zwar ein Bezeichnungsmittel zum Zwecke der Verständigung, aber dieser Charakter kommt ihr dann zu, wenn sie "die Aufmerksamkeit auf die Dinge zu lenken und die Erinnerung an sie sowie ihre wirkliche Erkenntnis zu bewahren" vermag (52).

LEIBNIZ wollte eine Universalsprache konstruieren, die mit ihren Zeichen dem Wesen und der Struktur der Dinge genau entspricht. Denn nur eine derart exakte Zeichenkombination kann der Mitteilung und dem Fortschritt in der Erkenntnis neuer Wahrheiten dienen. Zu diesem Zweck mußte Sprache anfänglich von den Allgemeinbegriffen ausgehen, die bis in ihre letzten Elemente zergliedert und wieder zusammengefaßt werden können. Dadurch könnte eine Zeichensprache gelingen, die der Natur der Gegenstände entspricht. Diese Universalsprache wäre aber nur eine Konstruktion, die dem theoretischen Interesse ent-

---

(49) Vgl. CASSIRER E., Philosophie der symbolischen Formen, Bd. 1, S. 70 f.
(50) Neue Abhandlungen über den menschlichen Verstand, S. 275 ff.
(51) Vgl. KORNINGER S., G.W.Leibnizens Sprachauffassung, in: Die Sprache 4 (1958) 4-14; HANKAMER P., Die Sprache. Ihr Begriff und ihre Deutung im sechzehnten und siebzehnten Jahrhundert, Bonn 1927, Nachdruck Hildesheim 1965, S. 141-150
(52) Neue Abhandlungen über den menschlichen Verstand, S. 336

springt und nicht der einfachen Sprachpraxis dienlich wäre. Wichtig ist aber festzuhalten, daß nur die Allgemeinbegriffe (termes generaux)(53) die Sprache ihrem Wesen nach als Mitteilung über wirkliche Sachverhalte konstituieren können.
Weil ideelles und reelles Sein nicht voneinander getrennt sind, deshalb kann jedes sinnliche Symbol der Träger einer rein geistigen Bedeutung sein und die Grundstruktur jeder Form des Seins, des naturischen, psychischen oder geistigen ist der Gedanke (54). Durch Vorstellungen und Gedanken strukturiert das Bewußtsein seine Welt in klaren Begriffen von der Sache. Die Worte sind ein Produkt des vorstellenden, schöpferischen Bewußtseins; deshalb vermag Sprache auch die Vorstellungen deutlich zu bezeichnen, sofern der Sprechende einen wirklichen Sachverhalt aussagen will. Die Wahrheit, die den Vorstellungen zukommt, kann deshalb auch der Sprache zugesprochen werden. Der Unterschied zwischen Vorstellungen und Worten besteht für LEIBNIZ darin, daß erstere "fester sind" (55). Da die Vorstellungen Bestandteile einer wirklichen Welt sind, werden sie durch das Wort bezeichnet. So folgert LEIBNIZ: "Wenn das Wort gegeben ist, so muß man seine Bedeutung erkennen, und umgekehrt wenn die Bedeutung gegeben ist, darf das anzuwendende Wort nicht zweifelhaft sein" (56). Gegenüber LOCKEs Meinung, daß die Sprache ein willkürliches Konstrukt sei, hebt LEIBNIZ die Struktur des sprachbildenden Bewußtseins hervor, das zwischen dem Ontischen und Logischen vermittelt.

---

(53) Neue Abhandlungen über den menschlichen Verstand, S. 297 f.
(54) Vgl. zu LEIBNIZ: HORN J.C., Die Struktur des Grundes. Gesetz und Vermittlung des ontischen und logischen Selbst nach G.W.Leibniz, Wuppertal/Kastellaun 1971
(55) Neue Abhandlungen über den menschlichen Verstand, S. 314. Diese Differenz veranlaßte LEIBNIZ zu einer gewissen Vorsicht gegenüber der Sprache.
(56) Über die beste Vortragsweise des Philosophen, in: Deutsche Schriften, Bd. 1, Anhang, Leipzig 1916, S. 78. Auf die Darlegungen LEIBNIZens über die

Die Idee der leibnizschen Logik, die in der Tradition der aristotelischen Metaphysik (nicht der Schulmetaphysik) steht, kennt das "große Prinzip" des Grundes, das alles regelt. In diesem Prinzip sind alle ontologischen Verhältnisse eins mit den logischen Strukturen. Alles empirische Dasein ist in sich derart verknüpft und geordnet, wie der intelligible Grund es fordert. Dem Verstand begegnen diese Wahrheiten in der sinnlichen Hülle von Zeichen, die in ihrem Grund mehr sind als was sie zu verstehen geben. An der Sprache wird sowohl die Analyse der Zeichen wie die Analyse des logischen Inhalts möglich, weil Denken und Sprechen in einer Korrelation stehen.

BECKER geht in seiner Sprachtheorie auch nicht von einem dualistischen Gegensatz von Natur und Intelligiblem aus, sondern von einer dichotomischen Ansicht, die die Differenz der Elemente in einer vom Gedanken geleiteten Einheit des Ganzen aufhebt. Laut und Bedeutung sind polarische Gegensätze, die sich zum Organismus zusammenschließen. Sprache selbst ist ein Abbild geistiger Operationen. BECKER mißt daher dem reinen Bedeutungslaut den Primat vor dem Affekt- und Erregungslaut zu. In der einzelnen Bedeutung des Wortes und Satzes bildet sich der Geist ab und tritt dem Erkennenden entgegen. Die Analyse der Sprache impliziert deshalb stets auch die Analyse von Gedanken. Anders ausgedrückt: Grammatik und Logik sind eine Einheit.

---

Etymologie, die Sprachgeschichte und den Ursprung der Nationen wird hier nicht eingegangen. Vgl. HANKAMER P., Die Sprache, S. 145 ff.

## § 2 DAS SPRACHVERSTÄNDNIS DES ENGLISCHEN EMPIRISMUS (LOCKE) UND PLATONISMUS (SHAFTESBURY)

Um den philosophischen Gedankengang von BECKERs Theorie der Sprache zu verstehen, ist es weiterhin notwendig, sein Werk in der Tradition einer Sprachphilosophie und Grammatik zu sehen, deren Anliegen die Entwicklung einer Allgemeinen Grammatik war.
Als die bedeutsamsten Versuche aus BECKERs jüngster Vergangenheit dürfen folgende Werke angesehen werden:

James HARRIS, Hermes or a philosophical inquiry concerning universal grammar (1);

Johann Werner MEINER, Versuch einer an der menschlichen Sprache abgebildeten Vernunftlehre oder philosophische und allgemeine Sprachlehre (2);

J.S. VATER, Versuch einer allgemeinen Sprachlehre (3).

Die Fragestellung dieser Werke ist aus der Auseinandersetzung mit dem englischen Empirismus und seinem Sprachverständnis herausgewachsen. Vornehmlich John LOCKE brachte in seinem "Essay Concerning Human Understanding" Buch III und IV mit seinem Hinweis auf die Notwendigkeit einer Semiotik einen neuen Ansatz sprachphilosophischen Denkens in der Neuzeit. Sprache wird im englischen Empirismus zum Gegenstand der Erkenntnistheorie, in der die Möglichkeit von Erkenntnis und ihrer Mitteilung untersucht wird. LOCKEs Forderung nach einer fundamentalen Erforschung der Möglichkeiten und Bedingungen menschlicher Erkenntnis impliziert auch Sprachkritik. Wie stellt sich nun dieser Zusammenhang bei LOCKE dar?

1. Quelle der menschlichen Erkenntnis ist die Erfahrung des äußeren Sinnes (sensation) und des

---

(1) London 1751, deutsch: Halle 1788
(2) Leipzig 1781, Nachdruck Stuttgart-Bad Cannstadt 1971
(3) Halle 1801, Nachdruck Stuttgart-Bad Cannstadt 1970

inneren Sinnes (reflection). Unmittelbar durch die sinnlichen Eindrücke werden die einfachen Ideen gegeben, die weder analysierbar noch definierbar sind und grundlegende Elemente aller möglichen Erkenntnis sind. Umgekehrt ist die Auflösung aller Inhalte des Denkens in ihre einfachen Ideen möglich. Das begriffliche Denken bleibt aber nicht bei der reinen Gegebenheit der Erfahrung stehen. Durch arbiträre Kombination verknüpft der Verstand die einfachen Ideen zu komplexen (mixed modes). Die sinnlichen Eindrücke werden durch die subjektive Art, in der der Verstand die einfachen sinnlichen Ideen auf die Vorstellungen des Denkenden bezieht und zusammenfaßt, ihrer notwendigen Entsprechung mit der Wirklichkeit entkleidet. Obgleich der Empirismus in dieser Subjektivität die Freiheit und Spontaneität des selbsttätigen Geistes sieht, bleibt diese dennoch von den empfundenen Elementen abhängig und kann sie lediglich zu originären Verbindungen ausgestalten. "Der Geist übt oft eine aktive Kraft aus, indem er vielfältige Verknüpfungen vollzieht; denn ist er einmal mit einfachen Ideen versehen, so kann er sie in der verschiedensten Art zusammenfassen und dadurch neue komplexe Ideen herstellen, ohne danach zu fragen, ob sie in der Natur in der von ihm angenommenen Weise der Zusammensetzung tatsächlich bestehen. Aus diesem Grunde werden die Ideen Begriffe (notions) genannt: als hätten sie ihr Urbild und ihren dauernden Bestand mehr in den menschlichen Gedanken als in der Realität der Dinge... Begriffe dieser Art haben ihre Einheit von nichts anderem als von dem Akt des Geistes, der verschiedene Ideen zusammenstellt und sie als ein komplexes Ganzes nimmt, das aus ihnen, als Teilen besteht" (4).

Die Entwicklung geht vom Individuellen zu den allgemeinen Ideen, den nicht erfahrbaren genera. Die kom-

---

(4) LOCKE J., Essay Concerning Human Understanding, Buch II, Kap. XXII, sect. 1-4; zitiert nach CASSIRER E., Philosophie der symbolischen Formen, Bd. 3, S. 339

plexen und die allgemeinen Ideen haben keine Existenz, sondern entsprechen einer menschlichen Eingrenzung der Erkenntnis, nämlich als Wahrnehmung des Zusammenhangs und der Übereinstimmung oder Nicht-Übereinstimmung von Ideen des Geistes. In den Zeichen für die Vorstellungen von Dingen muß sich die individuelle Art und Richtung der Auffassung von den Dingen widerspiegeln. Jede Vorstellung und jeder Name geht auf die freie Aktivität des Geistes zurück. Hinsichtlich der einfachen Ideen ist der Geist passiv und rezeptiv. In der Verbindung der Ideen stellt er weit mehr seine eigene Natur als die der Objekte außer ihm dar. Namen werden vom Verstand ohne jede unmittelbare Anknüpfung an wirkliche, existierende Dinge geschaffen.

Der Erklärungszusammenhang des Essays von LOCKE, der für die Frage nach wahr und falsch relevant wird, weist aber dort Lücken auf, wo die Frage gestellt werden muß, wie der Geist zur Idee des Individuums auf Grund der einzelnen Eindrücke kommt und wie und warum sich die Abstraktionen von den einfachen Ideen zu den komplexen durchführen lassen. Er behauptet einfach einen Entsprechungszusammenhang von "Ding" und "Geist". Das ist umso mehr fragwürdig, als nach seiner Theorie die einfachen Ideen nicht vom Geist entwickelt sind, sondern das Ergebnis der sinnlichen Wahrnehmung sind.

2. Der Analyse der Ideen dient auch die Analyse der Sprache. Sie fügt sich nahtlos in sein System der Erkenntnistheorie ein. Sprache ist ebenso willkürlich und prinzipiell frei wie die komplexen Ideen, jedoch ist sie durch den Sprach g e b r a u c h bestimmt. Das Wort ist Zeichen bestimmter Ideen, nicht Zeichen der Gegenstände; das Wort vertritt diese im Zusammenhang des Satzes. Ideen und Wörter sind für J.LOCKE nur "instruments of knowledge" (5).

---

(5) Essay Concerning Human Understanding, S. 462

Weil zwischen Wort und objektiver Beschaffenheit
des Seins kein notwendiger Zusammenhang besteht,
sind die Zeichen willkürlich (voluntary imposition)
und bezeichnen nur die Idee des subjektiven Geistes.
Das Wort erhält nur diakritische Funktion, insofern
es einem Ding zugeordnet wird und nur in der Unterscheidung von anderen Bezeichnungen sich erfüllt,
aber nicht den ontologischen Sachverhalt darzustellen
vermag. Das Ding ruft eine Idee hervor, die sich
durch Zeichen repräsentiert. Dem Zeichen wird eine
eigene und unmittelbare Bedeutung zugeordnet und
diese Bedeutung ist wiederum nichts anderes als die
Idee.
Worte sind demnach immer inadäquat und unsicher, weil
sie nur die Ideen des Sprechenden repräsentieren;
sie sind menschliche Konstruktionen, mit denen der
Sprecher seine Ideen anderen mitteilt oder sich
selbst einprägt. Der Sprache wird eine instrumentale
Funktion zur Fixierung und Mitteilung der Erkenntnisse und zur sozialen Kooperation beigemessen. Die
Sprachzeichen sind ihrer Bedeutung nach durch die
Sprachgemeinschaft bestimmt, den "common sense",
durch den Kommunikation erst möglich wird.
LOCKE schließt sich in der Bestimmung des Wesens
von Sprache der $\vartheta\acute{\epsilon}\sigma\epsilon\iota$ - Theorie an (6). Die menschliche Gemeinschaft macht die Laute zu Zeichen für
ihre Ideen. Die Bedeutung des Wortes steht nicht
in der Relation von Zeichen und Sache, sondern zielt
allein auf die intersubjektive Verstehbarkeit. Der
"common use" steuert die Verwendung der Sprachzeichen.
Diese Konzeption LOCKEs kann als Grundlage der modernen strukturellen Semantik und der Pragmatik angesehen werden: einem Sprachzeichen wird eine Bedeutung verliehen, die innerhalb der Sprachgemeinschaft
die Norm des Wortes darstellt. Die jeweilige Bedeutungsfestlegung ist von der Intention und dem Lebenszusammenhang des Sprechenden abhängig. Sprache ist

---

(6) Vgl. PLATON, Dialog 'Kratylos'; ARISTOTELES !

also nicht abgeschlossen, weil sie den Veränderungen
der Lebenswelt einer Sprachgemeinschaft ausgesetzt
ist. Jedes Aussprechen des Wortes bestätigt die vorgängige Bedeutungsfestlegung.

3. Sprache kann infolge ihrer medialen Funktion kein
Konstitutivum für die Erkenntnis der ontologischen
Beschaffenheit von Dingen sein. Sie meint bestimmte
Sachen, wenn das Wort geäußert wird, aber sie erschließt nicht die Wahrheit der Dinge. HOBBES sagte
es noch deutlicher: veritas in dicto, non in re
consistit (7). Überhaupt sind Wahrheit und Falschheit nicht Verhältnisse der Dinge, sondern der Rede.
Wissenschaftliche Definition erfaßt nur die Verwandlung der Wirklichkeit in Sprache. Denn alles wahrhafte Wissen wird nur durch Analyse der Ideen in ihrer
sprachlichen Repräsentanz erreicht. Einfache Ideen
sind undefinierbar, komplexe Begriffe werden definiert
durch Umschreibung des Namens der Dinge mit anderen
Worten, die nicht synonym zu dem einen Wort sind,
das die vom Sprecher zugewiesene Bedeutung repräsentiert. Die Einheit des Wortes liegt in der von der
Sprachgemeinschaft vorgenommenen Einordnung der Ideen
zum Lautkomplex. Erkenntnis vollzieht sich in der
empirisch-psychologischen Beschreibung und Analyse
des Sprachzeichens, nicht in der ontologischen Definition. Da die Wahrheit nur Sätzen, d.i. die Verbindung und Trennung von Zeichen zukommt, ergibt sich
daraus die Konsequenz des Nominalismus (8): Worte
und Sätze sind Zeichen für die Vorstellung, die wir
uns von einem Gegenstand machen.

---

(7) De Corpore, Pars I: Computatio sive Logica,
    Cap. III, § 7, in: HOBBES Th., Opera Philosophica
    quae latine scripsit omnia, Vol. I, ed. W. Molesworth, Aalen 1961, S. 31
(8) LOCKE verwendet den Zeichenbegriff in zweifacher
    Hinsicht: 1. die Idee ist das Zeichen für das Ding;
    2. das Wort ist das Zeichen für die Idee (Buch IV,
    Kap. 5)

4. Der englische Empirismus entwickelt mit seiner
Sprachkritik einen neuen Ansatz zur Metaphysikkritik,
der zwar von anderen Philosophen im Anschluß an KANT
(JACOBI und REINHOLD in seiner späteren Periode) aufgenommen, aber in ihrer Zeit nicht konsequent durchgeführt wird. Bereits im ausgehenden 18. Jahrhundert
bestand die grundsätzliche Einsicht in die Bedeutung der Sprache für das Denken und in die Notwendigkeit einer sprachkritischen Methode, die in der
Metaphysik als Wissenschaft einen wirklichen Fortschritt bringen könnte. JACOBI stellte fest: "Es
fehlte nur an einer Critik der Sprache, die eine
Metakritik der Vernunft seyn würde, um uns Alle
über Metaphysik eines Sinnes werden zu lassen" (9).
Man erkannte, daß die Ursache für die Stagnation
der Metaphysik in der mangelhaften Effizienz der
philosophischen Analyse und in den "bewußtlose(n)
Wortstreitigkeiten zwischen verschiedenen partikulären Sprachgebräuchen" (10) liegt. REINHOLD machte
die Sprache für die Mißverständnisse und Verwicklungen in dem Streit der Philosophen verantwortlich.
Denn "dieser Grund liegt in der unbemerkten, aber
nicht unmerklichen, Einwirkung <u>der Wandelbarkeit
und Vieldeutigkeit des Sprachgebrauchs</u>, durch welche
die <u>Wörter</u>, welche dem <u>Denken</u> dienen sollten, dasselbe beherrschen, und die Vernunft in die ihrem
Werkzeuge, der Sprache, eigentümliche Wandelbarkeit
und Dienstbarkeit hineinziehen" (11).
Im Unterschied zu REINHOLD, der eine transzendentale
Sprachtheorie vertritt, ist LOCKE einer instrumentalistischen Sprachauffassung verpflichtet, wenn er
der Sprache eine vom Denken unabhängige Abstraktivität zuspricht, die zum Zwecke der Speicherung und
und Mitteilung nach der Konstruktion der Ideen erst

---

(9) JACOBI F.H., Werke, Bd. 1, Darmstadt 1968, S. 252 f.
(10) REINHOLD K.L., Grundlegung einer Synonymik, S. 10
(11) ebenda, S. VIII

hinzukommt. Die Sprachanalyse LOCKEs bedeutet letztlich Metaphysikkritik. HERDER und HAMANN setzen diese
– mit anderem Ansatz und anderen Argumenten – in anderer Richtung fort.

5. Die Fehlentwicklung der Metaphysik, ihre Aporie, basiert nach LOCKE auf dem "abuse" der Sprache:
a) auf Verstößen gegen die vom 'common use' bestimmte Zuordnung von Laut und Idee, d.h. auf der Ignoranz gegenüber dem Prozeß der S e m a n t i k (12);
b) auf dem Verstoß gegen die prinzipielle Offenheit der Begriffsentwicklung, indem Wort und Begriff auf e i n e Bedeutung festgelegt werden (13);
c) in der Verfälschung des Zeichencharakters der Sprache, indem die Sprachzeichen, die als Korrelat zu den subjektiven Ideen fungieren, zum Konstitutivum einer Ontologie werden (14);
d) auf dem Fehlen von Eindeutigkeit und Übersicht in der Kombination der Ideen (15).

Sprache ist zwar der Erkenntnis zugeordnet, Erkenntnis aber konstituiert sich im sprachfreien Raum der Ideen, d.h. v o r der Sprache (16). Sprache selbst wird zum Objekt von Wissenschaft, in der die Genese von Zeichen und Bedeutung untersucht wird (vor allem bei WITTGENSTEIN). John LOCKE steht so am Beginn einer sprachphilosophischen Tradition, die den zeichenmäßigen Charakter der Sprache zum Ansatzpunkt ihrer analytischen Methode macht.

6. Während die philosophische Richtung im Anschluß an LOCKE sich mehr der empirisch-psychologischen Analyse der menschlichen Erkenntnis widmete und das Verhältnis von Denken und Sprechen nach psychologisch-

---

(12) Vgl. Buch III, 10,5 und 10,29
(13) Vgl. Buch III, 10,2
(14) Vgl. Buch III, 10,6
(15) Vgl. Buch III, 10,2.5; Vgl. SCHMIDT S.J., Sprache und Denken als sprachphilosophisches Problem von Locke bis Wittgenstein, S. 28 f.
(16) Praktische Beispiele: Materie (vgl. Buch III, 10,15) und Gold (vgl. Buch III, 9,17)

erkenntnistheoretischen Kriterien bestimmte, richtete sich die Diskussion in einer anderen Richtung auf den Gedanken der Spontaneität und Subjektivität des Geistes. Im System des Empirismus wurde die Frage nach dem transzendentalen Subjekt als der Vermittlungsebene von Ding und Idee im Prozeß der Erkenntnis stillschweigend ignoriert. Man könnte den Empirismus eines John LOCKE auch so verstehen, daß er die Spontaneität des Subjekts unbedacht und ungefragt zum Ansatz nimmt. Als Antwort werden in dieser Zeit in England ästhetische und moralphilosophische Theorien entwickelt, die ihren Bezug zu den empiristischen Analysen keineswegs aufgeben wollen.

Diese Richtung, die man den englischen Platonismus nennt, macht den Gedanken des Universellen, des Allgemeinen wieder zum Fundament der Philosophie. Das Ideal von der großen Einheit des menschlichen Wissens als Spiegelbild der Einheit der menschlichen Vernunft wird zu Motiv für den Gedanken einer Universalsprache und Universalgrammatik. Die menschliche Psyche, so meint man, weise gemeinsame Strukturen auf. Wenn diese erkannt und mit besonderen sprachlichen Zeichen versehen seien, sei hierdurch auch eine allgemeine wissenschaftliche Sprache ermöglicht (17). Aus der Erklärung der Stilistik der Einzelsprachen, die einem Zug zum individuellen sprachlichen Ausdruck aufweisen, erwächst die Auffassung von deren individueller, geistiger Form (18). In der Ästhetik entwickelt sich der Begriff des Genies als das fundamentale Form- und Stilgesetz der Sprachentwicklung bei den Völkern (19). Auf die Sprachauffassung wirkte die Ästhetik derart, daß das Interesse sich von der psychologisch-erkenntnistheoretischen Analyse der

---

(17) Vgl. Logik von Port-Royal und LEIBNIZ' Characteristica universalis!
(18) Bereits bei F.BACON findet sich die Verknüpfung des universellen und individuellen Gesichtspunkts, wenn er von einer Universalgrammatik und der Charakteristik der Nationalsprachen schreibt.
(19) Diese Idee findet sich auch bei FICHTE; vgl. Kap. I, § 6

Bewußtseinsphänomene und der Sprache auf eine Betrachtung der Sprache als Ganzheit im Wechselverhältnis von Sprechen und Denken und die Untersuchung des allgemeinen Formprinzips von Sprache verlagerte. Im Hintergrund darf ein weitgehender Einfluß der Schrift "De dignitate et augmentis scientiarum" von Francis BACON auf diese Entwicklung vermutet werden. BACON hatte bereits die Forderung nach einer allgemeinen Form der philosophischen Grammatik erhoben, in der der Geist als Formprinzip der Einzelsprachen angenommen werden darf.

7. Besonders starken Einfluß übte die platonische Philosophie des Earl of SHAFTESBURY auf die Sprachphilosophie seiner Zeit aus. Im einzelnen kann auf seine philosophischen Gedankengänge an dieser Stelle nicht eingegangen werden (20).
Sein Grundgedanke stellt sich so dar: die äußeren Dinge der sinnlichen Vorstellung, für die die Vielheit und Zufälligkeit charakteristisch sind, können niemals Formprinzip des Bewußtseins sein; vielmehr liegen ihnen die Formen als innere, geistige Maße (interior numbers) des Bewußtseins zugrunde und gestalten diese zu einer ideellen, ursprünglichen Einheit und Ganzheit, während das Bewußtsein die Vielheit der Sinnesdaten in sich aufnimmt. Die Form kann niemals aus dem Stoff erzeugt werden, sondern sie ist und besteht als ungewordene und unvergängliche, als rein ideelle Einheit, die den Dingen der Vielheit erst ihre bestimmte Gestalt verleiht, indem sie sich ihnen aufprägt.
Dieser ästhetisch-metaphysische Begriff einer "inneren Form" als Gestaltungsprinzip jeder möglichen Erkenntnis fand in sprachphilosophischer Hinsicht seinen Niederschlag in dem Werk von James HARRIS: Hermes

---

(20) Vgl. CASSIRER E., Philosophie der symbolischen Formen, Bd. 1, S. 85 f.

or a Philosophical Inquiry Concerning Language and
Universal Grammar (21). Über HARRIS hinaus wurde
dieses Prinzip von J.W. MEINER, J.G. HAMANN, J.G.
HERDER und K.L. REINHOLD bis zu W.v. HUMBOLDT weitergeführt, wo es seine glanzvollste Ausgestaltung
bekam. In diese sprachphilosophische Tradition ist
auch das Werk von K.F. BECKER hineinzustellen, wenn
wir bei ihm auch nicht die angeführte Terminologie
vorfinden.


§ 3 SPRACHE UND DENKEN IN DER PHILOSOPHISCHEN
    GRAMMATIK VON JAMES HARRIS

Die Sprachtheorie von HARRIS basiert, wie gesagt,
auf den ästhetisch-metaphysischen Theorien von
SHAFTESBURY (1), die er noch durch seine immense
Kenntnis der antiken Philosophen und Grammatiker
erweitert. Andererseits ist er sich auch der Bedeutung der psychologischen Sprachanalyse des Empirismus durchaus bewußt, wenn er sich immer wieder durch
genaue sprachliche Analysen und durch den Bezug zu
psychischen Vorgängen auf den sicheren Boden der
Empirie zurückruft. Es hat den Anschein, als müsse
er LOCKE mit dessen eigenen Mitteln widerlegen.
Dessen Skepsis gegenüber der Metaphysik kann er nicht
mitvollziehen. Ihre grundsätzliche Differenz zeigt
sich schon in ihrer Auffassung von Erkenntnis: denn
für HARRIS ist Erkenntnis nicht in "sensation" und
"reflection" (den Erkenntniselementen J. LOCKEs)
fundiert, sondern in der "IMMUTABLE, ETERNAL,
OMNIPRESENT TRUTH" (2), auf der ewigen Wahrheit,
die göttlichen Ursprungs ist.

---

(21) London 1751, ins Deutsche übersetzt von EWERBECK,
     Halle 1788
(1)  Vornehmlich sein Werk "Three Treatises concerning
     Art..." verweist auf den Einfluß SHAFTESBURYs und
     hatte auch auf den deutschen Raum große Wirkung
     ausgeübt.
(2)  Hermes, S. 330 (Anm.)

1. HARRIS verbindet zwei Problemkreise miteinander:
a) die Untersuchung der Einzelsprachen auf ihr Formprinzip, ihren Sprachgeist hin und b) die Betrachtung der allgemeinen und spezifischen Züge der menschlichen Sprachen, um zu allgemeinen, für alle Sprachen identischen Prinzipien vorzustoßen. Da der Verstand zu allen Zeiten der gleiche war, müsse auch allen sinnlichen Formen die gleichen Formprinzipien des Geistes zugrundeliegen, die nicht aus dem sinnlichen Vorstellungsvermögen gewonnen sein können (3), sondern die Bedingung der Möglichkeit jeder Erkenntnis a priori sein müssen (4). Ausgehend von einer allgemeinen Logik und einer allgemeinen Psychologie lassen sich allgemeine Gliederungsprinzipien für den vorliegenden Stoff der Sprachen finden. Die a l l g e m e i n e Grammatik erwägt bloß Prinzipien, die allen Sprachen wesentlich sind (5). Der Grund für Allgemeingültiges in den Sprachen ist die gemeinsame Struktur des menschlichen Geistes und gemeinsame Erfahrungen. Die Gemeinsamkeit der Ideen und Verstandesformen ist die Bedingung der Möglichkeit von Verständigung der Menschen untereinander. Der Sprechende gibt etwas zu verstehen, indem er von den Ideen zu den Worten herabsteigt, der Hörende versteht das Gesagte, indem er beim Hören der Worte die in ihm selbst liegenden Ideen, die er mit dem Sprechenden gemeinsam hat, zum Leben erweckt (6). Nur unter dieser Rücksicht kann von der hermeneutischen Funktion der Sprache gesprochen werden, daß sie etwas zu verstehen geben kann, was durch Mitvollzug seiner Bedeutung eingeholt und weitergeführt werden kann.

---

(3) Vgl. SHAFTESBURY ! Hermes S. 312 ff.
(4) Hermes, S. 262 ff. (dt.A. = deutsche Ausgabe)
(5) ebenda, S. 12
(6) Hermes, S. 324. Auf die Frage nach dem Ursprung der Gemeinsamkeit der Ideen und Verstandesformen verstrickt sich HARRIS in metaphysische Spekulationen, die er einfach mit der Hypothese beschließt, daß jeder Verstand, sofern er ursprüngliche Ideen hat, göttlich sei (S. 326 ff.). Vorher wies er bereits die Theorie von den angeborenen Ideen zurück.

HARRIS verleugnet keineswegs den besonderen Charakter der einzelnen Sprachen. Die Individualität der verschiedenen Bedeutungskombinationen ergibt sich nach seiner Auffassung aus der Verschiedenheit des Lebenszusammenhangs, der Neigungen und Einflüsse in den einzelnen Nationen. Dieser Gedanke ist bereits bei J. LOCKE vorzufinden, wenn auch in anderer Bedeutung. Der Geist der Nation, der in den eigentümlichen Begriffen der Sprachen wirksam ist, ist nur die artspezifische Verschiedenheit der allgemeinen Grammatik, die dem νοῦς angehört.
HARRIS betrachtet Sprache in doppelter Hinsicht: als "vereinigte Kraftäußerung unserer Vernunft" (d.h. in aristotelischer Terminologie ἐνέργεια) und "unseres Triebes zur Geselligkeit" (7). Der Begriff der Geselligkeit ist nicht nur im äußerlichen Sinne des Austausches zu nehmen. Die Entwicklung einer philosophischen oder allgemeinen Grammatik muß sich zur Aufgabe machen, auf der Grundlage einer allgemeinen Vernunftlehre die Sprache in ihre allgemeinen, konstitutiven Redeteile zu zergliedern, um damit die synthetische Leistung der Vernunft, die durch Verbindung einzelner Elemente Wahrheit erlangt, zu verdeutlichen. In Buch III entwickelt HARRIS seine Theorie der Erkenntnis, die den Hintergrund seiner allgemeinen Grammatik darstellt. In den wichtigsten Partien beruft er sich auf die Philosophie PLATONS und ARISTOTELES' und deren Schüler. Der Geist hat die Fähigkeit der Zusammensetzung und der Differenzierung, da er auf das Wesen der Dinge geht; die Dinge aber sind "verständiger Art (mental)", "weil sie mit dem Verstande einerlei Wesen haben" (8). Die vorzüglichsten Elemente bei dieser Analyse sind Materie und Form, die HARRIS auch in der Sprache

---
(7) Hermes, S. 3 (dt.A.)
(8) Hermes, S. 311 (dt.A.)

vorfindet. Im Sinne der griechischen Philosophie
gebraucht er den Begriff Materie ( ὕλη ) für "alles
(es mochte körperlich oder unkörperlich seyn,) woraus etwas anderes werden, oder was zu etwas anderem
geformt werden konnte" (9); und den Begriff Form
( εἶδος ) für "alles (esmochte körperlich oder unkörperlich, oder, von welcher Art es wollte, sein)
was eigentümlich, wesentlich, und auszeichnend war,
sowohl wegen seines Hinzukommens zu irgend einem
Dinge, als zu seiner ὕλη oder Materie, um sie durch
ein Merkmal auszuzeichnen, welches sie vorher nicht
hatten" (10). Die Vereinigung von Materie und Form
ist der Anfang der Entstehung von Dingen, ihre Trennung das Ende. Sie präsentieren deshalb in der die
Dinge zeugenden Ursache v o r den Dingen. Sprache
ist das Produkt einer Zusammensetzung nach Materie
und Form, nach lautlichem Material und Bedeutung
der Sprachmittel. Deshalb kann sie von einer
wissenschaftlichen Grammatik auch in diese Elemente
zergliedert und gesondert betrachtet werden (11).

Am Wort ist die Artikulation als die Materie, die
verabredete Bedeutung als Form zu unterscheiden.
Die Analyse der Sprache, vornehmlich ihrer Form,
führt zu einer Philosophie des menschlichen Verstandes (12). Denn der Geist wird "εἶδος εἰδῶν die
Form der Formen genannt, weil er der Urheber alles
Ebenmaßes, aller Güte und aller Wahrheit ist, und
weil er jedem Dinge die wesentlichen und unterscheidenden Attribute erteilt, obwohl es gerade diese
und kein andres Wesen wird" (13). Der Bedeutungscharakter der Sprache ist in dieser Form der Formen
fundiert, ebenso die diakritische Funktion der

---

(9) Hermes, S. 246 (dt.A.)
(10) Hermes, S. 248 (dt.A.)
(11) Hermes, S. 8 (dt.A.)
(12) HERDER J.G., Metakritik zur Kritik der reinen
     Vernunft, in: Sämtliche Werke, Bd. XXI, S. 57
(13) Hermes, S. 248 f. (dt.A.)

Wörter. In Bezug auf die Sprache ist sie die "innere
Form". HARRIS erklärt diesen Begriff durch Bezugnahme
auf die Sinnenwelt und die Ideen. Die Sinnenwelt mit
ihren äußeren Formen ist zwar das notwendige Mittel,
um die Aktivität des Verstandes zu affizieren, aber
sie gibt den Dingen noch nicht den festen, bestimmten
Grund und Zweck. Die Unterscheidung von äußerer und
innerer Form ist etwas verwirrend. Man wird vermuten
dürfen, daß sie für HARRIS heuristische Funktion
hat, um die Gemeinsamkeit und Differenz von Subjekt
und Objekt zu erläutern. Er betont immer wieder,
daß zwischen diesen Formen ein Entsprechungsverhältnis vorherrscht. In der gleichen Richtung ist auch
seine Unterscheidung von vorhergehenden (Verstandesformen), begleitenden (sinnlichen Formen) und nach-
folgenden Formen (Verstandesformen) zu beurteilen.
Die sinnlichen Formen gehören in den Bereich der
Ästhetik, während die Verstandesformen der Logik
und Metaphysik angehören. Ästhetik und Metaphysik
sind aber in der Philosophie von HARRIS als Einheit
zu nehmen. Unter dieser Rücksicht behauptet er die
Differenz der dreifachen Art von Formen.
Unbestreitbar ist, daß die Verstandesformen den sinnlichen das Muster, Urbild und die Idee geben (14);
sie sind der Grund für die Form der sinnlichen Dinge.
Die sinnliche Form ist zwar im Prozeß der Abstraktion und der Erinnerung die frühere, weil sie sich
an einer Materie befindet und zur Wesensbestimmtheit
des Dinges gehört, aber sie ist nicht ohne die Ver-
standesform als solche verstehbar. Wenn ein Objekt
betrachtet und verstanden werden will, müssen die
zuerst wahrnehmbaren, äußeren Formen auf die Verstandesformen zurückgeführt werden. Denn nur der
Verstand vermag zu entscheiden, ob dem Gegenstand

---

(14) Hermes, S. 302.308 (dt.A.)

eine Idee oder eine Zweckursache innewohnt. Idee und Verstand aber sind gleichen Wesens. Den Begriff Verstand gebraucht HARRIS im Sinne von Bewußtsein eines Zweckes und der Idee der Werke. Im genetischen Sinne ist die Idee oder der Zweck $\dot{\varepsilon}\nu\acute{\varepsilon}\rho\gamma\varepsilon\iota\alpha$ des Verstandes und schöpferische Ursache der Dinge zugleich. Den Ideen kommt daher Notwendigkeit zu, die den Zufall ausschließt. Die Idee gewährleistet die Identität der Dinge durch alle Zeitläufe und Veränderungen hindurch, die nur Veränderungen an Teilen ist.

Die Rezeption dieses Gedankens aus der Philosophie des Neuplatonikers PROKLOS ist nicht nur durch das Zitat aus dessen Kommentar zum Parmenides-Dialog PLATONs offenkundig. Vor allem sein Begriff des Verstandes im Sinne des $\nu o \tilde{\nu}_S$ legt diese Verwandtschaft nahe. Denn für PROKLOS ist der $\nu o \tilde{\nu}_S$ "als Grund des Seins jeder Sache als der versammelnde und bewahrende Sinngrund oder 'Ort der Ideen'... und damit auch die Dimension, in der die Möglichkeit und Wahrheit von Sprache gründet" (15). Der $\nu o \tilde{\nu}_S$ erweist sich auch insofern als Grund von Sprache, weil er die Einheit der Differenz stiftet, die gerade das Charakteristische eines sinnvollen Satzes ist.

---

(15) BEIERWALTES W., Proklos. Grundzüge seiner Metaphysik, Frankfurt 1965, S. 39 f. Es ist in dieser Arbeit nicht möglich der Frage nachzugehen, wieweit die Abhängigkeit von HARRIS' Sprachauffassung von der neuplatonischen Philosophie reicht. Jedenfalls scheint bei PROKLOS im Zusammenhang von Seiendem-Denken-Sprache die Sprache in Richtung auf eine ontologische Grundlegung und hermeneutische Funktion gesehen zu sein. Die Interpretation von Werner BEIERWALTES (besonders S. 37-39) legt eine solche Vermutung nahe. Für HARRIS kann Sprache niemals nominalistischen Charakter haben, weil sie der Ausdruck der Ideen des Verstandes ist, die in sich ontologischer Natur sind.

2. Im "Hermes" bezeichnet HARRIS die Analyse der
menschlichen Rede auf der Grundlage einer "gesunden
und richtigen Logik" (16) als den Gegenstand einer
philosophischen Grammatik, während er die synthetische Betrachtungsweise, die sich mit der Komposition
mehrerer Redeteile befaßt, zur Aufgabe der Logik
und Rhetorik erklärt, der er sich in diesem Zusammenhang nicht widmet.

Im Zentrum seiner konkreten Analyse steht der einfache
S a t z, das Grundelement der Rede, von dem aus das
Wort erst seine Bedeutung gewinnt. Hierin zeigt sich
seine Verwandtschaft zu ARISTOTELES, der in seiner
Schrift $\Pi\epsilon\rho\grave{\iota}\ \dot{\epsilon}\rho\mu\epsilon\nu\epsilon\acute{\omega}\varsigma$ von der Untersuchung des
Satzes oder Urteils als eines logischen Ganzen aus-
geht, das zuerst Anspruch auf Wahrheit macht. Vom
Satz, nicht vom Wort muß auch die Analyse des Denk-
und Sprachvermögens ausgehen (17). Größere Elemente,
wie z.B. der Syllogismus, eine Kombination mehrerer
Sätze, die nicht mehr in den Problembereich der allgemeinen Grammatik, sondern zu einer höheren Form
der Vernunftlehre gehört, haben die Struktur des
Satzes zur Grundlage. Seine analytische Methode
sieht HARRIS im Anschluß an ARISTOTELES (Physik I,1
und Metaphysik II,1) und den Kommentar des Ammonius
durch die besondere Erkenntnissituation der Philosophie bedingt. Denn "die menschliche Erkenntnis
beschäftigt sich zuerst mit den Wirkungen, und steigt
dann mit langsamen Schritten hinauf zu den Ursachen"(18).

Philosophische Grammatik zielt auf die Analyse des
Satzes, der die einfachste und allgemeine Äußerung
von Gedanken (mind) ist, "sofern die Seele sich dadurch darstellt" (19). Der Satz ist die Äußerung
einer Bewegung der seelischen Kräfte. ARISTOTELES
spricht von "Zeichen der in der Seele hervorgerufenen
Vorstellungen" ($\tau\tilde{\omega}\nu\ \dot{\epsilon}\nu\ \tau\tilde{\eta}\ \psi\nu\chi\tilde{\eta}\ \pi\alpha\vartheta\eta\mu\acute{\alpha}\tau\omega\nu$), d.h.

---

(16) Hermes, S. 7 (dt.A.)
(17) Für ARISTOTELES ist das Ganze früher als die
Teile (Pol 1253 a 20). Und das Zusammengesetzte
läßt sich in seine einfachsten Elemente zerlegen
(Pol 1253 a 18).

von Gedanken, die durch ein Leiden ($\pi\acute{\alpha}\vartheta o\varsigma$) seitens der gedachten und erkannten Dinge und seitens des Verstandes in der Seele erzeugt werden. Aktivität und Passivität durchdringen sich (20). Die einfachen seelischen Vorstellungen sind bei allen Menschen dieselben, und ebenso sind es die Dinge, deren Abbilder die Vorstellungen sind. Bei ARISTOTELES sind die Begriffe die Abbilder der Dinge ($\overset{\text{c}}{o}\mu o\iota\acute{\omega}\mu\alpha\tau\alpha$) und die Worte Zeichen der Dinge ($\sigma\acute{u}\mu\beta o\lambda\alpha$). Nomina und Verba für sich allein gleichen nur einem Gedanken ohne Verbindung und Trennung. Hier gibt es noch nicht Irrtum und Wahrheit.

Deshalb gehört für HARRIS die Beschäftigung mit der Sprache zu den vornehmsten Gütern, weil sie uns Einblick in die Struktur des Verstandes gibt, der mehr ist als Sinnenerkenntnis oder Wahrnehmung. Der Gegenstand dieses Tuns ist also der Verstand selbst, insofern das Erkennende und das Erkannte immer eins und dasselbe ist (Met Λ 1272 b 21)(21). Nach ARISTOTELES ist die Bewegung der höheren Seelenkräfte bestimmt durch das Strebevermögen ($\overset{\text{'}}{o}\rho\varepsilon\xi\iota\varsigma$) und das Vorstellungsvermögen ($v\acute{o}\eta\sigma\iota\varsigma$)(22). Damit ist auch die elementarste Einteilung der Sätze gewonnen. Denn jeder Satz, der als ganzer eine Darstellung der Seele ist, muß eine Beziehung auf eines der beiden Seelenvermögen haben: sofern er sich auf die potestas cognitionis bezieht und irgendeine Vorstellung der Sinne oder des Verstandes äußert, muß er ein Aussage- oder Behauptungssatz sein (a sentence of assertion); sofern der Satz dem Bereich der facultas appetitus angehört, muß er eine interesseheischende Äußerung sein (a sentence of volition). Mit Bezugnahme auf die Erläuterungen des AMMONIUS zu der aristotelischen Schrift $\Pi\varepsilon\rho\grave{\iota}\ \overset{\text{c}}{\varepsilon}\rho\mu\varepsilon\nu\varepsilon\acute{\iota}\alpha\varsigma$ weist HARRIS die Satzarten

---

(18) Hermes, S. 10 (dt.A.)
(19) Hermes, S. 16 (dt.A.)
(20) De an 429 a 10 - 430 a 25
(21) $\tau\alpha\vartheta\tau\grave{o}v\ v o\vartheta\varsigma\ \kappa\alpha\grave{\iota}\ v o\eta\tau\acute{o}v$ ; Hermes, S. 240 (dt.A.)
(22) ARISTOTELES, De an 433 a

den beiden Seelenkräften zu: der Erkenntnis und dem
Begehren. Der Behauptungssatz bezieht sich auf die
Sinne und den Verstand, aber die Frage-, Befehls-,
Bitt- und Wunschsätze nicht nur auf "den Willen,
sondern auch die verschiedenen Leidenschaften und
Begierden, kurz alles, was zu einer Handlung treibt,
sie sei vernünftig oder unvernünftig" (23). Auf dieser Grundlage läßt sich erweisen, warum der Satz
gerade diese jeweilige Form annimmt. Denn Sprache
wird als eine dem Geist angehörende und seiner
Struktur adäquate Form gedacht, als $\grave{\epsilon}\nu\acute{\epsilon}\rho\gamma\epsilon\iota\alpha$, die
aus der Spontaneität und Kreativität des Geistes die
Bedeutung in den Laut außer sich setzt. Als Produkt
des Geistes läßt sich Sprache nach der energetischen
Sprachtheorie auf Grundformen des Geistes zurückführen und von dessen Struktur her erklären.

3. HARRIS schließt sich damit der rationalistischen
Theorie des Sprachursprungs an, die die Sprache als
eine freie Schöpfung des menschlichen Geistes begreift (24). Die $\vartheta\acute{\epsilon}\sigma\epsilon\iota$-Theorie ermöglicht ihm eine
Sprachbetrachtung nach psychologischen Kriterien
und eine Charakteristik der Einzelsprachen im Vergleich der Bedeutungen und Ausdrucksmittel. Zum
Zwecke der Kommunikation ist das Medium der Laute
notwendig, weil die Erkenntnis immer an Sinnliches
anknüpft. Die Wörter sind aber nicht Nachahmungen
oder Abbilder, die "die Natur des Dinges selbst
darzustellen" suchen, sondern Zeichen oder Symbole,
deren "Existenz lediglich von unserer Einbildungskraft abhängt" (25). Als Nachahmung müßte Sprache
den Charakter der Dinge voll und ganz widergeben,

---

(23) Hermes, S. 15 (dt.A.). HARRIS hat noch nicht in
dem Maße über den Zusammenhang der beiden Seelenkräfte der Erkenntnis und des Begehrens als
Grundlage von Sätzen reflektiert wie es K.F.
BECKER tat. Die Zuordnung des Fragesatzes ist
bei ihm zu ungenau durchgeführt, wenn der Aspekt
der Erkenntnis unbeachtet bleibt. Vgl. Kap.III,
§ 6!
(24) ARISTOTELES, De interpr 16 a/b; 17 a; HARRIS J.,
Hermes, S. 250 und 262
(25) Zitat aus AMMONIUS, in libros de interpr., Hermes,
S. 265 (dt.A.)

was bei manchen Gegenständen ganz und gar nicht möglich wäre (z.B. Verkehr). Symbole dagegen lassen sich leicht für alle Gedanken bilden. Keine Sprache vermochte bisher das wirkliche Wesen und die Eigenschaften der Dinge durch sich selbst auszudrücken, "weil sie mit dem Medium nicht von gleicher Natur sind" (26). Deshalb beruht die Bedeutung eines Zeichens ausschließlich auf einer Verabredung. DIe Wörter können aber nicht Zeichen der äußeren Form der Dinge sein, weil sie dann nur Zeichen von unendlich vielen Individuen wären. Mit solchen Zeichen ließen sich auch keine allgemein bejahenden Wahrheiten mitteilen, sie bedeuteten nichts in Bezug auf die Erkenntnis. Das Allgemeine aber wird nur durch die Tätigkeit der Vernunft entwickelt. Deshalb sind die Zeichen, sofern sie etwas zu erkennen geben, Zeichen der allgemeinen Ideen in der Vernunft. Hinsichtlich seiner Bedeutung kommt ein Wort mehreren einzelnen Dingen zu, unabhängig von der Zeit. Bedeutung und Begriff sind also dasselbe. Da aber die allgemeinen Ideen gleich bleiben, ist eine Verständigung zwischen zeitlich und räumlich unterschiedlichen Menschen, und über allgemeine Wahrheiten auf der Ebene und mit den Prinzipien der Vernunft möglich. Zur Bezeichnung der Individuen dienen die Eigennamen und die Definitiva (27), die aus dem Allgemeinen das Besondere ausgrenzen. Diese beziehen sich eher auf Objekte der sinnlichen Wahrnehmung, die ja auch zum Erkenntnisprozeß gehört (28).
Sprache ist für HARRIS ein System von Zeichen, die für die allgemeinen Ideen der Vernunft gesetzt und lautlich dargestellt werden. Der Gedanke der Setzung von Sprachlauten ist jedoch von der Konzeption J. LOCKEs zu unterscheiden. Für HARRIS erfolgt keine

---

(26) Hermes, S. 269 (dt.A.)
(27) Hermes, S. 276 f. (dt.A.)
(28) Vgl. ARISTOTELES, De anima !

mehr oder weniger willkürliche Zuordnung von Laut und Idee, sondern die Gliederung des Sprachstoffes steht in einem unmittelbaren Konnex zur Struktur des Geistes. Seine Theorie vom Zeichencharakter der Sprache macht deutlich, daß der Zeichenbegriff nicht unbedingt im instrumentalistischen Sinne zu nehmen ist.
HARRIS stellt das Verhältnis von Sprache und Denken bereits in dem Sinne dar, wie es später von W.v. HUMBOLDT gesehen wird: "Sprache ließe sich nicht erfinden, wenn nicht ihr Typus in dem menschlichen Verstande vorhanden wäre. Damit der Mensch nur ein einziges Wort wahrhaft, nicht als bloßen sinnlichen Anstoß, sondern als artikulierten, einen Begriff bezeichnenden Laut verstehe, muß schon die Sprache ganz, und im Zusammenhange in ihm liegen. Es gibt nichts Einzelnes in der Sprache, jedes ihrer Elemente kündigt sich nur als Theil eines Ganzen an. So natürlich die Annahme allmählicher Ausbildung der Sprachen ist, so konnte die Erfindung nur in einem Schlage geschehen. Der Mensch ist nur Mensch durch Sprache; um aber die Sprache zu erfinden, mußte er schon Mensch sein. So wie man wähnt, daß dies allmählich und stufenweise, gleichsam umzechig, geschehen, durch einen Theil mehr erfundner Sprache der Mensch mehr Mensch werden, und durch diese Steigerung wieder mehr Sprache erfinden könne, verkennt man die Untrennbarkeit des menschlichen Bewußtseins, und der menschlichen Sprache, und die Natur der Verstandeshandlung, welche zum Begreifen eines einzigen Wortes erfordert wird, aber hernach hinreicht, die ganze Sprache zu fassen" (29).

---

(29) HUMBOLDT W.v., Schriften zur Sprachphilosophie, S. 10 f.

Wie ist aber das menschliche Bewußtsein strukturiert ?
Worin besteht die Arbeit dieses Verstandes, daß er
allgemeine Ideen entwickelt, die durch Wörter bezeichnet werden ? HARRIS stellt zu Anfang von Buch III,
Kapitel 4 fest, daß das Verharren bei der Sinnlichkeit selbst bei den Philosophen schon über Hand genommen hätte und die Wissenschaften bestimmen würde
- außer der Arithmetik und der Geometrie, deren Lehrsätze auch ohne die Empirie "für sich einleuchten" (30).
Er streitet keineswegs der Empirie die Berechtigung
ab. Diese könne aber den Wissenschaften nur die Materialien geben, die Formgebung geschehe durch die Wissenschaft selbst, die nach dem Warum einer Handlung fragt.
Die Wissenschaft, d.h. die spekulative Vernunft gibt
erst die Prinzipien, nach denen eine Sache ihrem
Wesen nach bestimmt wird. In der reinen Empirie macht
sich aber die Wissenschaft von ihrem Gegenstand abhängig, sie arbeitet - in Analogie zur Bildhauerei -
so, daß der Marmor den Meißel bildet, und nicht der
Meißel den Marmor (31). Als Antwort stellt er der
Theorie der Empiriker die aristotelische Auffassung
von dem Erkenntnisvermögen aus der Schrift 'De anima'
entgegen.

Die Entwicklung der allgemeinen Ideen beginnt mit
den sinnlichen Vorstellungen, denen noch keine
Zeitempfindung zukommt, weil sie flüchtig und unbestimmt sind. Die Einbildungskraft ($\varphi\alpha\nu\tau\alpha\sigma\iota\alpha$)
hält die Empfindungen unabhängig von der Anwesenheit
des Gegenstandes fest; deshalb kann sie sich auch
zukünftige Dinge vorstellen (32). Die bleibenden

---

(30) Mit dem Angriff auf "den Philosophen" dürfte
 HARRIS vermutlich J. LOCKE gemeint haben.
(31) Hermes, S. 281 f.
(32) Das Gedächtnis ($\mu\nu\eta\mu\eta$) arbeitet nur durch die
 Beziehung auf das empfundene Objekt, die Erinnerung ($\alpha\nu\alpha\mu\nu\eta\sigma\iota\varsigma$) aber leitet das Gedächtnis in
 der Verknüpfung von vernünftigen oder zufälligen
 Ideenreihen.

Vorstellungen werden von dem selbsttätigen Verstand
verknüpft, der die Vielheit der sinnlichen Empfindungen zur Einheit des Wesens zusammenführt und sie
zu Gegenständen des Verstandes macht. Die Verknüpfung
ist nicht durch die Sinne wahrnehmbar, obgleich sie
durch die Sinne vorbereitet ist. Sie verleiht den
Empfindungen und durch diese der Sinnenwelt erst
den Zusammenhang. Denn die Verknüpfung bezieht sich
nur auf die Individuen, indem sie deren Einheit und
Wesen auffindet. Da die Wahrheit nur eine sein kann,
kann sie nicht in der veränderlichen und flüchtigen Sinnenwelt liegen, sondern nur in deren Verknüpfung zur Einheit des Wesens. Verstandeserkenntnis oder Wissenschaft kann in den Einzeldingen der
Empfindungen diese allgemeine, einheitliche Idee eines
Seienden nur durch Verknüpfung der Begriffe zu Sätzen und der Sätze zu Syllogismen sehen (33). Ein
Individuum kann also nur dann erkannt werden, wenn
wir es auf eine allgemeine Idee zurückführen können,
d.h. wenn ihm ein allgemeines Prädikat beigelegt
werden kann. Alle diese Ideen aber können durch
Zeichen ausgedrückt und mitgeteilt werden, sofern
der Adressat der Mitteilung die gleiche Synthesis
der Vorstellungen zu denken vermag. Unter dieser
Rücksicht haben alle Sprachen Ähnlichkeit (34).
Ihre Verschiedenheit liegt in der der Synthesis korrespondierenden Verstandestätigkeit, der Analyse,
die auf die artspezifischen Differenzen führt, begründet. Denn die Analyse vermag die Dinge in ihrer

---

(33) Mit der gewagten, aber phantasievollen Etymologie des Wortes ἐπιστήμη von NICEPH. BLEMMIDES, die auf den platonischen Dialog 'Kratylos' zurückgeht, versucht HARRIS den Charakter der Wissenschaft zu erläutern: sie führt uns "zur Beständigkeit (ἐπὶ στάσιν) und zur Grenze der Dinge (ὅρον τῶν πραγμάτων), indem sie uns von der Unbestimmtheit und Veränderlichkeit (τῆς ἀοριστίας καὶ μεταβολῆς) der einzelnen Dinge entfernt; denn sie hat es mit allgemeinen (τὰ καθόλου) und unveränderlichen Gegenständen (ἀμετάπτωτα) zu tun". Hermes, S. 296 (dt.A.)
(34) Hermes, S. 300 (dt.A.)

Besonderheit gegenüber dem Allgemeinbegriff zu bestimmen, indem sie die Elemente voneinander unterscheidet. Wissenschaft besteht in Synthese und Analyse; erstere vermittelt uns die Ähnlichkeit und Gleichheit der Dinge, letztere die Unähnlichkeit und Verschiedenheit (35).

4. Der Vorrang des Ganzen vor den Teilen in allen sprachlichen Gebilden, der ein Zusammenhang der inhaltlichen und formalen Bedeutungen ist, liegt für HARRIS in der Einheit des Sinnes im Satz, die aus der ἐνέργεια des sprachbildenden Geistes organisch herauswächst. Die Synthesis des Verstandes ist der Ermöglichungsgrund für die Einheit der Aussage, ihre Bedeutung. Der Sinn des Satzes als einer Einheit konstituiert die Bedeutung der Worte und Laute. Der Aufbau des Satzes, der die Differenz der Elemente angibt, ist durch den analytischen Charakter des Verstandes möglich. HARRIS definiert den Satz dann folgendermaßen: der Satz ist "eine verbundene Menge bedeutender Töne, deren einige auch für sich bedeutend sind" (36). Diese Definition übernimmt er von ARISTOTELES, de interpretatione 4 (37): λόγος δὲ φωνὴ σημαντικὴ, ἧς ἔνια μέρη καθ' αὑτὰ σημαίνει τι. Rede (λόγος), eine e t w a s anzeigende Verbindung von Worten, ist ein Laut (φωνή), der konventionell etwas anzeigt und von dem ein einzelner Teil gesondert etwas anzeigt, als einfaches Sprechen (φάσις), nicht als ein Zusprechen (κατάφασις) oder Absprechen (ἀπόφασις). Es wird also noch nichts über die

---

(35) In der Philosophie von J.LOCKE erkennt HARRIS nur die Hälfte der Weisheit, weil dieser nur die Analyse als Wissenschaft ansieht. Hermes, S. 294 (dt.A.)
(36) Hermes, S. 18 f. (dt.A.)
(37) Das Wort ἑρμένεια im Titel des Werkes bezieht sich im Sinne von Kundgebung auf den Satz und die Satzteile, Nomen und Verbum. ARISTOTELES meint den Satz als Urteil und dessen Ausdruck, die Aussage, also eine Verbindung von Begriffen, die Wahres oder Falsches enthält (πρότασις, enuntiatio), nicht die Bitte, den Befehl und die Frage. Die Schrift will zur richtigen Beurteilung des Inhaltes und der Tragweite von Sätzen anleiten.

Existenz oder Nicht-Existenz von etwas ausgesagt.
Der Satz muß als Ganzheit gesehen werden und drückt
in dieser Ganzheit ein Urteil aus. Die Urteilskraft
des Verstandes hat bereits einen Sinn erzeugt, der
dann in der Bewegung des Sprechens durch den Zusammenschluß der Teile als Bedeutungsrepräsentanten
im Laut verstehbar gemacht wird. Erst aus der Bestimmung des Satzes ergibt sich die Definition des Wortes
als "ein bedeutender Ton, der keinen für sich bedeutenden Teil hat" (38). Damit ist auch gesagt,
daß das Wort in semantischer Hinsicht das kleinste
sprachliche Element ist. HARRIS beruft sich wieder
auf antike und byzantinische Grammatiker (PRISCIAN,
Th. GAZA) (39). Die Wörter als die kleinsten Bedeutungsträger, hinter die in der Semantik nicht
zurückgegriffen werden kann (40), finden ihre Funktion als Aussage-Element erst in der Konstitution
des Satzganzen, an der sie als Teile durch ihre
Bedeutung mitwirken. Die Funktion und Bedeutung
der einzelnen Wörter ist von der Intention des
ganzen Satzes abhängig. Das Wort erschöpft sich
also nicht in seiner lexikologischen Gestalt, in
der es eine Menge von Bedeutungen haben kann und
seiner Funktionalität wegen haben muß, sondern
erhält erst durch die jeweilige Zusammenfügung
im Satz seine Bestimmtheit (41). Der Satz ist
nach J. STENZEL "die Festrückung der an sich
schwankenden, mehrdeutigen Einzel'bedeutungen'"(42).
Eine Lautfigur wird erst dann zum Wort, wenn sie

---

(38) Hermes, S. 19 (dt.A.)
(39) Die Vorrangstellung des Satzes als Ganzes vor
 der Betrachtung der Begriffe, die ihr Maß erst
 in der Satzverbindung finden, entspricht der
 Methode von ARISTOTELES. Vgl. Met M 1084 b 5.
(40) Vgl. ARISTOTELES, de interpr 16 a 20-22; 16 b
 6-7.30-32
(41) Die Voraussetzung dafür besteht nach STENZEL
 in der relativen Unbestimmtheit des Wortes.
(42) STENZEL J., Philosophie der Sprache, Darmstadt
 1964, S. 48

im Satz eine den Sinn mitkonstituierende Funktion
übernehmen kann. Damit ist nicht gesagt, daß jedes
Wort für sich eine Bedeutung haben muß, jedoch ist
eine Einteilung der Wörter nach Arten, die sich
nach der jeweiligen Funktion bestimmen, notwendig.
Die Einteilung kann sich nicht danach richten, ob
ein Wort veränderbar ist oder nicht. Maßgebend ist
vielmehr, ob ein Wort eine absolute oder relative
Bedeutung hat (43). "Absolute Bedeutung" haben
Wörter, die für sich, d.h. ohne Verbindung mit anderen Wörtern eine Bedeutung haben (principals, significant by themselves); darunter fallen: Substantiva und Attributiva (Substantiva, Pronomina =
ὄνομαι; finite Verben, Partizipien, Adjektive =
ῥῆμα)(44).

HARRIS übernimmt die kategoriale Unterscheidung
des ARISTOTELES nach Substanz und Akzidenz, die im
ontologischen Sinne den Dingen zugeschrieben werden.
Die Substanz als erste Kategorie (οὐσία) hat ihren
Sinn und ihre Bedeutung in sich und kann nicht mehr
zur Bestimmung von anderem dienen (Met Z 1029 a 7).
Zur Bezeichnung der Substanzen dienen die Subjektiva.
Die Attributiva aber sind Bestimmungswörter der
Substanz. Sie sind nicht Substanz (An post 85 a 1),
aber setzen die Substanz voraus und finden sich in
der Substanz als συμβεβηκότα oder Prädikate. "Das
Verbum ist ein Wort, das die Zeit mit anzeigt, dessen
Teile nie etwas für sich bedeuten, und das immer
etwas zu verstehen gibt, was von einem anderen gilt
(was an oder in einem Subjekt ist)... Die Verba sind,
für sich allein ausgesprochen, Nomina und zeigen
etwas an... aber sie zeigen noch nicht an, ob das
Bezeichnete ist oder nicht" (De interpr 16 b). Mit

---

(43) Hermes, S. 24 (dt.A.)
(44) Vgl. ARISTOTELES, Poetik 1456 !

dieser Gliederung deutet HARRIS bereits die aristotelische Subjekt-Prädikat-Synthese an, ohne die kein Satz bestehen kann. Darauf muß später noch genauer eingegangen werden (45). Alles selbstbedeutenden Wörter sind also entweder Substantiva oder Attributiva.
"Relative Bedeutung" haben Wörter, die nur in Verbindung mit anderen Wörtern ihre Bedeutung erhalten (accessories, significant by relation); dazu gehören: "definitives" (Verbindung mit einem Wort: Artikel und adjektivisches Pronomen) und "connectives" (Verbindung mit mehreren Wörtern: Konjunktionen und Präpositionen)(46).
Was bei HARRIS widersprüchlich erscheint, daß er nämlich auch die Attribute zu selbständigen Wörtern zählt, obwohl sie als Prädikate nur mit der Substanz gedacht werden können, erweist sich als getreue Übernahme aus der Sprachlogik des ARISTOTELES. ῾Ρήματα σημαντικά entsprechen einer außersprachlichen Wirklichkeit, nicht dagegen die rein sprachlichen Instrumente, deren Bedeutung nur in ihrem Verhältnis zu anderen Wörtern liegt. In De interpretatione 17 a 39 ff. spricht ARISTOTELES nicht mehr von Wörtern, sondern von Sachen (= πρήματα ), denen Namen gegeben werden. Die Namen in der Rede stehen für die Sachen (47). Eine außersprachliche Sache ist aber nicht außerhalb des Denkens. Die Sprache kennt nur gedachte Sachen. Die Sachen der Sprache sind gemeinte Sachen. Das Prädikat aber ist Gegenstand des Denkens; es wird durch die synthetische Leistung des Verstandes von der Substanz ausgesagt, mit der es in Beziehung gesetzt wird. Es kommt zwar der Substanz zu und bestimmt sie weiterhin, es kann auch niemals

---

(45) Vgl. de interpr 1.4.5.6.9; Met Θ 1051 b 1!
(46) Vgl. Poetik 1456 b 38! Diese Wortarten, sowie die Genera des Verbs, Partizip und Attribut, Adverb u.a. bleiben in dieser Arbeit unberücksichtigt, weil sie für den Zusammenhang von Urteil und Satz im Vergleich zu den Hauptbestandteilen des Satzes von untergeordneter Bedeutung sind (Vgl. Hermes, S. 276)
(47) Vgl. El soph 165 a 6-8!

als Substanz für sich existieren, aber es muß als
allgemeiner Begriff sehr wohl von der Substanz qualitativ unterschieden werden und hat eine eigene Seinsweise.

5. Substantive dienen zur Bezeichnung von Begriffen
für Substanzen als solchen (οὐσία)(48): natürliche
Substanzen und abstrakte Substanzen, die durch Abstraktion eines Attributs von seinem notwendigen
Subjekt im Verstand erzeugt werden. Abstrakte Substanzen werden ebenfalls durch Substantiva bezeichnet. Die Klasse der Substanzen läßt sich nach Begriffen für die Gattungen, die Arten und die Individuen
untergliedern und die entsprechenden Wörter richten
sich nach dem ontologischen Befund. Die Gattung um -
faßt mehrere Arten, der Art wohnen mehrere Individuen
inne. Das Einzelne ist seiner Natur und seiner Benennung eine unmittelbare Besonderheit und Einheit, die
niemals als solche vervielfältigt werden kann.
Der Begriff ist eine Einheit, weil er das Ding an
sich ohne akzidentelle Zutaten bezeichnet. Dieses
Ding an sich ist der Artunterschied oder die Art
selbst, die nicht durch Zusammensetzung mit der Gattung, sondern dadurch entsteht, daß die Gattung
sich in der Art verwirklicht (49). Das Einzelne
steht dadurch im Gegensatz zum Allgemeinen, das
von einem bestimmten Träger abstrahiert ist und
umgekehrt mehreren Einzelwesen auf begrifflichem
Wege mitteilbar ist. In der Sprache steht für die
Substanzen das Nomen. Dieses ist ein Laut, der
konventionell e t w a s bedeutet, ohne eine Zeit
einzuschließen, und ohne daß ein Teil von ihm
eine Bedeutung für sich hat. Die Bestimmung 'kon-

---

(48) ARISTOTELES unterscheidet zwischen erster und
zweiter οὐσία. Die Substanz in der ersten Bedeutung wird von keinem Subjekt ausgesagt, aber
ihr werden alle Prädikate beigelegt. Dieses positive Merkmal trifft auf das Individuum zu, das
im genetischen Urteil nie Prädikat wird (Vgl.
Kat 2 b 15; Met Δ 1017 b 13). Die zweite οὐσία
sind Arten und Geschlechter (Kat 2 a 17). Sie
treten selbständig als Subjekte auf, aber können
auch, indem sie das Wesen der Individuen ausdrücken, als deren Prädikate erscheinen.

ventionell' (auf Grund von Übereinkunft) will
sagen, daß kein nomen von Natur ein solches ist,
sondern erst dadurch, daß es zum Zeichen geworden
ist. Auf der sprachlichen Seite wird die Differenzierung in Einzelnes und Allgemeines durch die Verwendung des Numerus markiert. Psychologische "Spekulationen" über den Sprachausdruck veranlassen
HARRIS, nur den Substantiven für Gattungen und
Arten einen Numerus zuzusprechen, weil unter ihnen
eine Mehrzahl von Begriffen gefaßt werden kann,
während die Individuen eine wesenhaft unteilbare
Einheit darstellen (50). Als besondere Schwierigkeit stellt sich für HARRIS die Erklärung der Geschlechtsbezeichnung bei Substanzwörtern heraus,
die eine Gattung und eine Art bezeichnen, und bei
abstrakten Substanzen. Dieses Problem beschäftigt
noch die zeitgenössische Sprachwissenschaft. HARRIS
geht zur Erklärung den Weg der Analogie: a) Angleichung im Bau des Wortes, oder b) Vergleich mit bekannten natürlichen Dingen. In einer gewagten psychologischen Bestimmung weist er den Maskulinwörtern
einen tätigen Einfluß und den Femininwörtern die
Anlage zu passivem Aufnehmen und zum Hervorbringen
zu.

Pronomina erklärt HARRIS aus der Mitteilungssituation
der Deixis, in der Gegenstände $τῆς πρώτης γνώσεως$ (51)
durch Zeigen mit der Hand in die Kommunikation hereingeholt werden. Die Sprache setzt anstelle des
Zeigens Wörter. Seine psychologische Analyse führt
ihn zu der Feststellung, daß die Pronomina zwar der
Person nach zum Zwecke der Bestimmung der Gesprächsgegenstände unterschieden werden, aber einer Geschlechtsbezeichnung nicht bedürfen, weil mit Ausnahme der
dritten Person Charakter und Unterscheidungsmerkmale
bekannt sind. Die adjektivischen Pronomina zählt
HARRIS zu den Definitiva, "weil sie nicht die Stelle

---

(49) Vgl. Met Z 1037 b 24 f.!
(50) Hermes, S. 52 (dt.A.)
(51) ebenda, S. 54 (dt.A.)

eines Nomens vertreten, sondern bloß zur Bestimmung
desselben dienen" (52). Lediglich das Relativpronomen
will er - allerdings mit verwirrenden Argumenten -
zu den Substanzwörtern rechnen, weil es die Stelle
eines Substantivs einnehmen kann. Warum aber sollte
es infolge des Charakters eines Konnektivs zu den
selbstbedeutenden Lauten gezählt werden?

6. Attributiva sind alle jene Wörter, die die Funktion eines Prädikats im Urteil annehmen können. Im
Hinblick auf die aristotelische Schrift über den
Satz scheint HARRIS der Terminus Attributiva eher
dem Charakter von Bestimmung der Substanzen ($\hat{ρῆμα}$)
zu entsprechen als der Terminus Tätigkeitsbegriff,
den K.F.BECKER immer wieder für das Prädikat anführt (53). Unter die Attributiva rechnet HARRIS
das Eigenschaftswort, Zeitwort und Partizip. Weil
diese als Bestimmungswörter den Substanzen beigelegt
werden können, machen sie in der Funktion des Prädikats das Urteil in seiner eigentlichen Form aus (54).
Bei ARISTOTELES gehören Satz und Urteil eng zusammen (55),
obgleich er einige Formen der Rede in die Poetik
und Rhetorik verweist.

Der allgemeinste Begriff, der in einem Urteil der
Substanz beigelegt werden muß, ist der Begriff der
Existenz, der in der Kopula zum Ausdruck kommt.
"Denn Existenz läßt sich als ein allgemeiner Gattungsbegriff ansehen, auf den jedes Ding, von welcher
Art es sei, zu jeder Zeit bezogen werden muß" (56).
HARRIS führt - ohne Angabe der Quelle - als griechische Bezeichnung des Prädikats den Terminus $\hat{ρῆματα}$
$\hat{ὑπαρκτικά}$ an. Dieses Wort ist in der Tat zweckmäßiger für die Bezeichnung der eigentlichen Funktion des Prädikats als der stumme Terminus 'Kopula',

---
(52) Hermes, S. 60 (dt.A.)
(53) Der BECKERsche Terminus hängt mit dessen Überlegung über den Zusammenhang von Geist und Sprache zusammen, in dem er von der ARISTOTELES-Rezeption TRENDELENBURGS beeinflußt ist.
(54) Die Kategorien gehören bei ARISTOTELES in Satz und Urteil zur Prädikation.
(55) Vgl. de interpr 16 a ff.!
(56) Hermes, S. 73 (dt.A.)

weil es sehr viel mehr den Bedeutungscharakter des
Prädikats herausstellt: es drückt erstens aus, daß
das Ausgesagte existiert, zweitens, daß es a n der
Substanz existiert und die Substanz bestimmt. Die
entsprechenden griechischen Termini sind: ὑπάρχει,
ἐστίν, πέλει, γίγνεται (57). Zur Bezeichnung einer
bestimmten Existenz in der Zeit muß ihm eine besondere Form hinzugefügt werden, durch deren Ausdruck
eine Behauptung (assertion) entsteht. Die Kopula
macht zusammen mit Substanz und Attribut eine Behauptung aus. "Die einfache Aussage ist ein Laut,
dazu bestimmt, den Bestand oder Nichtbestand eines
Dinges mit Unterscheidung der Zeiten anzuzeigen" (58).
Bei der Bezeichnung einer unveränderlichen Existenz
ist die Kopula ohne Zeitbezug, weil sie die notwendige Existenz einer Substanz behauptet (59).
Verba haben den Charakter eines Attributs und einer
Behauptung in eins. Ihre Differenzierung ist nur gedanklicher Art und muß in der gleichen unterschiedenen Form nicht seinen unmittelbaren sprachlichen
Niederschlag finden. Die Arten der Attributiva unterscheiden sich nach dem Prinzip der Bewegung, das dem
Denken und Sein gemeinsam ist. Da die Aussage des
Urteils nach den Verhältnissen des realen Werdens
bestimmt ist und über ihre grammatische Form hinaus
die Sache anspricht, spiegelt die Form des Prädikats
den Bewegungsprozeß der realen Sache oder Eigenschaft
wider. Die Prädikation ist deshalb prinzipiell genetisch bestimmt (ὅπερ καὶ ἐγένετο)(60) nach dem
Maß der Bewegung. Bewegung und Veränderung sind
aber Zeichen der Zeit; sie veranlassen die Vernunft

---

(57) G. PATZIG (die aristotelische Syllogistik, Göttingen ³1969, S. 22) hat wieder darauf aufmerksam gemacht, daß die Kopula nicht eigentlich eine Gleichsetzung ausdrücken will, sondern eine Zusammengehörigkeit von Begriffen. Daß hierin auch der Gedanke der Existenz impliziert ist, will PATZIG allerdings nicht wahrhaben.
(58) ARISTOTELES, de interpr 17 a
(59) Hinweis auf BOETHIUS, in lib. de interpr 307
(60) An post 83 a 1

zur Vorstellung von Zeit. Das Verbum in seinen verschiedenen Bezügen zur Zeit und Bewegung ist deshalb das Urteilswort schlechthin, denn es prädiziert die Substanz hinsichtlich der zwei wesentlichen objektiven Momente, der Tätigkeit und der Zeit. Die Tempusformen zeigen die verschiedenen Zeitbezüge der Bedeutung an, ohne daß sich die Bedeutung ändert.

7. Besondere Beachtung verdient der Versuch von HARRIS, aus den psychologischen Grundlagen des Zeitbewußtseins ein allgemeines Konstruktionsprinzip für die Tempusformen zu gewinnen. Er bezieht sich dabei auch mit Zitaten auf die Physik-Vorlesungen des ARISTOTELES. Die Zeit hat die Struktur eines Kontinuums und der Ausdehnung. Die Zeit läßt sich unbegrenzt teilen, aber sie ist nicht aus Teilen zusammengesetzt (61). Alle Teile der Zeit sind auch selbst wieder Zeit; der Teilungspunkt der Zeit ist der Moment, der selbst kein Teil der Zeit sein kann, sondern nur deren Grenze (62). Die Zeit ist nicht aus einer Menge von "Jetzen" zusammengesetzt und das Jetzt ist kein Maß der Zeit, sondern ein sich immer Veränderndes, das Kontinuum der Zeit (63). Der Moment, der immer in der Zeit existiert, ermöglicht die Erkenntnis des Wesens der Zeit: als Grenze der Zeit ist er die Verbindung des vollendeten Vorher und der Anfang des Nachher, beide stoßen im Moment aneinander (64). Der Moment "liegt in dem Stetigen zwischen dem Vergangenen und Künftigen so in der Mitte, daß er die Zeit in allen ihren Teilen zu einem vollkommenen und vollständigen Ganzen macht" (65). Die Zeit erkennen wir, wenn wir das Kontinuum der Bewegung mit Hilfe von 'vorher' und 'nachher' bestimmen, denn die Zeit ist uns in ihrer Totalität nicht gegeben. "Wir stellen fest, daß 'vorher' etwas anderes ist als 'nachher' und daß obendrein noch ein 'dazwischen' hinzukommt. Wenn wir die Außen-

---

(61) ARISTOTELES, Physik 231 b 16 ff.
(62) ebenda, 218 a 6.24
(63) ebenda, 222 a 10
(64) ebenda, IV 19
(65) Hermes, S. 85 (dt.A.); Vgl. Physik IV 19.

punkte als etwas vom 'dazwischen' Verschiedenes erkennen, und die Überlegung das 'vorher' und 'nachher' als zwei 'jetzt' bezeichnet, so sagen wir dies sei die Zeit. Was von den beiden 'Jetzt' begrenzt ist, ist Zeit ... Wenn wir ein 'Jetzt' isoliert als einen Augenblick betrachten, ohne es mit einem 'vorher' oder 'nachher' in einer Bewegung zu verbinden oder damit zu identifizieren, so scheint keine Zeit verflossen zu sein, weil auch keine Bewegung stattgefunden hat. Erst wenn ein 'vorher' oder 'nachher' hinzukommt, sprechen wir von Zeit" (66).
Der Moment vermittelt uns den Begriff der Zeit, aber er ist nicht der Begriff der Zeit selbst, denn es kann keine gegenwärtige Zeit geben. HARRIS zieht daraus den Schluß, daß Zeit nicht ein Gegenstand der Sinneserfahrung ist, weil die Sinne Erfahrenes nicht festhalten können, während doch die Erkenntnis der Kontinuität der Zeit in Bezug auf das Vergangene die Fähigkeit des Festhaltens, des Gedächtnisses voraussetzt, und in Bezug auf das Zukünftige die Fähigkeit des Antizipierens, einer Art von "analogischem Schluß vom Ähnlichen auf Ähnliches, von bereits vergangenen Reihen von Begebenheiten auf ähnliche Reihen, die man künftig vermutet" (67). Zeit kann daher nur ein Verstandesbegriff sein, weil nur das Gedächtnis, die Einbildungskraft und der Verstand die einzelnen Augenblicke im Kontinuum zu der Vorstellung von Zeit begrifflich vereinigen können. Vornehmlich der Gedanke der Zukunft weist Zeit als Verstandesbegriff aus, weil Zukunft noch jeglicher Realität entbehrt. Auch das Vergangene existiert nur durch die Leistung des Verstandes. Das Erlebnis des vorübergehenden Augenblicks aber vermittelt nur die Kenntnis des Vergangenen und das Zukünftige wird nur aus dem Vergangenen erschlossen. Von der Kenntnis der Gegenwart aus

---

(66) ARISTOTELES, Physik 219 a 10 - b 3; übersetzt
    von I. DÜRING, Aristoteles, Heidelberg 1966, S. 322
(67) Hermes, S. 90 f. (dt.A.)

läßt sich deshalb der unterste Ansatz der Zeiteinteilung machen: Gegenwart ⟶ Vergangenheit ⟶ Zukunft. Die Fähigkeit der Antizipation, die Gegenwart und Vergangenheit voraussetzt, findet sich nur auf der obersten Bewußtseinsstufe.

Der Schlüsselpunkt der Zeit ist der reelle und unteilbare Augenblick, der immer neu Vergangenheit und Zukunft voneinander abgrenzt, sie aber gleichzeitig in der Verknüpfung beider gegenwärtig macht. Der Augenblick konstituiert stetig Gegenwart, die notwendig Vergangenheit und Zukunft miteinbegreift. Denn an den Augenblick grenzt Vergangenes und Zukünftiges; Vergangenes wird abgeschlossen und Zukünftiges beginnt. Der zwischen zwei 'Jetzt' gelegene Abschnitt des Kontinuums ermöglicht ein Messen und Bestimmen von Zeit, eine Zeiteinteilung. Durch die Konstitution von Gegenwart werden bestimmt ausgedehnte Zeiten als Teile des Kontinuums festgelegt. Auch innerhalb einer bestimmten Zeit lassen sich Anfang, Mitte und Ende als Teile bezeichnen.

Aus diesem Grundgedanken entwickelt HARRIS sein Temporalsystem in der Grammatik, wobei er Bezug nimmt auf die alten Grammatiker SCALIGER, William GROCIN, Th. GAZA, APOLLONIUS und PRISCIAN. Die absoluten Zeitstufen Gegenwart, Vergangenheit und Zukunft sind selbst nicht als Anfang, Mitte und Ende des unendlichen Zeitflusses bestimmt (=Aorist); sie sind nicht in ihren Grenzen festzulegen, weil die einzige Grenze der Zeit der Augenblick ist, der sich wiederum nicht in die Grenzen von Vergangenheit und Zukunft einschließen läßt, sondern beiden als Ende und Anfang angehört. Dagegen stellt die Grammatik zur Angabe einer bestimmten Zeit innerhalb jeder Zeitstufe Tempusformen für die Bezeichnung des Beginnens, des Verlaufs und der Vollendung auf. Den Incohativa fehlen dabei die Formen des Perfektums. Das Perfektum bezeichnet eigentlich auch nicht die Vollendung des

Vergangenen, sondern des Gegenwärtigen. Für HARRIS
ist dieses Zeitsystem nicht so einzigartig, daß es
sich in jeder Sprache an den jeweiligen Ausdrücken
auffinden ließe. Es müßte sonst ein strenger Parallelismus zwischen Seele und Sprachmitteln angenommen
werden, während letztere doch oft ein- oder mehrdeutig verwendet werden. Außerdem kann Zeit nicht so in
ein System eingeschmolzen werden, wenn ihr Grundcharakteristikum, die Kontinuität, nicht verloren gehen
soll.

8. Zur Erklärung der Modi des Verbums nimmt HARRIS
seine frühere Einteilung der Satzarten wieder auf,
nach der die menschliche Rede Äußerung und Darstellung der Vorstellungs- oder der Willensbewegung im
Bewußtsein ist. Die Modi der Grammatik lassen in
ihren Zeichen die Bewegungen der Seele ihrer jeweiligen Art nach erkennen (Th. GAZA: Der Modus ist ein
Wollen oder eine Bewegung der Seele durch Worte
ausgedrückt). "Wenn es sich mithin bezüglich der
Meinung so verhält und die durch die Stimme ausgedrückten Bejahungen und Verneinungen Symbole oder
Zeichen dessen sind, was in der Seele ist, so ist
auch offenbar der Bejahung die Verneinung bezüglich
desselben Allgemeinen konträr" (68).
Die Modi übernehmen eine wichtige Bedeutungsfunktion.
Modi geben "die Seele und ihre Veränderungen auf eine
oder andre Art zu erkennen" (69). An mehreren Beispielen macht HARRIS deutlich, daß der Modus eine
Beziehung von Begriffen im Verstand ausdrückt, die
auch mit der Vorstellung von Zeit zusammenhängen.
Der Indikativ behauptet die Tatsächlichkeit und
Gewißheit der Verknüpfung von Subjekt und Prädikat
in jedem Abschnitt der Zeit. Weil im Indikativ notwendige Wahrheiten und beweisende Vernunftschlüsse
als positive Behauptungen ausgesagt werden, nennt

---

(68) ARISTOTELES, de interpr 24 b 1
(69) Hermes, S. 123 (dt.A.)

ihn HARRIS den wissenschaftlichen Modus (the Mode of Science) (70). Der Potentialis dient dem Ausdruck einer bloß möglichen Behauptung, der die Gewißheit mangelt; der Infinitiv hält den Ausdruck der Tätigkeit in der Unbestimmtheit (vermutender Modus); der Interrogativus ist der Modus des Zunehmens an Erkenntnis, weil er eine Erwiderung in der Form einer Behauptung verlangt; der Requisitivus intendiert vornehmlich die Erfüllung der Willensbewegung in der Zukunft durch Worte oder Handlungen.
Auch im Bereich des Modus kann HARRIS den sprachlichen Ausdruck nicht mit der Struktur des Bewußtseins identifizieren, obwohl er an einem fundamentalen Zusammenhang beider festhält. Die Modi charakterisieren den Satz nach der Natur des Inhalts der Verknüpfung von Subjekt und Prädikat. K.F. BECKER hat in einer weitergehenden Interpretation des sprachlichen Befundes zwischen den Modi der Aussage (Urteil oder Wunsch) und den Modi des Prädikats (Wirklichkeit, Möglichkeit usw.) unterschieden. Diese Distinktion finden wir noch nicht bei HARRIS, weil dieser sich noch streng an die Tradition der älteren Grammatik hält und die Differenz von Erkennen und Darstellen nicht bedacht hat (71). Für BECKER ist nämlich der Modus der Aussage im Hinblick auf Verhältnisse von Gedanken des Erkennens und Begehrens zu betrachten, der Modus des Prädikats im Hinblick auf die prädizierte Einheit der Begriffe des Seins und der Tätigkeit im Satz. Differenz heißt aber nicht, daß die Sprache in ihrer grammatischen Struktur den Modus der Aussage vom Modus des Prädikats abtrennt. Das widerspräche ihrer organischen Struktur.
Numerus und Person des Verbums, sowie Adjektive beziehen sich nicht auf das Wesen der Substanzen, sondern auf Qualitäten und bestimmen diese mit größerer Genauigkeit.

---

(70) Hermes, S. 139 (dt.A.)
(71) Vgl. Kap. III, § 1 !

## § 4  JOHANN WERNER MEINERS VERSUCH EINER PHILOSOPHISCHEN SPRACHLEHRE

1. Ein weiterer bedeutender Versuch zur Begründung einer allgemeinen, philosophischen Grammatik wurde 1781 von Johann Werner MEINER unternommen.(1). Nach seiner eigenen Charakteristik dieser Aufgabe muß MEINER in die Tradition von HARRIS gestellt werden, wenn sich auch eine direkte Abhängigkeit nicht nachweisen läßt und in Anbetracht der Ergebnisse unwahrscheinlich ist. Ein Einfluß auf BECKER und seine Freunde dürfte schon wegen der gemeinsamen Grundlegung der Sprachauffassung in der Philosophie von ARISTOTELES und der aristotelischen Tradition, auf die im folgenden an einigen wichtigen Stellen hingewiesen wird, wahrscheinlich sein.

In der Differenzierung von philosophischer und deskriptiv-vergleichender Sprachlehre (=harmonische Sprachlehre) weist MEINER in seinem Werk der ersteren die größere Bedeutung zu. Die philosophische Sprachlehre nimmt "ihre gemeinschaftliche Regeln aus der allgemeinen Beschaffenheit des menschlichen Denkens" (2), die harmonische aber "aus der Vergleichung etlicher Sprachen gegeneinander". MEINER macht also den Versuch, die Konstruktion von Grammatik aus den Bedingungen des menschlichen Verstandes, dem Konstitutivum von Sprache überhaupt, zu erklären. Die Methode des Forschens kann deshalb nicht die der deskriptiven Sprachlehre sein, weil sie zur Erklärung der Tiefenstruktur (3) von Sprache nicht hinreicht – ganz abgesehen davon, daß sie sich ihrer eigenen apriorischen Beurteilungskriterien nicht gewiß ist. Eine Semantik und Syntax von Sprache kann nur durch Entwicklung

---

(1) Von J.G. HAMANN wird dieser Versuch als "die beste Philosophie über die Sprache" bezeichnet. In: HAMANNs Schriften, ed. F.ROTH, Bd. 7, Berlin 1825, S. 282
(2) Versuch einer an der menschlichen Sprache abgebildeten Vernunftlehre oder Philosophische und allgemeine Sprachlehre, Vorrede, S. V
(3) Der Begriff "Tiefenstruktur" meint hier nicht dasselbe wie in der Generativen Grammatik.
In dieser genannten unterschiedlichen Sprachbetrachtung lag in der späteren Zeit auch die Ursache für

von allgemeinen Kriterien, die jeder Grammatik zukommen, gewonnen werden. Einen Ansatz findet MEINER nicht in dem Vergleich einzelner Sprachen, sondern nur in der "Meditation a priori", denn sie "unterrichtet uns von dem Grunde, warum diese Eigenschaften und Regeln gemeinschaftlich seyn müssen"(4). Denn Sprache ist "eine sinnliche Abbildung unserer Gedanken" (5). MEINER geht den Weg einer transzendentalen Sprachbetrachtung, nach der Sprache dem Denken wesenhaft zugeordnet ist und daraus ihre Erklärung findet. Das Denken liefert die Kategorien und Ideen, nach denen eine Grammatik aufgebaut und erklärt werden kann. Für seine Theorie sucht er in den damaligen Sprachen auch eine empirische Bestätigung. Er nimmt bei der Bestimmung der grammatikalischen Elemente des Satzes bewußt auf psychologische Vorgänge Bezug, ohne einen direkten Parallelismus zwischen Sprechen und Denken zu behaupten (6).

2. In der Vorrede kommt er bereits auf das Kernproblem der Grammatik zu sprechen: die Subjekt-Prädikat-Struktur des Satzes. Diese Struktur liegt nach seiner Ansicht in der psychischen Struktur des Denkens begründet, das ein Denken "im Satze" ist (7), insofern im Gedanken und im Satz etwas unselbständigeres mit etwas selbständigerem verbunden und getrennt wird und "diese Verbindung oder Trennung beyder Dinge ein Satz genennet wird" (8). Zur Äußerung dieser Verstandestätigkeit bedarf es zweierlei Arten von Wörtern: "1. solche, die etwas, es mag von Natur selbständig seyn oder nicht, dennoch als selbständig vorstellen, welche deshalb Substantiva genennet werden; 2. solche, die etwas als unselbständig vorstellen", Adjektiva und Verben (9).

---

den Streit zwischen J.GRIMM und K.F. BECKER. Vgl. MAGER, Die grammatischen Kategorien, in: Pädagogische Revue 3 (1841) 321-371!
(4) Vorrede, S. V
(5) ebenda, S. VIII
(6) ebenda, S. IV und XXXVII. Vgl. HARRIS !
(7) MEINER spricht vom "gedachten Satz". Vorrede, S. XXXVI
(8) Vorrede, S. XXXVII
(9) ebenda

Diese Ausdrucksweise, wie auch die gesamte Darstellung seiner Theorie läßt erkennen, daß MEINER nicht mehr über das ontologische Fundament der Vorstellungen und Begriffe, aus denen die Wörter und Sätze hervorgehen, reflektiert, wie es vor ihm HARRIS und nach ihm BECKER taten. Der menschliche Verstand ist nurmehr seiner formalen Struktur als Schema für Begriffsverhältnisse nach die Grundlage der Sprache. Wir finden also bei ihm keine Erklärungen über die Entstehung und das Wesen allgemeiner Ideen oder Verstandesformen. Der Einteilungsgrund der Wörter in die zwei Klassen der Substantive und Verben bzw. Adjektive sind nicht die aristotelischen Kategorien, die auf ontologischen Befunden beruhen (vgl. K.F. BECKER), sondern die schöpferische, geistige Kraft der Nation, die sich die Dinge in der jeweiligen Art und Weise vorstellt (10). Man kann sagen, daß MEINER seine Sprachlehre eher nach strukturpsychologischen Kriterien, die nur noch auf der Terminologie der tradierten aristotelischen Psychologie beruhen, aufgebaut hat als nach ontologischen und hermeneutischen wie bei J. HARRIS. Es stellt sich für ihn nicht mehr die Frage, ob die Begriffe der Wirklichkeit entsprechen; er nimmt nur Bezug auf ein Kategorisierungsschema des Verstandes, das Klassen von Wörtern bildet und diese aufeinander bezieht. Die Wörter lassen sich in einer semantischen Analyse nicht auf ihren Begriff hin bestimmen, sondern nurmehr die Funktion in der Subjekt-Prädikat-Struktur gibt dem Wort seine Form. Die Logik der Meinerschen Sprachlehre hat sich bereits stark formalisiert und verselbständigt. Es mangelt seiner Theorie an einem ausreichend faßbaren Begriff

---

(10) Versuch einer an der menschlichen Sprache abgebildeten Vernunftlehre..., Vorrede, S. VIII. Die Bezugnahme auf den Geist der Nation als das sprachbildende Fundament der Grammatik wird von H.E. BREKLE als Lieblingsidee der frühen historisch-vergleichenden Sprachwissenschaft bezeichnet (Einleitung, S. 21*). Wir finden diesen Gedanken auch bei HUMBOLDT, HARRIS und BECKER, aber mit sehr viel besseren Argumenten und Begründungen. HARRIS sieht die Wirksamkeit dieses Geistes nicht auf der Ebene

des Geistes im Sinne einer erkenntnisbegründenden und
von Prinzipien geleiteten ἐνέργεια. So bleibt nur von
einer Struktur des Verstandes, die in Zeichen sichtbar
wird, zu reden. Der Begriff des Transzendentalen ist
daher gegenüber HARRIS oder BECKER verändert.
Die allgemeine Struktur des Verstandes ist nach MEINER
derart, daß im Denken ein Urteil zustande kommt durch
Verknüpfung bzw. Trennung von Subjekt und Prädikat.
Subjekt und Prädikat werden nicht nach ontologischen
Prinzipien als selbständig und unselbständig bestimmt,
insofern in ihnen die sinnlichen Gegebenheiten der
Welt ihrem Sein nach gedacht werden, sondern sie stellen von ihrer logischen Funktion her eine kategoriale
Struktur zur Einteilung der Begriffe dar, die in der
Struktur des Verstandes selbst liegt. Ein Begriff wird
zum logischen Subjekt, d.h. er wird selbständig, insofern er auf Grund seiner Funktionalität innerhalb eines
Urteils auf ein Prädikat bezogen und deshalb als von
diesem unabhängig gedacht wird. Der gleiche Begriff kann
auch die Form des Prädikats annehmen, wenn der Verstand
ihm die Stelle zuweist.

3. Die Struktur der Sprache wird also aus einer "sinnlichen" Logik erklärt, die alle Dinge der Welt entweder
in unselbständigen Begriffen oder in selbständigen
faßt und miteinander verbindet oder voneinander trennt.

---

    der allgemeinen Verstandesformen, sondern auf der
    Ebene der artspezifischen Differenzen, die bei aller
    Ähnlichkeit der fundamentalen Sprachstruktur die
    Verschiedenheit der Einzelsprachen hervorkehren.
    BECKER erkennt in der individuellen Sprache nur
    eine besondere Erscheinungsform der allgemeinen
    Gesetze des Denkens und der Anschauung (Organism
    der Sprache, S. XVII). Eine ähnliche Formulierung
    verwendet auch MEINER (Vorrede, S. XCV), wenn er
    sagt, daß sich die eigentümlichen Sprachlehren
    gegen die allgemeine nicht anders verhalten wie die
    Individuen gegen die Art. Aber er begnügt sich mit
    dem Abstraktum 'Geist der Nation', ohne dessen Zusammenhang mit der Vernunft zu erläutern. Der von
    ihm gebrauchte Begriff 'Geschichte des menschlichen
    Verstandes' erscheint deshalb unverständlich, weil
    erstens nicht unmittelbar von der Sprachgestalt auf
    den Geist geschlossen werden kann und weil zweitens
    die Kriterien für den Begriff 'Geschichte' und 'Vervollkommnung der Sprache nicht klar werden.

Das Kriterium für den Charakter eines Wortes ist nur seine Funktion im Rahmen einer Aussage. Das Subjekt z.B. wird als solches nur im Hinblick auf das andere Element, das Prädikat gedacht (11). Davon muß die metaphysische Logik unterschieden werden, in der die Wörter als Begriffe nur in einer Beziehung zu ihrer Natur gedacht werden. Der Satz, der als Grundbegriff der Sprachlehre das Urteil repräsentiert, bildet die sinnliche Logik ab. Aus der Satzstruktur lassen sich demnach die Wortklassen und Wortformen ihrer semantischen wie syntaktischen Funktion nach ableiten (12). Der Satz des Vorstellungsvermögens (des Gedankens) stellt das Klassifikationsprinzip für den lexikalischen Wortvorrat auf. Die Form des Wortes wird danach bestimmt, welche Funktion der ihm zugrundeliegende Begriff im Satz einnehmen soll. Die Funktion des Subjekts kann nur einem Substantiv erfüllt werden, weil es ein Selbständiges repräsentiert, das auf etwas unselbständigeres bezogen werden kann. Die Logik stellt dabei die bezeichnete Sache als etwas Selbständiges vor, wenn es auch seinem Sein nach etwas Unselbständiges ist. Substantive sind also nicht Repräsentanten ontologisch bestimmter Substanzen, sondern Produkte des Vorstellungsvermögens und als solche in der Sprache ausgedrückt. Denn "die Sprache, im weitläufigsten Verstande genommen, ist eine durch willkürlich gewählte und gleichsam verabredete Zeichen bewirkte Abbildung alles dessen, was in unserer Seele vorgeht" (13).
MEINER rekurriert in der Betrachtung des Verhältnisses von Laut und Begriff auf das Prinzip der Arbitrarität (14), den Zeichencharakter der Sprache. Philosophische Grammatik hat darüber zu befinden, welche Struktur der

---

(11) Vorrede, S. LXIII
(12) M.H. JELLINEK hat herausgefunden, daß MEINER als erster in Deutschland den Gedanken durchführte, "die Bedeutung der Wortklassen und Wortformen aus dem Satz heraus zu entwickeln" (In: Zur Geschichte einiger grammatischer Theorien und Begriffe, in: Indogermanische Forschungen 19 (1906) 274 f.).
(13) Versuch einer an der menschlichen Sprache abgebildeten Vernunftlehre..., S. 1 (abgekürzt: Versuch)
(14) Vgl. COSERIU E., L-arbitraire du signe. Zur Spätgeschichte eines aristotelischen Begriffes!

Begriffs- und Urteilsbildung das Denken aufweist und in welcher Weise der Laut den Zeicheninhalt ausdrückt und mitteilt (= semantische Funktion). Das Wort ist nicht Abbildung des Gegenstandes, sondern des Denkens. Die Form des Wortes bezeichnet den Begriff, der durch seine Einheit auch die Einheit des Wortes erzeugt. Die Verschiedenheit der Begriffe geht nur auf die Unterschiede der Vorstellungsart der sinnlichen Logik zurück. Die logische Differenzierung entwickelt zwei Klassen von Begriffen: a) Dinge, die infolge ihres selbständigen Charakters entweder als Individuen durch ihre Einzigartigkeit ausgezeichnet sind und wesentliche und zufällige Eigenschaften in sich schließen (15) oder als Species, welche die Eigenschaften mehrerer Dinge gleichen Namens als Inbegriff in sich schließen und durch den Artikel als selbständig bestimmt werden (16); b) Begriffe, die infolge ihres unselbständigen Charakters entweder an einem Ding (absolute Adjektiva und Verba) oder zwischen zwei selbständigen Dingen gedacht werden (relative Adjektiva und Verba). Die Logik des Verstandes bringt die Begriffe nach ihren eigenen Bedürfnissen in die ihr immanente Grundstruktur des Satzes, der das Subjekt (selbständig gedachtes) und das Prädikat (unselbständig gedachtes) als Hauptteile durch die Kopula verbindet oder trennt. Die ontologische Unterscheidung von Substanz und Akzidenz ist dabei ohne Belang (17).

4. Aus der Struktur des Satzes erhalten die einzelnen Worte ihre logisch-semantische Qualität. Ein als Subjekt verwendetes Wort drückt stets einen selbständig gedachten

---

(15) Die 'descriptio' ist der einzige Weg zu ihrer Bestimmung.
(16) Hierfür gilt der philosophische Terminus 'definitio' durch den ihre Struktur aufgeschlossen wird.
(17) Die Grundstruktur des Gedankens besteht stets aus einer Synthese von Selbständigem und Unselbständigem. Die ontologisch orientierten Termini 'substantia' und 'accidentia praedicamentalia' hält er von seiner Theorie fern.

Begriff aus, der die Form eines Substantivs und seine Bedeutungsqualität in der Abgrenzung von dem unselbständigen Prädikat erhält. Wie ist dieses Verhältnis zu verstehen ? MEINER nimmt die aristotelische Einteilung von γένος und artspezifischem Unterschied auf (18), jedoch ohne Reflexion auf deren ontologisch-metaphysischen Hintergrund. Die Subjekt-Prädikat-Struktur stellt diese Einteilung dar. Ohne die Prädikatsbeziehung wäre ein Wort ohne syntaktischen Stellenwert, d.h. seiner Bedeutung nach unbestimmt. In dieser Relation aber ist es ein Abbild der logischen Struktur des Denkens, das in der Verbindung und Trennung von Selbständigem und Unselbständigem besteht. Die logische Struktur des Satzes differiert von der ontologischen Gegebenheit, insoferne sie deren Gegenstände nach ihrem eigenen Gesetz der Apperzeption strukturiert. Sie bedarf zwar der ontologischen Gliederung, die die Daten der Sinnlichkeit vermittelt als Voraussetzung, weil jede Logik immer Logik von e t w a s ist, aber die eigentliche Bedeutung erhalten die gegebenen Begriffe erst durch die Strukturierung der Logik, die MEINER eine sinnliche Logik nennt, ohne mit philosophischen Termini zu erklären, was damit gemeint ist. Wir sind also auf eine Analyse seiner philosophischen Grammatik angewiesen, um sinnliche Logik zu verstehen.
Sinnliche Logik und **Semantik** dürften bei MEINER gleichbedeutende Begriffe sein. Die semantische Qualität der Begriffe kann nur durch eine logische Gliederung des Satzes bestimmt werden. Denn Sprache ist das Abbild der Vorgänge in der Seele. Es muß **betont** werden, daß MEINER für dieses Vorgehen keine Prinzipien angibt, die eine Aussage ihrer Materie und Form nach fundieren. Die Aussage wird lediglich von Grundsätzen (axiomata) gesteuert, die auf einem inneren Gefühl gründen und mit den äußerlichen Sinnen übereinstimmen müssen (19).

---
(18) Top 103 b 15
(19) Versuch, S. LXX f.

Während HARRIS noch versuchte, seine Theorie vom Zeichencharakter der Sprache aus der Prozeßstruktur der Seele als erkennendem und begehrendem Vermögen zu begründen, verhält sich MEINER rein pragmatisch, indem er die aristotelische Analytik als formales Gebilde auf die Sprache überträgt und danach den sprachlichen Befund einteilt. Man müßte seine Logik daher eher als Gesetze des Sprachgebrauchs bezeichnen, zumal es ihm mehr auf den Nutzen für das Erlernen fremder Sprachen ankommt (20) als auf eine Charakteristik der Vernunft als solcher. Diese scheint er eher aus der Sprachpraxis abgelesen zu haben als daß er sie aus der Reflexion über die Prinzipien der Sprache und des Denkens entwickelt hätte. So nennt MEINER seine sinnliche Logik auch eine "praktische " Logik (21), weil sie als universelles System jeder Grammatik von Einzelsprachen zugrunde liegt. Sie **erleichtert** das Verständnis und das Erlernen einer jeden Sprache, weil man die Gesetze der sinnlichen Logik "bey einer jeden Sprache als schon bekannt voraussetzen darf" (22).

Die logische Bestimmung der Begriffe kann deshalb absehen von der ontologischen Gegebenheit, weil es ihr nur um deren semantische Bestimmung als Glieder des Satzes geht. So lassen sich Eigenschaften eines Individuums abstrahieren und als selbständige Begriffe semantisch bestimmen, indem sie in das Verhältnis von genus und species gestellt werden. Weil der Allgemeinbegriff den Begriff des Besonderen miteinschließt, kann der Genusbegriff die syntaktische Funktion eines definierenden Prädikatsbegriffes annehmen. Die Prädikation ist dann die entfaltende Aussage der im Subjekt logisch enthaltenen Allgemeinbegriffe und wird dadurch auch bedeutungsvoll. Syntax und Semantik greifen ineinander und decken sich. Das Prädikat als Genusbegriff ist im

---

(20) Versuch, S. XCIII
(21) ebenda, S. LXII
(22) ebenda, S. LXXVIII

selbständigen Subjekt als Artbegriff mitenthalten;
dadurch ergibt sich die relative Selbständigkeit
des Subjekts. Nur durch das Grundverhältnis von
Allgemeinbegriff und Begriff eines Besonderen als
logische Subordination ist deshalb ein Urteil möglich, dem Wahrheit beigemessen werden kann sei es
als bejahender oder als verneinender Satz, weil ein
abstrakter Begriff stets nur durch das Genus und den
ihm wesentlichen artbildenden Unterschied definiert
werden kann. Vom Begriff eines Individuums dagegen,
sprachlich repräsentiert im nomen proprium, lassen
sich zwar auch Genusbegriffe und artbildende Unterschiede zur Definition angeben, aber die gemeinte
Sache wird dann nur ihren Qualitäten nach bestimmt.
Als Individuum kann eine Person oder Sache nur beschrieben werden (descriptio). Durch den Genusbegriff
wird der abstrakte Einzelbegriff des Subjekts, der
als selbständig erscheint, erklärt.
Wir finden hier auch das aristotelische Prinzip der
Division, der Dihärese (An post 97 a 19), der Aufgliederung des Ganzen (Satz) in seine Arten bei
MEINER als Klassifikation der Begriffe nach ihrem
semantischen Ort im Satz. Ausgangspunkt ist das
Prädikat als der Allgemeinbegriff und das Subjekt
als selbständiger Artbegriff, der nur in seiner logischen Beziehung auf das Prädikat seine semantische
Qualität gewinnt.
Jede Definition ist ein den Begriff bestimmender Satz
(Top 102 a 2). Das ist eine Tautologie, insofern
auch der Satz als die Bestimmung eines Begriffs durch
den übergeordneten Allgemeinbegriff begriffen wird.
"Indem definiert wird, bildet sich eine Art zu einem
höheren Geschlecht, also ein Element der Einteilung,
und indem eingeteilt wird, geschieht es aus dem Allgemeinen heraus, dem Element der Definition. Die

wichtige Regel, durch das zunächst höhere Allgemeine und den artbildenden Unterschied zu definieren, setzt bereits ein System der Einteilung voraus" (23).

5. MEINER entwickelt aus dieser Grundcharakteristik des Satzes als semantischer Einheit die modalen Kategorien des Urteils: das kategorische Urteil drückt als allgemeiner Satz eine wesentliche und notwendige Inhärenz und semantische Verknüpfung des Allgemeinen im Besonderen aus; das problematische Urteil hängt stärker von der Reflexion des Sprechenden ab, deshalb kommt ihm keine Gewißheit zu; das assertorische (partikuläre) Urteil kann nur eine Bezugnahme auf ein Einzelnes ausdrücken, dem allein auch Wirklichkeit zugesprochen werden kann (24).
Die Subjekt-Prädikat-Struktur weist uns auf die Erkenntnisform des Verstandes hin. Die Axiome als Erkenntnis des Unmittelbaren, auf der die weiteren Schritte eines Beweises aufbauen, stellen sich im Satz als eine unmittelbare Verbindung oder Trennung der beiden Hauptbegriffe des Satzes dar. Die Darstellung der Axiome basiert auf unmittelbarer Einsicht ("inneres Gefühl") (25). MEINER nennt hier: das principium contradictionis und die identischen Urteile.
Auch die Postulate der Erfahrungswissenschaft sind durch die Subjekt-Prädikat-Struktur vermittelt: in unmittelbarer Einsicht werden sie als allgemeinste Aussagen, die aus der Erfahrung erwachsen, in wahren Sätzen ausgedrückt. Subjekt und Prädikat stehen als erste wissenschaftliche Aussage in unmittelbarer Verknüpfung, d.h. sie bedürfen nicht der Vermittlung durch einen dritten Begriff, um eine wissenschaftliche Aussage zu machen, die keines weiteren Beweises bedarf.

---

(23) TRENDELENBURG A., Elemente der aristotelischen Logik, hrsg. von R. BEER, S. 187
(24) Vgl. TRENDELENBURG, Elemente der aristotelischen Logik, S. 90
(25) MEINER J.W., Versuch..., Vorrede, S. LXX

Auch der Syllogismus hat die Subjekt-Prädikat-Struktur zur Grundlage, insofern einem Subjekt ein Prädikat mit Hilfe eines Mittelbegriffs prädiziert wird. Die Wahrheit der Sätze basiert auf der Funktion des Mittelbegriffs. Diese Sätze sind nur mittelbar wahr, insofern der Mittelbegriff mit jedem Einzelbegriff einen wahren Satz bildet. Aus der Beziehung des Mittelbegriffs zu Subjekt und Prädikat kann ein neuer Satz (conclusio) gebildet werden, dem Wahrheit zukommt. Die Bedingung dafür ist, daß nur zwei Begriffe zu einem Urteil zusammengeschlossen werden können, für den Schluß darf nur ein dritter hinzukommen. In der Sprachlehre behandelt MEINER den Schluß unter den Periodenformen.

6. Der Satz stellt also die Basis des Denkens dar und liefert Kriterien zur semantischen und syntaktischen Definition der Begriffe, aus denen der Satz erstellt ist. Die semantische Bestimmung des Begriffs basiert auf dem Denken, das die Dinge entweder als selbständig oder als unselbständig vorstellt. Für die Bildung eines Satzes sind beide Kategorien von Begriffen notwendig und in ihm enthalten. Ein Begriff kann - unabhängig von seiner ontischen Bestimmtheit als Substanz oder Akzidenz - im Satz verschiedene syntaktische Funktionen einnehmen. Das Einteilungsprinzip liefert auch hier der Satz des Gedankens.

Das Prädikat nimmt im Satz eine hervorragende Stelle ein, weil sich aus ihm der ganze Satz entwickelt (26). Vom Prädikat aus werden die übrigen Teile des Satzes abgeleitet, d.h. die übrigen Satzteile bekommen ihre spezifische Funktion durch ihre Beziehung auf das Prädikat; sie sind Ergänzungen des Prädikats. Das Prädikat ist in Bezug auf die übrigen Satzteile der logisch-syntaktische Schnittpunkt und an sich selbst der Entfaltung in seine syntaktischen Elemente bedürftig, die ihm als inhaltliche Momente inhärieren,

weshalb es als Konstituens des ganzen Satzes gilt. Das Prädikat ist seiner Funktion nach vollständig, wenn das Verbum Eigenschaft, Zustand oder Handlung als Begriffe bezeichnet. Es erhält dann den Charakter einer Kategorie. Aber es ist als solches unvollständig, wenn es noch durch andere Verben ergänzt werden muß. Durch zweistellige Prädikate wird auch der Modus ausgedrückt, der die Art und Weise des Verhältnisses zum Subjekt angibt: notwendig oder zufällig, willkürlich oder gezwungen, erlaubt oder gewaltsam. Das Verbum 'sein' hat eine "gedoppelte Bedeutung" (27), weil es zu den vollständigen (Bezeichnung der Existenz; categorematice) oder unvollständigen Prädikaten (Verwendung als Kopula; syncategorematice) zählt.
Diese Klassifikation basiert auf der Subjekt-Prädikat-Struktur des Satzes. Deutlicher wird die den Satz konstituierende Funktion des Prädikats durch die andere von MEINER erstellte Einteilung, nach der das Prädikat nach seiner notwendigen Beziehung auf andere Wörter als ein- oder mehrstelliges Verbum bzw. als relativisches Prädikat oder Adjectiva relativa charakterisiert wird, das seine semantische Fülle erst in dieser Relation findet. Die semantischen Beziehungen konstituieren den Satz als organische Einheit. Das Prädikat ermöglicht die logische Struktur des Satzes, insofern es alle Teile auf sich selbst hin versammelt und ihnen ihren semantischen Ort anweist. Die Teile des Satzes lassen sich nur in ihrer Beziehung auf das Ganze des Prädikats verstehen, in dem die Teile bereits enthalten sind.

---

(26) Versuch..., S. 127
(27) ebenda, S. 195

Das Prädikat entfaltet sich seinem inneren Gehalt
nach weiterhin, indem es eine instrumentale Beziehung darstellt und die übrigen Satzteile in dieser
Relation ihrer Form und Bedeutung nach bestimmt.
Auch die Substantive des Satzes, die zur Erklärung
des Prädikats erforderlich sind und gedachte Dinge
als selbständige ausdrücken, werden durch den Ausdruck von natürlichen und willkürlichen Beziehungen
ergänzt. Durch die Relation zum Prädikat wird seiner
semantischen Funktion nach bestimmt: das Subjekt als
logisch grundlegendes Beziehungswort des Prädikats;
das Finalobjekt der Beziehung von Subjekt und Prädikat; das Objekt der Tätigkeit des Prädikats; der
Begriff des Instruments und der Ausdruck eines gegenseitigen Verhältnisses im Genitiv. Der Ausdruck dieser
Beziehungen geschieht durch die Kasus der Deklina-
tion. Die Bestimmung der tätigen Person als Subjekt
wird durch die Flexion des Prädikats oder durch
Pronomina ausgedrückt. Das Prädikat entfaltet sich
außerdem in die nähere Bestimmung der Zeit und des
Ortes ( § 35 ). Den logisch notwendigen Bestimmungen
des Prädikats als Begriff stellt MEINER die äußerlichen und zufälligen Bestimmungen des Prädikats
gegenüber, "die sich nicht aus dem Begriff des
Prädikats allein, sondern aus dem zufälligen Verhältnis des Prädikats gegen das Subjekt entwickeln
lassen" (28). Dazu gehören: die Modi, die Tempora,
die Personen. Die Modalität des Satzes wird durch
den Sprechenden bestimmt, wenn er das Verhältnis
zwischen Subjekt und Prädikat als wahr angibt oder
im Zweifel läßt und es nicht mit Gewißheit behaupten kann (Konjunktiv) oder als Befehl bzw. Verbot
ausdrückt (Imperativ bzw. Prohibitiv) oder es
ohne nähere Bestimmung läßt (Infinitiv). Der Modus

---

(28) Versuch..., S. 203

ist eine Art der Prädikation. Desgleichen gibt der
Sprechende eine temporale Beziehung zwischen Subjekt
und Prädikat an, die nicht notwendig dieser Beziehung zukommt (29). Das Praesens bezeichnet die jeweilige Gegenwart des Subjekts und seines Prädikats,
die in jedem Abschnitt der Zeit gleich empfunden wird
und keine Einteilung mehr zuläßt, während für Vergangenheit und Zukunft eine zeitliche Abfolge mehrerer
Handlungen und ihrer logischen Beziehungen behauptet werden kann. Dieses Verhältnis ist durch den
Gedanken bestimmt, der die vergangene und zukünftige
Wirklichkeit strukturiert nach Anfang und Vollendung (30)
und Relationen aufstellt. Das schlägt sich in den
Tempusformen der Grammatik nieder.

Die Grammatik bezeichnet schließlich drei Personen
zur syntaktischen Verdeutlichung des Subjekts. Für
die Erklärung der Entstehung der Personendungen führt
MEINER die Theorie an, nach der sie "entweder willkürlich ... oder aus den Pronominibus abgekürzt worden"
sind (31). Die Verdeutlichung des Substantivs geschieht außerdem durch die Genera in doppelter Hinsicht:

a) Weil das Wort 'Genus' nicht Geschlecht (sexus) bedeutet, sondern Klasse, übernimmt es die Funktion
der Klassifizierung von Substantiven. MEINER läßt sich
nicht auf Spekulationen darüber ein, weshalb die
Klassifizierung gerade nach dem Prinzip männlich-weiblich-sächlich erfolgte. Jedenfalls weist er eine
Kongruenz von ontologischen und grammatischen Kategorien ab.

b) Das Genus des Substantivs drückt die syntaktische
Beziehung zwischen Subjekt und Prädikat in grammatikalischer Form aus.

---

(29) Für ARISTOTELES dagegen ist die Zeitbestimmung
ein Wesensmerkmal des Verbums (de interpr 16 b;
de an 430 b 5-18).
(30) Versuch..., Vorrede S. XLII
(31) Vgl. Grammaire générale et raisonneé, Ch. XIV.
Seconde partie!

7. Die Entwicklung der philosophischen Sprachlehre oder sinnlichen Logik führt MEINER zu dem Begriff der Dichotomie und ihrer Bedeutung für die Wissenschaft als erstes Einteilungsprinzip der Gegenstände jeglicher Wissenschaft. In der Sprache findet sich nämlich eine sinnliche Abbildung dieser Einteilung, insofern sich in den Begriffsverhältnissen des Satzes eine Einteilung der Begriffe in Genus, Species und Individuum vorfinden läßt. Da die Logik und die Sprachlehre sehr eng miteinander verbunden sind, darf der Satz als sinnliches Abbild dieser Begriffstruktur gewertet werden. MEINERs sinnliche Logik ist demnach eigentlich eine sprachliche Logik, die nach dem Schema der Dichotomie aufgebaut ist. Die Dichotomie ist eine Denkoperation (32), durch die notwendige logische Verbindungen zwischen allgemeinen und speziellen Begriffen aufgewiesen werden, indem durch die fortlaufende Analyse der Gattungsbegriffe in Artbegriffe die gegenseitige Abhängigkeit der Begriffe aufgewiesen werden kann. Die "relativische Denkungsart" entspricht dieser grundlegenden Denkoperation zur Bestimmung der Dinge nach allen möglichen Beziehungen und Verhältnissen";denn indem sie die Gegenstände nach ihren Beziehungen und Verhältnissen denkt, in denen das Einzelne seinen jeweiligen Stellenwert zugewiesen bekommt, trifft sie viel eher die Einheit des Begriffs als die absolute, die nur einen Begriff denkt. Diese relativische Denkungsart konstituiert erst die Kategorien und Prädikanten der formalen Logik, die "sich in den menschlichen Sprachen trefflich abgebildet" hat (33).
Gegenüber dieser Theorie MEINERs bleibt die Frage offen: was wird miteinander in Relation gesetzt ?

---

(32) PLATON, Soph 218 d 23; Politikos 258 b, 267 c, 279 ff.
(33) Versuch..., Vorrede, S. LXXII

Wenn in der traditionellen Logik ein Begriff durch
Differenzierung und durch die Relation zu übergeordneten und untergeordneten Begriffen bestimmt wird, so
ist damit auch eine inhaltliche Aussage intendiert.
Zwar möchte MEINER auch die den Dingen eigene Beschaffenheit aussagen, aber es wird in seiner Theorie
nicht deutlich, inwiefern eine Aussage sich auf ein
Objekt bezieht, das zwar durch das Bewußtsein vermittelt ist, aber einen ontischen Charakter hat. Weil
er nicht über den vermittelnden Grund von Denken
und Seiendem reflektiert, sondern den Begriff des
Geistes auf seine formale Struktur einengt, wird
nicht erkennbar, worauf sich die nach MEINERs Gesetzen
der sinnlichen Logik funktionierende Sprache bezieht.
Die Tiefenstruktur, die allen Sprachen eine feste
Regel gibt und das Erlernen von Fremdsprachen erleichtert, ist nur vermeintlich eine solche, die man philosophisch nennen könnte. Nur die Reflexion über den
Vermittlungscharakter des Bewußtseins, das in der
Sprache sich selbst äußert, läßt in der Sprache den
Bezug zur Wirklichkeit hervortreten. Zwar stehen die
Sätze seiner sinnlichen Logik nicht im Widerspruch
zur Wirklichkeit, aber es fehlt ihnen der vermittelnde
Grund, der nur auf dem Wege der Reflexion über die
Prinzipien des Denkens und ihrem ontischen Fundament
aufgewiesen werden kann. Sofern Sprache e t w a s
aussagen will, muß sie sich durch die Vermittlung
des Bewußtseins auf eine Wirklichkeit beziehen können,
der das Attribut dynamisch zu Recht zukommt. MEINERs
sinnliche Logik bezieht sich aber auf Kategorien und
Regeln, denen die Beziehung auf ihre Gegenstände fehlen,
weil sie als starre, unwandelbare Gesetze jedem
Gegenstand auf der sprachlichen und nichtsprachlichen
Ebene vorausgehen. Die Beziehung auf einen Gegenstand
wird erst nachträglich geleistet, indem diesem universellen Gesetz die Eigenarten des jeweiligen Gegenstandes

präzidierend hinzugefügt werden. Aufgabe der Sprachphilosophie in der Nachfolge MEINERs wäre die Erstellung eines Systems willkürlicher Zeichen (Semiologie), das allen Sprachen als Regelapparat dienen könnte und aus dessen logisch-semantischer Struktur allererst die Bedeutung einer Aussage entfaltet werden könnte. Der Sinn wird durch die Beziehung der Zeichen bestimmt, aber nicht ontologisch-metaphysisch durch das Ausgesagte, den Gegenstand des Satzes. Der Mensch erscheint hier nicht mehr als sinngebendes Subjekt; der Sinn ist vielmehr dem Spiel der Zeichenrelation im verselbständigten, dem Subjekt entfremdeten System überlassen. Es fehlt das transzendentale Subjekt mit seinen Kategorien und seiner Kreativität. Der geschichtlich vermittelte Inhalt einer Aussage ist irrelevant, der Welthorizont nicht sichtbar. Die Bildung von Klassen in der Sprache gibt das Wesen einer Sache nicht zu erkennen, solange der vermittelnde Grund des Subjekts nicht ausgewiesen ist. Bei MEINER wird aber keineswegs begründet, weshalb ein Prädikat der vornehmste Teil des Satzes ist. Seine Sprachlehre bleibt im Formalen und Funktionalen stecken.

## § 5 SPRACHPHILOSOPHISCHE ANSÄTZE BEI KARL LEONHARD REINHOLD

1. Im Anschluß an KANT war REINHOLD von dem Bestreben getragen, durch den Aufbau einer Elementarphilosophie der Metaphysik ein wissenschaftliches Fundament zu geben. Er begann mit dem "Versuch einer neuen Theorie des menschlichen Vorstellungsvermögens" (1789), der noch ganz auf die Transzendentalphilosophie ausgerichtet ist. In seinem Anliegen wurde er über die Beschäftigung mit dem rationalen Realismus BARDILLIs und die Ich-

Philosophie FICHTEs auf Anregung JACOBIs zur Kritik
der Sprache geführt; denn die Sprache steht der
Forderung nach der Schärfe des Begriffs, die ein
unabdingbares Fundament der "wahren Gewißheit und
gewissen Wahrheit" (1) in der Philosophie als strenger Wissenschaft darstellt, auf Grund der Wandelbarkeit und Vieldeutigkeit der den Begriff bezeichnenden
Wörter im Wege. Für REINHOLD stand also das Problem
der eindeutigen Zuordnung von Wort der Sprache und
dem Begriff des rationalen Interesses, das bereits
von ARISTOTELES als Forderung erhoben wurde (Met ſ
1006 b 5-11), im Mittelpunkt seiner Untersuchungen,
die er allerdings nicht vollendete. Die Devise seiner
Arbeit übernahm er von JACOBI: "Und es fehlte nur an
einer Critik der Sprache, die eine Metakritik der
Vernunft seyn würde, um uns Alle über Metaphysik
Eines Sinnes werden zu lassen" (2).
Die transzendentale Methode der Philosophie mußte
also ausgedehnt werden auf die Untersuchung der Sprache,
die KANT nicht als notwendige Aufgabe seiner Transzendentalphilosophie gesehen hat. Die Analyse der
Sprache führt zu der philosophisch relevanten Relation von Sprache und Denken, der man nur durch eine
transzendentale Betrachtung der Sprache gerecht werden
kann. Die von den Empiristen angestrebte Exaktheit
in den Naturwissenschaften müßte seiner Meinung nach
auch für die Philosophie erreicht werden können, wenn
es gelingt, "den Unterschied des Denkens und des
Sprechens wissenschaftlich aufzuweisen" (3). Die
Methode einer instrumentalistischen Sprachtheorie,
die bei den meisten Denkern zu finden ist, hält er
nicht für adäquat, um mit ihrer Hilfe die wirkliche

---

(1) Grundlegung einer Synonymik für den allgemeinen
    Sprachgebrauch in den philosophischen Wissenschaften, S. VII
(2) ebenda, S. VII; nach JACOBI F.H., Werke, Bd. 1,
    Darmstadt 1968, S. 252 f.
(3) Das menschliche Erkenntnisvermögen, Beylage I,
    S. 14

Funktion der Sprache im Erkenntnisprozeß zu begreifen. Denn Denken und Sprechen sind keine voneinander getrennte Aktivitäten und die Sprache kommt nicht erst zum Zwecke der Mitteilung und Speicherung zum fertigen Gedanken hinzu. REINHOLD weist der Sprache vielmehr eine Vermittlungsfunktion zwischen den Perzeptionen der Sinne und dem Denkvermögen zu im Sinne einer "wesentlichen Bedingung des denkenden Vorstellens" (4). Als vermittelndes Organ des Erkenntnisvermögens steht die Sprache einerseits im Bereich der Sinneserfahrung, insofern sie sich selbst im sinnengemäßen Laut und Schriftzeichen ausdrückt, andererseits im Bereich des rationalen Denkens, insofern durch die Artikulation der Sprache der verschwommene Gedanke im Bewußtsein als Begriff bestimmt wird und sich ausspricht.

Der transzendentale Charakter der Sprache liegt darin, daß sie eine Bedingung der möglichen menschlichen Erkenntnis darstellt, insofern mit ihrer Hilfe Begriffe des Verstandes, der Vernunft und der Erfahrung ursprünglich erzeugt und entwickelt werden.

Das Medium ist die Artikulation, die sowohl den Laut als auch die Bedeutung festrückt. HUMBOLDT hat den Zusammenhang von Sprechen und Denken durch seine Theorie der Artikulation als der wirklichen "Vermittlerin" verdeutlicht. "Artikulation ist das eigentliche Wesen der Sprache, der Hebel, durch welchen sie und der Gedanke zu Stande kommt, der Schlußstein ihrer beiderseitigen innigen Verbindung"(5). Die Interdependenz von Sprache und Denken bewirkt, daß erst durch den artikulierten Laut ein im Bewußtsein auftauchender Gedanke zu einer wirklichen Vorstellung im Denken gestaltet wird. Sprache leistet

---
(4) Grundlegung einer Synonymik..., S. 3
(5) HUMBOLDT W.v., Schriften zur Sprachphilosophie, S. 192

eine Gliederung der Gedanken in Elemente, mit denen erst eine Denkoperation ausgeführt werden kann.
Das Wort vermittelt die Vorstellung des Begriffs, der das Allgemeine im Einzelnen denkt und sich auf das Einzelne am Besonderen und das Besondere als solches bezieht. REINHOLD bekundet damit die dihäretische Qualität des Satzes, an die unsere Begriffsbildung gebunden ist.

2. Die Beurteilung des Phänomens Sprache kann nicht mit neutralen, objektiven Kriterien erfolgen, sondern muß aus der gegenseitigen Abhängigkeit von Sprechen und Denken erfolgen. Die Erforschung dieses Zusammenhangs steht noch als Aufgabe bevor. Und nur wenn diese Interdependenz geklärt ist, kann "die Vermengung des Geistes und des Buchstabens", "der Geist des bloßen Buchstabens" aufgehoben werden und vermag ein eindeutiger Sprachgebrauch die Erkenntnis zu leiten. Und der Sprachgebrauch, wie er durch die Gewohnheit des Sprechens auch in der Philosophie sich herausgebildet hat, darf nicht das Denken bestimmen. Es geht um die Einrichtung eines wirklich denkenden Sprachgebrauchs, wobei "das Denken nur der bestimmende Grund, die Gewohnheit nur die durch diesen Grund bestimmte Bedingung sein muß, und durchaus keine Wechselwirkung von beiden stattfinden kann" (6).

Die Sprachgewohnheiten der Philosophie, vornehmlich der Logik und Metaphysik werden unkritisch übernommen, ohne ihre Abhängigkeit von einem bestimmten Sprachsystem aufzudecken. Deshalb konnte die Logik, wie KANT betonte (KrV B VII), seit ARISTOTELES keinerlei Fortschritte machen und sich sogar in untrüglicher Sicherheit und Überlegenheit als allgemeingeltende Denklehre behaupten. Als rein formales Denken wird sie zu REINHOLDs Zeiten von den Logikern

---

(6) Grundlegung einer Synonymik..., S. 6 f.

deswegen gerühmt, weil sie gerade von jedem Gegenstand und jedem Inhalt abzusehen vermag. Ihre Gehaltlosigkeit erweist aber gerade bei der praktischen Anwendung auch ihre Wirkungslosigkeit. So hatte sie keinerlei Einfluß auf die Exaktheit der Naturwissenschaften und förderte sogar noch die Mißverständnisse in der Metaphysik. Die Ursache liegt einzig in der Vieldeutigkeit der logischen Formen. Diese basieren auf einer unlogischen Abstraktion, insofern sie von der Verschiedenheit der Denkinhalte absehen und nur den "Nichtunterschied des Denkbaren", die vermeintliche Form des Denkens in Betracht ziehen. Die Logik ist scheinbar bestimmt und brauchbar, wenn sie die überlieferten Denkformen durch Zeichen, Bilder und sinnliche Evidenz ersetzen und dadurch die Vieldeutigkeit überspielen will. Vor allem aber liegt die Vieldeutigkeit in der Synonymik der Wörter, die als Termini dienen, begründet (7). REINHOLD sieht als das eigentliche wissenschaftliche Problem der Philosophie gerade die Erforschung der Synonymität an.

3. Dieser Gedankengang REINHOLDs geht auf LEIBNIZ zurück, der mit seinem Postulat einer wissenschaftlichen Universalsprache die Mißverständnisse auf dem Erkenntnisweg beseitigen wollte. Denn oft wird fälschlicherweise ein Wort als angemessener Ausdruck eines Begriffs genommen oder es werden Bedeutungen aufgenommen, die den Gedankengang auf eine andere Spur bringen (8).
Bereits vor LEIBNIZ erhob DESCARTES die Forderung einer "lingua universalis" (9), die aus der Diskussion über die sprachlichen Grundlagen der aristotelischen Logik herauswuchs, wie sie von der Philosophie der Renaissance (L. VALLA, L. VIVES, P. RAMUS) geführt wurde (10). Das Fernziel war, eine an der Mathematik orientierte Grundform der Erkenntnis zu finden, die

---
(7) Grundlegung einer Synonymik..., S. 17 u.ö.
(8) Opuscules et fragments inédits, ed. Conturat, Paris 1903, S. 27 f.
(9) DESCARTES' Brief an Mersenne vom 20.November 1629, in: DESCARTES, Oeuvres. Correspondance I, hrsg. von Ch.ADAM und P. TANNERY, Paris 1969, S. 76-82

auch der Sprache zugrunde liegt und ein adäquates
System von Zeichen zum Ausdruck der natürlichen
Hierarchie der Grundbegriffe darstellt. Die Idee
einer Universalsprache setzt den Einblick in die
Vermittlungsfunktion von Sprache bei der Entwicklung der wissenschaftlichen Grundbegriffe voraus,
wie sie später bei REINHOLD thematisiert wurde.
Das Bedingungsverhältnis von Sprechen und Denken
ist bereits ein Problem der Philosophie von ARISTO-
TELES, wie gezeigt werden konnte. Adolf TRENDELEN-
BURG hat diesen Zusammenhang zwar nicht thematisch
behandelt, aber diese Auffassung liegt seinen Untersuchungen über die aristotelische Logik zugrunde
und wird stets vorausgesetzt, z.B. wenn er die
Kategorien als die aus der Auflösung des Satzes
als sprachlicher Einheit entstandenen Elemente
bezeichnet (11).

## § 6 SPRACHE ALS AUSDRUCK UNSERER GEDANKEN BEI JOHANN GOTTLIEB FICHTE

1. Seit der Formulierung von ARISTOTELES, daß die
Laute "Zeichen der in der Seele hervorgerufenen
Vorstellungen" seien (De interpr 16 a; Pol 1253 a),
war "Zeichen" der Terminus, unter dem man die Sprache
zu verstehen suchte. Jedoch die Verwendung dieses
Terminus geschah keineswegs bei allen, die über
Sprache redeten und schrieben, im gleichen Sinne (1),
wenn sie mit dem Zeichenbegriff ihre Sprachtheorie
entwickelten. Man könnte deshalb sogar die verschieden-
artigen Bedeutungen des Zeichenbegriffs als Kriterium
nehmen, um die Theorien von Sprache überhaupt zu
differenzieren.

---
(10) Vgl. CASSIRER E., Das Erkenntnisproblem, Bd. 1,
S. 120-135
(11) Geschichte der Kategorienlehre, S. 13
(1) Vgl. COSERIU E., L'arbitraire du signe. Zur Spätgeschichte eines aristotelischen Begriffs!

Wenn wir die Sprache als Vermittlung nehmen, ist es
notwendig zu überlegen, welche Funktion dem Sprachzeichen zukommt, bzw. in welcher Relation das Zeichen
zu sehen ist. Eine solche Untersuchung könnte Auskunft darüber geben, was vermittelt wird und in welcher Weise dies geschieht. Bezüglich des Zeichenbegriffs stellt sich aber immer noch die Frage, in
welcher Weise das Zeichen auf das zu Bezeichnende
verweist und der Vermittlungsfunktion von Sprache
entspricht. Es müßte dabei auch im Sinne einer sprachkritischen Philosophie gefragt werden, ob nicht der
Begriff der Sprache als Zeichen oder System von Zeichen für das Verständnis von Sprache überhaupt
zu verfänglich ist, weil er unser Denken zur Einseitigkeit verleiten könnte. In der Tat scheint dies
dort zuzutreffen, wo die rein instrumentalistische
Verwendung dieses Begriffs das Sprachverständnis
bestimmt. Denn wenn wir davon ausgehen, daß gerade
Sprache uns von den Tieren unterscheidet, muß der
Art nach, nicht nur graduell, eine Differenz der
menschlichen Sprache hinsichtlich des Zeichencharakters von der Zeichengebung, die wir allenthalben
auch in der Tierwelt vorfinden, vorliegen (2). Schon
die Erfahrung, daß wir durch Sprache Sinn offenkundig
machen können - die Dichtung ist das markanteste
Beispiel -, zwingt uns zu genauer Differenzierung
der Zeichen bei den verschiedenen Lebewesen. Die
Besonderheit der menschlichen Sprache gilt es auch
deshalb herauszuarbeiten, weil moderne Anthropologen
auf dem Hintergrund der Theorie einer allgemeinen
Semiologie damit beginnen, den Menschen als sinngebendes Subjekt aufzulösen und an seine Stelle ein

---

(2) Vgl. HEINTEL E., Herder und die Sprache, in:
HERDER J.G., Sprachplospphische Schriften,
Hamburg 1963, S. XLIX ff.

System von Wechselbeziehungen zu setzen, in deren
Spiel Sinn hervortreten soll (3).
Wir können uns der Frage nach dem, was die Zeichen
der menschlichen Sprache sind, nicht auf dem Wege
einer physisch-psychologischen Betrachtungsweise
ihres Ablaufs und ihrer Wirkung nähern. Denn Sprache
ist nicht Gegenstand unter anderen Gegenständen, den
wir uns durch einzelwissenschaftliche Analyse erschließen können, sondern Ebene und Mittel unserer
Erfahrung, deren Bedingungen und Prozeß erhellt
werden müßten. Wir können deshalb nur von der Einsicht ausgehen, daß Sprache im heraklitischen Sinne
zum $\lambda\acute{o}\gamma o\varsigma$ gehört und nur auf dem Wege transzendentaler
Reflexion erschlossen werden kann. LEIBNIZ hat uns
den Weg gewiesen, indem er hervorhob, daß die Frage
nach dem Fundament der sinnlichen Perzeptionen, zu
denen man auch die Sprache in ihrer Zeichenhaftigkeit rechnen könnte, über eine einzelwissenschaftliche Analyse hinausreicht. "Man muß...notwendig
zugestehen, daß die Perzeption und was von ihr abhängt, aus mechanischen Gründen, d.h. aus Gestalt
und Bewegung, nicht erklärbar ist" (4). Eine solche
Sprachbetrachtung führt uns über den naiv-gegenständlichen Aspekt hinaus und drängt die Frage nach
dem Anfang, Ursprung oder Wesen von Sprache überhaupt auf. Unter dieser Rücksicht wird die Sprache
zu einer Aufgabe der Philosophie (5).
Die Frage nach dem Ursprung der Sprache wurde in der
zweiten Hälfte des 18. und der ersten Hälfte des
19. Jahrhunderts mehrfach in der philosophischen
Diskussion aufgeworfen (6). Von einem möglichen

---

(3) So interpretiert Louis MARIN die Sprachtheorie
des Strukturalismus, wie sie bei Ferdinand de
SAUSSURE (Cours de Linguistique générale, Paris
³1965), Claude LEVI-STRAUSS (Anthropologie structurale, Paris 1958) und Michel FOUCAULT (Les Mots
et les Choses, Paris 1967) vorliegt. Vgl. MARIN L.,
Die Auflösung des Menschen in den Humanwissenschaften. Das bedeutungs-setzende Subjekt nach dem
Modell der Lingustik, in: Concilium 9 (1973) 390-397
(4) Hauptschriften zur Grundlegung der Philosophie,
hrsg. von BUCHENAU und CASSIRER, Bd. 2, S. 439
(5) Zum Begriff des Anfangs, vgl. BERLINGER R., Vom
Anfang des Philosophierens, Frankfurt 1965, S. 9-19

Mißverständnis der Ursprungsfrage müssen wir uns
sofort distanzieren: diese Frage ist nicht im historischen Sinne zu nehmen, als könnte man über Sprache
philosophisch etwas aussagen, indem man einen historischen Prozeß der Sprachentwicklung nachzeichnet.
Man richtete damals vielmehr seine Aufmerksamkeit
auf die Frage, wie Sprache "hat entstehen können".
Denn "aus dem Verborgenen quoll sie hervor, und
entsprang nach und nach, ihren Ursprung hat niemand
bemerken wollen, und man hat genug, zu erklären, wie
sie hat entstehen können" (7).
Nach HERDER stellte sich im Deutschen Idealismus
nur noch J.G. FICHTE in einem größeren Traktat
dieser Frage (8). Wenn sich auch kein unmittelbarer
Einfluß auf die grammatischen Theorien seiner Zeit,
insbesondere auf K.F. BECKER nachweisen läßt, so
sind doch seine Gedanken über den Ursprung der Sprache
als willkürliche Zeichen im Zusammenhang einer transzendentalen Sprachbetrachtung von großer Bedeutung.

2. Der Aufsatz mit dem Titel "Von der Sprachfähigkeit
und dem Ursprung der Sprache" (9) stellt einen Versuch FICHTEs dar, "aus der Natur der menschlichen
Vernunft" abzuleiten, "daß und wie die Sprache erfunden

---

(6) Vgl. Exkurs: Der Zusammenhang von Denken und Spre-
    chen in der sprachphilosophischen Diskussion bei
    HAMANN, HERDER und F.X. BAADER.
(7) HERDER J.G., Sprachphilosophische Schriften, hrsg.
    von E. HEINTEL, S. 122
(8) Bei HEGEL wird diese Frage nur im Zusammenhang der
    Philosophischen Enzyklopädie für die Oberklasse
    (1808 ff.) in § 158 gestreift, ohne zu dem damals
    ausgetragenen Streit zwischen HERDER und HAMANN
    Stellung zu nehmen. Vgl. BODAMMER Th., Hegels
    Deutung der Sprache, S. 130 ff. Neben FICHTE und
    HEGEL sind noch zu erwähnen: SCHELLING F.W.J.,
    Vorbemerkungen zu der Frage über den Ursprung der
    Sprache, in: Sämtliche Werke, 1.Abtl., Bd. 10,
    Stuttgart/Augsburg 1861, S. 419-426; KRAUSE K.Ch.F.,
    Zur Sprachphilosophie, hrsg. von Ph. A. WÜNSCHE,
    Leipzig 1891; GRIMM J., Über den Ursprung der
    Sprache, in: Sprache-Wissenschaft-Leben, Stuttgart
    1956 (Teilabdruck); HUMBOLDT W.v., Sprachphiloso-
    phische Schriften; STEINTHAL H., Der Ursprung der
    Sprache im Zusammenhang mit den letzten Fragen
    allen Wissens, Berlin 1851.
(9) in: Philosophisches Journal einer Gesellschaft
    Teutscher Gelehrter, Bd. 1, Heft 3 und 4, hrsg.

werden m u ß t e" (S. 255). Die Frage nach dem Ursprung der Sprache ist also eine Frage nach der Kreativität und Selbstgesetzlichkeit der Vernunft, die sich in Zeichen äußert. Bei der Interpretation dieses Traktates wird außerdem deutlich werden, daß der instrumentalistisch verstandene Zeichenbegriff nicht hinreicht, um die Sprache in ihrer Aussagekraft zu erklären. Es muß ein notwendiger Zusammenhang zwischen dem gesetzten Zeichen und dem Setzen der Vernunft als unaufhörlichem Prozeß aufgewiesen werden. Die Untersuchung über den Ursprung der Sprache ist ein Akt des Nach-Denkens, indem dieses die gewordene Sprache so nimmt, als müßte es sie allererst entstehen lassen, nicht im Sinne einer identifizierenden Wiederholung, sondern als durchdenkende Reproduktion. Nur ein Nach-Denken des Ursprungs macht die Sprache als "ein durch die Verrichtung des Sprechens Gewordenes, und eigentlich ein durch diese Verrichtung noch in jedem Augenblick Werdendes" (10) offenkundig. Schon deshalb ist die Frage nach einem zeitlichen Anfang verfehlt. Über Sprache läßt sich auch aposteriorisch, d.h. von den empirisch feststellbaren Zeichen aus, nichts ausmachen. Vielmehr muß zu allererst gefragt werden, was der Grund der Möglichkeit der Zeichen der Sprache ist, weil sich nur so "eine Geschichte der Sprache a priori entwerfen" läßt (S. 259). FICHTE kann in den Zeichen selbst keinen Erklärungsgrund für ihre Existenz und ihren Aussagecharakter finden; er macht auch nicht den Versuch einer phänomenologischen Reduktion vom Zeichen als Gegenstand auf den Grund des Bezeichnens. Denn dann hätte man bereits das Resultat in der Hand, das man ja erst zu finden hofft.

---

     von F.J. NIETHAMMER, Neu-Strelitz 1795, Nachdruck Hildesheim 1969, S. 255-273. 287-326
(10) BECKER K.F., Organism der Sprache, S. 1

Grund und Prinzip der Sprache als Zeichensystem müssen vielmehr außerhalb ihrer selbst aufgesucht werden. Unter dieser Voraussetzung kann Sprache nicht ein "unwillkürlicher Ausbruch der Empfindung" sein (S. 258), weil eine Empfindung kein Gedanke ist und nichts zu erkennen gibt, sondern nur ein Zustand. Sprache steht aber nur in der Relation zum Gedanken, der bei sich selbst bleibt; deshalb ist die "Bezeichnung des Gedankens" willkürlich. Der Begriff "willkürliche Zeichen" bedeutet nicht beliebige, jederzeit austauschbare Zeichen, denn das Zeichen ist ausdrücklich an einen bestimmten Gedanken gebunden und durch das Denken gesetzt. Austauschbar wäre es nur, sofern das Denken ein neues Zeichen auf Grund eines neuen Gedankens setzt. Denn "Sprache, im weitesten Sinne des Wortes, ist der Ausdruck unserer Gedanken durch willkürliche Zeichen" (S. 256). Ausdruck können Zeichen nur dann sein, wenn sie bewußt zu diesem Zwecke, d.h. intentionell (11) gesetzt oder erfunden sind. Denn sie sollen nicht irgendetwas Unbestimmtes bezeichnen, sondern sie sind "Zeichen, welche ausdrücklich dazu bestimmt sind, diesen oder jenen Begriff anzudeuten" und auch keinen anderen Zweck haben als "die Vorstellung eines bestimmten Gegenstandes bei dem anderen zu veranlassen" (S. 257). Sprache kann also nur verstanden werden, wenn wir sie auf die Vernunft als Grund ihres Ausdruckscharakters zurücknehmen. Jeder Versuch, eine Ähnlichkeit zwischen Zeichen und Bezeichnetem zu konstruieren, ist für die Begründung der Zeichen ohne jeden Wert. Denn Zeichen haben nur dadurch Bedeutung, daß sie in der Idee von Sprache ihren Grund haben. Sofern Philosophie über Sprache nachdenkt, ist sie genötigt, diese Wirklichkeit aus der Selbstbesinnung und dem Selbstbewußtsein der Vernunft zu erklären; denn Sprache ist

---

(11) COSERIU E., L-arbitraire du signe, S. 99

eine Fähigkeit der Vernunft, sich selbst in Zeichen der Sinnlichkeit willkürlich, d.h. nach ihrer eigenen Entscheidung, zu manifestieren. Diese Manifestation kann nur durch die Relation zu dem sie setzenden Grund, zur Idee von Sprache, als notwendig befunden werden. Sprache kann deshalb nichts Fremdes sein, sondern ist im höchsten Prinzip, der Einheit der Vernunft mit sich selbst in allen ihren Äußerungen fundiert. Die sinnliche Natur, also auch die Töne, unterliegen der formenden Kraft der Vernunft, die die Natur für ihre Zwecke zu bilden versucht (S. 259). Die Äußerung im Zeichen hat ihren Grund in der Kreativität der sich selbst unaufhörlich verwirklichenden Vernunft. Sprachfähigkeit ist nur zu verstehen, indem man diese Genese des Ausdrucks aus dem Grund der Idee von Sprache denkend nachvollzieht. Die Idee der Sprache gehört zum setzenden Vermögen der Vernunft.

3. Was ist aber die Idee von einer Sprache, aus der die Sprachfähigkeit abgeleitet wird ? Von der Beantwortung dieser Frage hängt ab, was über die Entwicklung der willkürlichen Zeichen ausgemacht werden kann. Ein Grundgedanke der Philosophie FICHTEs ist es, daß die Vernunft stets danach trachtet, mit sich selbst in Übereinstimmung zu sein. Sinnlichkeit und Verstand, die beiden "Stämme" unserer Erkenntnis (KANT), müssen zu ihrer ursprünglichen Einheit der "intellektuellen Anschauung" zurückgeführt werden (12). Dabei ergibt sich häufig die Notwendigkeit, die widerspenstige Kraft der Natur zu brechen und sie nach den Zwecken der Vernunft zu verändern. Die Modifizierung der Natur nach vernunftmäßigen Zwecken ist Bedingung, daß die Vernunft mit sich selbst identisch zu sein vermag. Das Handeln nach Zwecken ist das Kriterium für Vernunftmäßigkeit eines Gegenstandes. D.h. die

---

(12) Vgl. zur Philosophie FICHTEs: HORN J.Ch., Monade und Begriff. Der Weg von Leibniz zu Hegel, Wuppertal/Kastellaun 1970, S. 96-130 und die dort angeführte und kritisch betrachtete Literatur.

Vernunft geht darauf aus, "daß die Wirklichkeit dem
Ideal entspreche" (S. 262). Dies ist eine Notwendigkeit des autonomen, freien Bewußtseins, das sich
die Welt vorstellt, bevor die Sinne affiziert werden.
Vernunft denkt nur, insofern sie in freier Selbst-
tätigkeit die Dinge vernunftmäßig macht, d.h. ihnen
die eigene Zweckmäßigkeit einbildet. Wird eine Übereinstimmung der Vorstellungen von den Gegenständen
mit den Neigungen und Zwecken der Vernunft nicht
erreicht, so sind diese dem Bewußtsein fremd, d.h.
nicht vernünftig, nicht zweckmäßig. Und die Vernunft
setzt sich selbst außerhalb ihrer selbst in die Gegenstände und verändert diese nach ihren eigenen Zwecken.
Die endliche Natur ist das Produkt der bestimmenden
Vernunft. Nur auf diesem Wege gelangt die Vernunft
durch alle sinnliche Widerständigkeit hindurch zu
sich selbst.
Eine andere Relation liegt vor, wenn die Vernunft
eines Individuums auf eine andere Vernunft trifft.
FICHTE schließt ausdrücklich aus, daß das Unter-
jochen unter die eigenen Zwecke auch im menschlichen
Bereich der Kommunikation die adäquate Reaktion sein
könnte, weil diese Handlungsweise den Menschen in
Widerspruch zu sich selbst bringen müßte. Denn im
anderen Menschen begegnet mir ein vernünftiges
Wesen, das ebenso nach Zwecken handelt und deshalb
keiner "Bearbeitung" bedarf. Es bleibt aber das
Problem, wie in der Relation Mensch-Mensch Übereinstimmung oder Einheit erreicht werden kann; denn
das Bewußtsein des anderen Menschen ist mir gegenüber
von anderer Seinsqualität als die Gegenstände der
Natur. Das Wissen um den anderen Menschen kann nicht
mehr aus der Produktivität des Selbstbewußtseins ge-
schöpft werden. Dieses Vorgehen würde den anderen
Menschen zum Objekt meiner Zwecke machen. Man könnte
ihn dann nicht mehr einen zweckmäßig und frei han-
delnden Menschen oder ein autonomes Subjekt nennen.

Wie aber steht das individuelle Bewußtsein zum
Bewußtsein eines anderen Individuums, das nach
seinen eigenen Zwecken lebt ? Die Feststellung von
zweckmäßigem Handeln allein ist keine ausreichende
Erklärung. FICHTE kann sich auch nicht mit einer
prästabilierten Harmonie oder gar einem Kausalzu-
sammenhang zufrieden geben, weil diese Vorstellungen
im Widerstreit zum fundamentalen Freiheitscharakter
der Vernunft stünden. Er konnte nur auf ein Prinzip
rekurrieren, das der Dynamik des sich entfaltenden
Bewußtseins entspricht: das Prinzip der Wechselwirkung, auf das jedes Bewußtsein, jedes Ich als auf
einen übergeordneten Zusammenhang hingeordnet ist.
Daß die Wirksamkeit dieses Prinzips einen ontologischen Zusammenhang und nicht bloß eine erkenntnis-
theoretische Idee meint, geht indirekt daraus hervor, daß FICHTE über die Verbindung der Menschen
als einer objektiv feststellbaren Tatsache spricht,
die den Grund der Notwendigkeit von Sprache darstellt. Sprache hat unter dieser Rücksicht nicht
nur heuristische Funktion, sondern ist das Medium
von Kommunikation überhaupt.

Wie äußert sich nun diese Wechselwirkung, damit sie
zwei vernünftige Wesen zu verbinden und in dem Entwicklungsprozeß ihres Bewußtseins weiterzuführen
vermag ? Die Wirksamkeit der Wechselwirkung ist
nach FICHTE daran zu erkennen, daß beim Zusammentreffen von zwei Individuen, die nach ihrer jeweiligen Zweckmäßigkeit handeln, eine Veränderung der
Zwecke in Hinsicht auf die jeweils andere Zweckmäßigkeit stattfindet, die nicht erzwungen ist, sondern
aus freier Entscheidung und nach Maßgabe der erfahrenen Zweckmäßigkeit geschieht. Diese Wechselwirkung
wird Freiheit dann nicht aufheben, wenn anzunehmen
ist, daß das Bewußtsein des anderen Menschen "eine
Vorstellung von meiner Handlungsweise gefaßt, sie
seinem eigenen Zwecke angepaßt habe, und nun nach

dem Resultate dieser Vergleichung seinen Handlungen
durch Freiheit eine andere Richtung gebe" (S. 264).
Die Wechselwirkung ist nicht von einem Gesetz gesteuert, das in jeder Kommunikation die Individuen
verbindet - dann dürfte es Mißverständnisse und
Feindschaft nicht geben. Der Grund der Wechselwirkung
ist vielmehr die Freiheit der Vernunft, die sich in
der Setzung immer neuer Zwecke entfaltet.
Freiheit ist nur dann das Fundament der Wechselwirkung,
wenn die Vernunft aus sich selbst, d.h. in der Rückbeziehung des Erfahrenen auf ihren eigenen Zweck
neue Zwecke setzt. Und nur insofern in der Wechselwirkung Vernunftmäßigkeit aufgefunden wird, wird
das Ziel der Vernunft, nämlich Übereinstimmung mit
sich selbst (S. 264) erreicht. Die Interpretation
von H. HEIMSOETH, die er aus der Wissenschaftslehre
gewonnen hat, trifft auch für unseren Text zu: in
diesem Wirkungszusammenhang "wirkt nicht Ding auf
Ding, sondern Geist auf Geist, Freiheit auf Freiheit.
Kein äußeres (determinierendes) Bewirken und von
außen 'Affizieren' kann in Frage kommen, sondern
nur ein Erregen oder Anregen gleichsam von innen
her, ein richtungweckendes 'Auffordern' an Freiheit
zur bestimmten Entfaltung der selbsteigenen Tätigkeit, ein Herausfordern antwortender Spontaneität" (13).

Damit die Wechselwirkung gelinge und Mißverständnisse
ausgeschaltet werden, kann man sich nicht bloß auf
die Beobachtung äußerer Handlungen beschränken, weil
diese hinsichtlich ihres Zweckes verschieden interpretiert werden könnten. Das Setzen eines Zweckes
ist ein Verhältnis von Gedanken, aus dem bestimmte
Handlungen resultieren. Man kann zwar von Handlungen
aus auf den Gedanken schließen, aber nicht in voller
Eindeutigkeit, sodaß das Spiel der Wechselwirkung
die Übereinstimmung der Vernunft mit sich selbst und
ihre Entwicklung hindern könnte. Die gesetzten Zwecke
müssen deshalb eindeutig bestimmt und mitgeteilt
werden können, damit in der Wechselwirkung jeder

"seine Gedanken dem andern, der sich mit ihm verbunden hatte, auf eine bestimmte Weise andeuten" kann (S. 264). Die für eine wirksame Wechselwirkung notwendige Bestimmtheit der Gedanken erreicht die Vernunft nur dadurch, daß sie Zeichen für die Gedanken auf der sinnlichen Ebene setzt, aus denen die wirkliche Absicht erkennbar wird. Wechselwirkung und eindeutige Mitteilung von Gedanken machen die Idee der Sprache aus, die der Grund der Erfindung von Zeichen ist. Der Grund der Zeichen ist auch ihr Zweck, nämlich durch die Bezeichnung der Gedanken eine gegenseitige, einsichtige Wechselwirkung der Individuen zu ermöglichen. Der Ausdruck unserer Gedanken in den Zeichen der Sprache ist das Mittel einer wirksamen Wechselwirkung, die der Spontaneität und Freiheit des menschlichen Bewußtseins angemessen ist. In den Zeichen der Sprache kommt sich die Vernunft selbst entgegen und stellt so die Übereinstimmung mit sich selbst in der Differenz von Gedanken und Zeichen wieder her.

Für FICHTE ist Sprache nicht ein notwendiges Moment der Gedanken- und Begriffsbildung - die Phantasie entwirft die Begriffe "vermittelst der Bilder" (S. 267) -, sondern ein notwendiger Schritt zur Entfaltung des individuellen Bewußtseins durch Begegnung mit einem anders entwickelten Bewußtsein. Dazu bedarf sie der Begegnung mit der Vernunftmäßigkeit, um Sinnlichkeit und Verstand ineins zu fassen. Das sinnliche Zeichen repräsentiert die Gedanken der Vernunft, ohne die es keine Bedeutung hätte. Oder anders gesagt: da die Vernunft sich selbst auch außerhalb ihrer selbst finden will, mußte sie die Zeichen als

---

(13) HEIMSOETH H., Metaphysik der Neuzeit, Darmstadt 1967, S. 122

Ausdruck ihrer selbst schaffen, um in ihnen sich selbst entgegenzutreten. Sprache oder Zeichen der Sprache kann deshalb nie im instrumentalistischen Sinne als eigengesetzliche Struktur genommen werden, sondern ist eine notwendige Vermittlungsinstanz in der Selbstauslegung der Vernunft.

4. Einerseits hat der Laut seinen Grund ausschließlich in der Bedeutung, die ihm die Vernunft verleiht, andererseits steht der Vernunft prinzipiell jede sinnliche Form offen. Es bleibt deshalb zu fragen: weshalb sollen gerade "Zeichen fürs Gehör" (S. 266) die Träger der Bedeutung sein? In der Antwort auf diese Frage macht FICHTE deutlich, wie die Vernunft allmählich (nicht im zeitlichen Sinne) durch ständige Modifikationen der Zeichen den ihr angemessenen Ausdruck ihrer selbst zu finden bestrebt ist. Das Zeichen für Gesicht und Gehör war anfänglich Nachahmung der natürlichen Gegenstände (Hieroglyphen), die nur eine unbeholfene Mitteilung von Gedanken und Wechselwirkung ermöglichte, weil sie die Aufmerksamkeit für die Sache nicht anregt, wenn diese nicht schon vorhanden ist (14).

Um die Ausbildung der Gehörsprache zu erklären, führt FICHTE in einer m.E. gewagten Spekulation die geistige Kraft eines herausragenden Menschen einer Gesellschaft an, der sich in der Ausbildung seiner Zeichen nicht mehr an den natürlichen Ton band, sondern schon "bei der flüchtigsten Aufmerksamkeit auf sich selbst" (S. 288) flüchtige und daher leicht verständliche Bezeichnungen entwickelte, die auch von den übrigen Menschen nachgeahmt wurden. Man dürfte FICHTE allerdings mißverstehen, wenn man ihm wegen

---

(14) Zum Begriff 'Aufmerksamkeit' vergleiche man den Artikel von O. NEUMANN, in: Historisches Wörterbuch der Philosophie, Bd. 1, hrsg. von J. RITTER, Darmstadt 1971, Sp. 635-645.
Den Gedanken einer Verabredung zu einer Gehörsprache weist FICHTE ebenso zurück wie F.X. BAADER, wenn auch aus anderen Gründen. Auch in der Grammatik kann die Verabredung nicht Grundlage sein.

dieses Gedankens spielerischen Umgang mit der Historie der Sprache unterstellen wollte. FICHTE hat wohl dieses Genie nur deshalb eingeführt, um seine Theorie vom Ursprung der Zeichen in der sich in den Individuen entfaltenden Vernunft, der die Führung in der Geschichte der Menschen zukommt, auszudeuten. Die Vernunft ist eine selbsttätige Kraft, die sich ihre eigenen Ausdrucksformen zu bilden vermag. Die Entwicklung der Zeichen konnte des weiteren aber nur in der Relation zu den bereits gefundenen geschehen, weil nur dadurch der innere Organismus des Ganzen in der Veränderung gewahrt bleibt. Das Bewußtsein zieht den Kreis seiner Erfahrung immer weiter, vom Individuellen zum Allgemeinen und Abstrakten, das nicht mehr an eine konkret-sinnliche Erfahrung geknüpft ist. Ausgangspunkt und Ebene ist das sich selbst bestimmende Bewußtsein, die produktive Einbildungskraft, die auch die Wandlung der Bezeichnungen je nach den Vorstellungen des Bewußtseins veranlaßt.

FICHTE hat in der Erläuterung seiner Theorie der Sprachentwicklung zu wenig den Zusammenhang mit seiner Wissenschaftslehre einbezogen, so daß seine Gedanken nur schwer einzuordnen sind; man darf auch annehmen, daß die Frage nach der Sprache nicht zu den zentralen Punkten seines Systems zählte. Diese Auffassung wird auch aus seiner Bemerkung deutlich, daß man die Sprache "für viel zu wichtig gehalten" hat (S. 267). Viel bedeutsamer ist für ihn die Erforschung des Bewußtseinsprozesses, der den Begriff und die Vorstellung konstituiert, bevor eine Bezeichnung gefunden wird.

5. Am Beispiel des Wortes 'Sein' erkennt FICHTE die Bedeutungsdifferenz, die sich ergibt, wenn das Bewußtsein seine Vorstellungen weiter entwickelt. So reicht die Bezeichnug 'Sein', die aus der Vorstellung

eines Dauernden am sinnlichen Objekt, einer Substanz im Gegensatz zum Wandelbaren, ihre Bedeutung bekommen hat, nicht hin, den Substanzbegriff der Wissenschaftslehre einsichtig zu machen, weil eine große Differenz der Abstraktion besteht (S. 295 f.). Der Substanzbegriff FICHTEs entspricht in seiner Vorstellung im Bewußtsein nicht mehr der Vorstellung eines Dauernden, die wir mit der Bedeutung des Wortes 'Sein' verbinden, sondern meint eine "synthetische Vereinigung aller Accidenzen" (S. 296).
An diesem Gedanken FICHTEs wird ein sprachkritischer Ansatz der Philosophie deutlich, auf dessen Notwendigkeit sein Vorgänger auf der Professur in Jena Karl Leonhard REINHOLD in seiner Schrift "Grundlegung einer Synonymik für den Sprachgebrauch in den philosophischen Wissenschaften" (Kiel 1812) hingewiesen hat. Denn die Vieldeutigkeit des Sprachgebrauchs in der Philosophie ist sehr oft ein Hindernis, um grössere Gewißheit in den philosophischen Aussagen zu erlangen, weil der Sprachgebrauch nicht dem Stande der Reflexion des Bewußtseins entspricht. Man könnte mit den Worten REINHOLDs den Gedanken FICHTEs erklären: der Ausdruck des Substanzbegriffs der Wissenschaftslehre mit dem Wort 'Sein' "ist nur erst auf derjenigen Stufe fortschreitender Entwicklung d e r   S p r a c h e möglich, auf welcher das bis dahin nur undeutlich und nur scheinbar deutlich gekannte und nur unbestimmt sich aussprechende D e n k e n nach entdeckter und aufgehobener V i e l d e u t i g k e i t seiner Bezeichnung, wirklich deutlich bekannt und ausgesprochen wird, die Grundbegriffe der vernünftigen Erkenntnis in bestimmten und unwandelbaren W o r t b e d e u t u n g e n hervortreten..." (15).
FICHTE macht im Zusammenhang dieses Textes nicht den Versuch, die Sprache ihrer Bedeutung nach so weiter-

---

(15) Grundlegung einer Synonymik..., S. 149 f.

zubilden, daß sie seinen Substanzbegriff angemessen zum Ausdruck bringen könnte. Er beschränkt sich auf eine Vorarbeit, indem er den Schritt des Bewußtseins, der den Begriff der Substanz als eines Dauernden in der Veränderung ausbildet und in dem Wort 'sein' oder 'ist' bezeichnet, aufzeigt. Die Vorstellung eines dauernden Substrats ist ein "Produkt der Einbildungskraft", auf das alles Veränderliche aus der Wahrnehmung bezogen werden muß, wenn wir uns dessen bewußt werden wollen. Denn die Vernunft konstituiert erst das sinnlich gegebene Seiende in seiner Einheit als bestimmten Gegenstand. Der Begriff des Substrats ist deshalb ein notwendiger Begriff im Fortgang des Denkens und des Sprechens. Denn "keine Handlung unsers Geistes wäre ohne ein solches Substrat, und ohne eine Bezeichnung für dasselbe keine Sprache möglich" (S. 296). Der Begriff des Seins gehört deshalb notwendig zum Anfang von Sprache überhaupt.

6. In die gleiche sprachkritische Richtung weisen FICHTEs Ausführungen über die Zeichen für geistige Begriffe: Welt, Gott, Seele, Unsterblichkeit usw. Er gibt der philosophischen Kritik Recht, wenn sie die wissenschaftlichen Gottesbeweise als Widerspruch erklärt. Denn diese unterscheiden nicht zwischen dem Praktischen, das nur auf Grund des Fühlens die Dinge außer uns zugänglich macht, und dem Theoretischen, das als Erkenntnis dem Verstand angehört. Deshalb wird in den Gottesbeweisen "etwas bloß zu glaubendes für etwas Erkennbares" angenommen (S. 298). Aber philosophisches Wissen kann nicht von einem Geglaubten auf eine gesicherte Erkenntnis des Übersinnlichen übergehen (16). Den Kritikern der Gottes-

---

(16) FICHTEs Gottesauffassung gehört nicht in den Bereich theoretischen Wissens, sondern ist eine Sache der Gewißheit des Gewissens, die in einer moralischen Weltordnung ihr Fundament erhält. Vgl. WEISCHEDEL W., Der Gott der Philosophen. Grundlegung einer philosophischen Theologie im Zeitalter des Nihilismus, Bd. 1, Darmstadt 1971, S. 221-245

beweise hält er aber entgegen, daß diese Schlußfolgerung dem gemeinen Menschenverstand sehr wohl ansteht. Die Ausbildung der geistigen Begriffe ist ein Produkt des ständig fortschreitenden Bewußtseins, das in seinem "Erklärungsgeschäft" (S. 297) nach der Befriedigung sinnlicher Bedürfnisse zu geistigen Ideen emporsteigt, um den Grund der Erscheinungen im Übersinnlichen aufzusuchen. Jedoch weist das Bewußtsein auf dieser Stufe seiner Entwicklung noch eine große Differenz zum eigentlich wissenschaftlichen Begründen auf, auf das die Vernunft zustrebt.

Wie aber vermag die Vernunft diese Ideen zum Zwecke ihrer Mitteilung durch Zeichen verständlich zu machen? FICHTE macht eindringlich darauf aufmerksam, daß die sinnlichen Zeichen den Verstand täuschen können, weil die Bezeichnung des geistigen Begriffs von der Bezeichnung eines sinnlichen Gegenstandes genommen ist und das Denken zu einer Verhaftung an das Gegenständliche verführen kann. Das Denken aber darf nicht von den sinnlichen Zeichen ausgehen, sondern muß sich an die Sache des Bewußtseins selbst halten. FICHTE sieht die Möglichkeit zur Täuschung auf dem Wege zur Bildung der Zeichen für abstrakte Begriffe als unvermeidlich an. Denn die produktive Einbildungskraft vermag sich nur etwas vorzustellen, wenn sie es "unter die Formen der Sinnlichkeit" bringt, d.h. im Raum vorstellt (S. 300).

Wir finden bei K.F. BECKER einen ähnlichen Gedanken, der sich auf den Darstellungscharakter der Sprache bezieht: die den abstrakten Denkformen angehörigen Beziehungen von Begriffen lassen sich nur darstellen, wenn sie auf die Anschauungsformen von Raum und Zeit zurückgeführt werden (17). BECKER begründet dies damit, daß "die Gegensätze der Denkformen den Gegensätzen der Anschauungsformen entsprechen" (18).

---

(17) Vgl. Organism der Sprache, S. 133 u.ö.
(18) Vgl. Kap. III, § 4

Die Denkformen sind auch zu diesen abstrakten Begriffen zu zählen, über deren Ausdruck durch Zeichen der Sprache sich FICHTE äußert.
Mit Hilfe der Schemata der Einbildungskraft, in denen sinnliche und geistige Vorstellungen eine Synthese bilden, werden übersinnliche Begriffe mit Zeichen für sinnliche Gegenstände verbunden und durch diese zum Ausdruck gebracht. Ein Verständnis dieses Zeichens ist nur dadurch möglich, daß der Gesprächspartner die gleichen Schemata des gleichen Gedankens entwickelt. Voraussetzung ist aber, daß dessen Denkkraft der bezeichneten Abstraktion zu folgen vermag. Je weiter der Begriff eines Abstrakten geht, desto größer muß die Verfeinerung der Bezeichnung sein, d.h. desto mehr muß sich das Zeichen von der groben Sinnlichkeit entfernen.
Die Ursache der Täuschung ist die Struktur des Bewußtseins, das als Ich sich selbst denkend der Gegenstände der Sinne nicht bedarf; in der Einbildungskraft dagegen wird gegenständlich Seiendes perzipiert, das dem Ich entgegensteht. Diese Spannung wird fruchtbar für die Konstitution von Sprache als Bedeutungs- und Bezeichnungssystem: in Hinsicht ihrer Bedeutung ist sie Ausdruck der energetischen Kraft des Bewußtseins als sich entfaltendes Ich, denn das Ich drängt die Sprache in den Selbstentfaltungsprozeß hinein; in Hinsicht der Bezeichnung ist Sprache Manifestation der Einbildungskraft, die im Bereich der Gegenstände zur Bestimmtheit gelangt. Sprache lebt deshalb von der Spannung zwischen der Werdensstruktur der Vernunft als Energeia und dem Zeichencharakter als Ergon. Vermittels des Ergon vermögen wir zur Werdenseinheit der Vernunft vorzudringen, sofern wir uns nicht durch die Verfänglichkeit der

Zeichen auf den falschen Weg leiten lassen. Die Unvermeidlichkeit der Täuschung durch Zeichen ist also in der Dialektik von Energeia und Ergon von Vernunft und Sprache begründet.

7. FICHTE ging es im ersten Teil seiner Untersuchung primär darum, die Entstehung von Zeichen (Wörtern) überhaupt zum Zwecke der Wechselwirkung vernünftiger Wesen zu erläutern. Diese Frage wäre unzureichend beantwortet, wenn er nicht auch in Betracht zöge, in welcher Art und Weise diese Zeichen in Erscheinung treten. Denn auch in dieser Hinsicht müssen sie als Ausdruck von Gedanken, sofern man von einer transzendentalen Relation sprechen möchte, ihren Grund in der Anlage der menschlichen Vernunft haben. Die Funktion der Namengebung ist eine unzureichende Erklärung der sprachlichen Zeichen, sofern diese nur punktuell und statisch verstanden wird. Jeder Gegenstand, ob sinnlicher oder nichtsinnlicher Art, wird in seiner Bestimmtheit erst verstanden, wenn seine äußeren und inneren Relationen, seine Einordnung in das Ganze der Bewußtseinsentfaltung einsichtig wird. Die Entwicklung des Bewußtseins ist Konstitution von Sinn, d.h. von Einheit in der Mannigfaltigkeit der Eindrücke und Bewußtseinsinhalte. Denn Vernunft strebt zu einer Einheit mit sich selbst, indem sie das Einzelne nicht eliminiert, sondern aufhebt in die Reflexion, in der sich Vernunft ereignet. Das Bewußtsein wendet sich auf dem Wege durch die Erkenntnis der Dinge auf sich selbst, um den Strom der Perzeptionen in sich selbst zur Einheit zu führen. Wenn wir einen Gegenstand verstehen wollen, müssen wir diesen Gang des Bewußtseins mitvollziehen, d.h. uns in die Energeia der Vernunft hineinziehen lassen. In der Bewußtseinsentwicklung erfolgt gleichermaßen eine Gliederung der gegenständlichen Welt,

die den Dingen ihren Ort im Ganzen des dynamischen
Systems zuweist und ihnen dadurch die jeweilige
Bestimmtheit im Gang des Bewußtseinsprozesses verleiht. Die Sinngebung der Vernunft geschieht nicht
außerhalb und ohne die Erkenntnis der realen Welt,
sondern nimmt diese in den Fluß ihrer Selbstentfaltung hinein, um ihnen den Sinn eines Ganzen mitzuteilen.

Die Sprache folgt diesem Gang des Bewußtseins, insofern sie nicht in einzelnen Wörtern hervortritt,
sondern bereits in ihrem Anfang dem gemeinten Sinn
durch die "Zusammenfügung mehrerer Worte" (S. 302)
in einen Satz bezeichnet. Keine Sprachbetrachtung
kommt an der Tatsache vorbei, daß die Zeichen der
Sprache nur in der Synthesis des Satzes eine Aussagefunktion haben. Die Frage nach dem Ursprung
der Sprache wird für FICHTE zur Frage nach der Grammatik. Denn der Satz ist es, der von Anfang an einen
bestimmten Sinn bezeichnet, indem er ein Substantiv
und ein Zeitwort in sich faßt. Nur in dieser Fügung
erhalten die Worte die ihnen zukommende "Verständlichkeit und Brauchbarkeit" (S. 302); der Sinn des
Satzes leitet uns bei der Wahl der Worte und hält
die einzelnen unbestimmten Worte zur Einheit des
Ganzen fest. FICHTE sieht es nicht so, daß erst im
Aussprechen des Satzes der Sinn klar wird (19).
Weil die Vernunft für sich ohne Sprache auskommt,
ist der Satz nur "Bezeichnung eines bestimmten
Sinnes" (S. 302); d.h. im Bewußtsein ist der Sinn
bereits apriorisch bestimmt, bevor (nicht zeitlich
genommen) er durch den Satz bezeichnet wird. Man
könnte FICHTE höchstens so interpretieren: der
Grund der bestimmten Fügung eines Satzes ist die
Fügung der Gedanken in der Vernunft. Doch auch
hier müssen wir uns vor einem instrumentalistischen

---

(19) Vgl. STENZEL J., Philosophie der Sprache,
     Darmstadt 1964, S. 44 u.ö.

Verständnis hüten; denn FICHTE spricht sehr deutlich
von einem im "Wesen des Menschen liegenden Grunde",
von einer "natürlichen Anlage", die die jeweils in-
tendierte und ausgedrückte Wortfügung des Satzes
leitet (S. 303). Diese Anlage ist jedoch nicht im
Sinne der LEIBNIZschen Zeichentheorie zu verstehen,
daß die Zeichen als innere Sprache die Vernunft in
ihrem Fortgang kennzeichnen, Vernunft also selbst
zeichenhaft ist; so als wäre die lautliche Sprache
nur die Äußerung des Sprechens der Vernunft mit
sich selbst (20). Diese Theorie würde der Sprache
einen zu gewichtigen Platz in der Entwicklung des
Bewußtseins zuweisen.

8. Die Ausbildung einer Grammatik ist daher mit den
ersten Zeichen der Sprache gegeben, wenn auch noch
nicht in dieser verfeinerten Bestimmtheit wie in
den jetzigen Sprachen. Doch von Anfang an enthielt
diese Grammatik die Subjekt-Prädikat-Struktur.
Wie kommt es nun zur Entwicklung dieser Satzstruktur ?
FICHTEs Theorie über den Satz kann nur auf dem Hintergrund seiner Theorie von der produktiven Einbildungskraft verstanden werden. Der damit implizierte Ent-
wicklungsgedanke verbietet es, die Dichotomie von
Subjekt und Prädikat als unabdingbare Voraussetzung
jedes nur möglichen Ausdrucks philosophischer Gedanken anzusehen. Sprache ist nicht zuletzt auch
aus diesem Grunde nur ein Vehikel der Vernunft, die
sich in der Erhebung zu sich selbst ihre eigene
Prägung verleiht.

Die unzeitliche "Geschichte des Bewußtseins" (21)
bedurfte in ihrem Ursprung der Vorstellung eines
Subjekts und einer aoristischen, d.h. zeitlich
unbestimmten Tätigkeit. Das aus dem Erleben einer

---

(20) Vgl. LEIBNIZ G.W., Dialogus de connexione inter
res et verba (1677), in: Philosophische Werke,
ed. GERHARDT, Bd. VII, S. 190-193
(21) HEIMSOETH H., Metaphysik der Neuzeit, S. 117

Situation erwachsene Bedürfnis machte eine Bezeichnung nötig, aus der richtige Schlußfolgerungen gezogen werden konnten. Die Differenz des Zeitausdrucks gehört einem höheren Stande des Bewußtseins an. Substantiv und Zeitwort sind deshalb für FICHTE nicht Ausdruck ontologischer Tatbestände, sondern die Verhältnisse von Gedanken oder Zwecken mußten anschaulich werden. So war z.B. die Unterscheidung von Aktiv und Passiv anfänglich nicht gebräuchlich, denn der einfache Ausdruck des Zustandes ist "durch sich selbst bestimmt", d.h. er erlaubte eine genügende Einsicht in die Situation. Erst die weitere Entwicklung des Bewußtseins ließ das "Bedürfnis" der Differenzierung von Aktiv und Passiv und die unpersönlichen Verben entstehen, wenn die Frage nach dem Urheber eines Geschehens gestellt wurde (22).

Das "Stammwort" deutete ursprünglich "einen Gegenstand und eine Handlung zugleich" an (S. 309). Dieses Zeichen reicht bald nicht mehr zur Verständigung hin, da das Bewußtsein sich erweitert und immer neue Vorstellungen produziert, die neue Bezeichnungen fordern. "Man sah sich genötigt, neue Worte zu erfinden, weil der menschliche Geist, bei seinen Fortschritten zur Kultur, sich immer mit neuen Vorstellungen bereicherte, und neue Bestimmungen in alte Begriffe hineintrug" (S. 324). Die Inhalte der produktiven Einbildungskraft bilden aber keinen aggregathaften Zustand, sondern entwickeln sich in immer neuen Relationen zueinander, so daß sich auch die Grammatik vom einfachen Satz zum komplexen weiterbildet und "die ursprüngliche Wortfügung folglich verändert" (S. 308). Die Einsicht in die Beziehungen der Vorstellungen ist für FICHTE auch der Grund, weshalb sich die Kasus, die Präpositionen und die Tempora als Zeichen herausbilden.

---

(22) Für die Bildung der Passivform geht FICHTE davon aus, daß man sich zwar auf Grund der Erfahrung den Hergang eines Geschehens vorstellen könne, aber den Urheber nicht kenne, während bei den Impersonalia der Hergang selbst nicht erklärt werden könnte (S. 312-315).

Durch die Entwicklung des Bewußtseins ist auch
die Stellung und Funktion der Wörter im Satz begründet: dem Substantiv als dem Wort für die un-
bestimmteste Vorstellung kommt der erste Rang zu.
Es ist insofern das Hauptwort, als es im Ablaufe
des Satzes durch weitere Eigenschaften bestimmt
wird. Die Eigenschaften dienen also nur zur Bezeichnung eines Gegenstandes "durch seine Eigentümlichkeit" (S. 304). Eigenschaftswort und Hauptwort bezeichnen als e i n Wort ursprünglich eine Synthesis von Vorstellungen. FICHTE meint deshalb, daß
anfänglich das Substantiv und das Adjektiv nicht
so deutlich als eine eigene Wortart unterschieden
waren und deshalb auch eine Eigenschaft schnell in
der Stellung und Form eines Substantivs hervortreten konnte, wenn die Einbildungskraft diesen
Aspekt zum Ausdruck bringen wollte. Denn nicht "innere
Merkmale" (S. 308) konstituieren ein Wort, sondern
nur der Gebrauch, der auf Grund der Vorstellungen
in der Einbildungskraft von ihnen gemacht wird.
FICHTE spricht nirgendwo von Wortart oder Wortklassen; denn diese Ausdrucksweise liefe in Richtung eines verselbständigten Zeichensystems. Nur
der Terminus "Bezeichnungsart" (S. 308) ist noch
seiner Sprachtheorie angemessen, weil hierdurch die
fundamentale Relation der Zeichen auf die Vorstellungen des Bewußtseins als eigentlich schöpferischer
Kraft gewahrt bleibt.
Die Produktivität der Einbildungskraft erweckt das
Bedürfnis zur Zeichenbildung und -differenzierung
(S. 323). Ihre wachsende Bestimmtheit machte es
notwendig, daß dem Hauptwort nähere Bestimmungen
angeschlossen werden, die als Vorstellungen im Bewußtsein "auf Veranlassung der Umstände" (S. 305)
sich entfalteten (S. 310): das Adjektiv als erste
nähere Bestimmung, das Zeitwort als noch deutlichere
Bestimmung, die auch den Zweck bestimmt. Die Wandlung

des Wortes und die Differenzierung wird auf der Ebene der Sinnlichkeit durch den Ton angezeigt, indem dem wichtigsten Begriff im ausgeprägten Subjekt-Prädikat-Verhältnis, "auf dessen Mitteilung es hauptsächlich abgesehen war", der Hauptton zukommt, während das Hauptwort als unbestimmter Begriff, der nur in der Entfaltung in seine Eigenschaften einsichtig wurde, durch den Ton als an andere Wörter angelehnt oder mit ihnen "zusammenfließend" zum Ausdruck kommt. Die Betonung ist daher nach FICHTEs Theorie ein Kriterium für die Entwicklung des Zeichencharakters der Sprache. Die Verlagerung des Tones ist bedingt durch die Entwicklung der Vorstellungen, die sich in erweiterten Sätzen ausdrücken, und dürfte eine Ursache für die Differenzierung der Worte in der ursprünglichen Sinneinheit des Satzes sein. Die Worte sind deshalb nicht Namen; ihre Bedeutung wird nur erst einsichtig, wenn wir die ursprüngliche, vom Sinn konstituierte Beziehung der Worte im Satz nach-denken. Die Theorie von der Entfaltung des Satzes aus einem Stammwort unter der Leitung der produktiven Einbildungskraft will einsichtig machen, daß die Sprache durch die Differenzierung der Worte hindurch die Einheit des Sinnes als Konstitutivum der Aussage erhält und die Worte von daher ihre jeweilige Bestimmtheit und lautliche Gestalt empfangen. Der Satz kann deshalb nie ein Aggregat von mehreren Wörtern sein, sondern der Ausdruck der Einheit des Bewußtseins in den verschiedenen Elementen, die die Eigentümlichkeit einer Sache bestimmen. Die Grammatik der Sprache ist fundiert in einer Grammatik des Bewußtseins, welche die sich entwickelnden Vorstellungen bereits zur Einheit des Sinnes zusammengeschlossen hat, bevor sie in der Differenz der Zeichen zum Ausdruck kommen. Grammatik ist Wesensmoment von

Sprache, weil die Zeichen einer Synthese in der Einheit des Sinnes bedürfen. Grammatik ist diese Synthese, insofern sie das Zeichen der synthetischen Einheit der Vorstellungen im Bewußtsein ist. Auf Grund dieser Einsicht in das Wesen der Grammatik wird deutlich, daß FICHTEs Sprachtheorie entgegen der anfänglichen Vermutung in engem Zusammenhang mit seiner Wissenschaftslehre steht. Denn vor allem seine Erläuterungen des Substantivs sind nur verständlich, wenn wir seinen eigenen Substanzbegriff in Anschlag bringen. FICHTE versteht das Substantiv nirgendwo im Sinne einer Substanz als voll bestimmtes dauerndes Substrat, an dem Veränderungen wahrnehmbar sind. In dieser Rücksicht weicht er einerseits von der aristotelischen Tradition ab; andererseits kann man seine Theorie aber auch nicht in die Nähe der allgemeinen Grammatik von J.W. MEINER bringen, obwohl einige Elemente, z.B. seine Erläuterung der Satzstruktur, es nahelegen könnten. Man darf aber nicht vergessen, daß sich bei MEINER keineswegs ein Bezug auf die Dynamik des Bewußtseins als sinngebenden Grund der Zeichen findet, der gerade für die Zeichentheorie FICHTEs unabdingbar ist.(23). Diese ist auch das Richtmaß für seinen Substanzbegriff als "synthetische Vereinigung aller Accidenzen" (S. 296). Das Subjekt des Satzes wird von ihm zwar auch in dieser Hinsicht interpretiert, insofern es der Ausdruck der Eigentümlichkeit eines Dinges ist, dessen Eigenschaften im Satz entfaltet werden. Aber der Satz überhaupt kann den Substanzbegriff nicht erfüllen, weil er wegen seiner Bindung an die Sinnlichkeit nicht "alle Accidenzen" zum Ausdruck bringen kann. Die Vernunft muß deshalb, um die Substanz denken zu können, über die Sprache hinausgehen. Die Sprache ist aber ein notwendiger Schritt auf dem Wege der Selbstentfaltung und Selbstvollendung der Vernunft in der Einheit mit sich selbst.

---

(23) Aus den gleichen Gründen kann auch keine Verwandtschaft mit den Assoziationstheorien von John LOCKE (Essay concerning human understanding, Book III) und Hermann PAUL (Prinzipien der Sprachgeschichte, Halle²1886, Nachdruck Darmstadt 1960) behauptet werden.

## 2. Kapitel

## SPRACHE UND LOGIK IN DER ARISTOTELISCHEN PHILOSOPHIE

Das Anliegen des ARISTOTELES zielt nicht auf die Entwicklung einer Theorie der Sprache; die Betrachtung der Sprache ist aber für ihn unumgänglich, weil er sein Hauptaugenmerk auf die Untersuchungen über den λόγος richtet. Dieser Begriff impliziert seinem Inhalt nach als "Aussagendes" (ἀποφαντικός) das Element der sprachlichen Äußerung. Der Zusammenhang von Sprechen und Denken wird daher zum Gegenstand der Überlegungen. ARISTOTELES bringt diesen Zusammenhang vornehmlich in folgenden Schriften zur Sprache: Περὶ ἑρμενείας , Analytica Priora et Posteriora, Poetik XX.

### § 1 DAS PROBLEM DER SPRACHE BEI ARISTOTELES

1. Die Probleme, mit denen sich ARISTOTELES auseinandersetzte, sind durch die Erörterungen PLATONs im Dialog 'Kratylos' und im 7. Brief vorgegeben, aber dort nicht gelöst worden.(1)
a) PLATON entscheidet sich bezüglich des Ursprungs der Sprache weder für die φύσει -These noch für die νόμῳ -These und lehnt sie beide ab. Der Dialog 'Kratylos' endet, ohne daß eine Lösung des Problems gefunden wurde. PLATON vermutet vielmehr ein eigenes Gesetz der Sprache, das auch keine Willkür in der Aufstellung von Namen kennt. Aus diesem Ergebnis kann nur geschlossen werden, daß die Fragestellung zu ändern ist, weil die Gegenüberstellung der φύσει - und der νόμῳ -These der Sprachproblematik nicht entspricht. ARISTOTELES unternimmt die Veränderung der Problemstellung. Er fragt nicht mehr nach den kausalen Bedingungen der Sprache oder nach den Entsprechungen in den Dingen, sondern wozu die Namen da sind, welche Funktion sie im Erkenntnisprozeß

---
(1) Vgl. Coseriu, E., Die Geschichte der Sprachphilosophie von der Antike bis zur Gegenwart, Teil I, S. 50 f., 59-83; Derbolav, J., Platons Sprachphilosophie im Kratylos und in den späteren Schriften, Darmstadt 1972; Düring, I., Aristoteles,

haben. Das Problem der Richtigkeit der Namen in
Bezug auf Sachen ($\pi\rho\acute{\alpha}\gamma\mu\alpha\tau\alpha$) wird beiseitegelegt
und das Wort als ein Zeichen ($\sigma\tilde{\eta}\mu\alpha$) oder Symbol
($\sigma\acute{u}\mu\beta o\lambda ov$) betrachtet, das eine Sache meint ($\tau\acute{\epsilon}\lambda o\varsigma$)
(De interpr 16 a 19, a 26-29). Der Name ($\check{o}vo\mu\alpha$) ist
Laut mit Bedeutung $\kappa\alpha\tau\grave{\alpha}\ \sigma u v \vartheta\acute{\eta}\kappa\eta v$, wenn er zu einem
Symbol wird, d.h. wenn er e t w a s benennt. Genaueres
wird später dargelegt.

b) Obwohl jedes Suchen nach Wahrheit an Sprache ge-
fesselt ist, kann dennoch den Wörtern in ihrer Eigenart kein erkenntnistheoretischer Wert beigemessen
werden. Durch die Analyse der Wörter kommen wir zu
keiner Aussage über das Wesen der Sache selbst. Zwar
entsprechen die Wörter dem Sein, d.h. dem, was die
Dinge sind, aber eine genauere Analyse kann kein
notwendiges Verhältnis erkennen, vielmehr können
Wörter sogar falsch sein in Bezug auf den gemeinten
Gegenstand. So kann man nicht wissen, ob ein Wort
der Natur der Sache entspricht. Der Dialog zieht
die Schlußfolgerung, daß anstelle einer Erkenntnis
die sich von der Sprache leiten läßt, nur eine unmittelbare Wesenserfahrung der Sache selbst für das
Problem der $\dot{o}v\acute{o}\mu\alpha\tau o\varsigma\ \acute{o}\rho\vartheta\acute{o}\tau\eta\varsigma$ Erfolg bringen könne
(Krat 438 c - 439 b). ARISTOTELES verschiebt die
Diskussion der Richtigkeit der Namen dadurch, daß
er anstelle der Beziehung Wort/Sache drei verschiedene
Relationen aufstellt: 1. das sprachliche Verhältnis
von Laut und Bedeutung; 2. das Verhältnis von Wort
und Wirklichkeit, das durch Bezeichnung der außersprachlichen Wirklichkeit entsteht; 3. das Verhältnis von Subjekt und Prädikat in der Aussage, die
als Ausdruck eines logischen Verhältnisses Wahrheit
und Irrtum behauptet. Die beiden ersten Relationen
lassen die Sprache bezüglich einer Erkenntnis im
Unbestimmten. Erst der Aufweis der Satzstruktur hat
logische Relevanz. Für ARISTOTELES gilt die Definition von Sprache als ein System von Zeichen. Diese

Theorie hat er gemeinsam mit PARMENIDES, AUGUSTIN, Fr. BACON, J. LOCKE, LEIBNIZ, Chr. WOLFF und HERDER.

2. Wörter benennen durch ihren Symbolcharakter eine Sache, sie gewinnen Bedeutung durch ihre Funktion. Der Herkunft nach sind sie nicht φύσει, d.h. das Wort ist seiner Lautgestalt nach nicht Name einer Sache; die Sache selbst kommt ihrem Wesen nach gar nicht in Betracht. Es besteht kein kausaler Zusammenhang zwischen Laut und Ding. ARISTOTELES spricht auch nicht von einem Verhältnis der Konvention. Der Laut ist nicht Symbol für das bezeichnete Ding, sondern Symbol der Bewußtseinsinhalte (τῶν ἐν τῇ ψυχῇ παθημάτων σύμβολα, de interpr 16 a 3-4). ARISTOTELES unterscheidet zwischen der Beschaffenheit der Seele als vermittelnder Instanz und dem, was sie wahrnimmt (den Perzeptionen). Der Laut drückt Erfahrungen oder Affektionen des Geistes aus, nicht das Ding in seiner ontischen Gegebenheit. Der Begriff ὄνομα schließt Laut und Bedeutung zusammen. Der Laut aber ist σύμβολον τῶν ἐν τῇ ψυχῇ παθημάτων insofern ihm eine Bedeutung zugesprochen wird (φωνὴ σημαντική).

Die logosartige Sprache des Menschen leistet mehr als die Laute der Tiere und ist so auch für das Wesen des Menschen konstitutiv. Sie ermöglicht auch Erkenntnis des Guten und Rechten (Pol 1253 a 2f.) und enthüllt das Seiende seiner Struktur nach. Menschliche Sprache liegt erst dort vor, wo der Ausdruck des Affekts gegenüber dem reinen Bedeutungslaut zurücktritt.

Das Wort als Kombination von Laut und Bedeutung besitzt Symbolcharakter nicht von Natur her, sondern κατὰ συνθήκην. Warum gebraucht ARISTOTELES diesen Begriff, aber nicht die damals üblichen Kontrastbegriffe ἔθει, νόμῳ, ξυνθήκῃ? Durch die Verwendung der Präposition κατά mit Akkusativ schließt ARISTOTELES ein kausales Verhältnis zwischen Sache und

Name aus. Die Frage nach der Entstehung von Wörtern wird von ihm nicht gestellt. Der Präpositionalausdruck bedeutet vielmehr, wie COSERIU (2) feststellt, soviel wie 'als', qua. Der Sinn von κατὰ συνθήκην ist also: "der Name ist Laut mit Bedeutung auf Grund dessen, was schon eingerichtet ist". ARISTOTELES meint also ein Übereingekommensein, das nicht erst durch Sprache entsteht, sondern ein fundamentales Merkmal menschlicher Existenz darstellt, auf der die Gemeinschaft der Menschen gründet (Pol 1252 a 25 - 1253 a 39).

3. ARISTOTELES betrachtet das Wort hinsichtlich seiner Funktion, die es als überlieferte Laut-Bedeutung-Kombination einnimmt. Für den Zusammenhang von φωνή und πάθημα, die sich im Begriff ὄνομα zusammenschliessen, fordert er lediglich, daß jeder Lautgestalt nur e i n e Bedeutung zukomme. "Könnte dies aber nicht geschehen, sondern behauptet vielmehr jemand, das Wort bezeichne unendlich vieles, so wäre offenbar keine Rede möglich, denn nicht e i n Bestimmtes bezeichnen (σημαίνειν) ist dasselbe wie n i c h t s bezeichnen; bezeichnen aber die Worte nichts, so ist die Möglichkeit der Unterredung mit andern aufgehoben, in Wahrheit auch die Möglichkeit mit sich selbst. Denn man kann gar nichts denken (νοεῖν), wenn man nicht Eins denkt; ist dies aber der Fall, so würde man auch für diese Sache e i n e n Namen setzen können" (Met Γ 1006 b 5-11). Die Lautkombination selbst ist eine beliebige Setzung (τιθέναι), an die jeder des Verstehens und der Verständigung wegen gebunden ist (3). Irgendwelche notwendigen Zusammenhänge zwischen Laut und Bedeutung sind für ARISTOTELES uninteressant, weil er die genetische Frage nicht stellt. Für das Verhältnis von Wort und Sache ist die Bedeutung als Bewußtseinsinhalt entscheidend. ARISTO-

---

(2) L' arbitraire du signe, S. 88
(3) THOMAS VON AQUIN versteht den Begriff κατὰ συνθήκην richtig, wenn er erklärt: secundum institutionem humanam a beneplacito hominis procedentem. In Aristotelis libros Peri Hermeneias, S. 20

TELES bezeichnet die παθήματα ἐν τῇ ψυχῇ als
Darstellungen (ὁμοιώματα ) der Sachen (πράγματα)
(de interpr 16 a). Nur in diesem Verhältnis kommt
einem Wort Bedeutung zu. In der Lautgestalt als
solcher liegt keine Bedeutung. Bedeutend (σημαντικά)
werden nur die ὀνόματα und ῥήματα genannt, insofern
nur diese Wortklassen einer außersprachlichen, d.h.
gedanklichen Wirklichkeit entsprechen und nicht bloß
sprachliche Mittel zur Verdeutlichung sind (Poetik
1457 a 10-18; vgl. de interpr 16 b 20 f und Met Γ
1006 b 10 f.). Die Namen als bedeutungsvolle Lautgestalt
vertreten in der Rede die gemeinten Sachen, insofern
diese gedacht, intendiert sind (El soph 165 a 6-8).
Am Beispiel des τραγέλαφος zeigt ARISTOTELES, daß
die im Ausdruck gemeinten Sachen nicht ihrer objektiven Existenz nach ausgesagt werden (de interpr 16 a
17 f.). Die Sprache bezieht sich zwar immer auf etwas, aber nur insofern es gedacht wird.
4. In dieser Beziehung liegt noch nicht ein logisches
Verhältnis, auf Grund dessen über wahr oder falsch
entschieden werden könnte. Insofern die Worte Darstellungen eines Gedankeninhalts sind, ist für sie
diese Unterscheidung belanglos, weil das Wort lediglich Zeichen eines Denkinhalts ist. Bedeutung und Bezeichnung sind aber nicht identisch. Es ist falsch
zu glauben, daß das, was für die Namen zutrifft,
auch für die Dinge gelten müsse (El soph 165 a 6 ff.).
Die Bezeichnung kann sich auf verschiedene Sachen
beziehen. Mißverständnisse werden nur dadurch vermieden, daß an einer einheitlichen Bedeutung festgehalten wird. Auf Grund dessen muß der bloße Name
verschiedenes bezeichnen. Erst in Bezug auf die Bedeutung kann nach wahr und falsch gefragt werden.
"Falschheit oder Wahrheit hängen von der Zusammensetzung (σύνθεσις ) und Zergliederung (διαίρεσις )
ab. Die Namen als solche aber und die Verben sind

dem Gedanken ohne Synthese und Analyse ähnlich,
z.B. Mensch oder weiß, wenn nichts hinzugefügt
wird" (de interpr 16 a 10-16). Die Frage nach der
Wahrheit der Wörter ist also sinnlos, weil durch die
Zergliederung des Wortes in die στοιχεῖα bzw. durch
deren Synthese keine Erkenntnis über das bezeichnete
Ding erreicht wird. Die στοιχεῖα erfüllen ihren
Sinn in der Bildung der Lautgestalt des Wortes (Poetik 1456 b 22-24). Weil die Silben und Buchstaben
nichts bedeuten, sondern nur die Lautgestalt des
Wortes konstituieren, bringt eine Zerlegung des Wortes,
das schon das kleinste Bedeutungselement ist, nichts
ein (de interpr 16 a 20-22, b 6-7.30-32). Σύνθεσις
und διαίρεσις erfolgen vielmehr im Satz, der einzigen
Form sprachlicher Darstellung der inneren Struktur
der Dinge, insofern das Subjekt eine Sache repräsentiert, über deren Inhalt im Prädikat etwas ausgesagt
wird. In Bezug auf das Wort τραγέλαφος allein kann
nicht nach Wahrheit oder Falschheit gefragt werden,
solange man nicht eine Aussage über ihre Existenz
oder Nicht-Existenz macht.

5. Die Prädikation ist Auslegung des Begriffsinhalts
eines Subjekts. Das Wort bedeutet etwas als Ausdruck
(φάσις), das gilt für ὀνόματα und ῥήματα (de interpr 16 b 22-25). Die Verben, die die Stelle der Prädikation einnehmen, bedeuten zwar etwas als Synthese,
da ihr Inhalt nicht ohne die Beziehung auf ein Subjekt gedacht werden kann, von diesem jedoch begrifflich unterschieden ist, aber für sich allein haben
sie als Zeichen keinen Wahrheitswert, sondern nur
in ihrer Beziehung auf das, über das etwas ausgesagt wird; Verben sind ihrer semantischen Qualität
nach also stets Beziehungswörter (τῶν καθ' ἑτέρου
λεγομένων σημεῖον) und eignen sich deshalb vorzüg-
lich für die Prädikation, die stets eine innere notwendige Relation zwischen Subjekt und Prädikat
ausdrückt. Der Prädikation allein aber kommt die

Unterscheidung von wahr und falsch zu, weil sie einen Gedanken (πάθημα) als begrifflichen Repräsentanten einer Sache in seine Elemente und Relationen zu gliedern und daraus zusammenzufügen vermag. In der Prädikation werden einzelne übergeordnete Begriffe von einem untergeordneten Begriff behauptet oder negiert (κατάφασις ἢ ἀπόφασις). Es ist die Eigenart der behauptenden und negierenden Sätze, wahr oder falsch zu sein, nicht dagegen der einzelnen Wörter, die nur Elemente der Behauptung oder Negation sind.
Die Struktur des Satzes repräsentiert also die Einteilung der Begriffe in allgemeine und individuelle, die selbst nur in der gegenseitigen Verbindung Bedeutung haben. Wahrheit bzw. Falschheit liegt dann darin, ob einem allgemeinen Begriff ein individueller sinngemäß durch Analyse oder Synthese verbunden werden kann oder nicht. Allgemeinbegriffe sind die, welche mehreren Individuen prädiziert werden können; Individualbegriffe können nur von einer Sache oder Person ausgesagt werden. ARISTOTELES entwickelt daraus auch eine Einteilung der Dinge in drei Klassen ( An pr 43 a 20 ff.):
a) Individuelle Dinge: sie können nicht von einem anderen Prädiziert werden (Κάλλιας);
b) Dinge, die als Allgemeines begriffen werden: sie können von anderen prädiziert werden, aber selbst nicht weiter zerlegt oder prädikativ zusammengesetzt werden;
c) Dinge, die als Arten begriffen werden: sie können einerseits von anderen Dingen prädiziert werden, andererseits werden von ihnen andere Dinge prädiziert.

Die Begriffe haben nach ARISTOTELES intentionalen Charakter, insofern sie bestimmte reale Dinge meinen. "Der Begriff (λόγος) also ist für ein jedes Ding Begriff des Wesenswas, in welchem es nicht selbst

mit enthalten ist, während er es doch 'bezeichnet'"
(Met Z, 1029 b 20).

Der organische Charakter der Satzstruktur ist die Bedingung für die Einteilung der Begriffe. Subjekt und Prädikat haben für ARISTOTELES in erster Linie nicht sprachliche Bedeutung, sondern sie repräsentieren außersprachliche Dinge, Gedanken. Der Satz stellt damit die logische Struktur der Dinge dar und an ihm selbst läßt sich die logische Ordnung der Dinge ablesen. Die Analyse des Satzes ( διαίρεσις ) führt zur begrifflichen Analyse der Dinge, d.h. zur Erkenntnis. Denn der Wert der **Einteilung** der Begriffe, die zum erstenmal als Methode von PLATON angewendet wurde (Phaidr 265 e; Soph 218 d - 231 e; 235 b ff.; 264 c ff.), wird für die Definition bedeutsam, die man aus ihr herauslesen kann (An post 91 b 36: ἐκ τῆς διαιρέσεως λέγων τὸν ὁρισμόν ). Denn die Definition (PLATON: συναγωγή ) wird möglich, wenn ein bestimmter Begriff unter höhere Begriffe subsumiert werden kann. Die διαίρεσις ist der Grund der Möglichkeit einer Definition, der das Attribut wahr oder falsch zugemessen werden kann.

Die Einteilung wird zwar mit Worten vollzogen, ist aber nicht an den Lautbestand der Worte gebunden, sondern ist eine Denkoperation, durch welche die Eigenschaften eines Dings aus dem Ganzen ausgegliedert werden. Im Bereich der Sprache erhalten wir durch die Einteilung eine Klassifikation der Wörter und Formen. Im logischen Sinne gibt uns die διαίρεσις die Arten an, welche ein Gattungsbegriff umfaßt.

Ein Merkmal, das als Teilinhalt potentiell im Begriffsganzen liegt, wird aktuell gesetzt und dadurch determiniert. Durch die Analyse wird ein Ding erklärt (An post 96 b 15).

6. Für ARISTOTELES stehen Wort, Begriff und Ding in einer ontologischen Einheit. In einer wahren Aussage wird die Sache in der Mitteilung in ihren Einzelheiten enthüllt und gezeigt (ἀλήθεια). Die aristotelische Logik kann deshalb auch nicht als formale Logik im modernen Sinne bezeichnet werden, weil ihre logischen Kategorien nicht ohne Bezug auf das Seiende zu verstehen sind. Im Sprechen von den Dingen wird ihre ontologische Beschaffenheit sichtbar.
Mit den durch die Division gewonnenen Elementen ist die umgekehrte Denkoperation möglich, die σύνδεσις, insofern die bestimmten Unterscheidungsmerkmale mit dem Ding verbunden werden (Top 103 b 15). Die Synthese geschieht durch die Kopula "ist". Jedes Verbum impliziert diese Existenzaussage (de interpr 21 b 9 f.). In der Synthesis wird einem Subjekt ein Merkmal zugesprochen oder abgesprochen (κατάφασις ἢ ἀπόφασις). Der Synthesis kommt Wahrheit oder Falschheit zu, nicht den einzelnen Wörtern. ARISTOTELES macht hier aber eine Einschränkung: es gibt verschiedene Arten von Sätzen, von denen jeder zur Bezeichnung dient (σημαντικός). Wahrheit oder Falschheit kann aber nur einer bestimmten Art von Sätzen zugesprochen werden, dem λόγος ἀποφαντικός, in welchem etwas von einem Subjekt behauptet oder verneint wird, der Aussage oder dem Urteil (de interpr 17 a 1 ff.). Das Problem der Wahrheit kann also nur bei Urteilen gestellt werden, die übrigen Formen der Rede gehören der Rhetorik oder Poetik an. Diese sind deswegen weder wahr noch falsch, weil in ihnen keine Synthesis oder Analyse von Dingen stattfindet. Semantische Qualität kommt allen Sätzen zu, logische dagegen nur der apophantischen Rede. Die Kriterien für wahr und falsch sind also nicht auf der sprachlichen Seite zu suchen. Aus dieser Klassifikation der Sätze läßt sich in Bezug auf Sprache überhaupt folgern, daß Sprache nicht Produkt logischen Denkens ist, sondern ihm vorausgeht. Die Sprache ist das Werkzeug zum Ausdruck der Bewußt-

seinsinhalte ($\pi\alpha\vartheta\eta\mu\alpha\tau\alpha\ \dot{\epsilon}\nu\ \tau\tilde{\eta}\ \psi\upsilon\chi\tilde{\eta}$), die sich nicht im rational-logischen Denken erschöpfen. Das Verhältnis des Lautes zum Gedanken ist nicht wesensnotwendig bestimmt, sondern historisch gewachsen ($\kappa\alpha\tau\dot{\alpha}\ \sigma\upsilon\nu\vartheta\eta\kappa\eta\nu$). Deshalb kann an den Namen der Dinge nicht die Wahrheitsfrage gestellt werden. Sprache als solche kann rein logisch nicht bestimmt werden. Sie ist gegenüber der Logik primär. Die Bildung von Sprache ist immer schon im Gange, sie liegt aber erst am Anfang von Wissenschaft. In dieser Unterscheidung liegen einige Ansätze zu einer spekulativen Sprachkritik, die bei ARISTOTELES allerdings nicht ausgeführt ist.

7. Wie ist aber die sprachliche Relation zwischen Laut und Bedeutung zu verstehen ? Wie bereits ausgeführt, besteht für ARISTOTELES nicht das Problem der Zuordnung einer Lautgestalt zu einem Ding, vielmehr das der Zuordnung von $\check{o}\nu o\mu\alpha$ zu $\pi\rho\tilde{\alpha}\gamma\mu\alpha$. $\pi\rho\tilde{\alpha}\gamma\mu\alpha$ steht bei ihm für Begriff als Bewußtseinsinhalt, der auf eine bestimmte Sache verweist (4). Wie versteht nun ARISTOTELES das Verhältnis des Namens zum Begriff ? Jeder Name entspricht dem Begriff, den er vertritt (Met Z 1030 a 7). Der Name hat aber nicht die Qualität einer Definition. Er bedeutet das W a s, das Wesen eines Dings, zeigt es an ($\sigma\eta\mu\alpha\iota\nu\epsilon\iota$), insofern der Name alle Merkmale potentiell enthält. Die Definition muß auch dasselbe wie der Name aussprechen, wenn sie wahr sein soll. Eine Definition muß zum Ausdruck der Adäquatheit die Gestalt des Satzes mit Subjekt und Prädikat annehmen. Das Prädikat darf nichts anderes aussagen als das, was das Subjekt notwendigerweise ist, d.h. im Prädikat entfaltet sich das Wesen des Subjekts in seine Merkmale. Insofern sagt das Urteil nichts anderes aus als das, was bereits im Namen liegt. Der Name selbst steht dann also

---

(4) Vgl. Logik von PORT ROYAL und W.v. HUMBOLDT!

für das Wesen eines Dings, er vertritt es, aber er entfaltet es nicht. Met ⌈ 1006 a 10 postuliert die Einheitlichkeit der Bedeutung eines Namens, der einer Unzahl einzelner Dinge zugesprochen werden kann. Sprache arbeitet dem logischen Denken vor und schließt es durch die Aussage ab. Die Namengebung oder Wortbildung gehört dem intuitiven Denken an, insofern das Wort der Ausdruck einer Empfindung ist, die im Sprechenden bei der Wahrnehmung eines Gegenstandes geweckt wurde. Man kann sagen, daß das Denken bei der Bildung der Sprache mitwirkt. Das Wort ist das Erkennungszeichen für alle, die im Gespräch auf einen bestimmten Sachverhalt hinweisen und dazu das überlieferte Sprachzeichen für angemessen halten.
In der Satzbildung wirkt das diskursive Denken, das zwischen Subjekt und Prädikat unterscheidet. Die Empfindung wird in den Ausdruck für einen Gegenstand und eine Tätigkeit zerlegt, ohne ihren inneren Zusammenhang aufzuheben. Die Zerlegung in Subjekt und Prädikat arbeitet der logischen Kategorisierung vor; denn das logische Subjekt wird als Substanz gefaßt, die dem Substantiv entspricht, und das Prädikat bezeichnet eine dem Subjekt zukommende Bestimmung.
In Wort und Satz wird ein erstes Wissen niedergelegt. Zum Inhalt des diskursiven Denkens wird das Wissen, wenn daraus ein Begriff und Urteil entwickelt wird, in denen es seinem Wesen und seinen notwendigen Beziehungen nach bestimmt wird und Erkenntnis eröffnet. Begriff und Urteil entsprechen den sprachlichen Gebilden Wort und Satz, aber nur erstere gewinnen Erkenntniswert, insofern zu ihnen das Wahrheitskriterium hinzukommen muß. Das Wort als Sprachzeichen fällt in den Bereich der Grammatik, als Ausdruck eines Denkinhalts, eines Begriffs kann es logischer Reflexion unterzogen werden und weist eine bestimmte Struktur auf.

Der Satz als Zusammensetzung von Worten ist dem
Urteil analog, in welchem Begriffe zu einer Einheit
zusammengesetzt werden. Das Urteil ist "eine Synthese
von Denkbestimmungen zur Einheit, bei welcher der
Gegensatz von wahr und falsch auftritt" (De an 430
a 26).
Sprache markiert und begleitet unterschiedliche Vorgänge des Verstandes. Der Satz bildet als Ausdruck
von Gebilden der Vorstellung den Übergang zum Gedanken, insofern er der logischen Analyse durch eine
erste Strukturierung des Denkinhalts vorarbeitet.
Der Satz hat also großen Anteil an der Herausbildung
des Begriffs. Die Logik gibt diese vorgegebene Struktur nicht auf, sondern versucht sie auf ihren Erkenntniswert hin zu überprüfen. Das Problem der Logik
ist eben diese Verhaftung an die Sprache, die die
Erkenntnis des wirklichen Sachverhalts zu verhindern
scheint (5).
Es hat den Anschein, als ließe sich auf die Zumessung
von Namen und Begriff auf der sprachlichen Ebene der
Begriff des intuitiven Verstehens anwenden, dem eine
Sache ihrem Wesen nach unmittelbar aufleuchtet und
das einen Gedanken anschaut. Im intuitiven Denken
ist die Frage nach wahr und falsch irrelevant. Denn
wenn es dort Wahrheit und Falschheit gäbe, müßte
eine Verknüpfung von Begriffen zu einer Einheit stattfinden. Das geschieht aber gerade im intuitiven Denken
nicht (6). Insofern das Sprachliche dem Logischen
vorausgeht, kann man die semantische Qualifizierung
einer Lautgestalt dem intuitiven Denken an die Seite
stellen. Das Denken wird in der griechischen Philosophie als inneres Sprechen bezeichnet, λόγος. Im
Sprechen geschieht eine Zerlegung des ausgedrückten
Inhalts in den Sprachzeichen. Wie aber das intuitive
Denken erst zum diskursiven weiterschreiten muß,
um zur Erkenntnis zu gelangen, so bedarf die Sprache

---

(5) Vgl. BREKLE H.E., Semantik, München 1972, S. 14
(6) Vgl. De anima 430 a 26-30.

einer weitergehenden philosophischen Differenzierung ihrer Aussagefunktion, um wissenschaftlichen Rang zu erhalten. Das geschieht im Urteil, welches dem diskursiven Denken angehört.

8. Sprache ist gleichsam das subjektive Element in der Relation Sprache - Sein, insofern das Sein durch den Menschen sprachlich aufgefaßt und angeschaut wird. Sprache ist der Ausdruck einer Weltansicht. Ihr liegt eine Apperzeption zugrunde, durch welche die Objekte der Sinne angeeignet werden. Die Sprache eines Volkes ist daher der Ausdruck der besonderen Apperzeptionsweise. Sprachphilosophie muß also zu allererst vor allen Fragen der Logik auf die grammatische Struktur einer Sprache schauen, an der sich eine bestimmte vorwissenschaftliche Intention abbildet.

Der Gedanke der subjektiven Gestaltung von Welt durch die Sprache des Menschen, die dem Objekt gegenüber selbständig ist, ist bei ARISTOTELES ansatzweise vorhanden. Sprache hat immer schon eine Vermittlungsfunktion für das Verhältnis des Menschen zur Welt. Kunst und begriffliches Denken, zu denen auch die Sprachlichkeit des Menschen als ihre Voraussetzung zählt, kennzeichnen die Art der menschlichen Erfahrung (Met A 981 a). Eine weitergehende Klärung wurde erst von W.v. HUMBOLDT (7) unternommen und in neuester Zeit von B.L. WHORF (8) weitergeführt. Der für die letzteren Autoren bedeutsame soziale Charakter von Sprache und die historische Entwicklung der Wortbedeutungen (Diachronie) wird von ARISTOTELES nicht angesprochen. Er stellte lediglich einen historisch gewachsenen Zusammenhang von Wort und Bedeutung fest, ohne eine letzte Begründung dafür angeben zu können. Allerdings behauptet ARISTOTELES eine Identität der Bedeutung in allen Sprachgemeinschaften, obgleich die Völker ver-

---

(7) Über die Verschiedenheit des menschlichen Sprachbaus, in: Schriften zur Sprachphilosophie, S. 144-367
(8) Sprache - Denken - Wirklichkeit. Beiträge zur Metalinguistik und Sprachphilosophie, Reinbeck 1963

schiedene Sprachzeichen dafür erfunden haben (De interpr 16 a 6-9). Er untersucht den Zusammenhang von Wort und Bedeutung nicht weiter, weil er im sprachlichen Bereich nicht sein eigentliches Aufgabengebiet sieht. Ihm geht es vielmehr um den Wahrheitswert des λόγος ἀποφαντικός.
Die Probleme der Semantik wurden zwar von den Stoikern und Grammatikern des Altertums weitergeführt, aber erst in der Neuzeit rücken sie in den Mittelpunkt des wissenschaftlichen Interesses. Von den Grammatikern wird der λόγος ἀποφαντικός gegenüber den übrigen Bestimmungen bevorzugt, insofern man eine Identität von grammatischen und logischen Kategorien sucht. Oder man betonte die Logizität der Sprache so sehr, daß die natürliche Sprache als unzulänglich und logisch inadäquat erscheinen muß und durch ein logisch stringentes Zeichensystems ersetzt werden müsse (9). Bei anderen wiederum wird Sprache auf ihren instrumental-sozialen Charakter reduziert: BACON, LOCKE, BERKELEY.

## § 2 DAS URTEIL IN DER ARISTOTELISCHEN LOGIK

Das Urteil ist ein Akt des Denkens, der sich als Synthese von Begriffen zu einer Einheit darstellt (De an 430 a 27 ff.). Im Urteil wird eine in der Wirklichkeit der Dinge vorhandene Verbindung des Zusammengehörigen oder Trennung des Nicht-Zusammengehörigen durch Bejahung oder Verneinung ausgesprochen. Weil im Urteil das Wirkliche geistig dargestellt wird, beginnt bei ihm das logische Problem der Wahrheit. Die dem Urteil adäquate sprachliche Form ist der Satz, der als Darstellung der Erfahrungen des menschlichen Geistes bezeichnet wird (1). Satz und Urteil können aber nicht identifiziert werden, weil nur letzterem die logische Qualität der Darstellung einer objektiven Wirklichkeit zukommt. Die Erörterung des Satzes und seiner Arten ist

---

(9) FREGE, CARNAP, RUSSELL
(1) Vgl. § 1: Das Problem der Sprache bei ARISTOTELES !

Gegenstand der Grammatik, die des Urteils ist Gegenstand der Logik. Das Thema unserer Erörterung ist die Untersuchung des inneren Zusammenhangs von Satz und Urteil, die sich in der gleichen sprachlichen Struktur der Verbindung von Subjekt und Prädikat in einer Einheit darstellen. Als Problem steht damit an, ob und **inwiefern** Logik und Grammatik auf einer gemeinsamen Struktur des menschlichen Denkens basieren, oder das Problem einer Universalgrammatik.
Auf die Erörterung dieses Problems hat sich K.F. BECKER in seinen Schriften eingelassen. Wenn wir seine Sprachtheorie klären wollen, müssen wir zuerst auf die Grundlagen seines Denkens zurückgehen: die logische Form der Sprache. Obgleich dieser Terminus eine Eigenschöpfung BECKERs ist, ist die Verwandtschaft mit der aristotelischen Logik unverkennbar. Um den Zusammenhang und die Abgrenzung von Satz und Urteil in BECKERs Sprachtheorie aufzeigen zu können, ist es notwendig, zuerst das Urteil als Form des Denkens oder Zentrum der Logik im Zusammenhang der aristotelischen Philosophie zu bestimmen. Von da aus wird ersichtlich, inwieweit in den Versuchen zur Entwicklung einer universalen Grammatik, vornehmlich bei K.F. BECKER, die aristotelische Philosophie aufgenommen und auf der Ebene der Sprache weitergeführt wurde (2). Letzteres muß deshalb betont werden, weil ARISTOTELES - wie bereits gesagt - in seiner Schrift Περὶ ἑρμενείας zwar vom Satz handelt, aber keine **eigentliche** Sprachtheorie entwickelt hat. Nachdem im vorausgehenden § 1 die Grundzüge der aristotelischen Sprachauffassung dargestellt wurden, muß als nächstes die Struktur des Urteils skizziert werden.

1. Weil das Urteil ein Gegenbild der Wirklichkeit ist, ist stets ein konkretes E t w a s gemeint. Wirklichkeit und Nicht-Wirklichkeit einer Sache werden durch den

---

(2) Die Grundlegung seiner Theorie aus der aristotelischen Philosophie dürfte K.F. BECKER durch Vermittlung seines Schwiegersohns Adolf TRENDELENBURG gewonnen haben, obgleich viele Gedanken - wenn auch weniger scharf - schon vorher in die gleiche

Modus des Prädikats ausgedrückt. In der logischen Stimmigkeit von Verbindung und Trennung der Begriffe besteht die Eigenschaft des Wahr- oder Falsch-seins eines Urteils (Met ⊖ 1051 b 3). Die einzelnen Begriffe für sich sind Produkte des Vorstellungsvermögens, die als Denkinhalte angeschaut und verstanden werden. Als einzelne drücken sie daher noch keinen objektiven Tatbestand aus und können nicht mit dem Attribut wahr oder falsch belegt werden. Nur bei der Verbindung eines Substantivs mit einem Verbum entsteht ein Urteil, dem Wahrsein oder Falschsein als Eigenschaft zukommt, insofern hierin eine Aussage über Wirkliches oder Nicht-Wirkliches gemacht wird (De interpr 16 a 12). Die zu verbindenden oder zu trennenden Elemente entsprechen Elementen der Wirklichkeit als Seiendes und Tätigkeit. Die Gedanken bilden die Wirklichkeit ab, denn die Formen des Denkens entsprechen den Formen des Seins und dessen Verknüpfungen. Nur infolge dieser Gemeinsamkeit von Denken und Sein ist Erkenntnis möglich.

Der Inhalt der Begriffe ist durch das Wesen des objektiven Gegenstandes bestimmt. Der Begriff faßt die Merkmale des Seienden zu einem einheitlichen Ganzen zusammen. Im Begriff wird die Substanz in ihrer Allgemeinheit als Denkinhalt aufgefaßt. Die Substanz steht als Ganzes der Tätigkeit relativ selbständig gegenüber, insofern sie beharrt, während die Tätigkeit als unselbständiges Moment verschiedenen Substanzen sich anschließt. Logisch können die Tätigkeiten auf Grund ihrer Differenz von der Substanz zu einer Klasse von Begriffen zusammengeschlossen werden. Die in sich selbständige Substanz vermittelt uns den allgemeinen Inhalt des Begriffs.

---

Richtung gingen. Vgl. zum folgenden: TRENDELENBURG A., Elemente der aristotelischen Logik !

2. Das Allgemeine ergibt sich nicht aus dem, was einer Menge von Dingen gemeinsam ist, und ist von jeder Zahl unabhängig. Allgemein heißt das, was einem Ding an und für sich zukommt und es in seiner Eigenart ausmacht, so daß es selbst von einem Individuum ausgesagt werden kann. Das Vorhandensein des Allgemeinen muß von jedem einzelnen Ding des Geschlechts und vom Geschlecht selbst nachgewiesen werden (An post 73 b 26 f.). Nur das Allgemeine führt zur Erkenntnis des Wesens einer Sache. Denn Allgemeines bezeichnet etwas, was einem Ding notwendig zukommt. Die sinnliche Wahrnehmung vermittelt nur das Einzelne, das an das Hier und Jetzt gebunden ist, und erfaßt nur die Tatsache, nicht den Grund. Das Denken geht zwar von der Sinneswahrnehmung aus, der Begriff aber ist ein schöpferischer Akt des Denkens, der das Allgemeine und den notwendigen Zusammenhang sucht, die nicht von den Sinnen gegeben werden. Der Begriff enthält das Sinnliche, ohne das er nicht Darstellung einer objektiven Wirklichkeit sein kann, er geht aber über die Grenzen der sinnlichen Wahrnehmung hinaus, um das Allgemeine als das Notwendige zu erkennen. Der Gegenstand der Erkenntnis, die auf Sicheres ausgeht, ist nur das Allgemeine und das Notwendige (An post 88 b 30). Das Allgemeine ist in den Dingen und fügt sie fest. Durch seine Verbundenheit mit dem Einzelnen ist das Allgemeine immer ein Etwas und ist nicht leer. Was einem Ding an und für sich zukommt, ist das Erste und gibt uns daher den Grund seiner selbst (An post 85 b 24). Denn die Kenntnis des Allgemeinen führt uns auf die Erkenntnis des Grundes, welcher das höchste Ziel des Wissens ist (An post 73 b). Und erst durch das Wissen des hervorbringenden Grundes kennen wir das Wesen des Dinges. Das Allgemeine ist nun ein tätiges Prinzip, weil es im Gedanken das Seiende erzeugt. Die Vernunft (νοῦς) aber kann nur deshalb Gewißheit der Erkenntnis des Seienden hervorbringen, weil sie mit der objektiven Wirklichkeit

durch die Bewegung eins ist. Das Denken des Seienden
sucht also den erzeugenden Grund und entwirft durch
seine konstruierende Bewegung das Wesen des Dinges.
Dabei betrifft das Allgemeine das Wesen des Denkens
und die Natur der Dinge in ihrer Ursprünglichkeit.
Es findet sich in den Gattungen der Natur, die dem
Gedanken und der Entstehung nach das Frühere sind.
Die Definition eines Begriffs, d.h. die Bestimmung
seines Inhalts bringt das Wesen zum Ausdruck, indem
sie das Viele in das Eine zusammenführt und das Gleich-
artige in dem Unterschiedenen darstellt. Aus dem Allgemeinen, das als das Frühere bereits erkannt ist,
wird das Besondere erkannt, denn das Wesen eines
Dinges besteht aus dem Gattungsbegriff und den artspezifischen Unterschieden. Die Unterschiede differenzieren das, was unter eine Gattung fällt. Eine Definition schließt die Gattung und die Unterschiede
durch Subsumption zusammen. Sie weist Fehler auf, wenn
sie diese Ordnung nicht einhält und in einen Zirkel
verfällt. Eine verneinende Bestimmung sagt nichts
über das Wesen aus. Ein Zirkel liegt vor, wenn das
Definiendum in die Definition aufgenommen wird. Ebenso
ist eine Definition fehlerhaft, wenn anstelle des
Allgemeinen die artbildenden Unterschiede angegeben
werden; denn die Einheit des Begriffs wird durch eine
Aufzählung zerteilt (Top 141 b 25; 142 a 22). Insofern
im Wesen des Dinges auch dessen Grund liegt, zeigt
die Definition eine Sache in ihrem Entstehen aus dem
Grunde. Die Begriffsbestimmung wird daher genetisch
genannt, wenn sie die reale Abfolge der Entwicklung
von Anfang an verfolgt. Der Begriff der Gattung, der
das Wesen enthält, entwickelt sich in eine Mannigfaltigkeit, ohne die Einheit der Substanz aufzugeben,
d.h. das Entwickelte ist potentiell in dem Höheren
vorhanden und wird aktuell gesetzt, das Unbestimmte
wird bestimmt. Insofern die Entwicklung der Begriffs
der Entstehung einer Sache in der Realität entspricht,

gibt die genetische Definition die volle Erkenntnis des Inhalts einer Sache. Die Entwicklung des Allgemeinen in die spezifischen Differenzen gibt auch den Einteilungsgrund, nach dem der Umfang eines Begriffs erfaßt wird. In der Definition erscheint der zu definierende Begriff als Art, der von einer anderen Art, die unter die gleiche Gattung fällt, geschieden wird. Nach dem Prinzip der Identität müssen die Arten einander ausschließen. Begriffe entsprechen also Substanzen als selbständigen Ganzheiten, die sich auf Seiendes oder Tätigkeiten beziehen. Der Begriff als Darstellung der Ganzheit enthält das Beharrende des Wesens, das als Allgemeines einzelnen Erscheinungen inhäriert und sich darin verwirklicht. In der Struktur des Begriffs drückt sich eine geistige Wirklichkeit aus, die auch den Ursprüngen der Dinge innewohnt. Der Begriff entwirft eine Wirklichkeit. In der Ausübung dieser Funktion gehört der Begriff bereits dem logischen Feld des Urteils an; denn in der Definition und Division urteilen wir.

3. Im Urteil wird der Begriff seinem Inhalt nach aufgeschlossen und seinem Umfang nach bestimmt. Das Urteil entfaltet das Sein in seinen Grundformen als Tätigkeit und Substanz, indem das Subjekt die Substanz darstellt und das Verbum die Tätigkeit oder eine Eigenschaft, die in einer Tätigkeit ihren Grund hat. Grundlage der Entwicklung der Begriffe zum Urteil ist die erzeugende Bewegung in den Dingen. Der Geist erzeugt durch Begriff und Urteil die Welt der Dinge neu. Die Tätigkeit der Dinge wird im Urteil ausgedrückt. Ohne diese Beziehung auf die objektive Beschaffenheit der Dinge ist die Aussage unbestimmt. Jeder Bewegung muß eine Substanz zugrunde liegen, an der sie sich vollzieht. In Bezug auf ihre Eigenschaften ist die Substanz der Grund der Bewegung. Der Äußerung der Substanz in ihren Tätigkeiten entspricht die Entwicklung des Prädikats aus dem Subjekt. Das

Subjekt stellt als Begriff die geistig wiedererzeugte
Substanz dar; das Prädikat ist das unselbständige
Element, das erst nach seiner Umwandlung durch die
schöpferische Phantasie des Geistes die Form einer
Substanz annehmen kann.
Nur in der Verbindung von Subjekt und Prädikat ist
das Urteil ein Gegenbild des Wirklichen. Andere Verbindungen von Begriffen (attributiv und objektiv), die
grammatisch möglich sind, können nicht Urteile heißen.
Das Urteil ist der Akt der Verknüpfung, in welchem
die Sache selbst geistig gefaßt wird. Die Tätigkeit
einer Sache wird von seinem Begriff prädiziert. Das
Prädikat kann nicht ohne einen zugrunde liegenden Begriff der Tätigkeit gedacht werden und die im Prädikat ausgedrückten Verhältnisse der Substanz hängen
von Tätigkeiten ab. Die Begriffe sind zwar in der
Logik das erste greifbare Element; sofern aber eine
wissenschaftliche Erkenntnis über einen objektiven
Sachverhalt zum Ausdruck gebracht wird, kommt dem
Urteil der erste Rang zu.
Die Entwicklung des Subjektbegriffs in seinem Prädikat geht aber vom Niederen zum Höheren, denn nur ein
Allgemeineres kann eine Substanz ihren realen Verhältnissen nach bestimmen. Im Prädikat finden wir deshalb eine Vorstellung allgemeiner Natur. Die Entfaltung des Begriffsinhalts geschieht demnach im Urteil
nur durch ein **Allgemeineres**. In der Bestimmung des
Umfangs wirkt das Allgemeine beschränkend. Die Merkmale eines Begriffs sind in Bezug auf den Umfang allgemeiner Natur und differenzieren den Begriff als
Art einer Gattung. Insofern die Bewegung als allgemeinstes Prinzip dem Denken und Sein gleichermaßen
zugrunde liegt, läßt sich der Tätigkeitsbegriff als
Hauptträger des Allgemeinen kennzeichnen und er bekommt dadurch die Stellung des Hauptbegriffs des
Denkens in der Prädikation.

Das Subjekt eines Urteils stellt in Bezug auf die
ganze Aussage etwas Selbständiges dar, das in der
Prädikation durch Verbindung mit einem Allgemeinen
begriffen werden soll, mag es ein Einzelnes, eine
Art oder ein Geschlecht ausdrücken. Die Tätigkeit ist
also in dieser Determination das Allgemeine, unter
dessen Umfang das Subjekt fällt, oder es hat den gleichen Umfang wie das Subjekt. Entscheidend für die
Quantität des Urteils ist der Bezug des Prädikats
auf ein Allgemeines, Besonderes oder Einzelnes. Weil
das Urteil eine Wirklichkeit abbildet, muß geschlossen werden, daß auch die Dinge teils allgemein, teils
einzeln sind. Allgemein heißen solche Dinge, deren
Begriff – das Allgemeine findet sich im Begriff –
seiner Natur nach von mehreren ausgesagt werden kann
(De interpr 17 a 38). In der Natur der Dinge wird
das Allgemeine als ursprünglich und wesentlich erfaßt und findet sich real im Leben der Dinge. Wird
der Begriff des Allgemeinen zum Element des Urteils,
dann ergibt sich daraus ein allgemeines Urteil, das
diesem etwas zu- oder abspricht. Als wichtige Voraussetzung für ein allgemeines Urteil dient die Bestimmung, daß es alle Dinge meint, die unter diesem
Allgemeinen stehen. Wenn das Prädikat nur von einem
Teil des Umfangs des Subjektsbegriffs ausgesagt wird,
wird es partikulär genannt. Manchmal kann hierzu auch
ein Urteil über ein Einzelnes gezählt werden. Dem
Wert nach kann das partikuläre Urteil in Bezug auf
alle gemeinten Einzelnen selbst allgemein sein oder
als Gegensatz gegen das Ganze aufgefaßt werden. Dem
Allgemeinen kommt der höchste Wert zu, weil es uns
Erkenntnis ermöglicht, während das Einzelne sich nur
auf die Sinneswahrnehmungen stützt. Das Allgemeine
allein bringt die Begründung einer Sache hervor, die
über die Wahrnehmung hinausgeht.

Begriffe, die Gattung und Art ausdrücken, werden teils von anderem prädiziert, teils werden sie durch andere Prädikate bestimmt. Weil das Geschlecht das Wesen einer Art ausspricht, kann es von der Art prädiziert werden, aber nicht umgekehrt. Die allgemeinsten Begriffe, die nicht mehr weiter durch noch allgemeinere bestimmt werden, und deshalb nur als Prädikate dienen können, sind nach ARISTOTELES die K a t e g o r i e n; denn diese werden zwar selbst von anderem ausgesagt, aber von ihnen wird vorher anderes nicht ausgesagt (An pr 43 a 25).

4. Die allgemeinsten Elemente der Urteile sind, getrennt von dem Gesamtkomplex, die Kategorien. Sie sind die Urbegriffe des schöpferischen Geistes, die aus der Betrachtung und im Bezug auf die Realität entstehen und sie drücken das Wesen der Sachen aus. Begriff und Realität der Sachen entwickeln sich gemeinsam aus der Bewegung. Als Ausdruck des Wesens sind sie notwendige Elemente des Denkens. Auf Grund der Gemeinsamkeit des Denkens und Seins entstehen bei der Betrachtung der Realität im Geist die Begriffe, die den Gegenständen entsprechen, und Maßstäbe zu ihrer Unterscheidung. Die Norm der Unterscheidung ist dem Geist vorgegeben. Die Kategorien sind allgemeine und notwendige Grundbegriffe des Verstandes, welche die innere Struktur der Begriffe ausmachen. In der Bewegung des Geistes werden die Grundbegriffe als seine schöpferische Tat erzeugt und durchdringen die ganze Erfahrung.

Durch die Kategorien strukturiert sich der Geist in sich selber zu Klassen von Vorstellungen. Die Kategorien gehören einerseits der Sinneswahrnehmung an, indem sie die realen Dinge nach ihrer allgemeinen Struktur erfassen, andererseits sind sie ursprüngliche Begriffe des Verstandes, indem sie nur das im Denken erkannte Allgemeine ergreifen.

Die Kategorie der Substanz bezieht sich sowohl auf das reale Individuum als auch auf das gedachte Allgemeine, ebenso die übrigen Kategorien. Mit Hilfe der Kategorien ist der Anfang zur Untersuchung der realen Dinge ihrem Ursprung und ihrer Entwicklung nach gemacht. Weil die Dinge im Verstand durch das Urteil, den Begriff und die Kategorien wirken und Verbindungen erzeugen, ist das Urteil als Abbild der realen Entwicklung zu betrachten.
Das Entstehen und die Tätigkeit des Verbindens, die erzeugende Tat der Sache, wird durch das bejahende Urteil dargestellt. Wenn Elemente in der Wirklichkeit voneinander getrennt werden, weil sie eine Verbindung nicht zulassen, haben wir ein verneinendes Urteil. Dieses Urteil bestimmt aber nicht die Elemente ihrem Begriff nach, weil sie nur negativ bezeichnet werden; die Negation denkt einen Begriff nur in der Trennung von einem anderen und ist seiner positiven Bestimmung nach offen. Sie dient auch dem Ausdruck des Widerspruchs, indem durch die Aufhebung einer gesetzten Verbindung die entgegengesetzte ausgesagt wird. Aber rein logisch kann der Widerspruch auch durch ein positives Urteil formuliert werden; denn der Widerspruch hebt nur eine ausgesagte Verbindung durch die entgegengesetzte Aussage auf. Der Widerspruch bezieht sich auf den Begriff des Seins: es ist unmöglich, daß dasselbe demselben unter der gleichen Rücksicht zugleich zukomme und nicht zukomme (Met $\Gamma$ 1005 b 19). Die Verneinung hebt trotzdem jede Verbindung von Begriffen auf, ob sie ein bejahendes oder ein verneinendes Verhältnis von Begriffen ausdrückt. Nur eines der Urteile aber kann wahr sein und schließt dadurch das andere aus. Die Möglichkeit des Widerspruchs ist nur bei Bestimmtheit eines Begriffs möglich, die durch das widersprechende Urteil aufgehoben wird. Der Widerspruch wird durch das disjunktive Urteil ausgedrückt.

Mit diesen Begriffen sind die modalen Kategorien verknüpft, die über die Geltung des Urteils hinsichtlich des Notwendigen in der Verbindung aussagen. Dadurch bilden sie verschiedene Grade der Erkenntnis einer Sache: das apodiktische Urteil, das ein notwendiges Verhältnis ausdrückt; das problematische Urteil, das die Möglichkeit eines Sachverhalts aussagt; und das assertorische Urteil, das eine bestehende Wirklichkeit behauptet. Die Modalität des Urteils drückt auch die subjektive Beziehung des Urteilenden auf die Verbindung der Begriffe aus; denn sie meinen Grade der Erkenntnis.

In der Natur der Verneinung des Prädikats liegt auch der G e g e n s a t z (ἐναντίον) von Urteilen, der vom Widerspruch zu unterscheiden ist. Begriffe stehen in Gegensatz zueinander, wenn sie zwar unter die gleiche Gattung fallen, aber der eine den anderen aufhebt (Kat 6 a 17). Während es beim Widerspruch kein drittes geben kann, läßt der Gegensatz noch dazwischen liegende Begriffe innerhalb derselben Gattung zu. Der Gegensatz wird also auf einen umfassenden Gedanken, der das Ganze meint, bezogen. Die Gattung gibt das Maß für die Richtung und die Abstände in den Gegensätzen. Der Gegensatz folgt dem dihäretischen Denken, das in der Entwicklung der Gegensätze das Ganze offenbart. Denn die entlegensten Gegensätze sind, sofern sie wirkliche Gegensätze sind, noch auf den Begriff der Gattung bezogen und verneinen sich gegenseitig. Weil der Gegensatz aus dem anschauenden Denken stammt, sich also auf reale Unterschiede bezieht, ist er nicht nur ein Akt des reinen Denkens. Das Denken in Gegensätzen gehört der organischen Weltansicht an, die nicht in den Dualismus zerfällt, sondern die Differenzen der Begriffe durch den Gedanken des Ganzen umfaßt und miteinander vermittelt. In diesem Sinne ist auch der Organismusbegriff von K.F. BECKER zu verstehen, mit dessen Hilfe er die Struktur der Sprache zu erklären versucht.

Vom Gegensatz aus bestimmt sich auch die Möglichkeit oder Unmöglichkeit der K o n v e r s i o n der verbundenen Begriffe. Die Konversion richtet sich nach der Natur des Prädikats und hat für die Bestimmung der Begriffe eine gewisse Bedeutung. Allgemein verneinende Urteile lassen sich ohne weiteres umkehren, weil sich Subjekt und Prädikat ihrem Inhalt nach wechselseitig ausschließen. Allgemein bejahende Urteile können außer dem identischen Urteil, wo sich Subjekt und Prädikat decken, nur unter Einschränkung der Quantität umgekehrt werden: sie ergeben ein partikuläres Urteil. Die Einschränkung ergibt sich daraus, daß das Prädikat seinem Umfang nach weiter ist als das Subjekt (Kat 2 b 20). Durch die Konversion kann ein Urteil auf seine Stimmigkeit überprüft werden. Die Umkehrung des partikulären Urteils hat für die Erkenntnis kein Gewicht.

5. Das Urteil sagt immer e t w a s aus. Der Gegenstand des Urteils wird in vierfacher Hinsicht durch das Urteil bestimmt und erkannt. Das Urteil verfolgt immer ein bestimmtes Ziel in seiner Aussage. Die Ziele des Erkenntnisgangs sind: die Behauptung der Tatsache (τὸ ὅτι), die Kenntnis des Grundes (τὸ διότι), die Behauptung der Existenz (εἰ ἔστι) und die Erkenntnis des Wesens (τί ἐστι) (An post 89 b 23). Die Frage nach der Existenz bezieht sich auf das Entsprechungsverhältnis von geistiger Vorstellung und Wirklichkeit. Die Vorstellung meint zwar etwas, aber es ist nicht gewiß, ob dieses Etwas das Gegenbild einer objektiven Realität ist. Nur in dieser Beziehung gibt es ein wirkliches Erkennen. Die Frage nach der Existenz richtet sich sowohl auf die Sache als ganze als auch auf die Prädikate, die von ihm ausgesagt werden. Das Ergebnis der Frage gibt uns die Kenntnis der Tatsache. Der Gang der Erkenntnis führt zur Frage nach dem Wesen, in der ein Ding seiner Geltung und seinem artbildenden Unterschied nach bestimmt wird. Die Erkenntnis des

Wesens gibt uns das Wissen des realen Grundes, der
das Wesen als notwendig bestimmt. Wesen und Grund hängen
deshalb zusammen, weil erst der Grund uns das
Frühere offenbart, aus dem das Wesen der Sache verstanden
werden kann. Insofern verläuft die Bestimmung
eines Begriffs genetisch. Die Untersuchung des Grundes
bestätigt das Wesen in den ihm eigenen Bestimmungen.
Wenn der Grund einer Sache erkannt ist, steht seine
Existenz außer Frage; denn der Grund erweist das
Ding in seiner Notwendigkeit, die durch den Satz des
Widerspruchs geprüft wird. Erst die Kenntnis des
Grundes einer Sache ist die Voraussetzung für die
Einsicht in sein Wesen und Werden, aus denen wir die
Gewißheit unseres Wissens erhalten.
Diese Wege der Erkenntnis lassen sich nicht immer
voneinander trennen und verschiedenen Wissenschaften
zuweisen. Vielmehr durchdringen sie sich gegenseitig,
weil sie sich an **einen** Gegenstand anschließen. Der
Gegenstand bestimmt den Gang der Erkenntnis.
In der Wahrnehmung begegnen wir zuerst der Vielheit
des Einzelnen als einer Tatsache ($\pi\rho\acute{o}\tau\epsilon\rho o\nu\ \pi\rho\grave{o}\varsigma\ \dot{\eta}\mu\tilde{\alpha}\varsigma$).
Der Gedanke stößt auf den Grund der Sache vor, die
ursprüngliche Einheit des Allgemeinen, die das der
Natur nach Erste und demnach auch das in der Natur
Erzeugende ist. Weil Denken und Sein eins sind, entwirft
das Denken das Wesen einer Sache und erfaßt es
im Begriff. Die modalen Kategorien des Urteils geben
über den Gewißheitsgrad dieser Erkenntnis Auskunft.
Diese Struktur und Formen des Urteils als Vorgänge
des Bewußtseins konstituieren den sprachlichen Ausdruck
seiner Bedeutung nach. Aus der Grammatik
BECKERs wird aber auch deutlich, daß der Satz sehr
viel weiter zu fassen ist als das Urteil, das Gewißheit
über die Struktur einer Sache finden will. Inwiefern
auch hierin noch die aristotelische Philosophie
wirksam ist, wird in einem späteren Kapitel erörtert.

## § 3  GRAMMATIK UND LOGIK BEI ADOLF TRENDELENBURG

1. Bei der Auslegung der Schriften des "Organon" von ARISTOTELES erkennt TRENDELENBURG einen engen Zusammenhang zwischen dem Aufbau der Grammatik und dem der Logik. Beide befruchten einander in ihrer Weiterentwicklung. Vornehmlich die logischen Kategorien zwingen zu einer vergleichenden Betrachtung mit den Kategorien der Grammatik, die der gleichen organischen Ansicht entsprungen sind. Logik hat sich dadurch an der Sprache entfaltet und vertieft, daß ihr die Grammatik Stützen zur rationalen Aufhellung des Seienden und zur Manifestation in der Bedeutung von mitteilbaren Lauten darbot.
Andererseits muß der Ausbildung grammatischer Kategorien ein Bestand an geistigen Vorstellungen als Antriebskraft zu ihrer Äußerung im Laut vorangehen, die einer ausgebildeten Grammatik und einer ausgebildeten Logik zugrunde liegen. Man könnte auch sagen: die wesentlichen grammatischen Kategorien der Sätze knüpfen an ursprünglichen Kategorien der Vernunft an. Durch die Sätze erhalten die logischen Kategorien ihre äußere Bestimmtheit. Die Sprache offenbart die Grundlinien der Vorstellungen, denn die produktive Kraft des Geistes erzeugt mit der Vorstellungen des Dinges auch das Zeichen, das uns auf die Vorstellung hinweist.
Das Erste, das der Geist auffaßt, ist die Bewegung des Seienden. Kraft seiner eigenen Bewegung, die dem Geist mit dem Sinn gemeinsam ist, bildet er eine Vorstellung von der Tätigkeit der Dinge. In der Sprache läßt er sie durch das Verbum in die sinnliche Erscheinung als in sein neues objektives Gebilde treten. Deshalb ist die ursprünglichste Wortform der Sprache als sinnlicher Erscheinung unserer Vorstellungen das Verbum. Als Ausdruck der Tätigkeit ist das Verbum die allgemeinste Bezeichnung in der Sprache.

Das Allgemeine, das in der Natur der Dinge als ursprünglich erkannt wird (1), macht das Wesen des Denkens aus und prägt die Grundform von Sprache. Alle Wortarten der Sprache, denen eine außerhalb des grammatikalischen Zusammenhangs liegende Bedeutung zugemessen werden kann, bilden sich aus Wörtern der Bewegung. Darin entsprechen sie der genetischen Entwicklung der Dinge. Diesen Zusammenhang kann man nicht als Parallele bezeichnen, denn beide führen sich organisch auf einen gemeinsamen Ursprung in der Bewegung zurück, dem Prinzip des Denkens und Seins. TRENDELENBURG schließt von diesem Zusammenhang auch die Substantive und Begriffe der Ruhe nicht aus. Die ursprüngliche Anschauung der Dinge im Verstand prägt sich derart in der Sprache aus, daß in beiden die Bewegung als ursprünglichstes Verhältnis zugrunde liegt. Sprachliche und logische Formen haben darin ihren gemeinsamen Ursprung und entsprechen einander anfänglich, wenn auch Grammatik und Logik sich späterhin eigenständig entwickeln.

Grammatik und Logik leiten also Formen und Bedeutungen in einer genetischen Entwicklung aus der zugrunde liegenden Bewegung ab. Die Zeichen der Grammatik und Logik erhalten ihre Bedeutung aus der dem Denken und Sein gemeinsamen konstruktiven Bewegung. Das Allgemeine bildet sich aus in den verschiedenen Arten, die in ihrer Rückbeziehung auf das Allgemeine ihre Bedeutung empfangen. Diese Differenzierung schlägt sich nieder in ihrem Gegenbild, den Formen sprachlicher Beziehung. Die Grammatik offenbart daher die vom Allgemeinen zum Einzelnen und vom Einzelnen zum Allgemeinen hin- und hergehende Entwicklung des Denkens und manifestiert ursprüngliche Formen des Erfassens von Wirklichkeit in lautlicher Bestimmtheit.

---

(1) Vgl. Logik des ARISTOTELES !

2. Weil Worte festgefügt sind, liegt in ihnen eine
Verführung, die den Weg der Erkenntnis aufhalten
und irreführen kann (2). Wenn aber das Wort als Be-
deutungsgestalt gesehen und auf seinen Ursprung bezogen
wird, kann das Denken und Sprechen sich aus der Ver-
fangenheit durch das Wort lösen und neue Dimensionen
der Erfahrung eröffnen. Damit weist TRENDELENBURG der
Sprache den Charakter einer ἐνέργεια zu. Das Werk
des Dichters kündet in einzigartiger Weise von dieser
Energie der Sprache. Wo das Wort zur Formel erstarrt,
verliert es seinen Grund und seine Bedeutung, denn
die Bedeutung meint stets ein bestimmtes Etwas und
wirkt selbst bestimmend, die Formel dagegen kann als
Formel nicht mehr weiterentwickelt werden, sondern
nur durch anderes ersetzt werden.
Sprache ist beweglich, weil sie den sich an der dyna-
mischen Wirklichkeit entwickelnden Gedanken abbildet.
Das Verständnis einer sprachlichen Äußerung ruht auf
der Voraussetzung eines denkbaren Gedankens, aus dem
Wörter, Wortformen und ihre Synthese in den verschiedenen Satzformen ihre allgemeine Bedeutung empfangen.
Die Formen der **Konjugationen** und Deklinationen sind
Zeichen ursprünglicher Verhältnisse im Denken. Die
Notwendigkeit der Kasus, die aus der Tätigkeit der
Verben zu verstehen sind, erwächst aus einem Gedanken,
der die Richtung des Tätigkeitsbegriffs potentiell
impliziert und sich in sprachlichen Zeichen aktuell
setzt. Der Gedanke ist für uns das πρότερον τῇ φύσει
weil er der ursprünglichen Realität des Dinges entspricht. Das Zeichen, in dem uns der Gedanke ent-
gegenkommt, ist πρότερον πρὸς ἡμᾶς . Das Zeichen
(σημεῖον) ist uns äußerlich gegeben, damit das
Denken des Begriffs einen sinnlichen Ansatzpunkt hat,
von dem aus es in die Tiefe der Bedeutung vorstößt,
um auf diesem Wege Grund und Notwendigkeit einer
Sache zu begreifen. Es gibt kein Sprechen ohne den

dazugehörigen Gedanken, den es zuergründen gilt, wenn
Sprache ein Mittel der Erkenntnis sein will. Die
allgemeine Grammatik, die im Problemkreis des Verhältnisses von Sprechen und Denken angesiedelt ist, verfährt deduktiv, wenn sie aus den Verhältnissen der
Gedanken auf die Erfordernisse des Satzes schließt.

Der semiotische Charakter der Grammatik ist nur so
zu verstehen, daß diese im Prozeß des Verstehens durch
feste Formen der Kasus und Modi, d.h. durch notwendige Elemente der Satzverhältnisse, auf den produktiven Gedanken hinführt. Der Nominativ gibt uns den
Gedanken des Subjekts kund; die casus obliqui sind
σημεῖα, die die inneren Beziehungen des Prädikats
zu den übrigen Begriffen des Satzes ausdrücken; oder
das verbum finitum ist das σημεῖον für das Prädikat.
Die Betrachtung der Satzverhältnisse offenbart uns
das Wesen des sich aussprechenden Gedankens, aus dem
sie stammen. Die allgemeine Grammatik verfährt nach
der Methode der Bestimmung von Begriffen aus Genus
und artbildendem Unterschied, wenn sie den Begriff
und die Arten der einzelnen Redeteile aus den Gründen
des **produktiven** Gedankens **bestimmt**. Insofern hat
auch die Entwicklung der Redeteile aus dem Allgemeinen
am genetischen Charakter menschlichen Denkens Anteil.
Das Wesen der sprachlichen Zeichen wird nur aus ihrem
hervorbringenden Grund, dem Denken des Seins erkannt.
Wie die Begriffsbestimmung die von dem Wesen abhängi-
gen Eigenschaften begründet, so entwickelt die Sprache aus dem Wesen des Verbums als allgemeinem Ausdruck der Tätigkeit dessen Eigenschaften, d.h. die
Personen, die Modi und die Zeitformen. Die grammatische Struktur des Satzes geht also auf die allgemeine
Struktur des Denkens zurück. Die Syntax ist so der
Logik verwandter als die Etymologie, weil sie den
gliedernden und zusammenfassenden Gedanken in seiner
Entwicklung deutlich macht und verwirklicht, während

---

(2) Vgl. REINHOLD !

das einzelne Wort ohne den Ausdruck seiner inneren
Verhältnisse ein erstarrtes Zeichen geworden ist.
Auch die Entwicklung des Gedankens in Gegensätzen,
die immer auf einem umfassenden Gedanken bezogen
sind, tritt in der Grammatik hervor als der Gegensatz von Tätigkeit und Sein, die nur in der Beziehung
aufeinander innerhalb des Satzes verstanden werden
können, oder als der Gegensatz von Begriffswort und
Formwort, die nur in der gegenseitigen Bezogenheit
das Ganze eines Gedankens bestimmt ausdrücken können,
oder als der Gegensatz von Personen und Sachen, die
zur Bezeichnung des Tätigen und Leidenden in der
Aufgliederung des einen Vorgangs notwendig auseinandertreten. Der gleiche grammatikalische Vorgang ist
in der Bildung der Adjektive zu beobachten, wo die
Sprache jedem Adjektiv seinen Gegensatz in einem
anderen Adjektiv zur Seite stellt.

3. Die Grammatik entspricht insoweit der Konstitution
des Gedankens, als sie die Grundverhältnisse des
Seienden, Bewegung, Raum und Zeit nicht als subjektive
Formen der Anschauung, sondern als dem Subjektiven
und Objektiven gemeinsame Formen betrachtet. Sie
bringt diese in den Zeichen, die auf gegenseitige
Beziehungen der Begriffe hinweisen, zum Ausdruck.
Jedoch muß in Logik und Grammatik gleichermaßen
zwischen objektiven Verhältnissen und den subjektiven
Beziehungen des Denkenden bzw. Sprechenden auf die
objektive Sache unterschieden werden. In der Sprache
versammelt sich durch Vermittlung des Gedankens die
Welt der Dinge und stellt sich dar. Die Welt drängt
auf den Geist ein und entfacht seine schöpferische
Spontaneität. In den Lauten der Sprache setzt sich
der Geist außerhalb seiner selbst, indem er den geschaffenen Begriff einer Sache im Laut auf Grund
eines Entsprechungsverhältnisses sich selbst gegenüberstellt und im Zeichen betrachtet. TRENDELENBURG ge-

braucht zur Bezeichnung des Verhältnisses von Sprache und Geist das Bild des "Doppelgängers" (3). Der sich aussprechende Geist ist also der Mittelpunkt in der Welt der Dinge und deshalb anfänglich notwendigerweise mit vielen subjektiven Zügen behaftet, die erst im Fortschritt der Erkenntnis überwunden werden können. TRENDELENBURG führt die Diskussion um das von REINHOLD angestoßene Problem der Mißverständnisse durch die Sprache nicht weiter, obwohl allenthalben deutlich wird, daß er darum weiß. Das zeigt auch seine Auffassung vom subjektiven Charakter der Sprache, die sich aus dem Verstehenshorizont der Subjektivität des Geistes erklärt. "In der Sprache ist der Mensch das Maß der Dinge" (4). Die Subjektivität der Weltbetrachtung schlägt sich deshalb vornehmlich im ursprünglichen Ausdruck des menschlichen Geistes nieder, in den grammatischen Verhältnissen der Sprache. Das Problem der Objektivität des Geistes stellt sich deshalb neu in der Sprache.

4. Die in ihrem Anfang freie Spontaneität des Geistes formt sich selbst im Begriff einer Sache, indem sie den Ursprung und die notwendigen Verhältnisse der Sache ergreift. Diese Genese des Begriffs, als einer dem menschlichen Geist und der objektiven Realität gleichermaßen angehörenden Sache, prägt sich in der Sprache aus und die grammatikalischen Beziehungsverhältnisse suchen dem Drang zur Objektivation gerecht zu werden. Die anfänglich subjektive Betrachtung findet dann auch in vielen grammatikalischen Zeichen ihren Niederschlag, die nur in der Beziehung auf den Sprechenden Bedeutung haben, nicht ein objektives Verhältnis zum Ausdruck bringen (z.B. Demonstrativa).

---

(3) Logische Untersuchungen, Bd. 1, S. 383
(4) ebenda

Sprache ist das Mittel des Denkens, in welchem dieses sich selbst betrachtet und damit sich seiner selbst bewußt werden kann. Grammatische Verhältnisse haben, sofern ihnen Sinn und Aussagekraft zukommt, ohne den Bezug auf Verhältnisse des Denkens keinen Grund, aus dem sie verstanden werden können. Jedoch zwingt der angeführte Sachverhalt zu einer Unterscheidung zwischen logischen und grammatischen Kategorien; denn erstere entwickeln sich in einer weitergehenden Reflexion. Logik "ist in vieler Hinsicht eine in sich selbst vertiefte Grammatik" (5). TRENDELENBURG zeigt am Beispiel des Numerus verschiedene Wege der Objektivation von Sprache und Wissenschaft auf. Während Geometrie und Physik in den Zahlen den objektiven Ausdruck notwendiger Verhältnisse von Figuren und Erscheinungen festhalten, unterscheidet sich die Grammatik von ihnen darin, daß sie den Numerus nicht in einem Begriffswort faßt, sondern durch Flexionsendung als eine Form der Beziehung ausdrückt. Die Flexionsendung drückt keinen Begriff aus, sondern nur die entstandene Beziehung. Auch in diesem Falle handelt es sich nicht um den Ausdruck objektiver Verhältnisse, die notwendig aus dem Begriff des Prädikats erwachsen. Die Sprache wird durch die Flexionsendung der notwendigen und wesenhaften Beziehung der Zahl auf den Begriff ebenso gerecht wie die Naturwissenschaften.
In der Sprachentwicklung wird der Ausdruck einer objektiven Beziehung noch dadurch unterstrichen, daß Zahl und Menge in eigenen Worten erfaßt werden und so den adjektivischen Begriffswörtern nahekommen, die dem Begriff der Tätigkeit zugeordnet sind. Der Ausdruck von Zahl und Menge ist nicht Ausdruck einer willkürlichen Vorstellung des Sprechenden, sondern entspricht der Sache in ihrem objektiven Bestand. Wenn auch bei

---

(5) Logische Untersuchungen, Bd. 1, S. 28

der Aneignung der Sache die subjektiven Formen des
Bewußtseins eine bedeutsame Mittlerfunktion übernehmen,
so kommt in dem sprachlichen Ausdruck doch
die Sache selbst zum Vorschein. Denn zwischen dem apperzipierenden
Bewußtsein und dem realen Tatbestand
kann es nach TRENDELENBURG keinen entscheidenden
Zwiespalt geben.
In dem Entsprechungsverhältnis von Begriff und Ding
ist nach TRENDELENBURG das von ARISTOTELES aufgestellte
Prinzip des Widerspruchs gültig (An pr 47 a 8).
Dieses Prinzip wird nicht nur auf subjektive Weise
begründet ("Man kann annehmen ..."), sondern es wird
darin auch eine objektive Beziehung der Dinge erfaßt
und als notwendige Voraussetzung jeglicher Wissenschaft,
auch der Grammatik, behauptet. Denn die Grammatik kann
nur Erkenntnisse erreichen, wenn einem Wort eine und
dieselbe feste Bedeutung zugrunde liegt und das Prädikat
eines Satzes dem Subjekt desselben nicht widerspricht.
Wort und Bedeutung, Prädikat und Subjekt
können, insofern sie das Ganze eines Begriffs darstellen,
in objektiver Hinsicht nicht miteinander
in Widerspruch stehen.
Lediglich der Vergleich, in dem die freie Kombinationsfähigkeit
des Geistes ihrem Wesen nach verschiedene
Dinge zueinanderbringt, bringt eine subjektive Beziehung
des Sprechenden auf reale Dinge zum Ausdruck
(Metapher). TRENDELENBURG warnt der Klarheit wegen
davor, Logik und Grammatik durch Überbetonung subjektiver
Elemente in der letzteren zu weit auseinanderzudividieren.
Vielmehr muß beachtet werden, daß der
Ausdruck von Raum und Zeit, Zahl und Menge, Intensität
und Frequenz auf Grund des angeführten Entsprechungs-Verhältnisses
sowohl subjektive als auch objektive
Beziehungen beinhaltet und darstellt. Auch die psychologische
Betrachtungsweise der Sprache kann keinem
**Subjektivismus** im Verhältnis von Sprachzeichen und

Realität huldigen. Zwar ist es ihre Aufgabe, die
Weisen der Apperzeption und ihren Niederschlag in
der Sprache genauer zu untersuchen, aber bei der
Untersuchung der Variabilität der Zeichen kann sie
nur erfolgreich sein, wenn sie die notwendige Interdependenz von Zeichen und Vorstellung für die Erkenntnis und ihre Tradierung in Anschlag bringt.

5. Das größere Gewicht hat die allgemeine Grammatik;
sie dringt in das wesentliche Verhältnis von Denken
und Sprechen ein. Durch die organische Betrachtung
hellt sie ihre Differenz und Interdependenz im Ganzen
des menschlichen Erkenntnisvermögens auf. Nur unter
Berücksichtigung der differenten Verhältnisse von
Laut und Gedanken und des zusammenschließenden Zweckes
können die wesentlichen Sprachphänomene aus dem
Grund des menschlichen Geistes verstanden werden.
Der Grammatik fällt alsdann auch die analytische Aufgabe zu, die Formen der Rede ihrer Bedeutung nach zu
gliedern. Das kann jedoch nur im Hinblick auf das
Ganze geschehen, von dem aus die Elemente Laut und
Begriff verstanden werden und ihre wirkliche Artikulation erhalten.
Den Zusammenhang der Formen des Denkens und Sprechens
erläutert TRENDELENBURG vor allem bei der Bestimmung
des U r t e i l s. Aus dem Oberbegriff der Bewegung,
die sich im Prädikat als dem Hauptbegriff des Urteils
darstellt, indem es ihn an ein Seiendes bindet und
konkretisiert, entwickeln sich die übrigen Bestimmungen. Durch die unterschiedene Einheit des Allgemeinen wird das einzelne Seiende erfaßt. In Tätigkeit und Substanz haben wir die allgemeinen Formen
des Seins vor uns, die sich in Prädikat und Subjekt
darstellen. Indem Sein und Tätigkeit sich aufeinander
beziehen, entwickeln sich neue Begriffe in weitergehender Abfolge, die Erkenntnisse über neue Sachverhalte erbringen. Begriffscharakter hat zunächst

nur das Subjekt als die allgemein aufgefaßte Substanz, die in sich ist und aus sich begriffen wird (SPINOZA) (6). Sie entsteht aus der gestaltenden Tätigkeit. Dabei bildet die Beziehung des Urteils auf etwas Reales eine notwendige Voraussetzung. Nur in der **prädikativen** Verbindung von Subjekt und Prädikat als Tätigkeit und Sein haben wir ein echtes Urteil, das den Akt der Sache, nicht ein **subjektives** Empfinden zum Ausdruck bringen will. Ein Ding kann aber erst dann durch Prädikation bestimmt werden, wenn es im Denken sich in seine Substanz und seine Tätigkeit unterscheidet. Dieser Vorgang wird von dem bewegenden Grund begleitet und in Gang gesetzt.

TRENDELENBURG sieht in den Impersonalia die ersten Urteile, weil in ihnen die Bewegung noch rein zum Ausdruck kommt. So entsteht der Begriff aus dem ersten Urteil der bloßen Tätigkeit. Als Subjekt äußert er sich im Prädikat, entsprechend der Selbstunterscheidung der Substanz in der Tätigkeit. Die weitere Entwicklung der Sprache verlangt keine unmittelbaren Deduktionen aus dem ursprünglichen Begriff der Tätigkeit, sondern das Urteil entfaltet sich aus der Tätigkeit der Subjekte und läßt neue Begriffe entstehen, die sich zu neuen Urteilen heranbilden. Die genetische Entfaltung von Begriff und Urteil als fortschreitende Interpretation der Dinge kann aber nicht rückwärts in Richtung auf ein einfaches Anfangselement, etwa dem Verbum als reale Wurzel der Sprache, verfolgt werden (7).

TRENDELENBURG verweist auf eine Feststellung von W.v. HUMBOLDT: in Bezug auf den energetischen Charakter der Sprache, der nur progressiv erfaßt werden kann. Denn die Worte gewinnen erst Gestalt und Bedeutung durch ihre Einordnung in menschliche Rede. Nicht die

---

(6) Vgl. Logische Untersuchungen, Bd. 1, S. 233
(7) In diesem Punkt vertritt TRENDELENBURG eine deutlich andere Auffassung als K.F.BECKER in seinem Buch "Das Wort in seiner organischen Verwandlung" (S. 17 u.ö.). In den späteren Werken tritt die Auffassung, daß sich die Sprache aus Wurzelverben

Etymologie, eigentlich auch nicht die Grammatik
führt auf den Ursprung der Worte; diese verleihen
ihr vielmehr, sobald sie im Laut erscheinen, Form
und Wirkung. Man müßte eher von einer Grammatik des
Verstandes sprechen, die die Bedeutung der Worte auffinden läßt und sie zur Äußerung im Laut nach seinem
Schema zwingt. In ihrer Ursprunghaftigkeit ist diese
Grammatik nicht auf eine bestimmte Wortform festzulegen, denn sie stellt nur die Bedingung der Möglichkeit von Sprache in ihrer bedeutungsgeladenen Lautgestalt dar. Deshalb stehen Sprechen und Denken auf
Grund ihrer transzendentalen Struktur in engster
Verflechtung.

Das Schema der Verstandesgrammatik ist aber nicht
losgelöst von der Wirklichkeit der Dinge, deren Prinzip Bewegung ist, vielmehr entspricht sie ihr in ihrem
Ursprungsbegriff, dem Begriff der Tätigkeit. Der Akt
synthetischen Setzens, der die Wirklichkeit erfaßt,
geschieht grammatikalisch im Verbum, in dem die Vorstellung von der Wirklichkeit auf der Ebene des Verstandes in Erscheinung tritt. Die grammatikalische
Funktion des Verbums entspricht in voller Hinsicht
dem ursprünglichen Schema, insofern in ihm die Energie des Wirklichen, aus der sich die Substanzen entwickeln, zum Vorschein kommt. Das Verbum ist nur Anfang und notwendige Bedingung der Sprache, insofern
in ihm sich das erste Urteil über die Wirklichkeit
niederschlägt und die Worte nur in der Bezogenheit
ihrer Bedeutung auf einen Begriff der Tätigkeit Bestand haben. Nicht die Zeichenfunktion der Worte
macht die Sprache zum Erkenntnismittel des Verstandes, sondern die in der Bedeutungsfunktion niederge-
legte Bezogenheit auf eine Grammatik des Verstandes,
die jeder formalen Logik vorausliegt, aber bereits

---

durch Ableitung und Abänderung entwickelte, nicht
mehr so deutlich hervor. Das dürfte seinen Grund
darin haben, daß BECKER später Sprache viel mehr
vom Geflecht der Grammatik her reflektiert und
die etymologischen Forschungen zugunsten der Grammatik hintansetzte.

im transzendentalen Sinne die Urteilsfunktion der Sprache enthält. TRENDELENBURG besteht hier deutlicher, als es bei KANT den Anschein hat, auf der Einheit von Verstand und Gegenstand in der Wirklichkeit, die beide unter dem Prinzip der $\dot{\varepsilon}\nu\varepsilon\rho\gamma\varepsilon\iota\alpha$ stehen, als der Voraussetzung des Sinnes in der transzendentalen Reflexion. Man darf vermuten, daß TRENDELENBURG sich hierin der Philosophie HERDERs anschließt, der in der "Metakritik zur Kritik der reinen Vernunft" schreibt (8): "Die Vernunft, sehe ich, gehört zum Gegenstande, wie der Gegenstand zur Vernunft, nach Einem Gesetz, zu einander g e o r d n e t ". Dem energetischen Charakter der Sprache entspricht daher ihr Anfang im Verbum (9). Denn der Begriff der Tätigkeit bleibt als das Ursprüngliche in allen wesentlichen Elementen der Sprache ihrer Bedeutung nach erhalten.

6. Der Ursprung der Sprache, im Sinne des Ersten und des Prinzips, liegt in der Tätigkeit des Gedankens, die das Gegenbild des Wirklichen ist und den Einzelbegriffen von Dingen und deren Tätigkeiten und Eigenschaften sowie der Entwicklung des Urteils zugrunde liegt. Da jedem Begriff als Zusammenfassung des Wesens des Dinges ein Urteil, in welchem er sich selbst nach seinen inneren Verhältnissen auseinanderlegt, zugrunde liegt, kann der erste Gedanke nur die Anfangsstufe des Urteils sein. Deshalb ist das Urteil ohne Subjekt der Ursprung des Urteils in der Sprache ("es regnet"). Erst durch das Aussprechen dieses ersten Urteils kann sich der Begriff bilden, der als Subjekt in neuen Urteilen fungiert ("Regen") und in diesem Vorgang einen neuen Begriff erzeugt. In der Struktur des Urteils bringt der Begriff sich selbst seinem Inhalt und seinem Umfang nach zur Entfaltung. Der Begriff des Subjekts stellt sich als Grund für den Begriff des Prädikats dar und das **Prädikat** geht aus

---

(8) HERDER J.G., Sämtliche Werke, Bd. XXI, S. 298
(9) Zum Begriff des Anfangs vgl. BERLINGER R., Vom **Anfang des Philosophierens**.

dem Subjekt hervor, indem der Begriff des Subjekts
sich in seine Substanz und Tätigkeit unterscheidet.
Jedes Urteil ist demnach prinzipiell analytisch, insofern das Besondere am Allgemeinen hervorgehoben wird.
Auch im verneinenden Urteil werden Elemente, die
nicht zu einem Begriff gehören können, abgewiesen
durch ein analytisches Urteil. Da TRENDELENBURG im
analytischen und synthetischen Urteil keinen eigentlichen Widerspruch sieht, behauptet er, daß jedes
Urteil auch synthetisch sei (10). Denn in seinem
Ursprung faßt das Urteil alle Bedingungen des Seienden
zusammen in der Form der ursprünglichen Tätigkeit,
die allem Seienden zugrunde liegt; es ist der Inbegriff mehrerer Bedingungen. Das Urteil hebt den
Begriff der Tätigkeit als allgemeines Merkmal aus
dem Subjekt hervor, so daß er zu anderen Begriffen
in ein Verhältnis gesetzt werden kann. Aus der ersten
Tätigkeit bildet sich die Substanz des Begriffs unmittelbar als etwas Neues, das zu anderen Begriffen
in verschiedenartige Verhältnisse gesetzt wird (Arten
der Urteile).
Die Beziehungen des Verbums können auch nur an der
Bedeutungsfunktion festgestellt werden. Die Betrachtung von Sprache nach ihrer Bezeichnungsfunktion verfährt äußerlich und übersieht ihre transzendentale
Beziehung auf die Grammatik des Verstandes. Der Verstand reproduziert die Wirklichkeit in ihrem allgemeinen Ausdruck, die Sprache vollzieht dies mit in
ihrem Bedeutungscharakter. Die Zeichen und ihre Anordnung haben demgegenüber erst in zweiter Linie
eine Valenz. Wesentlich ist die Bedeutung, die im
Zeichen geäußert und verstanden wird, wenn der Hörende
sie in ihrem Gesamtzusammenhang mitvollzieht. Das
Hören hat deshalb eine ursprunghaft hermeneutische
Valenz, insofern sich in ihm ein Sich-in-die-Situa-

---

(10) Logische Untersuchungen, Bd. 2, S. 266

tion-Versetzen vollzieht. Jedes ausgesprochene Wort
ist, sofern es eine Bedeutung hat, im Prinzip ein
vollständiges Urteil, wenn auch nicht dem zeichenmäßigen Charakter nach, weil ihm Sinn zukommt. Das
Aussprechen selbst vollendet das Wort in seiner Mächtigkeit als Urteil, indem die Betonung die innere
Bedeutung lebendig werden läßt. Die Einheit des Gedankens ist das Fundament des Wortes, das im Aussprechen ein Urteil kundgibt.

7. In der Bestimmung des Prädikatumfangs unterscheiden
sich Logik und Grammatik. Die Logik faßt den Begriff
des Prädikats weiter, indem sie das grammatische
Objekt miteinbezieht. Als formale Logik aber ist sie
gleichgültig gegenüber den realen Bestimmtheiten des
Prädikats. Liegt hierin nicht ein Hindernis im Gang
der Erkenntnis, das die Logik durch eine tiefere Reflexion der grammatischen Verhältnisse und ihrem fun-
damentum in re überwinden könnte ? Die Grammatik ergänzt oder bestimmt den Tätigkeitsbegriff des Prädikats,
indem sie seine Verhältnisse aufweist, die von der
realen Natur der Tätigkeit abhängen. Der Aufweis von
objektiven Beziehungen schmälert in keiner Weise den
Satz in seiner Urteilsfunktion.
Die Aussage des Urteils setzt den Inhalt eines Begriffs aus diesem heraus, indem sie die Tätigkeit
als Bestimmung des Begriffs herausstellt. Das geschieht
in einem bejahenden Urteil, das dem positiven Bestand
des Wesens eines Dinges entspricht. Die genannten Bestimmungen weisen auf das Wesen zurück. Das verneinende Urteil weist die dem Wesen eines Dinges fremden
Merkmale ab, weil sie sich nicht mit dem Inhalt des
Begriffs vereinigen lassen. Die Negation weist nicht
die Tätigkeit ihrem allgemeinen Inhalt der Bewegung
nach von dem Wesen des Dinges ab, sondern gestattet
nicht eine besondere Art der Bewegung. Sie gehört
zur Prädikation, nicht zum Begriff (11).

---

(11) Vgl. BECKER K.F., Organism der Sprache, S. 66: "Die
 Verneinung gehöret ganz dem G e d a n k e n und
 zwar dem U r t e i l e, nicht dem B e g r i f f e
 an".

In dem Verhältnis der Bestimmungen zu ihrem Wesen
liegt auch die Wahrheit eines Urteils begründet. Durch
die inneren Verhältnisse des Satzes werden die zugrunde liegenden Vorstellungen begriffen. Das Subjekt stellt ein Selbständiges dar, das durch die
Verbindung mit dem Prädikat in seinem Wesen oder
seiner Tätigkeit begriffen wird. Begreifen ist nur
durch die Reduktion auf das Allgemeine möglich. Deshalb ist das Prädikat, welches das Selbständige in
seinem Wesen oder seiner Tätigkeit darstellt, allgemeiner Natur im Vergleich mit seinem Subjekt.

8. Unendlich wird ein Urteil dann, wenn die Negation
zum Stoffbegriff des Prädikats geschlagen wird und
lediglich die Trennung von einem bestimmten Begriff
angibt ( nicht-a ). Dieser Urteilsform geht das
wichtigste Charakteristikum des Urteils verloren,
nämlich die Bestimmtheit, wenn auch das Prädikat ein
selbständiger Begriff ist. Die Sprache kann daher
nur schwer die Verneinung mit einem Begriff direkt
verbinden, weil sie darin keinen bestimmten Sinn
findet. Ein Urteil, das seiner Form nach unendlich
ist, wird dadurch zu einem bestimmten, daß es seinen
Gegensatz erzwingt (nicht..., sondern...). Die Adjektive und Abstrakta, die mit "un-" zusammengesetzt sind, widersprechen dem nicht. Denn einige
dieser Begriffe sind ihrem Inhalt nach durchaus
positiv: unendlich, unbedingt, unabhängig, unver-
meidlich, unmittelbar usw. (securus, $\mathring{\alpha}\delta\epsilon\iota\alpha$, sicher).
TRENDELENBURG weist hier auf die Bedeutung, die
DESCARTES dem Begriff unendlich zumißt, hin (12):
das Unendliche sei eine wahre Idee, weil es mehr
Sein habe als das Endliche. "Das Unendliche, obwohl
verneinend ausgedrückt, ist hiernach das bejahende
Prädikat, durch dessen Verneinung das Endliche gedacht wird" (13). Die Ursache für die negative Ausdrucksweise liegt in dem besonderen Charakter der

---

(12) **Meditationes 3**
(13) **Logische Untersuchungen**, Bd. 2, S. 282

Sprache, die sich zunächst der sinnlichen Vorstellung anschließt. Obwohl der Begriffsinhalt von "unteilbar, unabhängig usw." nicht Gegenstand sinnlicher Wahrnehmung sein kann, sondern den Gedanken eines der Natur nach Ursprünglichen erfaßt, das nicht in Erscheinung tritt, erfaßt die Sprache das Ursprüngliche in den Verhältnissen der Natur in einem adäquaten Ausdruck. Die Bedeutung der Wörter ist deshalb durchaus positiv bestimmt, wenn auch das Zeichen "un-" auf eine Negation hinzuweisen scheint. TRENDELENBURG vermag allerdings nicht letztlich zu begründen, aus welcher Mächtigkeit der Verstand etwas, das nicht in Erscheinung tritt, seinem positiven Gehalt nach bestimmen kann.

Ausschlaggebend in der Sprache ist nur die Bedeutungsfunktion. Ähnliches gilt für andere scheinbar verneinende Attribute, die einen Mangel in Bezug auf das Wesen des Dinges bezeichnen und der Bedeutung nach das positive Gegenteil fordern (Unmensch), von dem aus sie ihrem Inhalt nach bestimmt sind. Wenn die positive Bestimmtheit auch nicht zeichenmäßig zum Vorschein kommt, so ist diese doch der Bedeutung nach vorhanden. Erst die wissenschaftliche Reflexion kann negativen Begriffen einen bestimmten Platz in einem eindeutigen Zusammenhang geben, allerdings auch auf Kosten ihrer Unendlichkeitsdimension (incommensurabel).

Die Qualität des Wortes liegt nicht in der etymologischen Form, sondern in dem Inhalt des Begriffes, der nicht eine von der Sprache abzusondernde Größe, sondern geradezu eine Bedingung ihrer Möglichkeit in dem obengenannten Sinne darstellt. Das unendliche Urteil hat, von der ursprünglichen Grammatik des Verstandes aus betrachtet, eigentlich auch in der Logik keine Valenz, obwohl die Sprache bereits in dem scheinbar unendlichen Urteil insgeheim sogar größere Bestimmtheiten aufweist. Wider KANT (Logik A161) stritt TRENDELENBURG ab, daß dem unendlichen

Urteil die Fähigkeit der Beschränkung zukomme, weil nur aus dem positiven Wesen eine Einschränkung erfolgen kann. Der Ausschluß eines einzigen Punktes macht noch nicht die Beschränkung eines Begriffs aus. Eine Einschränkung des Urteils jedoch in Bezug auf die Kopula betrifft die Modalität, die Einschränkung in Bezug auf das Prädikat betrifft den Inhalt des Prädikatsbegriffs.

Gegen TRENDELENBURG muß allerdings eingewandt werden, daß er den Wert, den KANT der transzendentalen Logik und damit auch dem unendlichen Urteil für den Fortschritt der Erkenntnis zumißt, in dieser Argumentation nicht erkannt hat (14). TRENDELENBURG müßte den Stammbegriff der Limitation eigentlich dem Bereich der weiterentwickelten Logik der Erkenntnis zuweisen und nicht der allgemeinen Grammatik des Verstandes, für die er in richtiger Weise die Unmöglichkeit des unendlichen Urteils nachgewiesen hat.

Die Betonung hat als sprachliches Mittel keineswegs das Gewicht der Unterscheidung eines positiven oder negativen Urteils, weder bei KANT noch bei ARISTOTELES; sie unterstreicht lediglich ein logisches Verhältnis, das im vorhinein durch das Prädikat als Hauptbegriff besteht, und steigert daher auch den Unterschied. Darin gleicht die Betonung der Inversion: es wird der Gegensatz nur angedeutet, aber nicht aufgewiesen, so daß der verschärfte Ton des Prädikats sogar zwei Urteile impliziert. Erst der Zusammenhang macht die Implikation offenbar. Die Betonung kann also nicht als Element oder Ausdruck der formalen Logik veranschlagt werden, sie liegt vielmehr dieser voraus, weil in ihr Gedankenverbindungen einen Ansatz finden.

---

(14) Vgl. Kritik der reinen Vernunft, Transzendentale Analytik § 9

9. Zusammenfassend kann über den Platz des Urteils in Grammatik und Logik gleichermaßen gesagt werden: Begriff und Urteil stehen in einem wechselseitigen Entwicklungsverhältnis. Jedes Urteil bedarf eines Substanzbegriffs und erzeugt durch seine Aussagestruktur, die fremde Begriffe mit dem Subjekt verbindet, um sie auf das höhere Ganze zurückzuführen, neue Urteile, deren Inhalt sich in einem Begriff niederschlagen kann. Durch die Reduktion in seinen allgemeinen Grund kommt dem Urteil Notwendigkeit zu. Es regeneriert sich aus der Basis und erzeugt sich selbst die Mittel zu seiner Darstellung, in denen es sich selbst gegenübertritt und anschaut. Sprechen und Denken ist e i n Akt synthetischen Setzens, in dem der Gedanke durch seine Entfaltung in Substanzbegriff und Prädikatsbegriff sich darstellt und vernehmbar wird. Die Prädikatsstruktur des Satzes liegt daher in der allgemeinen Grammatik des Verstandes begründet.

Durch die gemeinsame Basisstruktur des sich aussprechenden Denkens wird das Verständnis **zweier** verschiedener Sprachen vermittelt. Jede Sprache bekommt ihre Wortbedeutungen nur durch die Beziehung auf diese Basis, die die ursprünglichen Verhältnisse der Natur durch den Gedanken der Bewegung ergreift. BECKER versuchte in seiner Sprachtheorie dieses Verhältnis als grundlegend und für die Sprache hinsichtlich ihres Ausdruckscharakters und ihrer grammatischen Struktur zu explizieren. Nach seiner Ansicht, in der er mit TRENDELENBURG übereinstimmte, kann Sprache in ihrer spezifisch menschlichen Gestalt allein durch Deskription ihrer Zeichenhaftigkeit und ihrer äußeren Struktur im Sinne einer linguistischen Analyse synchronischer oder diachronischer Art nicht hinreichend erklärt werden, sondern es muß der Begründungszusammenhang mit der Entfalfaltung und der Bewegung der Vernunft aufgezeigt werden, weil nur durch diese fundierende Beziehung etwas über Integration und Differenz von Vernunft und Sprache ausgesagt werden kann.

Nachdem in einer mehr skizzenhaften Darlegung die philosophischen, insbesondere sprachphilosophischen Voraussetzungen der BECKERschen Sprachtheorie aufgezeigt wurden, steht nunmehr die Aufgabe an, unmittelbar aus **den** Aussagen BECKERs heraus sein Verständnis der Sprache im Rahmen der Vernunft oder seine Theorie einer allgemeinen Grammatik zu interpretieren.

## 3. Kapitel

### DAS PHILOSOPHISCHE FUNDAMENT VON SATZ UND URTEIL IN DER GRAMMATIK VON KARL FERDINAND BECKER

§ 1 ERKENNEN UND DARSTELLEN IN DER EINHEIT VON VERNUNFT UND SPRACHE

1. Die organische Satzbildung ist fundiert im Vermögen der Vernunft, in der BECKER eine Vermittlungsinstanz zwischen Subjekt und Objekt sieht. Vernunft ist für die idealistische Philosophie der unbewußte Urgrund, der jeder Persönlichkeit eingepflanzt ist und die Bedingung der Möglichkeit darstellt, durch die Verbindung des gedachten Mannigfaltigen zu Ideen zu gelangen. Insofern Vernunft von Anfang an ein produktives Vermögen ist, muß sie als die erste Bedingung jeglichen Wissens, auch der Wissenschaft vom Wissen, gedacht werden. Vernunft denkt, indem sie eine Idee erzeugt, d.h. aus dem Mannigfaltigen der objektiven Welt, das ihr durch die Sinne vermittelt wird, Einheit hervorbringt. Dieser Tätigkeit kann Vernunft nur dann zugesprochen werden, wenn sie im Sinne der Apperzeption die Einheit des unterschiedenen Gegensatzes von Objekt und Subjekt zustande bringt. Apperzeption (conscience) ist nach LEIBNIZ "reflexion de l' esprit", d.h. die Tätigkeit des unterscheidenden und erinnernden Bewußtseins, das sich auf sich zurückwendet und seine Inhalte von den sinnlichen Perzeptionen unterscheidet, ohne freilich die Einheit in ihrer Struktur aufzuheben. Die strukturelle Identität zwischen dem Bewußtsein und den Organen der Natur (1) ist "immer ein innerer an sich unzerreißbarer Zusammenhang" (2), der zwischen dem Logischen und Ontischen besteht. Im Unterschied zu dem Bewußtsein des höheren Tieres, das

---

(1) Die Struktur ist ein Gesetz, welches in die Natur eingeschrieben ist und ihre Steuerung besorgt. Vgl. HORN J.C., Die Struktur des Grundes, S. 35
(2) HORN J.C., Die Struktur des Grundes, S. 36

durch Assoziation die "Vielheit in der Einheit" verknüpfen kann, d.h. "hervorgehobene Perzeptionen" inhaltlich identifizieren kann (3), vermag der menschliche Verstand über die bloße Empirie immer neuer Perzeptionen hinaus zu denken und zu handeln (4). Denken heißt: "der kontinuierliche Vollzugsvorgang der triebgebundenen Perzeptionskraft wird in jeweils einzelnen Akten angehalten und a n a l y t i s c h zurückbezogen, d.h. auf den jenen Vorgang i n h a l t l i c h jeweils i n d i v i d u e l l begründenden G r u n d bezogen und reflektiert"(5). **In der apperzeptiven Einheit des Verstandes entstehen Begriffe und Sprache, worin LEIBNIZ die Besonderheit des menschlichen Denkprozesses im Unterschied zur Tierwelt und solcher Menschen sieht,** "sofern sie reine Empiriker sind und sich nur durch die Sinne und durch Beispiele leiten lassen, ohne zu prüfen, ob noch derselbe Grund obwaltet" (6). Zu wirklicher Erkenntnis gelangt der Verstand nur, wenn er den Strom der Perzeptionen immer wieder auf der Basis von Prinzipien einer logisch-ontologischen Identität, dem ontologischen G r u n d, der das Bewußtsein und die Dinge konstituiert, kritisch prüft. Der Verstand erfährt sich selbst aber nur in einer "immanenten rückwendig-produktiven Bewegung" (7), die Denken des Denkens ist. Die Wirklichkeit erreicht der Verstand nur durch die Apperzeption bzw. Wirklichkeit wird durch die Apperzeption des Denkens allererst konstituiert, insofern die Struktur der vom Verstand hervorgebrachten Begriffe ein Gegenbild der

---

(3) Monadologie § 25
(4) Monadologie § 29 und 30
(5) HORN J.C., Die Struktur des Grundes, S. 38. HORN bezieht den Begriff 'triebgebunden' aus Monadologie § 15: "Die Tätigkeit des inneren Prinzips, welche den Wechsel oder den Übergang von einer Perzeption zu einer anderen macht, kann TRIEB (appetition) genannt werden: es ist zwar wahr, daß der Appetit nicht immer ganz zur vollen Perzeption gelangt, zu der er neigt, aber etwas erreicht er doch immer und gelangt so zu neuen Perzeptionen". G.W. LEIBNIZ, Grundwahrheiten der Philosophie. Monadologie, übersetzt, kommentiert und eingeleitet von J.C. HORN, Frankfurt 1962, S. 42

realen Welt ist. Und umgekehrt: das Einzelne der
realen Welt unterliegt in seinem bloßen Dasein einer
unendlichen Struktur des Grundes, der auch das Bewußtsein konstituiert. So ist in ihm sowohl die ontische Struktur der sichtbaren Welt zentriert als auch
die fundamentallogische Struktur des Selbstbewußtseins. Der ontologische Grund ist für LEIBNIZ ein
Mittel, "um die Vereinigung oder besser die Gleichförmigkeit (conformité) der Seele und des organischen Körpers auf natürliche Weise zu erklären. Die
Seele folgt ihren eigenen Gesetzen und der Körper
ebenso den seinen; sie treffen sich kraft der Harmonie,
welche zwischen allen Substanzen im voraus eingerichtet ist, da sie alle Repräsentationen des einen Universums sind" (8). Bei SCHELLING ist der Begriff des
Bewußtseins erweitert zum Bewußtwerden. In seiner
Philosophie der Wirklichkeit nimmt er einen einheitlichen Werdensprozeß an, der von der unbewußten
Natur zum Selbstbewußtsein führt, von dem das Leibliche als Element des Organismus keineswegs ausgeschlossen ist. Der Geist erfüllt sich im Prozeß des
Werdens unaufhörlich mit neu aus sich entwickelten
Inhalten. Die Begriffe sind es, die von innen das
Bewußtsein antreiben. Denn nur das Bewußtsein in
seinem Werden produziert seinen Gegenstand selbst.

Die Entwicklung der Begriffe kann daher von BECKER
auch als Reproduktion der realen Welt in einem organisch gegliederten Ganzen bezeichnet werden (9), wobei die Vermittlung durchaus im Sinne der Identitätsstruktur von Bewußtsein und Seiendem oder der Reflexion
auf den ontologischen Grund zu verstehen ist (10).

---

(6) LEIBNIZ G.W., Neue Abhandlungen über den menschlichen Verstand, hrsg. von E. CASSIRER, Leipzig 1915, S. 293
(7) MISCH G., Lebensphilosophie und Phänomenologie, Leipzig/Berlin 1931, S. 56
(8) LEIBNIZ G.W., Grundwahrheiten der Philosophie. Monadologie § 78, S. 131
(9) Organism der Sprache, S. 153
(10) Der platonische Begriff der $\mu\epsilon\vartheta\epsilon\xi\iota\varsigma$ dürfte hier durchaus auch seine Berechtigung haben.

Gegenüber LEIBNIZ legt BECKER einen größeren Akzent auf die Werdensstruktur des Seienden und der Begriffe. Sein bedeutet soviel wie Wirken ($\dot{\epsilon}\nu\acute{\epsilon}\rho\gamma\epsilon\iota\alpha$) und das Gewirkte ist die Wirklichkeit, in der Bewußtsein und Seiendes eine Einheit sind. Was entstanden ist, geht nicht mehr verloren: es ist "bleibendes Eigentum" (11).

Es ist auffallend, daß BECKER von bleibendem Eigentum spricht. Steht das nicht in Widerspruch zu den folgenden Sätzen, wo er eher von einem Werden als von einer statischen Gegebenheit spricht ? Der Begriff Eigentum wird auf dem Hintergrund und der Vermittlung in der Apperzeption verständlich. Das Adjektiv "bleibend" ist nur im Zusammenhang mit dem besonderen Begriff der Erinnerung zu verstehen. Das Gedächtnis (memoire) macht nach LEIBNIZ (12) ein wesentliches Kriterium der Seele aus, weil es einerseits den Zusammenhang des Einzelnen mit dem Universum herstellt, andererseits die Identität der Begriffe in der sich wandelnden Welt der Gedanken wahrt. Obwohl die geistige Welt ständig in Wandel begriffen ist, bleibt durch die Fähigkeit der Erinnerung das Gewordene in der Einheit der Apperzeption erhalten. Denn erinnern kann man sich nur an das, was schon im Bewußtsein Platz gegriffen hat. Erinnerung ist notwendiges Moment des Verstandes, damit "er aus den zu seinem Eigenthume gewordenen Begriffen beständig Neues schafft" (13). Die Fähigkeit, Begriffe zu seinem Besitz zu machen, hat die Vernunft auf Grund der Sprachlichkeit ihres Erkenntnisprozesses. Ohne die fixierten Begriffe hat der Bewußtseinsprozeß keinen Stand, von dem aus er weiterarbeiten könnte. Die Fixierung der Begriffe geschieht aber, wie BECKER und F.X. BAADER meinen, durch die Verwirklichung, d.h. Darstellung des Allgemeinen im

---
(11) Organism der Sprache, S. 153
(12) Monadologie § 19 und 26
(13) BECKER K.F., Organism der Sprache, S. 153

individualisierten Wort, das dem Gegenstand in
seiner Individualität vermittelt durch das Allgemeine des Gedankens entspricht (14). Die Wörter
sind für die Vernunft das Eigentum auf Grund ihrer
bestimmten sinnlichen Gestalt und ihrer Eindeutigkeit.
Zum Denken gehört die Selbstreproduktion der Vernunft,
die als Einheit von Stoff und Form aus ihrer Spontaneität durch Verknüpfung von Begriffen neue Gedanken entwickelt. Gedanken sind durch einen Prozeß
der Apperzeption neu geschaffene Verbindungen von
festgefügten Begriffen, die für sich fortwirken.
Der Gedanke hat eine eigene Macht, die ihm aus der
Freiheit des Geistes zuwächst. Freiheit des Geistes
und das Gesetz des Organismus stehen nicht in Widerspruch zueinander, sondern der Organismus soll Freiheit sogar ermöglichen. Denn alles organische Leben
ist bereits eine Art von Freiheit (15). Das ermöglichende Prinzip ist der ordnende und zusammenfassende Geist, der Natur und Freiheit in absoluter
Vereinigung hält. "Zwischen beiden soll kein V o r
und kein N a c h, sondern absolute Gleichzeitigkeit
und Wechselwirkung stattfinden" (16). Für SCHELLING
stellt sich jedoch die Frage, wie Natur und Geist
zusammenzudenken seien, welches Band sie verknüpfe,
wenn überhaupt das menschliche Bewußtsein etwas
über die Natur ausmachen will. Da ein zufälliges
Zusammentreffen nicht weiterführt, können wir nur
annehmen, daß die Natur selbst "notwendig und ursprünglich die Gesetze unseres Geistes nicht nur
ausdrücke, sondern selbst realisiere, und daß sie
nur insofern Natur sei und Natur heiße, als sie
dies tut" (17). Die organische Natur produziert
sich selbst aus der Freiheit des Geistes. Das

---

(14) Vgl. Exkurs: Der Zusammenhang von Denken und
Sprechen in der sprachphilosophischen Diskussion
bei HAMANN, HERDER und F.X. BAADER.
(15) Vgl. SCHELLING F.W.J., Philosophische Untersuchungen über das Wesen der menschlichen Freiheit
und die damit zusammenhängenden Gegenstände, in:
Schriften von 1806-1813, S. 320
(16) SCHELLING F.W.J., Ideen zu einer Philosophie der
Natur, in: Schriften von 1794-1798, S. 372

organische Produkt ist ein ganzes, das seine Einheit in sich selbst hat. Die bleibende Verbindung hat ihren Grund im Begriff. Der Gedanke ist kein bleibendes Eigentum des Geistes, sondern existiert nur jeweils im Moment des Denkens (18).
Im Begriff dagegen liegt die Einheit der Teile eines Ganzen. Er repräsentiert die reale Welt in der Struktur des Geistes, insofern er als das bleibende Element im Geist dem in den realen Dingen Beharrlichen entspricht. Auf Grund der inneren Identität von Natur und Geist kann eine Übereinstimmung (adaequatio) von individuellem Ding und Begriff behauptet werden. Denn "das System der Natur ist zugleich das System unseres Geistes" (19).
BECKER macht einen Unterschied zwischen Begriff und Gedanken. Während der Begriff als das konstitutive Fundament (Stoff) die Entwicklung der geistigen Welt stabilisiert, indem er die Verknüpfung von Allgemeinem und Besonderem an den realen Dingen repräsentiert, gibt sich die schöpferische Tat des Geistes als Fähigkeit zur Entwicklung organischer Gedanken zu erkennen (20). Das "eigentliche Leben des denkenden Geistes" ist die Bewegung der Gedanken, die infolge der inneren Identität von Natur und Geist das gemeinsame Strukturmoment des Geistes und der realen Welt ist. Der perzipierende Verstand kommt in sich selbst in eine Bewegung, die nie inhaltsleer ist, sondern immer die Bewegung von etwas ist. Die Begriffe sind die Gegenstände, die der Verstand immer bei sich hat und jederzeit zu denken vermag. Bewegung ist nichts Selbständiges, sondern immer Bewegung von etwas (21), sie ist eine Bestimmung an etwas Zugrundeliegendem,

---

(17) Ideen zu einer Philosophie der Natur, S. 379 f.
(18) BECKER K.F., Organism der Sprache, S. 154
(19) SCHELLING F.W.J., Ideen zu einer Philosophie der Natur, S. 363
(20) BECKER K.F., Organism der Sprache, S. 153
(21) ARISTOTELES, Physik 200 b 32

das sich in der Bewegung durchhält (22). Für BECKER ist das der Begriff. Das Denken ist der Prozeß der Verwandlung des seinem Sein nach beharrenden Substrats auf dem Wege der Prädikation, indem das Besondere unter ein Allgemeines aufgenommen wird. Bewegung und Werden sind auch Bestimmungen an Dingen, die unserer Erfahrung immer als bewegte begegnen. Erfahrbar wird die Bewegung auf Grund des inneren Bewegungsprinzips des Geistes (23). Der sich-produzierende Geist entspricht organologisch der nach Gesetzen verlaufenden Entwicklung der Natur, so daß auch die theoretische Erkenntnis den realen Dingen adäquat ist. BECKER sieht darin ein wichtiges Moment des Geistes, das sich in der Sprache wiederfindet.

Allzu häufige Versuche, den Gedankengang BECKERs zu schematisieren, haben HASELBACH dazu verleitet, dort Oppositionen, Schichten und verschiedene Wege des Erkenntnisprozesses in BECKERs Theorie zu vermuten, wo bei genauerem Hinsehen keine vorhanden sind. Denn man kann nicht sagen, daß BECKER das Erkennen und das Verstehen als "zwei Wege der Auffassung von Gegenständlichem" (24) nimmt. Im Prozeß des Denkens, das immer ein Denken über etwas ist, wirken die an den Sinnen anknüpfende Erkenntnis und die von den gemeinsamen Prinzipien des Seins und des Denkens geleitete Vernunft zusammen und konstituieren einen Gegenstand als Bewußtseinsinhalt. Deshalb kann man bestenfalls das Erkennen des Individuellen durch das Allgemeine und das Verstehen der allgemeinen Tätigkeit im Individuellen als zwei Richtungen des e i n e n - nicht linearen - Denkprozesses ansehen, an dem die Sprache in ihrer Darstellungsfunktion teilhat. Ganz und gar verbietet es sich, bei BECKER

---

(22) ARISTOTELES, Physik 190 a 13 ff.
(23) ARISTOTELES sieht im Streben ($\check{o}\rho\varepsilon\!f\iota\varsigma$) und in der Vernunft ($\nu o\tilde{\upsilon}\varsigma$) das Prinzip der Bewegung der Seele (De an 433 a 9).
(24) HASELBACH G., Grammatik und Sprachstruktur, S. 87

von einer "Vorstellung von den Kategorien der seelischen und der geistigen Seinsschicht" zu sprechen (25). HASELBACH wurde vermutlich durch seinen relativ statischen Begriff der Struktur zu dieser Behauptung wie auch zu dem Gedanken einer "Drei-Dimensionen-Weltvorstellung" (26) in BECKERs Theorie verleitet. Man muß die Spannung in der Genese des Bewußtseins als eines gewordenen und immerfort werdenden voll in Anschlag bringen, um die Fähigkeit zur Entwicklung von Gedanken und ihrem Ausdruck in der Sprache nicht einseitig auf die grammatische Struktur empirisch erfaßter Sätze zu reduzieren. Man kann nicht nur von einem festgelegten Begriffs- und Wortvorrat ausgehen, dessen Tiefenstruktur es zu erfassen gilt, sondern man muß ebenso die Prozeßhaftigkeit des sich äußernden Bewußtseins, das beständig neue Gedanken konstituiert, für das Sprachverständnis auswerten. Die Spannung in der Bewußtseinsentwicklung wird von BECKER durch die Differenzierung und Integration von Gedanke und Begriff ausgedrückt.

2. Die Besonderheit des Gedankens gegenüber dem Begriff liegt für BECKER darin, daß der Gedanke das Allgemeine wieder auf seine Besonderheiten zurückführt, d.h. das Individuelle in seiner Eigenart wieder zur Geltung bringt, während der Begriff das Besondere im Allgemeinen aufhebt. In diesen beiden Bewegungen des Denkens findet er die Erklärung der sprachlichen Verhältnisse (27). Die Entstehung des Begriffs, die Erkenntnis vermittelt, geschieht im Modus des Urteils, in dem Besonderes (Sein) unter Allgemeines (Tätigkeit) aufgenommen wird. Der Begriff ist ein Einheitspunkt, indem das Mannigfaltige durch Synthesis ineins gesetzt wird. Das Individuelle dagegen tritt in seiner Indi-

---

(25) HASELBACH G., ebenda, S. 84. Er behauptet dies, obwohl er selbst bekennt, keine ausdrückliche Äußerung BECKERs über den Schichtenaufbau des Seienden zu kennen.
(26) ebenda, S. 81
(27) Vgl. BECKER K.F., Organism der Sprache, S. 155

vidualität wieder aus der Indifferenz des Wesens heraus. Dem Individuellen geht dabei nichts verloren, weil es durch seine Verknüpfung mit seinem Zentrum, dem Allgemeinen, sein Wesen aufbewahrt. Diese Vorstellung steht nicht in Gegensatz zum aristotelischen Substanzbegriff, weil auch das Individuelle von der Substanz durchgängig bestimmt ist und das Sein zu erkennen gibt. Das Individuelle nimmt bei SCHELLING darum einen gewichtigen Platz ein, weil alle Produktion des Geistes "auf einer Begegnung oder Wechselwirkung des Allgemeinen und Besonderen" beruht und "der letzte Grund und die Möglichkeit aller wahrhaft absoluten Erkenntnis darin ruhen muß, daß eben das Allgemeine zugleich auch das Besondere und dasselbe, was dem Verstand als bloße Möglichkeit ohne Wirklichkeit, Wesen ohne Form erscheint, eben dieses auch die Wirklichkeit und die Form sei" (28). Jedoch weiß SCHELLING, daß das Erkennen des Besonderen nicht absolut und nicht unbedingt wahr ist, weil es in seiner Determiniertheit abhängig, bedingt und stets veränderlich ist. Das Bestimmte am Besonderen ist die Form, durch die es aus der Indifferenz des Wesens heraustritt und in der es erscheint (29). Die umgekehrte Bewegung des Denkens macht den festgefügten Begriff seiner Form nach stets veränderlich. Die Bedeutung, welche BECKER dem Individuellen zumißt, läßt an die "individuelle Substanz" erinnern (30), die LEIBNIZ den idealen, aber nicht wirklichen allgemeinen Gattungsbegriffen gegenüberstellt. Die individuelle Substanz dagegen verwirklicht sich, stellt eine Wirklichkeit dar, jedoch nicht statisch, sondern dynamisch, indem sie den Grund legt für weitere aus sich entwickelte Inhalte (31). Gerade der letzte

---

(28) SCHELLING F.W.J., Methode des akademischen Studiums, in: Schriften von 1801-1804, S. 476 und 484
(29) Ebenda, S. 483
(30) Metaphysische Abhandlungen, in: Hauptschriften zur Grundlegung der Philosophie, Bd. 2, S. 143
(31) Vgl. HORN J.C., Monade und Begriff, Wuppertal/Kastellaun ²1970, S. 11-61

Gedanke legt eine Beziehung BECKERs zur Philosophie von LEIBNIZ nahe; jedoch bringt seine weitere Explikation für die Analyse des BECKERschen Werkes nicht viel ein, weil er selbst kaum diesen Gedanken in logisch-ontologischer Hinsicht weiter verfolgt. Die Frage nach dem Wert der Rückkehr des Denkens zum Individuellen beantwortet sich für BECKER in der Betrachtung der Sprache und ihrer Wortformen. Darin liegt für ihn sogar ein Wesenszug der Sprache, insofern sie Dinge und ihre Verhältnisse darzustellen vermag: Sprache gibt dadurch etwas zu verstehen, daß sie es im Individuellen des sprachlichen Ausdrucks darstellt. Indem das einzelne Ding in der individuellen Beziehung zu dem Denkenden aufgefaßt wird – ohne dessen im Allgemeinen verankerten Begriff zu überspielen – wird das Ding wieder auf ein Individuelles zurückgeführt und im Individuellen des sprachlichen Ausdrucks darstellbar. Sprache kann desto leichter einen Sachverhalt verstehbar machen, je konkreter sie in ihrem Ausdruck ist, weil die Realität auch sehr differenziert in konkreter Individualität besteht. Der Denkende nimmt auf dem Wege der Individualisierung ein Ding aus seinem Artbegriff heraus, er wandelt das Allgemeine in Individuelles, um es verstehbar zu machen. Diese Umwandlung kann nur auf der Ebene des beweglichen Gedankens geschehen, der schöpferisch die konstanten Begriffe zu neuen Einheiten zu verknüpfen versteht. Durch die Einheit des Gedankens ist das Individuelle der Darstellung mit dem Allgemeinen des Begriffs verbunden. Dieser Denkvorgang ist ein Wesensmoment des Geistes, der sich in seinen Inhalten unaufhörlich differenziert, ohne die Generalisierung im Begriff aufzugeben. Ja, er bedarf des Begriffs, der für den sich produzierenden Geist das Substrat seiner Entfaltung und Differenzierung ist. Das Individuelle wird nicht ausgelöscht, sondern bleibt im Allgemeinen verankert und erhält dadurch erst seine klare Grenze und seinen bestimmenden Inhalt. Sonst ist es ein Nichts, ein bloßes Daß, dem keine Notwendigkeit zukommt.

Die Spontaneität des Geistes erhält erst ihre Bewegung durch die Rückkehr zum Individuellen im Gedanken, dessen Bewegung sich in der Sprache darstellt oder ausdrückt, wenn wir einen Begriff von F.X. BAADER verwenden wollen (32). In der Spannung zwischen Allgemeinem und Besonderem entfaltet sich der Geist und stellt sich dar, so daß er sich in der Darstellung der Sprache selbst begegnet und das Verstehen des Gesagten möglich macht. Sprache ist dadurch die andere Seite der Produktivkraft des erkennenden Geistes, daß sie den Erkenntnisprozeß, der vom Individuellen zum Allgemeinen voranschreitet, umkehrt ($\mu\epsilon\tau\alpha\beta o\lambda\acute{\eta}$) in der Bewegung des Gedankens und in dieser Umkehr, die das Individuelle der Natur im individuellen Ausdruck zur Sprache bringt, den "Vorgang des Erkennens, durch den das s i n n l i c h A n g e s c h a u t e (=das Individuelle, d.Verf.) zuerst von dem Mitteilenden geistig assimiliert wurde", wiederholt (33).

3. Wozu ist diese Umkehr zum Individuellen notwendig ? BECKER zieht sich hier scheinbar auf den instrumentalen Charakter von Sprache als "Organ der Gedankenmitteilung" (34) zurück. Jedoch wer vermutet, dies würde der Theorie von J. LOCKE nahe kommen, wird durch die erkenntnistheoretischen Aspekte, in deren Zusammenhang die Sprache hineingestellt wird, eines besseren belehrt. Denn "Gedankenmitteilung geschieht ... vermittelst einer geistigen Assimilation", die nur vom Individuellen ausgehen kann. Sprache hat dadurch eine Funktion für die Erkenntnis, daß sie der erkennenden Vernunft im sinnlich erfahrbaren Sprachkörper entgegentritt. Die Lautgestalt kann aber nicht beliebig und unbestimmt sein, sondern muß bestimmt werden in den Formen der Grammatik, damit sie Sinn

---

(32) Vgl. Exkurs: Der Zusammenhang von Denken und Sprechen in der sprachphilosophischen Diskussion bei HAMANN, HERDER und F.X. BAADER.
(33) BECKER K.F., Organism der Sprache, S. 156
(34) ebenda

und Bedeutung aufzuweisen vermag. Grammatik ist daher die Bedingung der Möglichkeit für die Erkenntnisfunktion von Sprache. Ohne die Bestimmtheit der Grammatik wäre Sprache unendliches Lautmaterial ($ἄπειρον$), dem kein Sinn zukommt bzw. für welches kein Sinnkriterium erkennbar ist. Erst die Bestimmtheit durch die grammatischen Formen ($πέρας$) im Sinne eines "transzendentalen Apriori" (35) ermöglicht Erkenntnis.
Der Grundgedanke der Individualisierung in der Sprache, in welchem BECKER ein Prinzip grammatikalischer Formenbildung sieht, legt den Zusammenhang von $πέρας$ und $ἄπειρον$ im platonischen Philebos (18 a ff.) nahe. Ernst HOFFMANN verdeutlicht an diesen Begriffen das platonische Verst ändnis von Grammatik ihrer Erkenntnisfunktion nach (36): Nicht ein mechanistisches Verständnis von Grammatik, das die Sprache ihrer materiellen Seite nach nur in Lautfragmente und Atome des Schalls ohne vorausgehenden Maßstab zerhackt (Krat 387 a ), läßt Sprache in ihrer wahren Funktion als Gedankenmitteilung verstehen, sondern nur ein teleologisches Verständnis deckt ihre Binnenstruktur auf, nach der $διαίρεσις$ und $συμπλοκή$ als Grundfunktionen der Begriffsbildung möglich sind (Phileb 18 c). Eine methodische Gliederung des Lautmaterials setzt voraus, daß Sprache eine Synthese von Lautelementen ist, die sich ihrer Form nach gegenseitig bestimmen und darin voneinander abhängig sind. Diese gegliederte Struktur, deren Elemente durch das Ganze bestimmt sind, ist der Satz. Durch den Satz bestimmt sind die einzelnen Wortformen. "Was das Peras an sich trägt, ist geeignet, Mittel ($ὄργανον$) oder Zeichen ($σημεῖον$) für Zwecke, für Begriffe zu sein" (37). Das Indivi-

---

(35) HOFFMANN E., Die Sprache und die archaische Logik, Tübingen 1925, S. 39
(36) ebenda, S. 38-42
(37) ebenda, S. 41

duelle in der Sprache eröffnet die Erkenntnis, insofern dieses eine bestimmte Form besitzt und ihm in der συμπλοκή anderer bestimmter Wortformen Sinn zukommt (38). Die Individualisierung von Artbegriffen ist deshalb eine Bedingung der Satzbildung, weil sie im Akt des Denkens Beziehungen zwischen Begriffen ermöglicht. Die Beziehungen von Begriffen machen die συμπλοκή des Satzes aus, die selbst wiederum die Bedingung der Begriffsbildung ist.

4. Doch worin gründet das Gliederungsprinzip und der Satzgedanke ? Und woher kommt das Maß des Sinnverständnisses ? Für SCHELLING ist Sprache "unmittelbarer Abdruck des inneren Typus der Vernunft" (39). Das bedeutet: Sprache ist nicht ein auf sich selbst bezogener Gegenstand, sondern muß daraufhin befragt werden, was sie eigentlich meint, wenn sie von etwas spricht. Anders ausgedrückt: man muß sich ihrer nicht gewußten Bedingungen und Strukturen vergewissern. Nur unter solchen Voraussetzungen gibt es Grammatik, im Sinne vorgegebener Strukturen, auf die hin Sprache befragt und durch die sie in der Mitteilung verstanden werden kann. In dieser Hinsicht ist Sprache nicht ein Gegenstand unter anderen Gegenständen, der in seine materiellen Einzelbestandteile zerlegt werden kann, um sein Wesen zu erkennen. Wenn wir über etwas sprechen, ist dieser Vorgang mit einem inneren Prozeß des Denkens über etwas verbunden. Das eine gelingt nicht ohne das andere. Die Sprache ist auf Grund dieser Beobachtung nicht auf etwas unabhängig vom Denken bezogen und der Gegenstand des Denkens ist kein anderer als der Gegenstand des Sprechens. In den Formen der Sprache tritt uns vielmehr die Struktur des Bewußtseins entgegen, das immer Bewußt-

---

(38) Die Dialektik, die zwischen dem bestimmten Wort und der bestimmten Sache gesehen wird, wird vielleicht durch die Feststellung von Josef KÖNIG deutlicher: "Die Art der Bestimmtheit, welche die Bedeutung eines Wortes darstellt, erinnert in manchem an die Bestimmtheit jener Eindrücke, die lediglich insofern bestimmte heißen, als sie Eindrücke davon (z.B. von einem Menschen, der dort zu stehen scheint) sind" (Sein und Denken, S.12)

sein einer Wirklichkeit ist. Wirklichkeit aber ist
nicht ein An-sich, sondern selbst wieder durch die
Struktur der Sprache in einem vorwissenschaftlichen
Sinne vermittelt. Der Prozeß des Erkennens und Sprechens ist demnach ein einziger und kann nur in einer
theoretischen Reflexion unterschieden werden. Für
BECKER ist das Bindeglied die Individualisierung,
in der ein bestimmtes Etwas auftritt. Er untersucht
daher auch keine Kausalzusammenhänge, die nur auf
ein mechanistisches Verständnis von Sprache hinaus-
liefen, auch nicht etwas, das hinter dem Sprechen
liegen könnte. Es interessiert ihn nur der A k t des
Sprechens und Denkens seiner energetischen Gestalt
nach, den er in phänomenologischer Absicht beschreibt.
Diese Deskription will bewußt machen, was unbewußt
geschieht, wenn wir sprechen. Man könnte hier an ein
im Sprechen und Denken wirksames Weltverständnis im
Sinne W.v. HUMBOLDTs denken.
Noch klarer wird die Auffassung BECKERs, wenn wir
einen Zusammenhang mit der Sprachauffassung von
ARISTOTELES herstellen. Die Struktur des Verstehens
von Sprache ist dort vorgegeben κατὰ συνθήκην (de
interpr 16 b 33 ff.), d.h. Sprache ist nicht Ergebnis einer Übereinkunft, sondern besteht gemäß einer
Übereinkunft in semantischer Hinsicht. Übereinkunft
und Bedeutung sind im Hinblick auf die Verständigung über eine Sache dasselbe und sind deswegen nicht
**voneinander** ableitbar. ARISTOTELES geht also von der
bestehenden Sprache aus, in der bereits die Sache
gegenwärtig ist, von der man spricht. Er untersucht
nicht die Zuordnung eines Morphems zu einer Sache.
So unterscheidet er auch nicht zwischen Sprache und
Ding. πρᾶγμα ist die Sache, insofern man von ihr
spricht, bzw. insofern sie der Inhalt des Bewußtseins
ist; sie ist nicht eine außersprachliche Wirklichkeit.
πρᾶγμα ist dann auch der Inhalt einer Aussage, das,

---

(39) Methode des akademischen Studiums, in: Schriften
von 1801-1804, Darmstadt 1968, S. 480

worum es in einer Aussage geht. Eine Sache wird uns
allererst durch Sprache und ihre Struktur vermittelt,
so daß Sprachanalyse auf das zugrunde liegende Wirklichkeitsverständnis führt. Das aristotelische ὥσπις
λέγομεν (Physik 190 a 14) zielt nicht auf das Verhältnis von subjektivem Sprechen und objektiv Seiendem, sondern auf bestimmte vorfindliche Strukturen
des Sprechens, in deren Vollzug eine Sache zum Verstehen gebracht wird. Sprachphilosophie in der Nachfolge von ARISTOTELES hat nur geringes Interesse am
Zeichencharakter von Sprache im instrumentalen Sinne.
Denn Phoneme und Morpheme weisen nicht auf eine außersprachliche Sache, die es mit ihrer Hilfe zu benennen
und zu erklären gilt, sondern enthalten in semantischer Hinsicht die Sache selbst. Man kann deshalb
auch vom transzendentalen Charakter der Sprache in
Bezug auf ihren Stellenwert im Erkenntnisprozeß
sprechen.
Dieser Sprachauffassung liegt der λόγος-Begriff
zugrunde, dessen fundamentale Bedeutung sich als
τὸ ἀνάλογον ἐν ἑκάστῳ (Met H 1043 a 5) und ἁρμονία
darstellt. In ontologischer Hinsicht interpretiert
Ernst HOFFMANN diesen Ausdruck so (40): "Der Logos
unseres Erkenntnisvermögens ist dem Gegenstande,
dem Erkenntnisobjekt, der natürlichen Wirklichkeit,
gewachsen, weil auch diese Wirklichkeit **selber** Logos,
Harmonie ist". In diesen Grundzusammenhang des λόγος
gehört auch die Sprache, in deren richtigen Zeichengebung die eindeutig bestimmte Sache sich darstellt
und Verständigung ermöglicht. Weil Sprache immer
schon weiß, wovon sie spricht und die Bedeutung der
Bezeichnung vorausgeht, führen sprachphilosophische
Analysen ebenso auf die Einheitlichkeit des λόγος ,
auf Grund dessen Sein, Sprechen und Denken in einer
ἁρμονία stehen, wie die Metaphysik. E. HOFFMANN macht

---

(40) Die Sprache und die archaische Logik, S. 69

die Beziehung von Sprache an der wichtigen Formel des ARISTOTELES τὸ τί ἦν εἶναι (Met H 1042 a 17) deutlich (41): die sprachliche Zeichengebung stellt im Satz das Subjekt an die Stelle der Substanz und das Prädikat an die Stelle der Kategorien, wobei die Kopula die Inhärenz auf beiden Ebenen meint. Der gesprochene Satz enthält immer schon die Inhärenz von Subjekt und Prädikat, bzw. Substanz und Kategorien ( ἦγ ). Im Sprechen wird eine Sache hervorgebracht, deren Bedeutung sich nach dem Ort im Koordinatensystem des sprachlichen Horizontes bestimmt. Den Zusammenhang von Erkennen und Darstellen bei ARISTOTELES expliziert E. HOFFMANN in folgender Weise (42): "Der Gegenstand der Erkenntnis ist eine Wesenheit, welche wir begrifflich erfassen, indem wir ein bestimmtes die Wesenheit ausmachendes harmonisches Verhältnis durch die harmonische Form des logischen Urteils denken und durch grammatikalische Mittel Zeichen geben, um im gesprochenen Satze diese Harmonie zum Ausdruck zu bringen. Das τὸ τί ἦν εἶναι 'das Sein, wie es war', ist die abschließende Aristotelische Formel ... Die Verbindung von εἶναι und ἦγ bezeichnet in größter Prägnanz, daß dem, was sich in Zeitstufen entwickelt, ein überzeitliches Sein zugrunde liegt". Infolgedessen ist jedes Denken auch von vorgegebenen Strukturen der Sprache abhängig. Die Aufgabe der Philosophie besteht dann eigentlich in der Klärung der Sprachstruktur, die Einblick in das Wirklichkeitsverständnis gibt. Die Analyse des Satzbaus erschließt daher den Weg der Erkenntnis. Denn "indem sie (=die gewordenen Artbegriffe) gesprochen werden, wiederholt sich gewissermaßen der Akt des Erkennens" (43). Gegen jeden Instrumentalismus muß daher festgestellt werden, daß Sprache nicht

---

(41) Die Sprache und die archaische Logik, S. 71-73
(42) ebenda, S. 73
(43) BECKER K.F., Organism der Sprache, S. 156. Der Begriff des Wiederholens ist von BECKER nicht im zeitlichen Sinne als erneuter Nachvollzug eines vorher abgelaufenen Ereignisses gebraucht, sondern differenziert nur das von Anfang an Identische.

Abdruck einer äußeren Natur ist, sondern aus der Vermittlung von Subjekt und Objekt in der Bedeutungskonstitution lebt. Das Subjekt eines Satzes ist nicht Zeichen einer objektiven Substanz, sondern vermittelt durch die Setzung des Bewußtseins, das sich in der vorgegebenen Form des Substantivs ausdrückt. Die Substantive sind deshalb auch nicht Namen von Dingen, sondern bezeichnete Gegenstände des Denkens. Am Griechischen wird dieser Grundcharakter der Zeichen schon früh deutlich, wenn z.B. HOMER Adjektive (Od 17, 218 $\dot{\omega}\varsigma\ \dot{\alpha}\epsilon\iota\ \tau\grave{o}\nu\ \dot{o}\mu o\tilde{\iota}o\nu\ \ddot{\alpha}\gamma\epsilon\iota\ \vartheta\epsilon\grave{o}\varsigma\ \dot{\omega}\varsigma\ \tau\grave{o}\nu\ \dot{o}\mu o\tilde{\iota}o\nu$ ) und HERAKLIT Verben (fr. 113, DIELS $\tau\grave{o}\ \varphi\rho o\nu\epsilon\tilde{\iota}\nu$) substantiviert.

Ein wesentliches Moment der Bedeutungskonstitution ist die Gedankenmitteilung, die keineswegs im instrumentalen Sinne zu nehmen ist. Ausdrücke der Sprache können nur dadurch von anderen verstanden werden, daß sie auf ein Übereinkommen ($\sigma\nu\nu\vartheta\acute{\eta}\kappa\eta$) hin bezogen sind. Sprache und ihre geistige Weltanschauung bekommen gerade als eine "Verrichtung der ganzen Gattung" (44) ihren Sinn, weil die Bedeutung "mit der intersubjektiven Verstehbarkeit, in der sich der Übereinkunftscharakter des Sprachlichen manifestiert, zu tun" hat (45). Ohne die Rücksicht auf die Verstehensvoraussetzungen meines Partners bleiben gesprochene Laute sinnlos, weil das Konstitutivum der Kommunikation fehlt. Ein verwendetes Sprachzeichen hat nur dann einen Sinn, wenn es auf ein vorausgesetztes Einverständnis mit der ganzen Gattung hinweisen kann. BECKER drückt es so aus: Artbegriffe werden "nicht eigentlich mitgeteilt, sondern als schon in dem Geiste des Empfangenden vorhanden - als ein früher schon Erkanntes vorausgesetzt" (46). Im Vorhandensein eines Sprachzeichens wird die Übereinkunft manifest.

---

(44) BECKER K.F., Organism der Sprache, S. 156
(45) WIELAND W., Die aristotelische Physik, S. 165
(46) BECKER K.F., Organism der Sprache, S. 156

WIELAND konnte nachweisen, daß ARISTOTELES für das deutsche Wort 'Sprache' kein adäquates Wort verwendet; er benutzt zur Bezeichnung der artikulierten menschlichen Sprache im Unterschied zur Tierstimme den Terminus διάλεκτος (47). Damit ist die Beziehung auf die Gattung bzw. die Gedankenmitteilung im BECKERschen Sinne als fundamentales Bedeutungskonstitutivum von Sprache aufgewiesen. Das Wesen der Sprache liegt daher nicht nur darin, daß sie objektive Sachverhalte bezeichnet, sondern im Verstehen dessen, was die Partner in ihrem Gespräch meinen.

5. Was ist überhaupt die Bedingung für die Verstehbarkeit des Gemeinten ? oder anders gefragt: Welche Tätigkeiten der Gesprächspartner ermöglichen ihr Einverständnis ? Für BECKER beantwortet sich diese Frage nur dadurch, daß er Denken und Sprechen auf eine Ebene stellt. Verständigung gelingt nur durch eine der Begriffsbildung gegenläufige Bewegung des Denkens, das dem Individuellen Gewicht verleiht und es nicht gegenüber dem Allgemeinen des Begriffs verschwinden läßt. Die diskursiven Bewegungen des Denkens zwischen dem Allgemeinen und Besonderen sind jedoch nicht voneinander getrennt, sondern bilden zusammen den Erkenntnisprozeß, können jedoch voneinander unterschieden werden. Die Individualisierung von Artbegriffen, die sich in der Formbildung sprachlich darstellt, hält das Denken in Bewegung und bewahrt es vor der Abgeschlossenheit abstrakter Allgemeinbegriffe. Sie geschieht aber nur durch die "individuelle Beziehung zum Denkenden" (48). Dieser auf die Darstellungsfunktion der Sprache bezogene Aspekt verdeutlicht ihren Zusammenhang mit der schöpferischen Kraft des Denkens, das in einer apriorischen Leistung die realen Dinge zu reproduzieren

---

(47) WIELAND W., Die aristotelische Physik, S. 148 und 167
(48) BECKER K.F., Organism der Sprache, S. 158

vermag. In dieser Grundbeziehung zum Subjekt liegt auch die Bedingung der Möglichkeit, Begriffe aufeinander zu beziehen. Diese Reproduktion geschieht auch bei der Verständigung: der Hörende muß die Begriffe in gleicher Weise in seinen Verstehenshorizont integrieren (und erzeugen) können, d.h. in seiner subjektiven Bewußtseinsstruktur auffinden können, wie der Sprechende. Artbegriffe bleiben kein abgeschlossenes Allgemeines, sondern werden in den subjektiven Prozeß des Denkens hineingezogen, der nach TRENDELENBURG eine konstruierende Bewegung ist.

In dieser reproduzierenden Beziehung bleibt der Begriff in seinem Grundbestand erhalten, denn "auch das als Individuelles Dargestellte ist immer ein Gedachtes" (49), d.h. mit dem Artbegriff verschmolzen. Der Begriff ist sogar der Vermittlungsgrund für das Darstellen und Verstehen in der Gesprächssituation und die Vermittlung selbst geschieht nicht dadurch, daß neue Begriffe als Vermittlungsinstrumente geschaffen werden. Daß ein Zusammenhang von Denken, Sprechen und Verstehen in diesem Sinne möglich wird, könnte man in Analogie zu der Frage nach der Entstehung der Sprachfähigkeit beim Kind erklären. "Das Kind ... nimmt ein ihm vorgesprochenes Wort erst alsdann auf, wenn es für dasselbe schon selbstkräftig einen Begriff gebildet und so das Wort zu seinem Eigentum gemacht hat" (50). Die Benennung setzt demnach die konkrete, individuelle, sinnliche Erfahrung voraus, auf deren Boden sich der Artbegriff entwickelt. Dieser wiederum ist die Voraussetzung für die Mitteilung. Die Möglichkeit des Zusammenhangs von Denken und Sprache liegt in ihrer gemeinsamen "inneren Gesetzlichkeit" begründet (51) und

---

(49) Organism der Sprache, S. 158
(50) ebenda, S. 4 f.
(51) Ausführliche deutsche Grammatik, Bd. 1, S. 21; vgl. HASELBACH G., Grammatik und Sprachstruktur, S. 94-100

die Aufnahme der Formen der Sprache ist ohne die
Einsicht in die Vorgänge des schöpferischen Denkens
nicht erklärbar. Das Verstehen kommt also durch die
Aktivierung der "individuellen Beziehung zu dem
Denkenden" zustande, die sich im Bereich der Darstellung durch Formwörter niederschlägt. Diese individualisieren den Artbegriff und treiben dadurch auch
vom Lautlichen als Individuellem her den Gedanken
dialektisch weiter. Denn "das Denken erreicht seine
Vollendung erst darin, daß das Allgemeine sich als
Individuelles gestaltet" (52). Das Einverständnis
der Gesprächspartner entsteht so durch die individuelle Beziehung beider auf die gemeinte Sache, die
als Allgemeinbegriff vorhanden sein muß.
Da für BECKER Denken und Sprechen zusammengehören,
muß sich in der Darstellung ein ähnlicher Vorgang
auffinden lassen wie im Erkennen. Sprache ist nämlich eine stetige Schöpfung aus der Kreativität des
denkenden Bewußtseins, welches in seiner Grundtätigkeit, der konstruierenden Bewegung, die sich
zugleich in der objektiven und der subjektiven
Welt findet, der konkret-individuellen Anschauung
bedarf. Ein abstrakter Begriff kann nur durch die
Anschauung, welche das Konkret-Individuelle rezipiert,
im Denken entworfen werden und ist in der konstruierenden Bewegung nur lebendig, wenn er unmittelbar
die sinnliche Form enthält. Das Individuelle und
das Allgemeine sind im Begriff verschmolzen und
bedürfen einander im Prozeß der Erkenntnis. Sie
bilden einen organischen Gegensatz, in dessen dialektischer Bewegung der Begriff seine je notwendige
Gestalt annimmt und dadurch den Erkenntnisprozeß
vorantreibt (53).

(52) G. HELMSDÖRFER, zitiert nach HASELBACH G.,
Grammatik und Sprachstruktur, S. 94
(53) "Der Begriff, gegen die Fülle des Sinnlichen abstrakt, muß das Prinzip des Sinnlichen enthalten; denn damit er angewandt werde, muß er sich
augenblicklich aus der Kontraktion des kleinsten
Raumes, in dem er seine Macht zusammengedrängt
hält, in die mannigfaltigste Gestaltung, in die
unendliche Weite der Arten und Individuen expandieren". TRENDELENBURG A., Logische Untersuchungen, Bd. 2, S. 243

Diesem Prinzip entspricht auch die Darstellung in
der Sprache, die den Begriff stets individualisieren
muß und dazu der konstruierenden Bewegung des Denkens
bedarf, die sowohl das Individuelle im Prozeß der
Darstellung aufbewahrt als auch das Wort vor der Erstarrung bewahrt. Die individuelle Beziehung zum Denkenden hat deshalb nicht nur grammatische Funktion,
wie man an manchen Stellen von BECKERs Grammatik
annehmen möchte, sondern sogar konstitutive, sprachbildende Funktion. Ihr Gewicht wird nochmals in der
Betrachtung von Raum und Zeit deutlich werden.
HASELBACH hat m.E. diese "primäre Relation" der "individuellen Beziehung zum Denkenden" in ihrer Bedeutung für die Entwicklung von Sprache zu gering angesetzt und zu wenig klar herausgestellt, wenn er darin
nur den "erkenntnistheoretischen Grund für Beckers
Zweiteilung des Wortvorrats in Begriffswörter und
Formwörter" und für die "Relation der Begriffe untereinander" sieht (54). Das mag auch daran liegen,
daß BECKER selbst die Individualisierung als generatives Element der Grammatik zwar erkannt, aber
nicht entschieden genug angewandt hat.
Die individuelle Beziehung liegt für BECKER auf der
Ebene des Gedankens, als dem Anfang von Begriff und
Wort und als produktive Kraft der Grammatik. Denn
"der Begriff hat nur dann, wenn er wieder in einen
Gedanken aufgenommen wird - als Glied eines G e d a n -
k e n s - ein lebendiges Dasein" (55). Indem der Gedanke den Begriff des Seienden in den Begriff einer
Tätigkeit aufnimmt, verschmilzt er ein Besonderes
mit dem Allgemeinen zu einem Begriff. Der Gedanke
drückt sich auf der grammatischen Ebene im prädikativen Satzverhältnis aus, das einen neuen Begriff
schafft. Wenn der Gedanke dieses Allgemeine wieder
auf die besondere Art zurückführt, d.h. individua-

---

(54) HASELBACH G., Grammatik und Sprachstruktur, S. 93
(55) BECKER K.F., Organism der Sprache, S. 159

lisiert, entstehen die attributiven und objektiven Satzverhältnisse. Insofern beide Bewegungen des Gedankens sich darstellen, bedürfen sie der "individuellen Beziehung zu dem Denkenden", die den Begriff des Ausdrucks für den Sprechenden und des Verstehens für den Hörenden fähig macht. Die individuelle Beziehung zu dem Denkenden ist also das Fundament für die Darstellung überhaupt. Einverständnis zwischen den Gesprächspartnern wird nur dadurch erreicht, daß beide in ihrem Bewußtsein durch die individuelle Beziehung zum gemeinten Sachverhalt die Begriffe erzeugen. Diese sind dann nicht mehr abstrakte Begriffe, sondern aus der Kreativität des denkenden Gedankens entwickelt, werden in der Darstellung und im Hören in eine neue konstruierende Bewegung eingebracht und treiben den Erkenntnisprozeß mit Hilfe des artikulierten Lautes voran. Die Darstellung ist somit notwendiges, beachtenswertes Funktionsglied im Prozeß der Erkenntnis, d.h. ihre Struktur bestimmt den Fortschritt des Denkens mit (56).

### Exkurs:
DER ZUSAMMENHANG VON DENKEN UND SPRECHEN IN DER SPRACHPHILOSOPHISCHEN DISKUSSION BEI HAMANN, HERDER UND F.X. BAADER.

1. Im Zentrum des sprachwissenschaftlichen Interesses im 18. Jahrhundert und um die Wende zum 19. Jahrhundert stand die Frage nach Ursprung und Entwicklung der Sprache; vor allem bemühte man sich um die Urworte und die Etymologie, wie auch die sprachphilosophischen Gedanken von LEIBNIZ deutlich machen (1). Sachlich damit verknüpft war die Frage nach Wesen und Funktion von Sprache in Hinsicht auf das Denken, wie die Schriften von HAMANN, HERDER und später

---

(56) Vgl. hierzu die Überlegungen von K.L. REINHOLD und den folgenden Exkurs!

(1) Neue Abhandlungen über den menschlichen Verstand, Buch III.

von F.X. BAADER zeigen. Dieser sprachphilosophische
Komplex mußte neu diskutiert werden auf dem Hintergrund der sprachwissenschaftlichen Forschungsergebnisse und der Philosophie Immanual KANTs.
Im wesentlichen bildeten sich zwei Richtungen heraus:
eine transzendental-metaphysische Sprachbetrachtung,
die mehr auf die Frage nach den Prinzipien und dem
Wesen von Sprache hin orientiert war, und eine
sprachwissenschaftlich-historische Richtung, die
sich ausschließlich an die empirisch erkundeten
Fakten hielt und der Sprache mehr einen instrumentalen
Charakter zuwies. Die Hauptvertreter der ersten
Gruppe waren J.G. HAMANN (2), De BONALD (3) und
F.X. BAADER (4); sie gingen davon aus, daß die
Sprache dem Menschen von Gott gegeben sei, jedoch
nicht als ein fertiges, abgeschlossenes Werkzeug,
dessen er sich nur zu bedienen brauche, vielmehr
impliziere diese Gabe die Mitwirkung des Menschen
als Weitersprechen der kundgegebenen Gedanken Gottes. Der Gedanke Wilhelm von HUMBOLDTs, daß die
Sprache kein Werk ($\check{\epsilon}\rho\gamma o\nu$), sondern eine Fähigkeit
sei ($\dot{\epsilon}\nu\acute{\epsilon}\rho\gamma\epsilon\iota\alpha$), hat hierin einen Vorläufer. Sprechen und Denken, **Laute** und Ideen stehen in enger
Verknüpfung von Anfang an, insofern beide zugleich
in Gott begründet sind und aus Gott als ihrer
höchsten Ursache hervorgingen.
Deutlich unterschied sich davon die Position der
Sprachforscher, allen voran Jakob GRIMM, der in
seiner Abhandlung "Über den Ursprung der Sprache"
die Auffassung vertrat, seit HERDER sei die Frage
nach dem Ursprung der Sprache dahingehend gelöst,
daß man die Sprache als Erfindung des Menschen annehmen müsse.

---

(2) Schriften zur Sprache, hrsg. und eingeleitet von
    J. SIMON, Frankfurt 1967
(3) Oeuvres complètes, 12 vols., Paris 1817-1819
(4) Sämtliche Werke, 16 Bde, hrsg. von F. HOFFMANN u.a.,
    Neudruck der Ausgabe Leipzig 1851, Aalen 1963

2. Um über die Entwicklung dieser Fragestellung Klarheit zu gewinnen, müssen wir auf Giovanni Battista VICO zurückgreifen (5). VICOs Sprachphilosophie steht im Horizont seines metaphysischen Geistbegriffs. Die Einsicht in die Verschiedenheit der Sprachen offenbart, daß es verschiedene Aspekte auf das Ganze von Sprache gibt. Die Worte jeder Sprache lassen sich in ihrer Bedeutung auf eine ursprüngliche Einheit der Ideen zurückführen, auf Grund deren sich in einer "Universal-Etymologie" die Urworte rekonstruieren ließen (6). Die Verankerung dieser Urworte im Reich der Ideen schließt deshalb eine Übereinkunft und Setzung der Sprache aus; denn die allgemeinen Ideen sind der Vermittlungsgrund von Sprache und Welt. VICO bringt so einen Gedanken in die Sprachphilosophie ein, den wir bei W. v. HUMBOLDT in den Begriffen der "Weltansicht", "Weltanschauung", "Weltauffassung", "innere Sprachansicht", "Charakter der Sprache" u.a. wiederfinden.

Wichtig wird außerdem die Ansicht VICOs von der Entwicklung der Sprache, wenn auch seine Spekulationen durch die sprachgeschichtlichen Forschungen keineswegs belegt wurden. Das Verhältnis von Laut und Bedeutung unterliegt der Dynamik des Sprechens, des Ausdruckgebens, wie sie sich in der Nation ausbildet. Nicht ein Sprachsystem kann uns das Wesen von Sprache aufweisen, sondern nur die gesprochene Sprache (7).
J.J. ROUSSEAU nahm VICOs Lehre wieder auf (8) und wies die Auffassung zurück, daß die Sprache durch den Menschen erfunden worden sei, denn zum Aufbau einer Sprache bedürfe es ja bereits einer Sprache.

---

(5) Vgl. APEL K.O., Die Idee der Sprache in der Tradition des Humanismus von Dante bis Vico, in: Archiv für Begriffsgeschichte, Bd. 8, 1963
(6) Vgl. zu dieser Diskussion: BENFEY Th., Geschichte der Sprachwissenschaft, S. 81-198
(7) In der neueren Sprachwissenschaft ist der Gedanke einer Dynamik bei de SAUSSURE ersetzt worden durch das statische System von signifiant und signifié, die als fait social beliebig verbunden sind.

3. In spekulativer Meditation führte Johann Georg HAMANN die Überlegungen und Theorie VICOs weiter. In seinen unsystematischen Darstellungen seiner Ideen setzte er sich kritisch mit der zeitgenössischen Aufklärung auseinander, nach der das Wesen des Menschen als animal rationale einzig von den Grundsätzen der Vernunft geleitet wird. Diese Philosophie aber ist einseitig, weil sie aus der Selbstreflexion der Vernunft die Sprache ausschließt; denn Vernunft ist Sprache und muß sich an die Menschen mitteilen können, wenn ihr eine Wirksamkeit zukommen soll. Auch für HAMANN ist Sprache nicht als System das eigentliche Problem, sondern das Sprechen als Offenbarung des Lebens und der Freiheit. "Sprache ist keine Sammlung diskursiver konventioneller **Zeichen** für diskursive Begriffe, sondern sie ist das Symbol und Widerspiel des gleichen göttlichen L e b e n s, das uns überall sichtbar-unsichtbar, geheimnisvoll und offenbar umgibt" (9). HAMANN nimmt Sprache elementar als Ausdruck von Wirklichkeit, die letztlich nicht zu fassen ist; deshalb ist ihr Merkmal eher die Analogie als die Logik des Verstandes (10). Hier entsteht aber das Problem, daß sie "auch der Mittelpunkt des Mißverstandes der Vernunft mit ihr selbst" ist (11). Sprache entfaltet stets Neues, das nicht immer auf ein exaktes Verständnis stößt. Man kann sie deshalb auch nicht auf ein Regelsystem festlegen oder in ihrem Ursprung genau bestimmen. Das Gesagte bleibt dem Spiel der Auslegung überlassen.
In der Sprachauffassung HAMANNs hat die Funktion des Ausdrucks einen besonderen Platz. In Analogie zum göttlichen Sprechen als Sichoffenbaren ist die Sprache des Menschen notwendiger Ausdruck des Menschen

---

(8) Vgl. CLAPARREDE E., Rousseau et l' origine du langage, in: Annales J.-J.R., t. XXIV (1935) 95-120
(9) CASSIRER E., Philosophie der symbolischen Formen, Bd. 1, S. 94
(10) Sämtliche Werke, Bd. 2, S. 61
(11) ebenda, Bd. 3, S. 286

als eines vernehmenden und sich mitteilenden Wesens, "das Mittel, unsere Gedanken mitzuteilen und andere Gedanken zu verstehen" (12). Sprache hat ein ästhetisches und logisches Vermögen, d.h. in der Sprache schließen sich die Sinnlichkeit der Laute und die Logik der Bedeutung zusammen.
Für HAMANN kann die Sprachbetrachtung nur als Ganzheitsschau sinnvoll sein. Der Mensch ist ein von Gott organisiertes Wesen wie auch die ganze Welt, die ihre Organisation erst empfängt. Zur Lebensart des Menschen gehört aber seine Selbstentfaltung als Selbstproduktivität in der Sprache. Das Leben wird manifest in den sinnlichen Formen der Sprache. Weil der Mensch sich aber an diese Zeichen verlieren kann, bleibt der Sprache gegenüber ein Rest von Zweifeln. HAMANN sieht die Spannung zwischen Wort und Begriff, Laut und Bedeutung, gesprochener Sprache und Vernunft. Vernunft ist Sprache, formuliert er, denn Gott spricht sich in die Natur und Zeit aus, so daß alle sinnliche Empfindung Gott offenbart und Vernunft aus der Sinnlichkeit lebt. Voraussetzung für Vernunft ist der Glaube, der alles empfängt und der Vernunft die Wahrheit mitteilt. Im Prozeß der Geschichte vernimmt die Vernunft durch die Sinne und die menschlichen Taten das Sprechen Gottes in der Schöpfung; von apriorischen, ihr innewohnenden Wahrheiten kann nicht die Rede sein. HAMANN entkleidet die Vernunft der absoluten Geltungskraft, die ihr von der Aufklärung zugeschrieben wird. Den Menschen nannte er Sprachgeschöpf, weil im Zwiegespräch mit Gott das Wesen des Menschen begründet liegt und weil "aus dem Mit-Gott-Sprechen die Vernunft als Inbegriff der Prozesse des Vernehmens, aus dem Mit-den-Menschen-Sprechen den Verstand als den Inbegriff der Prozesse des Verstehens abzuleiten" möglich ist (13). Sprache

---

(12) Sämtliche Werke, Bd. 2, Schriften über Philosophie, Philologie, Kritik, hrsg. von J. NADLER, Wien 1950, S. 125
(13) HEINEMANN F., Wilhelm von Humboldts philosophische Anthropologie und Theorie der Menschenkenntnis. Einleitung, S. XIV

verdeckt wegen ihrer Bindung an die Sinnlichkeit und das Vorverständnis der historisch bedingten Zeichen die ganze Wahrheit. Sprache ist zwar ihrem Ursprung nach das wesentliche Moment der Kommunikation mit der Wahrheit, aber in keiner Sprache kommt diese vollkommen zur Offenbarung.

Die Frage nach dem Ursprung der Sprache ist für HAMANN nicht gleich der Frage nach dem Vorrang von **Henne oder Ei**, sondern zwischen Vernunft und Sprache besteht ein Wesenszusammenhang. "Erfindung und Vernunft setzen ja schon Sprache voraus und lassen sich ebensowenig ohne die letztere denken, wie die Rechenkunst ohne die Zahlen" (14). Sprache läßt sich nicht in ihrer Beziehung auf die menschliche Natur erklären. Sie hat ein viel weiteres Feld des Ausdrucks als die Gesetze der Vernunft. Denn Sprache ist göttlichen Ursprungs. Das bedeutet, daß Sprache schon immer mehr ist als eine positive Bestimmung der menschlichen Natur und der Vernunft und mehr zu erkennen gibt als die logischen Gesetze. "Empfindung' und 'Denken' sind in dieser begrifflichen Trennung voneinander für HAMANN selbst nur eine sprachliche Figur, die an ihren Lauten bzw. Buchstaben haftet und durch dieses sprachliche Medium auseinandergehalten wird" (15). Das eigentliche Ziel der Philosophie müßte deshalb eine "Grammatik der Vernunft" sein (16), in der die künstliche Trennung von Sprache und Logik in einer allgemein anerkannten philosophischen Sprache aufgehoben wäre und dem menschlichen Denken keine Grenzen hinsichtlich der Erkenntnis des Lebens im Glauben gesetzt sind. Glauben ist für HAMANN nicht das Festhalten von Dogmen als Einengung der Vernunft, sondern die freie Annahme der tradierten Sprache, in der sich der Mensch seine Welt konstruiert hat, und die Offenheit des Denkens für das Geheimnis unserer Existenz,

---

(14) Schriften zur Sprache, S. 133
(15) ebenda, S. 75
(16) Brief an JACOBI, in: Briefe 1783-1785, hrsg. von W. ZIESEMER und A. HENKEL, Wiesbaden 1965, S. 272

das "ausser uns" ist (17). Der Glaube vernimmt die Wahrheit, die sich in der Schöpfung ausspricht. Deshalb liegt dem Glauben und der Vernunft das Wort voraus und ist selbst Grund der Möglichkeit menschlichen Sprechens. Wir haben in der Sprachtheorie HAMANNs ein stark theologisch motiviertes Gedankenwerk vor uns, das rationalen Kriterien nur bedingt zugänglich ist. Seine Metakritik der Kritik der reinen Vernunft enthält jedoch Elemente einer Transzendentalphilosophie, in der die Sprache nicht mehr draußen steht.(18). Denn Sprache ist ihrem Wesen nach Kundgabe von Sinn, der auch der apriorischen Synthesis von Erscheinungen und Begriffen vorausliegt. Die Semiotik allein kann die Sprache als Konstitutivum von Weltbewußtsein nicht erschließen, sofern die Frage nach dem Sinn, die an der Zeichenhaftigkeit der Sprache anknüpft, nicht über diese hinausgeführt wird oder, anders ausgedrückt, sofern nicht nach dem das Zeichen ermöglichenden Grund gefragt wird.

4. Einen rationalistischen Ansatz zur Lösung des Sprachproblems suchte HERDER, in dessen Werk sich die Ideen von HAMANN, LEIBNIZ und KANT zu neuem Konzept formieren. CASSIRER kennzeichnet die Fragestellung HERDERs so: "Wie ließ sich die Anschauung, die in der Sprache die höchste Leistung analytischer Denkkraft, das eigentliche Organ zur Bildung 'distinkter' Begriffe sah, mit jener anderen verknüpfen, nach der ihr Ursprung aller Reflexion des Verstandes entrückt und in das Dunkel des Gefühls und seiner unbewußten poetischen Schöpferkraft zurückverlegt wurde ?" (19) Die Frage nach dem Ursprung der Sprache wird von HERDER nicht nur in erster Linie historisch verstanden, sondern als Frage nach dem zeitlosen Anfang, in dem die Sprache ihrem ganzen Wesen nach bereits gegenwärtig ist. In diesem Sinne versteht auch K.F. BECKER seine sprachlichen Untersuchungen.

---

(17) Sämtliche Werke, Bd. 2, S. 73
(18) Zur Auseinandersetzung zwischen KANT und HAMANN: HEINTEL E., Einführung in die Sprachphilosophie, Darmstadt 1972, S. 127-146

HERDERs Sprachtheorie läßt sich nur aus seiner Erkenntnistheorie und Metaphysik heraus verstehen. Im Unterschied zu HAMANN ist für HERDER nicht die Beziehung zu Gott, sondern das Eingetauchtsein in den Kosmos die Basis aller Wesensbetrachtung des Menschen. HERDER kritisiert die Transzendentalphilosophie KANTs, wenn er ihm vorwirft, daß seinen Begriffen und Schemata die unvermittelte Voraussetzung fehlt, der Sinn oder $\lambda\acute{o}\gamma\upsilon\jmath$. Nur die Einsicht in den vorausgesetzten Sinn eröffnet die Erkenntnis der Dinge der Welt, denn Vernunft und Gegenstand sind einander zugeordnet nach dem Gesetz des Logos (20). Das Denken des Logos gibt der Erkenntnis Gewißheit. Der Logos aber existiert in den Menschen und den Gegenständen in einer Einheit. Die Seele oder Vernunft ist der Ort, an dem der Logos erfahren wird und sich mit den Dingen der Welt vereinigt. Die Seele verknüpft das Natürliche und Geistige zu einer Einheit. Doch woraus lebt die Seele ? Nicht ewige, in ihr verwobene Ideen sind es, die die Seele aufbauen, sondern Kräfte, Bilder, ja das ganze All strömt ihr zu und bildet in ihr ein neues Ganzes, das in allen Formen als ein vom All erfülltes Wesen zurückstrahlt. Der einzelne Mensch steht mitten im Strom der Kräfte des Alls, als organisch gegliederte Gestalt im kleinen verwoben in den einen großen Zusammenhang des Lebens. Und die Entwicklungsgeschichte des Menschen ist Bestandteil des Prozesses der Gesamtentwicklung der Erde; insofern ist der Mensch ein historisches Wesen, das nur in der Tradition leben kann. Unlöslich miteinander verbundene Charaktere des Menschen sind Besonnenheit und Sprache. Vernunft ist eine Energie, die auf Grund der organischen Verflochtenheit mit den Ideen und Kräften zuströmt und sich in Besonnenheit

---

(19) CASSIRER E., Philosophie der symbolischen Formen, Bd. 1, S. 95
(20) Sämtliche Werke, Bd. XXI, S. 298

darstellt, einer Fähigkeit des Vergleichens von Gegenständen zur Bestimmung ihrer Identität bzw. des Widerspruchs.
Der eigentliche Ausdruck der Besonnenheit ist die Sprache. "Die menschliche Seele denkt m i t  W o r t e n: sie äußert nicht nur, sondern sie bezeichnet sich selbst auch und ordnet ihre Gedanken mittels der S p r a c h e" (21). Freilich bleibt auch die Sprache im Konnex mit den Kräften, der Organisation des Universums. Umschlagplatz ist die B e s o n n e n h e i t, dort wird aller Klang empfunden, vernommen und verstanden, weil die Besonnenheit selbst an dem Logos der Sprache teilhat. Stimmung, Gefühl sind die Resonanz der Sprache der Natur im Menschen, doch die Besonnenheit besitzt die Kraft, sich von den eindringenden Objekten zu scheiden. Sie hakt sich an einem abgesonderten Merkmal fest, läßt es als Zeichen in der Erinnerung weiterleben und gibt ihm eine besondere Prägung, die in den Worten der Sprache gefaßt wird. "Die Sprache als Ausdruck ist unmittelbare Verlautbarung der Gefühle, deren jedes nach einem Empfindungsgesetz der tierischen Natur unmittelbar seinen Laut hat, ein Wort aber entsteht erst durch die Merkmalbildung, also die Zeichenfunktion" (22). Sprache wird vom Menschen erfunden, insofern die Resonanz der lebendigen Welt durch die Besonnenheit in der Seele verankert und in eine **Zeichenfunktion** umgesetzt sich in einem geprägten Wort bekundet. Dem Wort selbst ist der Logos vorausgesetzt, weil nichts außerhalb des Logos existiert. Sprache **wurzelt** in dem der Seele immanenten Logos, nicht im Mit-einander-Sprechen.
Das Verstehen der Zeichen ist ein Werk des Anerkennens und Wiedererkennens des Logos. Besonnenheit und Reflexion verleihen den ursprünglich sinnlosen Zeichen

---
(21) Sämtliche Werke, Bd. XXI, S. 19
(22) HEINEMANN F., W.v.Humboldts philosophische Anthropologie und Theorie der Menschenkenntnis, S. XXVI

Sinn und Bedeutung, indem sie die Regungen der Empfindung unterscheiden und klar bestimmen. Das Bewußtsein ist eine formende Kraft, die dem Zeichen in der Verknüpfung mit dem allgemeinen Logos zu einer Einheit Bedeutung verleiht. Denn das Besondere und Allgemeine existieren in einer Harmonie. CASSIRER erkennt hierin eine Fortführung LEIBNIZscher Gedanken; denn LEIBNIZ sieht die Funktion des Bewußtseins in der Verknüpfung der Empfindungen zu einer Einheit, der Einheit der Apperzeption, und in der Selbstdarstellung des Geistes als mit sich selbst zu allen Zeiten Identisches (23) und schreibt ihm die Fähigkeit des Widererkennens ein und desselben Inhalts zu anderer Zeit zu.
Aus dieser Auffassung vom Sprachursprung muß gefolgert werden, daß der Mensch im "Einverständnis der Seele mit sich selbst" (24) Sprache erfindet, ohne jegliches **Bedürfnis** einer Mitteilung an Wesen gleicher Art. Sprache hat also ihren Grund nicht in der Gesellschaftsbezogenheit des Individuums. Der Mensch empfängt sie auch nicht in einem Wachstumsprozeß aus seiner Umgebung.
Hierin liegt ein gewichtiges Unterscheidungsmerkmal gegenüber den Tieren: Mensch und Tier sind nach HERDER lediglich artmäßig verschiedene Wesen; das Tier hat eine enge Sphäre des Wirkens, dem seine Naturanlagen angepaßt sind, der Mensch aber hat "Sinne für Alles", die Sprache ist sein Kanon, mit dem er die Welt beherrscht. Sie kann es aber nur sein, wenn ihr Logos dem Logos der Welt entspricht (25). Die Kraft des Denkens verflochten mit der menschlichen Leibhaftigkeit ist im Menschen bereits von Anfang an tätig, denn sie ist das spezifische Merkmal seiner Art. Unter dieser Voraussetzung ist Sprache dem Menschen so wesentlich wie er Mensch ist; er mußte sie erfinden, insofern die erste Regung der Seele nach außen drängte und

---

(23) CASSIRER E., Philosophie der symbolischen Formen, Bd. 1, S. 96
(24) HEINEMANN F., W.v.Humboldts philosophische Anthropologie..., S. XXVI
(25) Vgl. zur HERDERschen Anthropologie: GEHLEN A., Der Mensch, Bonn ⁴1950, S. 88-90

als Merkmal in ihr verharrte. Die solchermaßen entwickelte Sprache baut auf der Eigenart der Reflexion eines Menschen oder einer Nation auf und ist als Ganzes von innen her gezeugt. Sprache entwickelt sich nicht erst aus Einzelelementen, den Worten, vielmehr wird das Wort nur aus dem sprachlichen Satz, einer Ganzheit, verstanden.
HERDER verbindet Sprechen und Denken zu einer Einheit mit verschiedenen Aspekten. Sprache muß mit den Kategorien des Geistes betrachtet werden. Aus dem Konnex von Sprache, Besonnenheit und Resonanz folgert HERDER die Idee der Sprache als Organismus, der sich genetisch unter Führung des Verstandes in der Geschichte der Völker aufbaut. Vornehmlich der Begriff des Organismus wurde zum zentralen Begriff in der Sprachphilosophie der Romantik, auch in der Grammatik K. F. BECKERs. Die Idee des Organischen, der organischen Form war der Leitfaden spekulativer Sprachphilosophie. Im Erlebnis der Einheit kam die Gegenkraft zum Trennen und Analysieren des Verstandes zur Geltung. Man wollte ein Allgemeines finden, in dem das Individuelle zu einer Einheit zusammenfällt. Das Allgemeine muß Gesetzescharakter haben und den inneren Zusammenhang darstellen. Die sprachphilosophische Aufgabe bestand nun darin, aus den Ergebnissen der Sprachforschung eine allgemeine Struktur, die allen Einzelsprachen zugrunde liegt, festzustellen. Das Allgemeine wurde nicht durch Abstraktion von den Einzelsprachen auf ein isoliertes Wesen, eine abgesonderte Idee von Sprache hin gefunden. Es war auch nicht die Absicht, die Ursprache zu rekonstruieren, sondern alle einzelnen Momente der erforschten Einzelsprachen zu einer organischen Einheit zu ordnen, in der jede Besonderheit ihren spezifischen Platz im großen Zusammenhang der Sprachen erhält.

5. Ein Verehrer HERDERs (26) Franz Xaver BAADER setzte seine Kritik der HERDERschen Sprachphilosophie an der

---

(26) Der Grund der Verehrung war, daß HERDER in seiner Philosophie die materialistischen Versuche der Spracherklärung widerlegte.

Zirkelhaftigkeit seines Beweises von der Erfindung der Sprache an, die wir schon bei J.G. HAMANN finden (27). HERDERs Ansicht wurde so interpretiert, als setzte er einen Zustand des Menschen voraus, wo der mit Vernunft ausgestattete Mensch noch nicht Sprache erzeugt hat; denn der Schöpfer müsse vor seinem Erzeugnis da sein. Dem scheint zu widersprechen, daß Sprache dem Menschen natürlich ist. HAMANN, für den sich das eigene Wesen der Vernunft in der Sprache darstellt, erwiderte mit der Feststellung: "Erfindung und Vernunft setzen ja schon eine Sprache zum voraus, und lassen sich eben so wenig ohne die letztere denken, wie die Rechenkunst ohne Zahlen" (28). HERDERs Beweis beruhe auf einem Zirkel, er sei widersprüchlich und enthalte naturalistische Gründe. Zwar sei der Mensch eine besondere Schöpfung Gottes, mit allen Kräften zur Entwicklung ausgestattet. Aber dieses Argument stehe gegen den menschlichen Ursprung der Sprache, weil ja dann die Sprache auch auf einen göttlichen Ursprung zurückgehe; aber da die Beziehung zu Gott gesetzhaft und notwendig ist, ließe sich schwerlich ein Unterschied zum Tier feststellen, das nicht von Freiheit, sondern vom Instinkt geleitet ist.

F.X. BAADER argumentiert folgendermaßen: "Mußte der Mensch die Sprache erst erfinden - mag ihm dies so wesentlich und natürlich sein als es wolle - so war sie ihm in seinem Urzustande nicht eigen, also auch für diesen Urzustand nicht wesentlich, war sie ihm aber in demselben wesentlich und natürlich, so war sie ihm auch eigen, so mußte er sie nicht erst erfinden und konnte er sie nicht erst erfinden, weil man nicht erst erfinden kann, was man schon

---

(27) BAADER F.X., Werke, Bd. 5, S. 65 Anm.
(28) Schriften zur Sprache, S. 133

besitzt". Vernunft, Besonnenheit und Sprache stehen
in so starker Korrelation, daß nicht die zweite erst
aus der ersten hervorgehen könne. Zwar widerlege
HERDER die naturalistische Spracherklärungstheorie,
wenn er in der Sprache das Unterscheidungsmerkmal
von Mensch und Tier erkenne und dem Menschen schon
im ersten Zustand die Ausstattung mit Vernunft zu-
schreibe, aber in der letzten, entscheidenden Frage
unterscheide er nicht in ausreichendem Maße, denn er
verwechsle den selbsttätigen Gebrauch der anerschaf-
fenen Sprache mit der Erfindung der Sprache.
Im Anschluß an L.G. de BONALD führt BAADER drei Theorien über den Ursprung der Sprache an: die theisti-
sche Theorie, die atheistische und die deistische
Theorie. Die Ansicht HERDERs rechnet er der letzteren
zu, die "zwar die Anlage hiezu dem Menschen als von
Gott gegeben zugibt, aber alle Hilfe desselben bei
Entwicklung dieser Anlage etc, leugnet, als ob ein
von einem Anderen (Höheren) Hervorgebrachtes nur in
seinem Ursprunge und nicht auch in seinem ganzen
Tatbestande und in seiner Entwicklung von diesem
Anderen abhinge, m.a.W. als ob das Begründende der
Existenz nicht auch das Leitende der Action dieses
Existierenden wäre" (29).
Die Frage nach dem Ursprung der Sprache stellt
sich für BAADER vor dem Horizont seines metaphysischen Geistbegriffs. Sprache ist das Vermögen der
Intelligenz. Denken und Sprechen werden ursprunghaft aufeinander bezogen. Das Bemühen der Philosophie geht auf das Prinzip der Erkenntnis. Liegt
dieses nun in der Vernunft des einzelnen Menschen
selbst ? Oder gibt es nicht ein übergeordnetes,
höheres Prinzip, von dem her sich alle Vernunft-
tätigkeit begründet ? BAADER bezieht eine eigene
Stellung zu Intelligenz, Vernunft und Geist, mit der
er sich von der durch DESCARTES initiierten Auffassung unterscheidet.

---

(29) Werke, Bd. 5, S. 63 ff.

Die neuere Philosophie, gemeint ist die Transzendentalphilosophie der Aufklärung, bewege sich in einem Zirkel, der zu keiner wirklichen Erkenntnis führt; denn wir sind doch selber die Gedanken und Empfindungen, die wir denken und empfinden. Das Subjekt denkt sich nur selbst und bezieht sich nur auf sich selbst, aber es gelangt nie zu einer Erkenntnis. Denn "nur sein Erkennen erkennen wollend erkennt er (der Mensch) eigentlich – Nichts; denn was er hiemit zu sehen meint, ist er doch nur selber als sein Doppelgänger, und was er auf solche Weise zu hören meint, ist nur das Echo der Bauchstimme seines hohlen Ich's" (30).

Die Vernunft weist aber über den einzelnen, individuellen und selbstischen Menschen hinaus auf den "gemeinsamen Menschen" (nicht den gemeinen Menschenverstand), die Gesellschaft, von der das Individuum erst seinen Grund empfängt. Die Gesellschaft ist für BAADER nicht die Summe aller einzelner Menschen, der keinerlei Autorität zukommt, sondern sie ist nur die äußere Manifestation eines höheren Prinzips, das die Gesellschaft und über sie das Individuum innerlich begründet. Die Anerkennung der Gesellschaft führt das Individuum zu seinem innerlichen Prinzip. Das Prinzip der Wissenschaft von der Gesellschaft liegt nicht im einzelnen Menschen, sondern fällt mit jenem zusammen, welches die Gesellschaft des Menschen begründet. Ebenso haben die Sprache als Mitteilung von Ideen und die Ideen selbst dasselbe Prinzip, dieselbe Ursache und dieselbe weiterführende Leitung. Gesellschaft ist nicht der Wesensgrund von Sprache, sondern nur die Ebene, auf der Sprache sich abspielt. Die Gesellschaft ist der Sprache adäquat, weil beide auf dem gleichen Prinzip beruhen. Gesellschaft knüpft die Individuen nicht nur durch äußere Bedürfnisregelung, sondern wesenhaft zusammen. Das

---

(30) ebenda, S. 56

eigentliche Ausdrucksorgan einer gesellschaftlichen
Einheit ist die gesprochene Sprache, die dem Individuum die Wahrheiten der Gesellschaft mitteilt. Mittels
der Sprache läßt das denkende Subjekt ein anderes Subjekt an seinem Selbstbewußtsein teilhaben (31). Im
Selbstbewußtsein allein wäre das Denken nur sich
selbst Gegenstand, weil es in sich beschlossen und
auf sich bezogen ist. Die intelligente Natur des
Selbstbewußtseins zeichnet sich erst dadurch aus, daß
es sich mittels der Sprache einem anderen, ihm gleichen Bewußtsein öffnet. Dieser Akt des Sich-Öffnens
ist sein wesentliches Unterscheidungsmerkmal zur
nicht-intelligenten Natur, die bereits ganz offen
daliegt. Das Selbstbewußtsein des Individuums ist so
der Inbegriff einer subjektiven und objektiven Beziehung, insofern Sprache von Anfang an die Individuen
miteinander vermittelt, ohne daß sie das eine Individuum zum Objekt des anderen macht. Sprache teilt
nicht bloß Zeichen mit, die im anderen Individuum
einen Verstehensmechanismus in Gang setzen, sondern
sie ist das wahre Werkzeug, um Individuen in ihrem
Selbstbewußtsein ineinander gegenseitig zu verankern.
In dieser Manifestation stellt sich eine Gemeinschaft
dar, deren Zentrum in keinem der einzelnen Glieder
dieser Gemeinschaft, sondern nur in einem der Gemeinschaft der einzelnen übergeordneten Prinzip zu finden
ist. Das Zentrum der Gemeinschaft liegt nur in diesem gemeinsamen, höheren Selbstbewußtsein und findet
darin ihr Prinzip.
Sprache hat den Charakter von Verlautbarung der Gedanken. Der artikulierte Laut, der den Gedanken begleitet
und fortleitet, steht in einem ursprünglichen, natürlichen Nexus zu den Funktionen des Gedankens. Diese
Verknüpfung ist nicht akzidentiell, sondern innerlich,
organisch und notwendig zur Konstitution des Selbst-

---

(31) ebenda, S. 62

bewußtseins, insofern sie "die Funktion jedes einzelnen Selbstbewußtseins begründet und leitet" (32).
Denken und Sprechen bedingen sich gegenseitig (33).
Die Laute der Sprache sind äußerliche Vermittlung der Ideen von dem höheren Selbstbewußtsein, das dem Individuum und der Gesellschaft übergeordnet ist, zu dem einzelnen Geist. Nicht ihr Zeichencharakter, sondern ihre Bedeutungsrelation verleiht ihr diese Position. Erst unter dieser Rücksicht kann Sprache ihre wahre Vermittlungsfunktion für den Verkehr der intelligenten Individuen untereinander, d.h. für die Gesellschaft wahrnehmen, wobei das Verstehen nicht als ein durch das Zeichen der Laute angeregter, paralleler Vorgang im Gesprächspartner zu betrachten ist, sondern infolge der Relation auf das gemeinsame höhere Bewußtsein zustande kommt. In der Entwicklung des Menschen sind Sprechen und Denken gleichgeordnet und von diesem höheren Bezugspunkt geleitet. Weder BAADER noch BECKER verstehen unter dieser Relation eine Gesetzlichkeit, die nach den Methoden einer Einzelwissenschaft, z.B. der Psychologie erklärt werden könnte. Es handelt sich vielmehr um einen prinzipiellen Zusammenhang, der nur durch philosophische Reflexion in seiner Struktur aufgedeckt werden kann.

Aus dieser Theorie erklärt sich die Ablehnung der HERDERschen These von der Sprache als Erfindung des Menschen. Nach dem Verständnis BAADERs ist diese Erfindung der Sprache in Wirklichkeit der selbsttätige Gebrauch der vom höheren Selbstbewußtsein vermittelten Fähigkeit des Verstehens und Verlautbarens in einer Gesellschaft, die aus dieser Ursprungsrelation lebt und durch Teilhabe an dem höchsten Geist Gedanken äußerlich und mittelbar werden läßt.
Doch hier stellt sich die Frage: ist dieser Nexus zwischen Gedanken und Lauten nicht auch als ein geschichtlicher Prozeß zu betrachten ? Denn der Mensch

---
(32) ebenda, S. 63
(33) Vgl. BECKER K.F., Organism der Sprache, S. 2 f.; Deutsche Wortbildung, S. 1

ist ein geschichtliches Wesen und die Sprache hat
sich sowohl im Lautbestand wie in der Wortbedeutung
gewandelt. Sprache gehört zum Menschen, insofern er
handelt und über sein Handeln Rechenschaft zu geben
vermag. Das Werkzeug der Sprache muß dem Menschen
bereits ursprünglich gegeben, sofern er solches leistet.
Da aber Denken und Sprechen in einem natürlichen
Konnex miteinander stehen, kann er ein solches
Werkzeug nicht erfunden haben; er hätte sonst erst
"das Werkzeug alles Erfindens erfinden müssen" (34).
Die Sprache, ebenso wie Vernunft und Gesellschaft,
sind von dem höheren Prinzip abhängig. Dem Menschen
kommt nur die Funktion des Mitwirkens zu, insofern
er als organisches Wesen vollendet erschaffen - ein
organisches Wesen kann sich nicht erst aus Elementen
aufbauen - und in seiner Geschichte von seinem Prinzip
abhängig bleibt. Sprache war also dem Menschen
ursprünglich vollendet eigen. BAADER sieht diese
Ansicht in der Sprachgeschichte, in der eine organische
Entwicklung und eine Verwandtschaft festzustellen
ist, bestätigt. "In der Tat ist auch die
Sprache aller Zeiten und aller Gegenden dieselbe,
wenn schon ihre Idiome verschieden sind, darum wechselseitige
Übersetzbarkeit ineinander jene Identität
voraussetzt, und einen neuen Beweis dafür gibt, daß
diese Sprache nicht die Erfindung eines einzelnen
Menschen oder einer Versammlung mehrerer einzelner
Menschen sein konnte" (35). Sprachentwicklung ist
deshalb nur denkbar als Mitwirken am zentralen Wirken
des Prinzips. Jede einzelne Sprache enthält "die
gemeinschaftliche Ursprache", die der Mensch empfängt.
Das Individuum hat durch seine Mitgliedschaft in
einer Gesellschaft notwendigerweise Anteil an Sprachschatz
und Denkstruktur, insofern es die allgemeine
Sprache nur in einer besonderen Form übernehmen kann.
Ein Einzelner kann nicht fern von Gesellschaft Ideen

---

(34) Werke, Bd. 5, S. 66
(35) ebenda, S. 68

und Sprache entwickeln. Wie stehen aber allgemeine und besondere Sprache zueinander ? Die Fähigkeit zur Entwicklung der besonderen Sprachen liegt nach BAADERs Ansicht schon in der ersten Sprache, die einem bestimmten Gesetz folgend sich auf Grund der Verschiedenheit der äußeren Lebensumstände der Menschen der Form nach wandelte (36). Doch im Zentrum läßt bereits der Geist der Sprache die Bedeutungen auseinandertreten und sich gliedern. BAADER faßt die Sprache nicht als fertige Gabe an den Menschen auf, die nicht mehr entwicklungsfähig wäre. Aber ebenso weist er die Annahme ab, der Mensch und mit ihm die Sprache habe sich erst allmählich auf ihr Wesen hin entwickelt(37). Der Geist formiert als innere Kraft die Äußerungen der Sprache im Laut derart, daß eine Entkoppelung vom Zentrum die Sprache difformieren und das Verstehen erschweren würde. Von einem Mechanismus der Sprachentwicklung kann deshalb noch nicht gesprochen werden. Der Bezugspunkt der Sprachentwicklung in lautlicher Hinsicht ist eine innere Sprache, die als Sprache des Denkens das Sprechen in jeder Hinsicht fundiert.

Diese Verbindung von innerer Sprachform und lautlichem Ausdruck, die sich schon in der philosophischen Grammatik von James HARRIS findet, wird zum zentralen Gedanken in der Sprachphilosophie Wilhelm von HUMBOLDTs (38).

6. F.X. BAADER waren bereits die Werke von K.F.BECKER bekannt. Er erkennt dort eine völlige Übereinstimmung mit seinen Auffassungen vom Ausdruck der Gedanken(39). BECKER verwendet für die Sprache nicht den Terminus 'Zeichen', sondern 'Ausdruck', um die innere Einheit von Sprechen und Denken anzudeuten. Der Terminus 'Zeichen' (Bezeichnung - Zeichnung) paßt nach BAADER besser zu dem Verhältnis von Vorstellungen und Dingen.

---

(36) Als Parallelerscheinung bietet sich BAADER die Wanderung der Völker an, die selbst wieder die Sprachentwicklung beeinflußt hat.
(37) Werke, Bd. 12, S. 352
(38) Für die Sprachphilosophie W.v.HUMBOLDTssind folgende Werke wichtig: HEINEMANN F.(Hersg.),

Der Terminus 'Ausdruck' dagegen entspricht eher dem Charakter des Wortes, das etwas, das der Potenz nach als Vorstellung vorhanden ist, nicht als Abstraktum, sondern als bestimmtes Konkretum "zur Manifestation (an das Licht) bringt" (40). Das Wort als Ausdruck eines Gedankens ist das "eigentlich gestaltende individualisierende Prinzip". Insofern das Wort einem objektiven, individuellen Sachverhalt entspricht, kann es selbst nur in einer individuellen Gestalt hervortreten. Der Gedanke aber denkt nur in Allgemeinbegriffen, die aus der Anschauung des Individuellen sich im Geist entwickeln. BECKER entwickelt die gleiche Auffassung über den Prozeß des Denkens: "die Aufnahme des Individuellen in ein Allgemeines ist der eigentlich schöpferische Akt des Geistes, durch den die realen Dinge zu geistigen Dingen - zu Begriffen und Gedanken - werden" (41). D.h. durch die Vermittlung eines Allgemeinen kann ein bestimmtes Individuum gedacht und definiert werden. Das Allgemeine ist kein leerer Begriff, sondern der Ausdruck der fundamentalen Vermittlung des Wesens mit der sich im Einzelnen darstellenden Form, die im Denken geleistet wird. Das Allgemeine ist ein Vermittlungsbegriff im Prozeß des Denkens, nicht eine Klasse von abstrakten Begriffen, die für sich bestehen. Das Allgemeine bleibt nicht für sich, sondern formt sich stets als Individuelles in dem ihm eigenen Werdensprozeß aus, im ontologischen wie im erkenntnistheoretischen Sinne. Denn das Allgemeine will e t w a s zu erkennen geben, wenn es nicht in reiner Imagination des Unbestimmten verharren will.

---

Wilhelm von Humboldts philosophische Anthropologie und Theorie der Menschenkenntnis, Halle 1929 (Einleitung); SCHMIDT S.J., Sprache und Denken als sprachphilosophisches Problem von Locke bis Wittgenstein, Den Haag 1968, S. 67-79; SPRANGER E., Wilhelm von Humboldt und die Humanitätsidee, Berlin $^2$1928
(39) BAADER F.X., Werke, Bd. 5, S. 85 ff.
(40) BECKER verwendet die Begriffe 'in Erscheinung treten' und 'verleiblichen'.
(41) BECKER K.F., Organism der Sprache, S. 155

Diese notwendige individuelle Verwirklichung des Allgemeinen geschieht durch den Ausdruck des Wortes. Deshalb gehört Sprache als Darstellung des Allgemeinen im Gedanken durch die individuelle Form des Wortes notwendig zur Vernunft.(42). Sprache ist die individualisierende Funktion der Vernunft, "indem es die Gedanken in ihr sichtbar macht" (43). Daher weist BAADER den Begriff der Erfindung von Sprache, den er bei J. GRIMM vorfindet, als inadäquat zurück; denn Sprache gehört notwendig zum Prozeß des Denkens, weil nur das Wort einen Gedanken im Fluß der Vorstellungen als bestimmten hervortreten läßt. Durch Sprache kann sich erst die Vernunft einen Begriff als bestimmten Gedanken aneignen, "insofern es diesen bannt (fixiert), wie der Leib den flüchtigen Geist bannt" (44).

Die Entwicklung von Sprache ist auch bei BECKER ein notwendiges Moment des Denkens, indem es die Gegenstände in ihrer jeweiligen Bestimmtheit zu erfassen versucht. Das Darstellen korrespondiert dem Erkennen.

---

(42) Die Erklärung der Zusammengehörigkeit von Sprechen und Denken vom Aspekt der Aktualgenese aus, wie HASELBACH es im Anschluß an Fr. KAINZ versucht, erscheint mir deshalb nicht angemessen, weil die Auflösung in einen Handlungsablauf die ontologisch-hermeneutische Einheit von Sprache in einzelne Phasen zerreißt. Man könnte nicht mehr von einer Einheit sprechen, sondern Sprechen und Denken wären ein bloßes Aggregat, das nach mechanischen Gesetzen funktioniert. Ebenso wird die grundlegend sprachliche Struktur der Vernunft aufgehoben, wenn man sie in eine Phase der gedanklichen Vorbereitung des Sprechens und eine Phase des eigentlichen Sprechens einteilt. BECKER hat, um diese Aufteilung zu vermeiden, durchaus mit Recht die Möglichkeit sprachfreien Denkens unbeachtet gelassen. Die Differenzierung des Denkens in ein hyperlogisches (untersprachliches) und ein hypologisches (übersprachliches) ist deshalb hinfällig. Vgl. HASELBACH G., Grammatik und Sprachstruktur, S. 98 ff. und KAINZ F., Psychologie der Sprache, 4 Bde, Stuttgart 1954-1956
(43) BAADER F.X., Werke, Bd. 5, S. 86
(44) ebenda, S. 88

Denn "das Allgemeine wird erst verstanden, indem es auf das Individuelle zurückgeführt wird" (45). Die Individualisierung läßt erst wieder den Gegenstand in der Form des Sprachlautes in seiner Individualität hervortreten, nachdem diese durch den Erkenntnisprozeß in den Bereich des Allgemeinen aufgehoben worden war. Der Verstehende beginnt an dieser individuellen sinnlichen Lautgestalt den Prozeß der Begriffsbildung und vermittelt den Gegenstand durch ein Allgemeines (46). Dem Wort kommt dann eine diakritische Funktion im platonischen Sinne zu, weil es die Dinge voneinander unterscheidet.

BAADER weist der Sprache noch größeres Gewicht zu, wenn er das Wort eine Schöpfungsmacht nennt (47), das die Dinge in unserem Bewußtsein durch den Ausdruck der Konkretheit manifestiert. Im Wort werden die Dinge aufgehoben, d.h. bewahrt. Das Wort wird so zum Mittel der Verständigung über wirkliche Dinge, nicht nur zum Zeichen einer "transformierten Sensation", wie John LOCKE Sprache versteht. Gedanke und Wort sind eine Einheit in der Vernunft, insofern sie das Allgemeine und Besondere als Einheit eines Wirklichen entwickeln. Da der Prozeß des Verstehens nur von einem Individuellen zum Allgemeinen geht, kommt dem Wort durch die Bestimmtheit seines Begriffs und seiner Form die Fähigkeit zu, das Denken anzustoßen und im Hörenden die gleiche Vorstellung eines Allgemeinen hervorzurufen wie der Sprechende sie in seinem Bewußtsein aufbewahrt und im Sprechen des Wortes ausgedrückt hat. "Denn es ist keine 'unmittelbare' Äußerung eines Einzelnen gegen oder in ein anderes Einzelnes möglich" (48). Die Manifestation des Gedankens in Worten ist auch ein notwendiger Prozeß in der Entwicklung des Bewußtseins, das sich von diesen "Bildern" frei machen und sich über sie erheben muß, um sich der

---

(45) BECKER K.F., Organism der Sprache, S. 157
(46) Vgl. 3.Kapitel, § 1 !
(47) BAADER F.X., Werke, Bd. 5, S. 87
(48) ebenda, S. 85

Natur wissend zu bemächtigen. Denn die Vernunft muß sich, wie BAADER im Anschluß an HEGELs Begriff des Geistes darlegt, über die nichtintelligente Natur der Dinge, die er zuerst denkt, in der Entwicklung zu sich selbst erheben. Dies kann sie aber nicht, indem sie diese Natur von sich stößt, sondern indem sie sich von den Begriffen der Dinge durch deren Benennung im Sinne des Ausdrucks ihrer selbst unterscheidet und so frei macht für einen weiteren Schritt des Bewußtseins zum Selbstbewußtsein als der Gewißheit seiner selbst (49). Die Sprache ist deshalb nicht der Punkt höchster Erkenntnis der Vernunft, weil sie auf Grund ihrer eigenen Sinnlichkeit noch der mißverständlichen, nichtintelligenten Natur angehört, aber sie ist ein notwendiges Vehikel der Vernunft, um sich mit ihrer Hilfe der Gewißheit ihrer selbst zu nähern (50).

## § 2  SPRACHE IN DER SPANNUNG VON DYNAMIS UND ENERGEIA

Sprache unterliegt nach der Auffassung BECKERs den allgemeinen Seinsgesetzlichkeiten: sie kann daher nach den genetischen Prinzipien von $\delta \acute{v}\nu \alpha \mu \iota \varsigma$ und $\dot{\varepsilon}\nu \acute{\varepsilon}\rho \gamma \varepsilon \iota \alpha$ und der wechselseitigen Beziehung von Allgemeinem und Besonderem erklärt werden. BECKER bezieht dabei zwar die Ergebnisse der historischen Sprachforschung ein (1), seine Fragestellung ist aber nicht historischer, sondern ontologischer Art. Er betrachtet die Sprache auch nicht als einen eigenständigen Bereich, auf den die Erkenntnisse der Logik oder Ontologie übertragen werden könnten. Wir müssen vielmehr von seinem Begriff des Geistes ausgehen, der von der

---

(49) Vgl. HEGEL G.W.F., Phänomenologie des Geistes, Kap. I-IV
(50) Zur Sprachtheorie HEGELs vgl. DERBOLAV J., Hegel und die Sprache. Ein Beitrag zur Standortbestimmung der Sprachphilosophie im Systemdenken des deutschen Idealismus, in: Sprache - Schlüssel zur

SCHELLINGschen Natur- und Identitätsphilosophie bestimmt ist (2). Dieser Begriff des Geistes enthält gleich dem griechischen Logosbegriff die Sprache als eine Manifestation der allgemeinen Idee der Entwicklung und Struktur der Welt in den Gegensätzen von Tätigkeit und Sein. Auf der Ebene der Sprache ist der S a t z die Darstellung dieser allgemeinen Gesetzlichkeit. Im Satz findet sich deshalb Integration und Individualisierung, die beiden Grundbewegungen des Geistes. Der Bezug dieser Satztheorie zur aristotelischen Philosophie, der vermutlich von Adolf TRENDELENBURG bestimmt ist, wird im folgenden nachgewiesen. Eines kann vorab schon festgestellt werden: die aristotelische Philosophie hat BECKER zur Abkehr von der etymologischen Sprachbetrachtung, die in seinem Werk über "das Wort in seiner organischen Verwandlung" noch bestimmend war, und zu einem stärker auf das Satzganze bezogenen Denken geführt.

1. ARISTOTELES erklärt die Entstehung des Seienden mit Hilfe des Begriffspaares δύναμις und ἐνέργεια bzw. ἐντελέχεια, die man in einem Blick vereinigen müsse, um sie als Begriffe bestimmen zu können (Met 1048 a 35 f.). Denn diese Begriffe gehören zu den unvermittelten (ἄμεσα) Grundbegriffen, durch die jede Erkenntnis überhaupt möglich wird (An post 72 b 18). In Bezug auf die Sprache heißt das: Sprache kann mit Hilfe dieser ontologischen Prinzipien erklärt werden. Da die Sprechakte die einzig reale Erscheinungsform von Sprache ihrem wirklichen Wesen nach sind, muß Sprache eine "Tätigkeit" (ἐνέργεια) genannt werden, eine "sich ewig wiederholende Arbeit, den artikulierten Laut zum Ausdruck des Gedankens fähig zu machen" (3). Die Verwirklichung von Sprache (la langue) in der Rede (la parole), im Satz läßt erst ihr τέλος hervortreten. Der potentiell existierende Stoff enthält das τέλος als feststehend und in

---

Welt, hrsg. von H. GIPPER, Düsseldorf 1959; SIMON J., Das Problem der Sprache bei Hegel, Frankfurt 1966; BODAMMER Th., Hegels Deutung der Sprache. Interpretationen zu Hegels Äußerungen über die Sprache, Hamburg 1969

jedem Einzelnen unabänderliche Größe, jedoch müssen
die angelegten Möglichkeiten erst verwirklicht werden (Met Θ 1050 a 22 ff.). In der Sprache, insbesondere im Satz als Darstellung verwirklichen sich die
Vorstellungen und Begriffe von der Welt in lautlicher
Artikulation als ein "treues Gegenbild" des Geistes.
Sprache steht also zum menschlichen Geist wie ἐνέργεια
zu δύναμις (4). Die Impulse des Geistes, die Begriffe
wecken die Entwicklung des Organismus und die lebendigen Beziehungen des Satzes. Jedoch braucht Sprache
diese Rückbeziehung auf den Gedanken, den der Sprache
entsprechenden Prozeß im menschlichen Geist.
Die Entwicklung der Gedanken bildet in einem gleich-
zeitigen Prozeß die Entwicklung der lautlichen Verhältnisse vor. Die Gedanken sind deshalb unbegrenzt
in Bewegung, indem sie Begriffe miteinander in Beziehung setzen und dadurch neue Gedanken produzieren. Der
sich selbst reproduzierende Geist ist als der Ursprung
des Lebens unveränderlich und manifestiert sich im
Vergänglichen der Gedanken und Sätze. An den Elementen
vollzieht sich die Bewegung des Geistes und führt
sie ununterbrochen und wechselseitig ineinander über.
Struktur und Entwicklung der Sprache sind geleitet
von der Zweckmäßigkeit (τέλος) der natürlichen Ordnung, die im Erkenntnisakt des denkenden Bewußtseins
reproduziert wird. "Das Reale ist zwar in einer höheren
Ordnung der Dinge mit dem Geistigen dergestalt zu
einer Einheit verbunden, daß die realen Dinge auch
den Formen des Geistigen entsprechen, aber die Formen,
welche die realen Dinge in den Gedanken und Begriffen
annehmen, sind das Werk und Eigentum des Geistes" (5).
In der Sprache als ἐνέργεια verwirklicht sich der
τέλος. Weil dieser τέλος in Erfahrungstatsachen manifest geworden ist, kann BECKER die allgemeine Struk-

---

(1) "Die historische und die logische Betrachtungsweise
    müssen einander ergänzen". Deutsche Grammatik,1829,
    Vorrede, S. X
(2) Vgl. HASELBACH G., Grammatik und Sprachstruktur,
    S. 20-27
(3) HUMBOLDT W.v., Schriften zur Sprachphilosophie,
    S. 418; vgl. Coseriu W., Synchronie, Diachronie
    und Geschichte
(4) BECKER sieht in der Sprache nicht die einzige Ent-

turgesetzlichkeit (allgemeine Grammatik) nur an historisch auffindbaren Tatsachen der Sprachentwicklung aufweisen, in denen sich der τέλος verwirklicht hat.

Die absolute Voraussetzung für das Leben der Sprache (ἐντελέχεια πρώτη)(De an 412 a 27) ist der νοῦς, Geist. Im Geist werden die Sinneswahrnehmungen und Vorstellungen vom Einzelnen aufbewahrt und auf den Begriff gebracht. Durch das Bewegungsvermögen (τὸ κινοῦν De an 432 a 19) des Geistes entwickeln sich die Begriffe als Integration des Einzelnen im Allgemeinen und die Gedanken als fortwährende Individualisierung des Allgemeinen in das Besondere. Diese wechselseitige Entfaltung schlägt sich im Satz und seinen Beziehungsverhältnissen nieder. Aus der semantischen Analyse des Satzes wiederum gewinnt ARISTOTELES die Kategorien, durch die der Geist sich in sich selbst orientiert. TRENDELENBURG meint, daß die Redeteile, die vollständig erst nach ARISTOTELES aufgestellt wurden, mit den Kategorien verglichen werden können. Wie die Kategorien als Träger der Begriffe die unabsehbare Menge der Vorstellungen in das Gesetz der Aussagen bringen, so ordnen die Redeteile das Meer der Laute und Wortformen als Träger der Bedeutungen (6). Begriff und Bedeutung entsprechen einander in diesem Beziehungsfeld.

2. Die Sprache (la langue) ist das Ergebnis eines fortlaufenden Prozesses, der dem inhärierenden τέλος des Geistes folgt. Die Wörter sind deshalb für ARISTOTELES nicht Werkzeuge und wahre Abbilder der Dinge wie für PLATON, der davon ausgeht, daß die Wörter feste Bedeutungen haben, die von einem Namengeber geschaffen sind und den Dingen der Sinnenwelt genau entsprechen (Krat 390 e). Vielmehr sind die Wörter

---

wicklungsform der ἐνέργεια des Geistes, aber nur in dieser Hinsicht ist Sprache erklärbar.
(5) BECKER K.F., Organism der Sprache, S. 168
(6) TRENDELENBURG A., Elemente der aristotelischen Logik, hrsg. von R. BEER, Reinbeck 1967, S. 79 f. Auf die Diskussion über den Ursprung der Redeteile wird hier nicht eingegangen.

Produkte des sich in den Gedanken entwickelnden und im Satz sich darstellenden Geistes (7). Die Wörter sind ihrer Bedeutung nach deshalb nicht objektiv festgelegt, sondern auf dem Wege der Verständigung als Symbole für die Abbilder der Dinge im Denken entwickelt ($\text{ἔμψυχόν}$ den an 420 b 32). Das Denken ist ein inneres Sprechen und die Sprache stellt die Denkvorgänge lautlich dar. Auf diesem Zusammenhang ruht auch BECKERs Sprachtheorie: die Sprache ist kein Werkzeug der Gedankenentwicklung, sondern Sprechen und Denken bedingen einander gegenseitig infolge der gemeinsamen Strukturgesetzlichkeit (8). Das Sprechen ist nur "ein äußerlich und sichtbar gewordenes Denken, das Denken (ist) nur als ein innerliches Reden zu betrachten" (9). BECKER bezieht dieses Verhältnis sowohl auf den Bedeutungscharakter der Sprache als auch auf die phonetische Gestalt, deren Entwicklung ebenso zum Organismus der Sprache gehört. Damit geht er über ARISTOTELES hinaus, der der (inneren) Bedeutung das größere Gewicht zuspricht, weil in ihr die Rede der Seele sich findet (An post 76 b 24).

---

(7) Die Inhärenz des $\text{τέλος}$ widerspricht dem platonischen Prinzip des $\text{χωρισμός}$ der Ideen, der eine Dynamik der Dinge und des Wissens behindert.
(8) Durch eine sorgfältige Analyse dieses Zusammenhangs und unter Berücksichtigung der Sprachpsychologie von F. KAINZ konnte HASELBACH (Grammatik und Sprachstruktur, S. 94-100) die Kritik STEINTHALs zurückweisen, der BECKER vorhielt, er würde die Vorgänge des Denkens und Sprechens identifizieren. Zwar liegt eine Abhängigkeit und Unzertrennlichkeit vor, aber "die Gemeinsamkeit beider Vorgänge liegt lt. Becker, allein in der gleichartigen Entwicklung des dichotomischen Strukturgefüges (Aktualgenese)... K.F.Becker zu unterstellen, er habe Denken und Sprechen identisch gesetzt, hieße das Denken selbst mit dem gesetzlichen Ablauf des Denkaktes, hieße das Sprechen selbst mit den psychologischen Gesetzlichkeiten des Sprechaktes zu verwechseln" (S. 96).
(9) Vgl. Exkurs: Der Zusammenhang von Denken und Sprechen in der sprachphilosophischen Diskussion von HAMANN, HERDER und F.X. BAADER.

Der organische Entwicklungsprozeß hat sein Prinzip
(ἀρχή) in einer übergeordneten, intelligiblen, apriorischen Einheit, der Identität des Geistes, in dem alle Deduktionen des Besonderen geeint sind. Der Geist muß selbstevident sein, er läßt sich nicht mehr begründen, weil er der Grund seiner selbst ist (causa sui). In diesem allgemeinen Grund besteht das Prinzip aller Erkenntnis. Sinneswahrnehmungen und Vorstellungen von Dingen allein erklären nicht die Erkenntnis, sie bedürfen des einigenden Grundes in der produktiven Vernunft. Das Gesetz des Grundes und der Notwendigkeit leitet nach PLATON jegliche Erkenntnis: Alles Entstehende muß notwendig aus einer Ursache entstehen; denn jedem ist es unmöglich, ohne Ursache das Entstehen zu erlangen (Tim 28, a: πᾶν τὸ γιγνόμενον ὑπ' αἰτίου τινὸς ἐξ ἀνάγκης γίγνεσθαι· παντὶ γὰρ ἀδύνατον χωρὶς αἰτίου γένεσιν σχεῖν). Bei ARISTOTELES erhält dieses Gesetz die Formulierung: Es ist notwendig, daß jedes Wahre mit sich selbst fortwährend in Übereinstimmung stehe (An pr 47 a 8: δεῖ πᾶν τὸ ἀληθὲς αὐτὸ ἑαυτῷ ὁμολογούμενον εἶναι πάντῃ). LEIBNIZ formuliert so: "Die substantielle Einheit verlangt ein vollkommenes, unteilbares und von Natur unzerstörbares Wesen, da ja ihr Begriff all das einschließen soll, was ihr jemals begegnen wird" (10). Am Ausgangspunkt der LEIBNIZschen Metaphysik steht die dynamische Identität der Substanz, die sich in ihrer unendlichen Entwicklung als eine durchhält. LEIBNIZ sagt: "Daß ein bestimmtes G e s e t z beharrt, welches alle zukünftigen Zustände des Subjekts, das wir als identisch denken, in sich schließt: das eben macht die I d e n t i t ä t der Substanz aus" (11). Alle Verwirklichung des einen Grundes geschieht nur im Individuellen. Und das Individuelle gründet in dem Einen, dem zureichenden Grund (12).

---
(10) Hauptschriften zur Grundlegung der Philosophie, Bd. 2, S. 210
(11) ebenda, S. 340
(12) Der Satz vom zureichenden Grund hat bei LEIBNIZ nicht nur als formallogischer Grundsatz Geltung, sondern ist ein Axiom für alles Existierende. Vgl. HORN J.C. Die Struktur des Grundes, S. 52 ff.

Diesem LEIBNIZschen Prinzip entspricht das apriorische
Wissen der Seele und ihre ἀνάμνησις bei PLATON, sowie
die Lehre vom εἶδος bei ARISTOTELES, der sich allerdings von PLATON durch die Ablehnung des χωρισμός
der Ideen unterscheidet. Einerseits muß ARISTOTELES
den platonischen Ideen die Realität, das ἐνεργείᾳ
εἶναι versagen, denn sie sind nur auf Realität hin
angelegt, δυνάμει ὄν ; andererseits fehlt den Ideen
das bewegende Prinzip, wodurch das Individuelle an
den εἴδη Anteil hat (De an 432 a 4: in den wahrnehmbaren Formen sind die Denkbaren eingeschlossen - ἐν
τοῖς εἴδεσι τοῖς αἰσθητοῖς τὰ νοητά ἐστιν ).

3. Wie entsteht nun Erkenntnis ? Der ontologische
Grund alles Existierenden muß notwendig und allgemein sein. Aus diesem absoluten, unvermittelten
Prinzip (ἄμεσα ἀρχή) muß alles Seiende hergeleitet
werden. Grundlage ist also der Allgemeinbegriff: das,
was man allgemein von etwas aussagen kann. Das εἶδος
wohnt als Gemeinsames potentiell den Einzeldingen inne,
es muß wahr sein. Durch die Wahrheit des εἶδος , durch
das Allgemeine erhält das Besondere Erkenntniswert.
Wissenschaft kommt zwar nicht ohne die Beobachtung
und Wahrnehmung der äußeren Tatsachen aus (KANT: Begriffe ohne Anschauung sind leer), aber sie geht auf
das Allgemeine aus, das Warum, das Was, ob das Ding
existiert, was es ist (Met M 1087 a 10 ff., An post
89 b 23). Das εἶδος macht das Einzelding begreifbar,
weil es ihm Struktur verleiht (αἰτία).
Die Prinzipien des Seienden müssen deshalb allem
Seienden inhärent und nicht selbständig abgetrennte
Wesenheiten sein (οὐσίαι κεχωρισμέναι Met M 1087 a 11).
Das εἶδος ist potentiell (δυνάμει) in allem Seienden.
Ein Seiendes ist also dem Vermögen nach (δυνάμει)
etwas, wenn es schon durch das ihm eigene Prinzip
diese Beschaffenheit hat (Met Θ 1049 a 17). Alles
Wirkliche wird durch etwas, das ihm als Wirkgrund

vorausliegt. Dieser Wirkgrund ($δύναμις$) ist ein
anderer Zustand desselben Subjekts, das durch die
$κίνησις$ in den Zustand der wirklichen Tat ($ενέργεια$)
überführt wird. $Δύναμις$ ist das Prinzip der Veränderung
($αρχή μεταβολῆς$) in einem anderen oder sofern es anderes ist (Met $Δ$ 1019 a 15 f., 1020 a 1 f., $Θ$ 1046 a
11, 1049 b 6 ff.). Sie hat als $εἶδος$ schon eine bestimmte Beschaffenheit, von der der Prozeß der Verwirklichung ausgeht. Die $δύναμις$ geht nicht auf Be-
liebiges, sondern nur auf die ihr entsprechende Wirklichkeit aus. Aktualität ($ενέργεια$) und Potenz sind
also nichts verschiedenes, sondern hängen in einer
Einheit zusammen. "Denn was in Wirklichkeit ist, wird
jedesmal aus dem dem Vermögen nach Seienden durch
etwas, das in Wirklichkeit ist, z.B. der Mensch durch
einen Menschen, der Gebildete durch einen Gebildeten,
indem jedesmal etwas als erstes bewegt wird; das Bewegende aber ist schon in Wirklichkeit" (Met $Θ$ 1049 b
24-26).
Diese hier genannte Interdependenz von $δύναμις$ und
$ενέργεια$ ist es, die wir in der Sprachtheorie BECKERs
vorfinden, nach der Denken und Sprechen innerlich
identisch sind. Sprachphilosophie hat dem Wechselspiel
von Allgemeinem und Besonderem, wie es sich in der
Grammatik der Sprachen findet, nachzugehen, um sowohl
den allem gemeinsamen Grund auszumachen als auch dessen
Entfaltung in den Strukturgesetzen der Wirklichkeit
(der Sprache). ARISTOTELES sagt: Es ist offenkundig,
daß die Wissenschaft ($επιστήμη$) einerseits allgemein
($καθόλου$) ist (auf Allgemeinheit abzielt) andererseits nicht (Met M 1087 a 24 f.). Wissenschaft ist
also von zweierlei Art, dem Vermögen nach ($δυνάμει$)
und der Wirklichkeit nach ($ενέργεια$). Das Vermögen,
das als Stoff allgemein ($καθόλου$) und unbegrenzt
($αόριστος$) ist, geht auch auf das Allgemeine und Unbegrenzte, die wirklich vollzogene Tätigkeit aber
geht als begrenzt ($ωρισμένη$) auf ein Begrenztes, als

einzelnes Etwas ($\tau \acute{o} \delta \varepsilon \tau \iota$) auf ein einzelnes Etwas
(Met M 1087 a 15-18). In der Energeia tritt das All-
gemeine als Bestimmtes, Individuelles hervor, ohne
sich von dem $\varepsilon \tilde{\iota} \delta o \varsigma$ abzutrennen. Es bedarf also zur
Überwindung eines $\chi \omega \rho \iota \sigma \mu \acute{o} \varsigma$ auch nicht eines $\lambda \acute{o} \gamma o \varsigma$
$\dot{\varepsilon} \nu o \pi o \iota \acute{o} \varsigma$, einer Teilnahme an der Idee ($\mu \acute{\varepsilon} \vartheta \varepsilon \xi \iota \varsigma$).
ARISTOTELES weist die Theorie der $\mu \acute{\varepsilon} \vartheta \varepsilon \xi \iota \varsigma$ (PLATON)
und der $\sigma \nu \nu o \upsilon \sigma \acute{\iota} \alpha$ (LYKOPHRON) mit der Feststellung
zurück, daß in allen diesen Fällen derselbe $\lambda \acute{o} \gamma o \varsigma$
ist. Einige sondern Vermögen und Wirklichkeit von-
einander und wollen jedes für sich begründen. Aber
$\delta \acute{\upsilon} \nu \alpha \mu \iota \varsigma$ und $\dot{\varepsilon} \nu \acute{\varepsilon} \rho \gamma \varepsilon \iota \alpha$ lassen sich nicht für sich bestimmen, sondern man muß sie in einem Blick vereinen
($\sigma \upsilon \nu o \rho \tilde{\alpha} \nu$, Met $\Theta$ 1048 a 35). Es ist, wie am Beispiel
von Same und Pflanze zu erkennen ist, der nächste
Stoff ($\dot{\varepsilon} \sigma \chi \acute{\alpha} \tau \eta \; \ddot{\upsilon} \lambda \eta$) und die Form ($\mu o \rho \varphi \acute{\eta}$) dasselbe,
nur das eine dem Vermögen, das andere der Wirklich-
keit nach. Und das dem Vermögen nach Seiende ist mit
dem in Wirklichkeit Seienden in gewisser Weise einer-
lei ($\dot{\varepsilon} \nu \; \pi \tilde{\omega} \varsigma \; \dot{\varepsilon} \sigma \tau \iota \nu$). Es gibt aber keine weitere Ursache ($\alpha \check{\iota} \tau \iota o \nu$) als die von dem Vermögen zur Wirk-
lichkeit bewegende ($\kappa \iota \nu \tilde{\eta} \sigma \alpha \iota \; \dot{\varepsilon} \kappa \; \delta \upsilon \nu \acute{\alpha} \mu \varepsilon \omega \varsigma \; \varepsilon \dot{\iota} \varsigma \; \dot{\varepsilon} \nu \acute{\varepsilon} \rho \gamma \varepsilon \iota \alpha \nu$,
Met H 1045 b 7-22). $\dot{\varepsilon} \nu \acute{\varepsilon} \rho \gamma \varepsilon \iota \alpha$ ist die wirklich voll-
zogene Tätigkeit des in einem Seienden angelegten
Vermögens. "Wie sich räumlich das Bauende verhält
zum Baukundigen, so verhält sich auch das Wachende
zum Schlafenden, das Sehende zu dem, was zwar Augen
hat, aber sie verschließt, das aus dem Stoff Heraus-
gearbeitete zum Stoff, das Fertige zum Unfertigen
($\dot{\alpha} \nu \acute{\varepsilon} \rho \gamma \alpha \tau o \nu$). In diesem Gegensatz soll durch das
erste Glied die Energeia, durch das zweite das Mög-
liche ($\delta \upsilon \nu \alpha \tau \acute{o} \nu$) bezeichnet werden. Aber es wird
nicht alles aktuell ($\dot{\varepsilon} \nu \varepsilon \rho \gamma \varepsilon \acute{\iota} \alpha$) in demselben Sinn
genannt, sondern nur im analogen Sinne, nach Art
des gleichen Verhältnisses; bald besteht das Verhält-
nis von Prozeß ($\kappa \acute{\iota} \nu \eta \sigma \iota \varsigma$) und Vermögen ($\pi \rho \grave{o} \varsigma \; \delta \acute{\upsilon} \nu \alpha \mu \iota \nu$),
bald das von $o \dot{\upsilon} \sigma \acute{\iota} \alpha$ und $\ddot{\upsilon} \lambda \eta$ "(Met $\Theta$ 1048 a 37- b 9). Die
Vermittlung geschieht durch einen Prozeß ($\kappa \acute{\iota} \nu \eta \sigma \iota \varsigma$),

der immer Bewegung an etwas sein muß und deshalb
$δύναμις$ und $ενέργεια$ gleichermaßen angehört. Die
Bewegung des Werdens liegt also schon im Prinzip
des Bestimmten ($διὰ τῆς αὐτοῦ ἀρχῆς ᾖ τοιοῦτον$ Met $Θ$
1049 a 15 f.) und das Prinzip wirkt als treibende
Kraft der Entwicklung. Daraus wird deutlich, daß
$δύναμις$ unbegrenzt viele Möglichkeiten impliziert
(Met M 1087 a 17). Aber erst zusammen mit $ενέργεια$
wird ein Seiendes ($τόδε τι$) konstituiert. Unter
Wirklichkeit versteht man, daß die Sache ($τὸ πρᾶγμα$)
existiere ($ὑπάρχειν$), nicht in dem Sinne, wie gesagt wird, sie sei dem Vermögen nach, sondern der
wirklichen Tätigkeit nach (Met $Θ$ 1048 a 30-35). Der
Übergang von Vermögen zur Aktualisierung impliziert
einen Gegensatz: denn von dem Nichtseienden ist einiges dem Vermögen nach, aber es ist ($ἔστι$) nicht,
weil es nicht in Wirklichkeit ist ($εντελεχείᾳ ἐστίν$,
Met $Θ$ 1047 b 1 f.). Im Vermögen ist dieser Gegensatz
noch indifferent, jedoch was als vermögend bezeichnet wird, das hat zugleich das Vermögen zu dem Entgegengesetzten ($τἀναντία$). Auch wenn das Vermögen
zu dem Entgegengesetzten vorhanden ist, die Gegensätze selbst aber können nicht gleichzeitig stattfinden (Met $Θ$ 1051 a 5-12). Das Mögliche impliziert
ungetrennt die Gegensätze, ein Seiendes aber nicht,
weil sie bei der Verwirklichung auseinandertreten;
es ist nicht möglich, daß etwas weiß und schwarz
zugleich ist, was auch von der Vorstellung desselben
gilt, weil Wahrnehmung und Denken diese verwirklichen
(De an 427 a 6-9; Met $Γ$ 1009 a 34 f.). Die Verwirklichung hebt die Ungeschiedenheit der Gegensätze
auf und läßt die Gegensätze als solche hervortreten
($ἡ ἐντελέχεια χωρίζει$ Met Z 1039 a 7). Sie werden
Gegensätze der Gedanken.
Da die $δύναμις$ nicht etwas der Wirklichkeit fremdes
vermittelt, sondern nur Wirkliches aus Wirklichem

entstehen läßt, muß das in der $δύναμις$ vorhandene $εἶδος$ auch der $ἐνέργεια$ angehören, d.h. das $εἶδος$ stellt sich in dem Individuellen dar. Erkenntnis heißt dann: das dem Vermögen nach Seiende wird durch Erhebung ($ἀνάγειν$) zu wirklicher Tätigkeit ($εἰς$ $ἐνέργειαν$) gefunden (Met Θ 1051 a 29 f.). Die wirkliche Tätigkeit ist eine Veränderung, deren Prinzip die $δύναμις$ ist, in einem Ding selbst, sofern es es selbst ist (Met Θ 1049 b 9). Die Verwirklichung desselben in sich selbst geschieht durch das Denken. Die Ursache liegt darin, daß die wirkliche Tätigkeit ($ἐνέργεια$) Denken ($νόησις$) ist (Met Θ 1051 a 30 f.). An diesem Denken tritt die ungeschiedene Einheit der $δύναμις$ in ihre Gegensätze auseinander und konstituiert das Einzelne. Die Betätigung der $ἐπιστήμη$ erschließt das Wirkliche als Wirkliches, sie eröffnet die Erkenntnis des Seienden. Die Erkenntnis ist aber stets zugleich Betätigung, Darstellung ($ποιεῖν$), die die Wirklichkeit der Dinge nachbildet.

4. $Ἡ$ $ἐνέργεια$ $χωρίζει$ : dieser Satz muß noch weiter bedacht werden, weil er uns auf die Struktur von Satz und Urteil führt. ARISTOTELES anerkennt für alles Seiende ein organisches Prinzip der Entwicklung. Das Wort $φύσις$ ist seiner Bedeutung nach identisch mit $οὐσία$ und bezeichnet die Entwicklung ($ἡ τῶν$ $φυομένων γένεσις$), die Subsistenz ($ἐνυπάρχοντος$) und die Finalität ($κίνησις πρώτη$)(Met Δ 1014 b 16-20). Jedem Seienden wohnt eine Triebkraft $δύναμις$ als Wesenheit inne, auf die es hingeordnet ist und nach der es auch strebt, um darin wirklich zu werden (Met Δ 1014 b 20; 1015 a 15). Sie steht am Ausgangspunkt der Entwicklung, weil sie die Subsistenz des Seienden ist, der $λόγος$, ohne den das Seiende keine Bestimmtheit besäße ($ἀτελές$) und sich im Prozeß selbst verlöre. Weil diese Subsistenz ein $λόγος$ ist, steht sie einerseits auch dem Denken offen, andererseits gibt

sie dem Denken den Grund, in dem alle sinnlichen Eindrücke zusammengeführt werden. Die οὐσία ist Ausgangspunkt und bleibendes Zentrum des Entwicklungsprozesses. ARISTOTELES nennt οὐσία das, was aller Veränderung, aller Entwicklung als innerstes Wesen zugrunde liegt, den Entwicklungsprozeß aus sich hervortreibt und das Prinzip des Prozesses in sich selbst hat, entweder dem Vermögen (δυνάμει) oder der wirklichen Tätigkeit nach (ἐντελεχεία)(MetΔ 1015 a 19). Der Begriff der Entwicklung ist primär nicht im historischen Sinne zu nehmen.

Entwicklung und Veränderung sind weder denkbar noch zweckbestimmt ohne die zugrunde liegende Substanz: wo Werden und Prozeß ist, muß auch eine Grenze (πέρας) sein; denn kein Prozeß (κίνησις) ist unabgeschlossen (ἄπειρος), sondern jeder hat ein Ziel (τέλος); werden kann nur dasjenige, welches das Vermögen des Werdens hat und jedes Gewordene (γεγονός) muß notwendig s e i n, sobald es geworden ist (Met B 999 b 9-12). Den Prozeß, der das τέλος erfüllt, nennt ARISTOTELES ἐνέργεια. Ἐνέργεια ist gegenüber οὐσία nicht Neues, sondern sie ist als Prozeß der Entwicklung in allen ihren Phasen die Vermittlung von οὐσία. Und die οὐσία ist der Grund der Einheit in aller Veränderung, so daß Ausgang und Ziel nicht auseinanderfallen und das Seiende sowohl dem Vermögen nach wie der wirklichen Tätigkeit nach identisch ist. Ἐνέργεια ist also ein von der οὐσία als τέλος bestimmter Entwicklungsprozeß; er ist auf dem Wege zu seinem τέλος, daher auch die Bezeichnung ἐντελέχεια

Was aber ist der Entwicklungsprozeß? Die οὐσία ist die Ursache davon, daß jedes Ding sein Sein hat. Jede sinnliche Wesenheit (αἰσθηταὶ οὐσίαι) aber besteht aus Stoff (ὕλη), einem der Möglichkeit nach bestimmten Etwas, und der Form (λόγος ἢ μορφή), welche als ein individuell bestimmtes Etwas (τόδε τι ὄν) dem Begriff nach abtrennbar ist (Met H 1042 a 25-29). Der

Entwicklungsprozeß ($\dot{\epsilon}\nu\dot{\epsilon}\rho\gamma\epsilon\iota\alpha$) ist nun der Akt der Vereinigung von Stoff und Form, in welchem Entstehen und Vergehen stattfindet. Darin liegt auch die reiche Mannigfaltigkeit der wirklichen Dinge begründet. $\dot{\epsilon}\nu\dot{\epsilon}\rho\gamma\epsilon\iota\alpha$ als Vereinigung von $\ddot{\upsilon}\lambda\eta$ und $\mu o\rho\phi\acute{\eta}$ (oder $\epsilon\ddot{\iota}\delta o\varsigma$) läßt gleichermaßen die Einheit der $o\dot{\upsilon}\sigma\acute{\iota}\alpha$ auseinandertreten in die mannigfaltige Vielheit der Einzeldinge. Die Vielheit der sinnlichen Wesenheiten ist bedingt durch die $\ddot{\upsilon}\lambda\eta$, deren Eigenart es ist, die Entwicklung zu individualisieren. Die wirkliche Individualisierung geschieht erst durch das Hinzutreten der $\mu o\rho\phi\acute{\eta}$, welche das Einzelding zu dem macht, was es ist (Met Z 1032 b 1). Das Einzelding ist gekennzeichnet durch Merkmale, die es von anderen der gleichen Gattung unterscheidet. Die Merkmale bestehen nicht für sich, sondern inhärieren potentiell der $o\dot{\upsilon}\sigma\acute{\iota}\alpha$ und werden am Einzelnen je verschieden aktuiert. Dadurch treten zwar die Unterschiede der Einzeldinge hervor, ihre Einheit aber ist durch die $o\dot{\upsilon}\sigma\acute{\iota}\alpha$ gewährleistet.

Die Verbindung von Einheit und Mannigfaltigkeit wird durch die Kopula 'ist' ausgedrückt ($\tau\grave{o}$ $\dot{\epsilon}\sigma\tau\iota$ Met H 1042 b 26). Die Kopula ist das Zeichen für das aktuelle Sein der sinnlichen Wesenheiten, insofern in ihnen Stoff und Form sich vereinigen. Sie bezeichnet einerseits ein bestimmtes Etwas in seinen jeweiligen Merkmalen ($\sigma\upsilon\mu\beta\epsilon\beta\eta\kappa\acute{o}\tau\alpha$), d.h. die so gemeinte $\dot{\epsilon}\nu\dot{\epsilon}\rho\gamma\epsilon\iota\alpha$, andererseits findet sich in jedem Einzelnen von dem etwas prädiziert wird, das Konstante, die $o\dot{\upsilon}\sigma\acute{\iota}\alpha$ als das bewegende und auseinandertreibende Vermögen, in dem die Merkmale potentiell inhärieren. Die Synthesis der Merkmale im Einzelding ist organischer Natur, insofern sie zwar durch die Kopula von der Substanz unterschieden werden, aber die Unterschiede ($\delta\iota\acute{\alpha}\phi o\rho\alpha$ $\epsilon\dot{\iota}\delta o\pi o\iota\acute{o}\varsigma$) nur in der Einheit des Mannigfaltigen ihren Bestand haben. Die Kopula legt deshalb nichts Neues dar, sondern ist das Zeichen der Identität der Prädikate mit der Substanz. Die Prädikate sind der Ausdruck der Aktualität

in den Wesenheiten (Met H 1043 a 6: $\text{ἐν ταῖς οὐσίαις τὸ τῆς ὕλης κατηγορούμενον αὐτὴ ἡ ἐνέργεια}$ ).
Der Satz als $\text{ἐνέργεια}$ drückt also die Entwicklung oder Aktualisierung der Einheit, die ihm als $\text{δύναμις}$ der Substanz zugrunde liegt, aus, indem er die Substanz in ihren Unterschieden den Merkmalen nach entfaltet und bestimmt ($\text{ὁρισμός}$). Die Aktualisierung aber ist, wie oben gezeigt, eine Tat des menschlichen Verstandes, der den gleichen Gesetzen unterliegt wie die existierenden Dinge. Weil die Erkenntnis selbst diese Entwicklungsprozesse zeigt, läßt sich der Schluß ziehen, daß die Denkinhalte selbst sich weiter entwickeln und neue Gedanken generieren. Weil die Sprache mit diesem Prozeß übereinstimmt, darf auch für sie die Möglichkeit der Entwicklung immer neuer Sätze behauptet werden.

5. Dieser komplexe Sachverhalt aus der aristotelischen Philosophie findet sich bei K.F. BECKER in den einfachen Sätzen des 'Organism der Sprache' zusammengefaßt: "Wie die reale Welt der Dinge in beständiger Verwandlung begriffen, sich in jedem Augenblick neu gebiert, so ist auch die geistige Welt der Gedanken immer im W e r d e n begriffen; und das eigentliche Leben des denkenden Geistes besteht gerade darin, daß er aus den zu seinem Eigentume gewordenen Begriffen beständig Neues schafft. Ihm sind die Begriffe als B e g r i f f e nur der Stoff, aus dem er schöpferisch G e d a n k e n bildet, indem er mit der größten Freiheit - jedoch nach ihm eigenen organischen Gesetzen - die Begriffe mit einander in den mannigfaltigsten Verhältnissen verbindet" (13). Diese Vereinigung von Begriffen ist die Aktualisierung im Gedanken. Und in Bezug auf die Sprache schreibt BECKER: "Die organische Entwicklung des G e d a n k e n s in dem menschlichen Geiste stellt sich in der S p r a c h e dar in der ebenfalls organischen Entwicklung des

---

(13) Organism der Sprache, S. 153

S a t z e s" (14). Auf der Grundlage der aristotelischen Theorie von δύναμις und ἐνέργεια kann der Satz als ἐνέργεια des Gedankens gefaßt werden, weil er die Einheit von Substanz und Prädikaten im Gedanken durch die Mannigfaltigkeit möglicher Sätze aktualisiert. Der Aktualisierung entspricht also die Individualisierung in der Theorie BECKERs; in ihr sieht er die eigentliche Vollendung des Gedankens ebenso wie ἐνέργεια die Vollendung des τέλος ist.
Die Aktualisierung ruht auf dem Verhältnis von Allgemeinem und Besonderem, von οὐσία und Einzelding. ARISTOTELES bezeichnet dieses Verhältnis als die schwierigste Aporie. Sie besteht darin, daß die Erkenntnis der Einzeldinge nur durch das Allgemeine möglich ist, weil die Wahrnehmung noch nicht Wissen ist (Met B 999 b 4) (15). Alle Wissenschaft geht aber auf das Allgemeine, so daß deshalb notwendig auch die Prinzipien des Seienden allgemein und nicht selbständig abgetrennte Wesenheiten (οὐσίαι κεχωρισμέναι) sein müßten (Met M 1087 a 10-12). ARISTOTELES löst diese Schwierigkeit dadurch, daß er eine Wissenschaft von zweierlei Art (διττόν) behauptet, nämlich ein Wissen dem Vermögen nach, das auf das Allgemeine und Unbegrenzte geht, und ein Wissen der wirklichen Tätigkeit nach (ἐνέργεια), das auf das Individuelle geht (Met M 1087 a 15-19). Nach dem Zusammenhang von δύναμις und ἐνέργεια bedarf also das Denken einer fortwährenden Entwicklung, bei der zwar das Einzelne augenfällig wird, das Allgemeine jedoch als immanenter Grund die Erkennbarkeit des Einzelnen fundiert.
Das Allgemeine ist als eigentlicher Gegenstand des Wissens (ἐπιστήμη) ein νοητόν, das dem Einzelding innewohnt. Das Allgemeine braucht zu seiner Existenz eine Einzelsubstanz und ist (umgekehrt) mit **deren** Existenz als solches gegeben. Das Einzelne ist demnach das nach den Prinzipien δύναμις und ἐνέργεια entwickelte

---

(14) ebenda, S. 159
(15) ARISTOTELES postuliert für die **Komplikationen der** Sinneseindrücke, deren Elemente die Wahrnehmungen sind, eine einigende Kraft der Seele, welche die Voraussetzung des Wissens von der Sinnenwelt ist. Vgl. De somno et vigilia 455 a 19.

Allgemeine. Das Allgemeine und Einzelne stehen zueinander
im dichotomischen Verhältnis einer Differenz des ursprünglich Indifferenten, das in der Synopse von
δύναμις und ἐνέργεια seine Gültigkeit besitzt. Denn
alles Wirklichwerden vollzieht sich in entgegengesetzten Elementen (ἡ ἐνέργεια χωρίζει ; vgl. Phys 188 b
25 ff.), die im Allgemeinen ihre Einheit haben. Die
Erkenntnis erschließt in ihrer Beziehung auf Objekte
der Sinnenwelt einen grundlegenden Gegensatz: Sein
und Tätigkeit. Sein und Tätigkeit sind nun die ersten
Aussagen über das Seiende, die einander gegenüber-
treten (De part an 646 a 24-35) und als polarische
Gegensätze zueinander gehören. Jeder Tätigkeit muß
ein Seiendes als Träger zugrunde liegen, dem sie
inhäriert. Sein und Tätigkeit sind nach dem Prinzip
der ἐνέργεια miteinander verbunden. "Das Werden ist
um eines Seins willen (οὐσία), nicht das Sein wegen
des Werdens da" (De part an 640 a 18). Das Sein ist
das Substrat (ὑποκείμενον) für die Tätigkeit, die
als Aussagen (κατηγορούμενα) dem Sein Bestimmtheit
geben. Jedoch unterscheidet sich die Tätigkeit von
dem Sein, weil das Sein entgegengesetzte Bestimmungen
aufnehmen kann (Kat 4 b).

6. Hier liegt der erste Ansatz der Kategorien vor,
der allgemeinsten Gesichtspunkte zur Gliederung der
Phänomene, nach denen die οὐσία den übrigen gegen-
übersteht und sie als Bestimmtheiten enthält (Met Λ
1070 b 1 f.: παρὰ γὰρ τὴν οὐσίαν καὶ τἆλλα τὰ κατηγορούμενα οὐδέν ἐστι κοινόν , Z 1032 a 13). Die
Kategorien sind die obersten γένη des Seienden (De
an 402 a 22), die für das Herabsteigen vom Allgemeinen
zum Besonderen die erste Stelle einnehmen. Das Sein
ist das τί ἐστιν , welches potentiell entgegengesetzte
Prädikate enthalten kann. Die Kopula verwirklicht
die Bestimmtheit des Seins in den jeweiligen Prädikaten. Tätigkeit meint die Prädikate, die sich an

dem Sein abspielen, sie benennt die verschiedenen
Weisen der Verwirklichung, Äußerung und Darstellung
des Seins. Die Tätigkeit ist die Vermittlung des
τέλος , als vollzogener Zweck in Raum und Zeit; sie
gehört deshalb notwendig zum Sein, damit dieses sich
verwirklichen kann. Die Entwicklung (ἐνέργεια) der
Substanz in ihre Prädikate (συμβεβηκότα) ist die
Bedingung der Möglichkeit von Erkenntnis, die vom
Einzelnen, das den Sinnen gegeben ist, ausgeht und
zum Allgemeinen fortschreitet. Die Tätigkeiten sind
Bestimmtheiten der Substanz, die durch den Prozeß
(ἐνέργεια) in den Gegensatz von Sein und Tätigkeit
auseinandertreten. Dabei darf man nicht in den Irrtum verfallen, die Substanz sei die Summe der Prädikate. Zwar impliziert die Substanz potentiell alle
ihre Zustände, wie sie an ihr als Substrat aktuell
hervortreten, sie selbst aber ist nur das τί ἐστιν
(Met Z 1028 a 15 ff.). Die Vielfalt der Vereinigung
von Allgemeinem mit dem Besonderen sind daher unterschiedene Fassungen der οὐσία ; diese aber sind notwendig, damit das Sein dem Denken zugänglich ist.

Die Darstellung als Entfaltung des ursprünglich Indifferenten entspricht deshalb dem Erkennen, das der
Bestimmtheit des Seins in seinen Prädikaten bedarf.
Die Aussagen oder Prädikate sind Bestimmtheiten an
der οὐσία , welche dem Denken das Sein vermitteln (16).
Denn die Prädikate sind die Darstellung der Substanz
in der Differenz ihrer möglichen Tätigkeiten. Dieses
Differenzieren des ursprünglich Identischen nennt
K.F. BECKER "Individualisieren". Die Kopula 'ist'
drückt die Aktualisierung der Substanz in ihren
Prädikaten aus. Auch die Kopula steht in der Spannung

---

(16) Οὐσία hat bei ARISTOTELES eine doppelte Bedeutung:
einerseits ist sie die Substanz, von der etwas
prädiziert wird und der die Prädikate inhärieren,
zusammengesetzt aus ὕλη und μορφή , andererseits
ist sie die Wesenheit, der λόγος, das Allgemeine,
das allen Einzeldingen zukommt und die Erkenntnis
möglich macht (De an 412 a 6-8). Die οὐσία ist
deshalb auch die erste Aussage, die alle anderen
erst möglich werden läßt (Met z 1030 a 22).

von δύναμις und ἐνέργεια und hat so viele Bedeutungen
wie es Formen der Kategorien gibt (Met Δ 1017 a 22 f.:
ὁσαχῶς γὰρ λέγεται, τοσαυταχῶς τὸ εἶναι σημαίνει ).
Auch die Tätigkeit, d.h. das Prädikat ist also ein
Sein, weil auch die Kategorien Bedeutungen des Seins
bezeichnen ( εἶναι καθ' αὐτό )(17). Das Sein bezeichnet
teils das Vermögen (δύναμις ), teils die Wirklichkeit
(ἐντελέχεια )(Met Δ 1017 b 1 f.), so daß erst das
Setzen der Kopula die Inhärenz der Prädikate in der
Substanz darstellt. Die Kopula erhält dadurch die Funktion der Vermittlung der οὐσία mit ihren Bestimmtheiten für die Erkenntnis. Mittels der Kopula als Ausdruck des Seins der Kategorien entfaltet sich die
Wesenheit in ihre je verschiedenen Bestimmtheiten.
Die Zusammengehörigkeit von Sein und Tätigkeit im
Gedanken stellt das synthetische Vorgehen dar, in welchem man von den Prinzipien zu den Verwirklichungen
des τέλος voranschreitet (Eth. Nic. 1112 b 23). Diesem
Weg der Darstellung entspricht der Weg des Erkennens,
ein analytisches Verfahren, das notwendig von den Prädikaten als individualisierten Formen oder den Gegebenheiten, dem Daß (Eth. Nic. 1095 a 35 f.) ausgeht und
zu der Wesenheit als deren immanentem Grund voranschreitet.
Das Wissen von den Dingen setzt aber eine grundlegende
Relation zwischen dem Wissenden und dem Gegenstand
des Wissens voraus (ἐπιστητόν). Der Verstand vermag
das Was der Dinge zu erfassen, denn die οὐσία ist
das νοητόν in den Dingen. Der Verstand bildet eine
Einheit mit diesen allgemeinen Begriffen und Prinzipien, die den Dingen zugrunde liegen. Auf diese bezieht
er alle Wahrnehmungen der Sinne als ihrem einigenden
Grund. Das Wissen geht nun auf dieses Allgemeine und
den Grund, damit die Dinge Gegenstände des Denkens

---

(17) Für ARISTOTELES ist es kein Unterschied, ob man
"der Mensch ist lebend" oder "der Mensch lebt"
sagt. Beide Formulierungen enthalten Seinsaussagen,
ohne die der ausgesprochene Sachverhalt nicht
denkbar wäre (Met Δ 1017 a 27).

sein können; denn die Prinzipien machen die Dinge zu νοητά, weil der Geist der Inbegriff (δύναμις) der Dinge ist (De an 430 a 8). Darin besteht die vorausgesetzte Relation zwischen Denkendem und Gedachtem. Jedoch enthält diese innewohnende Ursache ein energetisches Moment: als εἶδος drängt es auf Verwirklichung in den Individuen, den aktuierten Bestimmtheiten der Wesenheit. In den Individuen ist die οὐσία als ihr τέλος gegeben. Jedoch gehören diese wegen der Mannigfaltigkeit der Bestimmtheiten in den Bereich des Wahrnehmungsvermögens, so daß sie zu der οὐσία in einen Gegensatz treten. Denn ἐνέργεια ist eine Bewegung in Gegensätzen. Diese Bestimmtheiten, welche den Sinnen zugänglich sind, bilden die übrigen Kategorien, von denen die Erkenntnis der Dinge aufsteigt zur οὐσία. Weil sie aber nur Aussageweisen der οὐσία sind, stehen sie in einer Abhängigkeit von dieser (συμβεβηκότα). ARISTOTELES bezeichnet deshalb das πρός τι als eine Kategorie, die für alle übrigen Kategorien Geltung besitzt (Met N 1088 a 21-35). Die Bedeutung der Relation tritt in den Beziehungsformen des Satzes besonders hervor.

7. Die ersten Aussagen von Sein und Tätigkeit bilden miteinander einen polarischen Gegensatz, weil sie immer auf ein übergeordnetes Geschlecht (γένος) bezogen sind (Kat 6 a 17). Dieses übergeordnete Ganze differenziert sich, sobald es von der δύναμις zur ἐνέργεια übergeht, in entgegengesetzte Faktoren, die ihren immanenten Grund in der im Prozeß identischen οὐσία haben. Wie die Dinge (τὰ πράγματα) von der Materie getrennt sind, so differenziert sich der Geist (De an 429 a 22). Die οὐσία tritt in ihre Kategorien auseinander, deren erste in dem Gegensatz von Sein und Tätigkeit zu fassen sind. Diese Prinzipien alles Seienden treten ebenso in der Sprache hervor,

deren eigentliche Aktualisierung der Satz ist (18).
Im Satz beziehen sich die gegenüberliegenden Begriffe
von Sein und Tätigkeit im Substantiv und Verbum, bzw.
Subjekt und Prädikat aufeinander. Auch die Relation
von Begriffswörtern und Formwörtern konstituiert die
Bestimmtheit des Gedankens. "Die meisten Formwörter...
haben eigentlich keine andere Funktion, als daß sie
die in dem Gedanken vollzogene Zurückführung des
Allgemeinen (**der Arten**) auf Individuelles darstellen" (19). Der Gegensatz von Sein und Tätigkeit im
Gedanken und im Satz geht auf Wahrnehmungen der Sinne
zurück, die im Denken (νοῦς) zu einem Komplex zusammengeschlossen werden. Denn "niemand kann ohne Wahrnehmung etwas lernen oder verstehen" (De an 432 a 7).
Aber erst der Verstand bringt das, was notwendigerweise zusammengehört, auch zusammen. "Das Einheitsbildende (τὸ ἓν ποιοῦν) ist jedesmal der Geist (νοῦς)
(De an 430 b 5), indem er als Inbegriff der Dinge
die im Wesen gegebene Einheit ihren Grund und Zweck
erfaßt. Denn "die Seele ist gewissermaßen die Gesamtheit der Dinge (τὰ ὄντα πάντα)" (De an 431 b 21). Der
Verstand aktuiert sich zum Gedanken in den Inhalten,
die ihm durch die Sinne gegeben werden (ἐν τοῖς εἴδεσι
τοῖς αἰσθητοῖς τὰ νοητά ἐστι , de an 432 a 4).
Seine schöpferische Spontaneität als νοῦς ποιητικός
schafft die Inhalte zu Begriffen um, indem er eine
innere und notwendige Beziehung herstellt. ARISTOTELES
hebt diese Kraft des Geistes (νοῦς), der anderes zur
Einheit verbindet, als das Mächtigste hervor, denn
er ist von Natur aus mit der Entscheidung betraut
(κύριον)(De an 410 b 12-14).
Diese Konstitution der Gedanken und Begriffe stellt
sich in der Synthese von Subjekt und Prädikat zur
logischen Einheit des Satzes dar. Der νοῦς entfaltet
sich in die Wirklichkeit der Beziehungen von Sein und

---
(18) Auch der Begriff setzt einen Satz voraus.
(19) BECKER K.F., Organism der Sprache, S. 158

Tätigkeit, indem er die individualisierte Beziehung von Allgemeinem (die Tätigkeit) auf ein Besonderes (das Sein) im Satz darstellt. Die Wörter des Satzes für sich genommen könnte man als die Symbole psychischer Vorgänge bezeichnen. Sie sind nicht identisch mit den Dingen der realen Welt, wie die Nominalisten behaupten. Die Namen ($\overset{\text{›}}{o}\nu\acute{o}\mu\alpha\tau\alpha$) sind nur Erkennungszeichen von Inhalten des Denkens, die der $\nu o\tilde{\nu}\varsigma$ in sich apperzipiert und aufbewahrt hat. Die Dinge der realen Welt werden in der Seele zu Vorstellungen ($\varphi\alpha\nu\tau\acute{\alpha}\sigma\mu\alpha\tau\alpha$) verarbeitet (De an 429 a 2: $\acute{\eta}\ \varphi\alpha\nu\tau\alpha\sigma\acute{\iota}\alpha\ \overset{\text{»}}{\alpha}\nu\ \varepsilon\acute{\iota}\eta\ \kappa\acute{\iota}\nu\eta\sigma\iota\varsigma\ \overset{\text{‹}}{\upsilon}\pi\grave{o}\ \tau\tilde{\eta}\varsigma\ \alpha\acute{\iota}\sigma\vartheta\acute{\eta}\sigma\varepsilon\omega\varsigma\ \tau\tilde{\eta}\varsigma\ \kappa\alpha\tau'\ \varepsilon\nu\acute{\varepsilon}\rho\gamma\varepsilon\iota\alpha\nu\ \gamma\iota\gamma\nu o\mu\acute{\varepsilon}\nu\eta$), die das Wahrgenommene als verwirklicht setzen (De an 431 a 4) und es im Gedächtnis als $\varphi\alpha\nu\tau\acute{\alpha}\sigma\mu\alpha\tau\alpha$ aufbewahren. Die Vorstellungen können sich zu Anschauungen vervollkommnen, die aus der Erfahrung mit den Dingen erwachsen (Eth. Nic. 1143 b 14). Da der verwirklichte Geist identisch ist mit den Gegenständen des Denkens ($\pi\rho\acute{\alpha}\gamma\mu\alpha\tau\alpha$)(De an 431 b 17), kann man die Anschauungen auch Produkte des selbsttätigen Denkens nennen. Als verwirklichte Vorstellung wollen sie auch zum Ausdruck kommen und in einem wahrnehmbaren Bild erscheinen, welches selbst wieder den Prozeß des Denkens anstößt. Das Namengeben ist also eine Tätigkeit des zusammenfassenden Denkens, in welchem die Sinneswahrnehmungen zu einer Einheit verbunden werden und als Inhalte des Denkens den Ausdruck im Sprachzeichen produzieren. Die Anschauung, die das Mannigfaltige der Wahrnehmungen und Vorstellungen zusammenfaßt, vermag erst dem Wort den adäquaten Namen zu geben. Das Wort hält die Anschauung fest und macht sie wieder der Wahrnehmung in Sprachzeichen zugänglich, von dem ein neuer Denkprozeß ausgeht.

8. Die Verarbeitung der Sinneseindrücke ist eine Apperzeption, die in verschiedenen Graden verwirklicht ($\varepsilon\pi\iota\sigma\tau\acute{\eta}\mu\eta$, $\delta\acute{o}\xi\alpha$, $\varphi\rho\acute{o}\nu\eta\sigma\iota\varsigma$ De an 427 b 25) sich die Dinge aneignet, indem sie Anschauungen und Vorstellungen miteinander reproduziert und verknüpft. Die

Apperzeption bedarf der Wahrnehmungen (De an 432 a 7) und des Gedächtnisses, denn alles Lernen (μάθησις) geschieht durch vorausgehendes Wissen (διὰ προγιγνωσκομένων Met A 992 b 30; vgl. An post 71 a 1: πᾶσα μάθησις διανοητικὴ ἐκ προϋπαρχούσης γίνεται γνώσεως )(20). Weil die Erfahrung uns die Dinge als in Veränderung begriffen (μεταβάλλοντα) und niemals in demselben Zustand beharrend darstellt, kann mit ihr allein auch nicht über die Wahrheit entschieden werden (Met K 1063 a 11 f.). Außerdem kann nicht angenommen werden, daß bei allen Menschen die Sinneseindrücke in der gleihen Weise verarbeitet und reproduziert werden (Met K 1063 a 1 ff.; 1063 b 2). Da also das vorausgehende Wissen verschieden ist, muß es auch eine Verschiedenheit der Apperzeption geben. Die Apperzeptionen werden als σύμβολα τῶν ἐν τῇ ψυχῇ παθημάτων in den Wörtern der Sprache fixiert. Die Wörter hängen ihrer Bedeutung nach von den zugrunde liegenden Apperzeptionen ab und sind daher nicht mit dem Begriff identisch. Die Apperzeptionen arbeiten zwar den Begriffen vor, insofern der Geist die Sinneseindrücke durch seine einigende Kraft zusammenschließt (De an 431 a 17), aber die Begriffe selbst werden erst durch den Geist aktuiert, wenn er die notwendigen, inneren Zusammenhänge der Dinge erfaßt und im Gedanken aufhellt.
Die Vorstellungen werden im Gedächtnis und im Sprachausdruck festgehalten und bilden das stoffliche Material zur Bildung neuer Gedankeninhalte, ohne die kein Prozeß des Denkens und keine Begriffsbildung möglich ist (De an 431 b 1: τὰ μὲν οὖν εἴδη τὸ νοητικὸν ἐν τοῖς φαντάσμασι νοεῖ ). Da die Vorstellungen und die Wörter nicht mit dem Begriff identisch sind, kann an sie auch nicht die Frage nach Wahrheit und Falschheit gestellt werden und das metaphysische Denken darf sich nicht, wenn es ein wirkliches Wissen sein will, an die Bedeutungen von Wörtern klammern. Darauf hat K.L. REINHOLD aufmerksam gemacht (21). Andererseits

---

(20) Der Terminus Apperzeption ist zwar nicht von ARISTOTELES gebraucht worden, aber der gemeinte Inhalt findet sich im Umkreis des Begriffes

kann die Logik nicht an den Wortbedeutungen vorbeigehen, weil diese Assoziationen und Gedanken zum Ausdruck bringen, die unüberwindliche Elemente auf dem Wege des begründenden Denkens sind. "Die Seele denkt nie ohne Vorstellungsbilder" (De an 431 a 17). Im Begriff, der in sich bestimmt ist, ist der sich selbst bewußte, schöpferische Verstand (τὸ γνώριfον) am Werk (τὸ ποιητικόν) und verwirklicht sich selbst. Daß die Sprache noch nicht mit dem Begriff identisch ist, wird auch daran deutlich, daß sie auch Laute des Begehrens und Fragens hervorbringt.

Die Verschiedenheit der Worte und Wortverbindungen zwischen den Sprachen hat ihren Grund darin, daß verschiedene Menschen die gleichen Dinge auf verschiedene Weise apperzipieren. Auf Grund der ihnen gemäßen Anschauung und Apperzeption bilden sich die Völker je verschiedene Gedankenassoziationen, um sie auch in Namen auszudrücken, die die jeweiligen παθήματα ἐν τῇ ψυχῇ repräsentieren. BECKER nennt in Anlehnung an W.v. HUMBOLDT den Geist des Volkes als Zentrum der spracherzeugenden Apperzeption. "Aber nur der Geist des V o l k e s ist eigentlich der bildende Sprachgeist; und nur was aus ihm hervorgeht, stellt sich auch in der Sprache in einer organisch gesunden Form dar; was nicht aus ihm hervorgegangen, wird von der Sprache wieder ausgestoßen, oder bleibt ihr doch mehr oder weniger fremd" (22).

9. Die Sprache ist nach BECKER, der darin der aristotelischen Theorie folgt, nur im Hinblick auf die Vorgänge im Geist zu verstehen. Sprache folgt dem Organismus des Denkens, welches das Besondere unter ein Allgemeines einordnet und im Darstellen wieder ausgliedert. Die Gedankenverbindungen sind Schritte des Erkennens, das vom Geist gestiftet, auf ein τέλος bezogen und im Begriff vollendet ist. "Denn alles

---

μάθησις. Erst LEIBNIZ bildete für diesen Sachdas Wort apperception aus dem französischen Verb 'apercevoir', um den Unterschied zu den Perzeptionen hervorzuheben. Vgl. HORN J.C., Die Struktur des Grundes.
(21) Vgl. S. 79-84

entsteht aus einem in der Erfüllung stehenden" (ἐξ ἐντελεχείᾳ ὄντος , den an 431 a 3). Zwar erfaßt erst der verwirklichte Geist die ihm entgegenstehenden Dinge (Objekte) (23) entsprechend dem Grundsatz, daß Gleiches nur durch das Gleiche erkannt wird (γιγνώσκεσθαι τῷ ὁμοίῳ τὸ ὅμοιον, De an 404 b 17), aber bereits die ersten Gedankenverbindungen geben einen Eindruck von den Objekten wieder und werden im Gedächtnis aufbewahrt. Sie stehen so in einer Relation zu der inneren Einheit des Geistes, ohne dessen rezeptive Kraft sie nicht entstanden wären. "Denn das Wahrnehmungsvermögen besteht nicht ohne den Körper, der Geist aber ist von ihm getrennt (χωριστός)" (De an 429 b 5), aber er verwirklicht sich in der Verknüpfung der Vorstellungen zum Begriff und stellt sich in der Differenzierung der Gedanken in seine Elemente dar (De an 429 b 22). Das Darstellungsmittel oder Erkennungszeichen dieser Differenzierung ist der Satz, in dem sich die potentielle Einheit der Gedanken aktualisieren. Der Satz ist dann nur aus dem Zusammenhang seiner Teile und nicht in den Einzelteilen zu verstehen. Im Ganzen des Satzes besteht sein Sinn, die zusammenschließende Einheit der Teile. Aber der Sinn verwirklicht sich nur, wenn er auseinandertritt in seine Elemente, die in dem grundlegenden Gegensatz von Sein und Tätigkeit bestehen. Denn dieser Gegensatz liegt auch psychologisch gesehen den ersten Aussagen des Seienden, den Kategorien, zugrunde. Grammatik und Logik gehören zusammen, insofern beide ihren Grund in dem metaphysischen Zusammenhang von Denken und Sein, Wahrnehmung und Begriff, Allgemeinem und Besonderem haben; insofern beide A u s d r u c k von Denkinhalten nach dessen immanenten Regeln sind,

---

(22) BECKER K.F., Organism der Sprache, S. 15
(23) Das verwirklichte Wissen fällt mit der Sache (πρᾶγμα) zusammen (De an 431 a 1).

lassen sie sich nicht voneinander absondern. Ebenso hat jeder Sprechende Anteil an den gleichen Gedankenverbindungen, aus denen auch die Logik entsteht.
<u>Die Grammatik der Vernunft ist der Grund und Anfang der Grammatik der Sprache.</u>
Die Auffassung TRENDELENBURGs, ARISTOTELES habe die Kategorien aus der Zergliederung des Satzes gefunden (24), entspricht deswegen nicht ganz dem wirklichen Sachverhalt, weil die Beispiele aus der Grammatik nur zur Demonstration dienen, also exemplarischen Charakter haben. Die Möglichkeit, solche Beispiele heranzuziehen, liegt im vorher angeführten Zusammenhang begründet. Die Spannung von $δύναμις$ und $ἐνέργεια$ zeigt sich durch die Verwirklichung des Allgemeinen im konkret Seienden, die sich im Denken und Sprechen darstellt. Im bestimmten Einzelnen des Gedankens und des Satzes verwirklicht sich das Bestimmte aus dem potentiell Bestimmten und wird als solches in der Sprache. Dieser ontologische Prozeß trifft mit der Struktur der Sprache, als einem Erkennungsmal der Gedanken zusammen (25). So muß das Allgemeine im Laut anschaulich werden, damit es wirken kann. Denn "die Sprache ist die leibliche Erscheinung unserer Vorstellungen" (26), welche ohne den einigenden Zusammenhang mit dem Sinn, dem Allgemeinen nicht bestehen können. Dem fortgesetzten Individualisieren des Identischen in das Einzelne des sprachlichen Ausdrucks muß die Rückbezogenheit der Differenzierungen entsprechen. In diesem dialektischen Spiel, das wir in der im Grunde dialektischen Struktur des Satzes finden, entwickelt sich die Erkenntnis und die Darstellung des menschlichen Geistes. "Wie alles Allgemeine in der objektiven Wirklichkeit erst Besonderes dadurch wird, daß es auf Grund allgemeiner Gesetze individualisiert wird,

---

(24) Elemente der aristotelischen Logik, S. 79
(25) Vgl. PRANTL C., Geschichte der Logik des Abendlandes, S. 208 f. und BONITZ H., Über die Kategorien des Aristoteles, S. 45 f.
(26) TRENDELENBURG A., Elemente der aristotelischen Logik, S. 79 f.

so wird im Sprechakt eine Reihe allgemeiner abstrakter Begriffe konkretisiert, indem sie durch subjektive Beziehungen, die ein Verhältnis zu den Anschauungsformen Raum und Zeit herstellen, individualisiert werden" (27). Diese Auffassung HASELBACHs wird klar auf dem Hintergrund der aristotelischen Ontologie von δύναμις und ἐνέργεια, zu deren Vermittlung der νοῦς mit seinen in ihm gegründeten Anschauungen notwendig ist. Den gleichen Zusammenhang meinen Ausdrücke wie: Beziehung auf den Denkenden oder auf den Sprechenden.
BECKER stellt das Anschauungsmaterial der historischen Sprachentwicklung unter diese Prinzipien. Mit Recht sa t HASELBACH, daß sich in der Sprachtheorie BECKERs die diachronische und synchronische Betrachtungsweise vereinigen (28). Deshalb erhält die Syntax Vorrang gegenüber der Semantik der Worte, weil sie die einzelnen Phänomene aus der Grundform des Ganzen der Rede betrachtet und beurteilt (29). Der Begriff Syntax meint hier nicht ein äußeres Strukturgefüge, dem erst Sinn eingepflanzt werden muß. Vielmehr ist der von der Vernunft konstituierte Sinn das Prinzip von Syntax überhaupt.
Ebenso steht die Phonetik unter diesem Entwicklungsgesetz der Individualisierung. Der Laut als das kleinste Element der Sprachstruktur ist die äußerste Differenzierung, die aber nur lebensfähig ist, d.h. Sinn und Bedeutung hat, in ihrer Beziehung auf das übergeordnete Ganze. Denn das Allgemeine, das "als Grund des besonderen Gegenstandes" aufzufassen ist (30), ist das Ziel der Wissenschaft, auch der Wissenschaft der Sprache. Deshalb geht das Bestreben der Sprachwissenschaftler auf eine allgemeine Grammatik. BECKERs Theorie der Darstellung ist identisch mit der allgemeinen Grammatik (31).

(27) HASELBACH G., Grammatik und Sprachstruktur, S. 171
(28) ebenda, S. 118
(29) Ausführliche deutsche Grammatik, Bd. 2, S. 18 und 500
(30) TRENDELENBURG A., Logische Untersuchungen, Bd. 1, S. XI und VII
(31) HASELBACH G., Grammatik und Sprachstruktur, S. 92

## § 3 SYNTAX ALS EINHEIT VON LOGISCHEN UND GRAMMATISCHEN KATEGORIEN

1. Die Entwicklung der Sprache beginnt mit dem Satz als Darstellung des Gedankens. Der Gedanke ist das Erste und der umfassende Ausdruck des Ganzen, in dem Begriffe verbunden werden. Der Gedanke entwickelt sich, indem das Sein als ein Besonderes in eine Tätigkeit als ein Allgemeines aufgenommen werden. BECKER bezeichnet diesen Vorgang als die logische Form des Satzes (1), die er von der grammatischen Form unterscheidet (2). Die logische Form des Satzes, die bereits außersyntaktisch gegeben ist, meint die organische E i n h e i t der aufeinander bezogenen Begriffe von Tätigkeit und Sein, von Allgemeinem und Besonderem. Sie ist nicht ein Teil der Sprache, der von einem anderen Teil, der grammatischen Form abgetrennt werden könnte. Diese Teilung entspräche nicht der organischen Einheit. Man muß vielmehr von der lebendigen Rede ausgehen, an der die logische und grammatische Form unterschieden werden. Im Akt des Sprechens sind sie aufs innigste miteinander verschmolzen; erst die sprachphilosophische Analyse erkennt in ihnen zwei verschiedene Aspekte der einen Sache. BECKER versteht es freilich nicht so, als würde diese Unterscheidung erst an den Satz herangetragen. Seine organologische Auffassung besagt das Gegenteil: in der realen Welt bilden die sichtbare Gestalt und die Strukturgesetzlichkeiten einen organischen Zusammenhang. Da die Sprache die Funktion der Darstellung dieser Einheit annimmt, läßt sich auch an der Sprache eine innere und eine äußere Form feststellen, die aufeinander bezogen sind. Die grammatische Form als die äußere Form der Syntax geht von dem Gegensatz von Tätigkeit und Sein aus, die als

---

(1) Organism der Sprache, S. 163; Ausführliche deutsche Grammatik, Bd. 2, S. 17
(2) Organism der Sprache, S. 166; Ausführliche deutsche Grammatik, Bd. 2, S. 18

bezogener Begriff und Beziehungsbegriff durch grammatische Formen (Flexion, Präpositionen etc.) in ein Wechselverhältnis treten. Die logische und grammatische Form können daher keinen Gegensatz bilden, sondern sie erklären sich wechselseitig. Miteinander erhellen sie die Struktur des Satzes, der auf der strukturellen Identität von Denken und Sprechen aufbaut. Auf dem Hintergrund dieses fundamentalen Verhältnisses von Denken und Sprechen wird auch klar, in welchem Sinne BECKER die Unterscheidung gemeint hat. Alles hängt dabei davon ab, was man unter dem Begriff 'logisch' versteht. Auf keinen Fall führt uns die Behauptung HASELBACHs weiter, daß BECKER nicht zwischen den Begriffen der Denklehre und der Psychologie unterschieden habe. Dieser Unterschied ist für BECKERs Theorie irrelevant (3).

2. Der Zusammenhang mit seiner organisch-energetischen Konzeption macht deutlich, daß BECKER die Grammatik von jeglichem Formalismus einer normativen Logik und deren Systematik abzulösen wünscht, in deren Nähe sie nach ARISTOTELES durch die Identifizierung der Redeteile mit logischen Kategorien gerückt wurde, wobei BECKER allerdings die wechselseitige Beziehung von Logik und Grammatik keineswegs verleugnen will. Außerdem möchte er verhindern, daß die Grammatiktheorie einseitig auf ihre Beschreibung als Zeichensystem eingeschränkt wird. Der Rahmen einer allgemeinen Grammatik in logischer und grammatischer (d.h. syntaktischer) Form entspricht eher der Vorstellung von den sich entwickelnden Gedanken. Die logische Form meint die Sprache in der Entwicklung aus der Spontaneität der Apperzeption des menschlichen Geistes, dessen Arbeit die gegenseitige Unterordnung von Besonderem und Allgemeinem ist (4). Die Faktoren der Unterordnung, nämlich

---

(3) Vgl. HASELBACH G., Grammatik und Sprachstruktur, S. 101
(4) Es ist aus diesem Grund nicht einsichtig, weshalb HASELBACH (Grammatik und Sprachstruktur, S. 120) behauptet, die Existenz der Phantasie, das Streben nach Euphorie, Klarheit und Prägnanz wären keine die Sprachstruktur notwendig bedingenden Kräfte. Eben-

die nach dem äußeren Gesetz der realen Welt gebildeten Begriffsformen von Tätigkeit und Sein, werden dagegen von der grammatischen Form bereitgestellt. Da die Faktoren in der Entwicklung der Beliebigkeit preisgegeben wären, gewährleistet die logische Form die innere Einheit des Satzes. Aus dieser dynamischen Einheit wächst eine Vielzahl von Bedeutungen und Varianten des Inhalts, die in wechselseitiger Beziehung einen Satz konstruieren. Die grammatische Form, in deren grundlegenden Gegensatz hinein sich die Begriffe entfalten, gibt dafür das Muster ab. Die grammatischen Beziehungen der Syntax bilden die feste Grundlage, auf der sich der Gedanke frei entwickelt und neue Begriffe und Beziehungen schafft.

Weil der Gegensatz stets ein Gegensatz der Gedanken ist (5), sind auch die grammatischen Formen eine Funktion desselben Geistes, von dem die Unterordnung des Besonderen unter das Allgemeine geleitet wird. Dadurch ist die organische Einheit gewahrt. Das logische Element der Syntax ist dadurch die Bedingung dafür, daß sich Beziehungen von Begriffen entwickeln können. Die Begriffe bekommen durch die logische Form ihren Stellenwert im Gesamten des Gedankens: weil der bezogene Begriff als eigentliches Erzeugnis des Gedankens der übergeordnete Faktor der organischen Einheit ist, deshalb kommt ihm der größere logische Wert zu; der Beziehungsbegriff dagegen wird als untergeordneter Faktor durch die Endung bezeichnet. Die Beziehungen selbst entwickeln sich in der grammatischen Form des Satzes; ihren Ausdruck finden sie durch die Flexion des bezogenen Wortes und durch Formwörter, vor allem durch Präpositionen.

---

so ist die Rede von einer funktionalen Einstellung BECKERs unbegründet (S. 102). Der grundlegende Gedanke von der Sprache als einem Gewordenen und in jedem Augenblick Werdenden kann nicht so verstanden werden, als würde sich bei BECKER "die Trennung zwischen jener als (vorwiegend psychologisch fundierter) Sprechaktforschung und der Wissenschaft von der Sprache als Kulturphänomen" anbahnen (S. 118). Die Verwendung der Begriffe 'psychologisch' oder Sprachpsychologie ist dabei ebenso verwirrend wie der Begriff Logik, den HASELBACH dadurch ersetzen will.

BECKER erkennt in dieser Wechselbeziehung das Bestreben der Sprache, die dynamische Einheit des Gedankens festzuhalten und die Erkenntnisfunktion der Grammatik zu manifestieren. Denn entsprechend seiner Grundkonzeption von der strukturellen Identität von Denken und Sprechen (6) wird die Arbeit des dynamischen Geistes energetisch entfaltet in der Struktur der Beziehungen von Begriffen und in der Syntax 'äußerlich' manifestiert. Man könnte auch sagen: die Syntax des Satzes erklärt sich aus der Syntax des Geistes, der in seiner energetischen Gestalt die logische Form als innere Struktur und die grammatische Form als äußere Struktur wahrnehmbarer Beziehungen enthält und aus sich entfaltet. Der grammatischen Form kommt insofern eine besondere Bedeutung zu, als sie für die Bildung der Begriffe und die Unterscheidung der Arten und Individuen verantwortlich ist; darin entspricht sie dem äußeren Gesetz der realen Welt.
BECKER weist allerdings der logischen Form eine Priorität in der Entwicklung der Beziehungen zu, weil er die Grammatik von der Semantik her aufbaut und die mechanistische Interpretation von der Sprachstruktur fernhalten möchte. Deshalb rückt er immer wieder das fundamentale logische Gesetz von der Unter- bzw. Überordnung von Besonderem und Allgemeinem in den Mittelpunkt der Erklärung von Begriffsverhältnissen.
In der Zurückführung auf die allgemeinen Gesetze der Logik und der Anschauung, insofern sich in ihnen die wirklichen Akte des Erkennens vollziehen, bleibt die Einheit des Denkens und Sprechens gewahrt. Die Logik ist so das "notwendige Regulativ, nach dem die Grammatik ihre eigentliche Aufgabe zu lösen hat" (7). Man darf den Begriff Regulativ nicht so verstehen, als

---

(5) Organism der Sprache, S. 186
(6) ebenda, S. 15
(7) ebenda, S. 26

wäre die Grammatik völlig von dem Regelsystem einer vorher ausgebildeten Logik abhängig, von der sie ihre Kategorien bezöge. Eine solche Vorstellung würde den organischen Zusammenhang sprengen.

3. BECKER stellt Sprache und Logik in den Rahmen und unter die Prinzipien einer allgemeinen Grammatik, die die Entwicklungsgeschichte des Geistes in der Gattung der Menschen und in den Individuen erklärt. Er weist den Denkfunktionen und der Entwicklung der Erkenntnis eindeutig die Priorität vor allen anderen Funktionen des Bewußtseins (Fühlen, Begehren, Wollen usw.) zu. Diese Auffassung ist nicht starrer Rationalismus oder Logizismus. Solche Vorwürfe lassen sich entkräften, wenn wir bedenken, daß BECKER hier von der Seelenlehre des ARISTOTELES ausgeht, in der die Vermögen der Seele in einer engen Verflechtung gesehen werden und dem Denken zwar eine Priorität hinsichtlich der Erkenntnis, jedoch keine Dominanz über die übrigen Vermögen zugeschrieben wird (De an 433 a 21: das Bewegende ist etwas Einheitliches ($\H{\epsilon}\nu\ \tau\iota$), das Strebevermögen ($\mathring{o}\rho\epsilon\kappa\tau\iota\kappa\acute{o}\nu$) de an 433 a 19: das Denken bewegt, weil sein Ausgangspunkt das Erstrebte ($\mathring{o}\rho\epsilon\kappa\tau\acute{o}\nu$) ist). Rationelle Sprachforschung will Einsicht in die Prinzipien der Sprache und "Vertiefung in das Wesen der Sprache" (8) gewinnen. Wenn etwas sprachlich ausgedrückt werden soll, muß es von der Erkenntnisfunktion der Seele erfaßt und von der Bewegung des Denkens aufgenommen werden. Ohne diese Apperzeption bleibt es ungestümes Drängen und Tun, bei dem weder ein Ziel erkennbar noch Mittel ergriffen werden. Denn die Vernunft überlegt eines Zweckes wegen ($\H{\epsilon}\nu\epsilon\kappa\acute{\alpha}\ \tau o\nu$; de an 433 a 13) und bringt das Denken und Handeln in Gang; denn das, worauf das Streben geht, ist der Ausgangspunkt ($\grave{\alpha}\rho\chi\acute{\eta}$) der praktischen Vernunft ($\nu o\tilde{\upsilon}\varsigma\ \pi\rho\alpha\kappa\tau\iota\kappa\acute{o}\varsigma$); der Endpunkt ($\tau\grave{o}\ \H{\epsilon}\sigma\chi\alpha\tau o\nu$) ist der

---

(8) DIESTEL H., Rationelle Sprachforschung, S. 11 f.

Anfang des Handelns ( πρᾶξις )(De an 433 a 15-20). Das
Denken ist das einheitsstiftende Moment der psychischen
Phänomene und das Geistige der Sprache. Die auf Einheit
strebende Tendenz des Denkens und Sprechens erkennt
BECKER darin, "daß die Sprache überall strebt, die Einheit des Begriffes durch die Einheit des Wortes auszudrücken" (9). In manchen Sprachen treten dagegen Satzverhältnisse an die Stelle der Einheit des Wortes.
Vor allem aber ist die Betonung der organische Ausdruck
für die logische Form des Satzes, weil sie den logisch
übergeordneten Faktor hervorhebt und damit das Prinzip
der Über- bzw. Unterordnung, durch das Erkenntnis entsteht, auch lautlich manifestiert. Diese Reduktion
auf die logische Form ist deshalb die Bedingung dafür,
daß in der Sprache Wirkliches zum Ausdruck kommen kann.
Denn das Denken vermittelt dem Sprechen seinen Grund
und hält es durch die Setzungen neuer Beziehungen von
Begriffen in Fluß. Ohne diesen vermittelnden Grund
würde die Syntax in ein schematisches Zeichensystem
erstarren.
Um einen einseitigen Transzendentalismus zu vermeiden,
stellt BECKER dem logischen Element das mehr äußere
Element der Grammatik als Korrektiv an die Seite, an
dem die Entwicklung entlanggeht. "In so fern aber die
Grammatik die Formen darlegt, in denen die besonderen
Verhältnisse der Gedanken und Begriffe und ihre genetische Entwicklung sich in der Sprache in einer leiblichen Gestalt ausprägen, eröffnet sie der Logik die
Einsicht in die innerste Werkstätte des denkenden
Geistes; und weil alle Formen des Gedankens, aber auch
nur diese, sich auch leiblich in der Sprache darstellen;
so wird sie für die Logik ein Korrektiv, dem sie bei
der Lösung ihrer Aufgabe mit Sicherheit vertrauen
kann" (10).

---

(9) **Organism der Sprache**, S. 165
(10) ebenda, S. 26

4. Die synchronische und diachronische Analyse der Grammatik und des lexikalischen Materials bilden den Beginn von BECKERs sprachphilosophischer Arbeit. Denn sein Versuch läuft darauf hinaus, ein logisches "System aus dem Tatbestande der Sprache selbst zu entwickeln"(11). Nachdem er dabei anfangs dem phonetischen Element die Führungsrolle in der Ableitung der Sprachgesetze zubedacht hatte, gab er unter dem Einfluß von Adolf TRENDELENBURG seinem grammatischen System eine philosophische Begründung, die die innere Wahrheit des ganzen Systems verbürgt (12). Die etymologischen Untersuchungen, die seit PRISCIAN die Methode der Grammatik waren (13), ließen die Syntax als Zusammensetzung von für sich bestehenden Elementen ohne innere Begründung erscheinen. Da Grammatik aber ein organisches System ist, muß sie auf logischen Gesetzen begründet sein, aus denen sie sich entwickelt. Wenn die Ergebnisse der synchronischen und diachronischen Sprachforschung zu einem wissenschaftlichen System einer allgemeinen Grammatik zusammengeschlossen werden sollen, müssen ihre Gesetze auf ein einheitliches Prinzip zurückgeführt werden können (14). Wenn Grammatik Entwicklung statt Zusammensetzung sein soll, muß sie von einem durchgehenden Gedanken durchdrungen sein, der alle etymologischen Elemente von einem toten Bestandteil des Satzes zu einem Organ erhebt und "ebenso von dem Gedanken durchleuchtet, wie es den Gedanken verwirklicht" (15). Die Einheit des Gedankens ist das entscheidende Kriterium für die Grammatik, die nicht bloß ein System von Zeichen ist. BECKER setzt zur Erklärung dieses Sachverhalts keineswegs beim System einer Schule der Logik an, er bleibt vielmehr seinem sprachanalytischen Ansatz treu, der

---

(11) Das Wort in seiner organischen Verwandlung, S. 147; Organism der Sprache, S. XIV f.
(12) Organism der Sprache, S. XIII
(13) TRENDELENBURG A., Logische Untersuchungen, Bd. 1, S. 380
(14) Gerade diese Konzeption unterscheidet ihn von seinem historisch arbeitenden Zeitgenossen J. GRIMM; vgl. Brief BECKERs an seinen Sohn Ferd. Wilhelm, abgedruckt bei HASELBACH G., Grammatik und Sprachstruktur, S. 274. Die Unterscheidung von J.GRIMM und K.F.BECKER, in der HASELBACH (S. 37) nach

ihn auf den inneren Zusammenhang der vorgefundenen
Sprachformen hinführte (16). Ein anderer Weg, um zu
einer allgemeinen Grammatik zu gelangen, ist nicht
möglich.
Die wichtigste Voraussetzung für diese neue Grundlegung
war die Abkehr von der Betrachtung der Formen, weil
auf ihnen "kein genügendes grammatisches System aufgestellt werden" konnte (17), und der methodische Ansatz
bei den Bedeutungen, auf Grund deren die Wörter und
Formen aufgefaßt und klassifiziert werden konnten. Hier
zeigte sich aber, daß die Bedeutung der Wörter und
Sätze von den Gesetzen der Gedanken- und Begriffsbildung beherrscht sind (18). BECKER macht deutlich, daß
diese Gesetze keineswegs die erstarrte formale Logik
meinen, die sich von der Sprache losgerissen hat. Wenn
die Bedeutung der Ausgangspunkt des grammatischen Systems
ist, dann muß sie einem viel allgemeineren Denkgesetz
als der formalen Logik angehören. Grammatik und Logik
können deshalb einander nicht fremd sein, weil beiden
die organische Natur zukommt. Ihre allgemeinen formalen
Denkgesetze werden in lebendiger Anschauung in der
Grammatik verkörpert. Die Erklärung und Begründung ihrer
Denk- und Anschauungsformen, an die alle Sprachen und
jedes Individuum beim Sprechen gebunden sind, ist Aufgabe einer allgemeinen und philosophischen Grammatik.
Das grammatische System BECKERs ist ein Versuch, aus
den Erscheinungen der Sprache die allgemeine Grammatik
zu entwickeln, die den Anspruch der **Allgemeingültigkeit**
erhebt.
5. Die Aufgabe der Syntax ist es, die organische Gestaltung und Bedeutung des Satzes und der Satzverhältnisse
nachzuweisen. Sprache steht mit dem Geist in einer Einheit, insofern sie den Gedanken, den ersten Akt des

---

existentialphilosophischen Kategorien den ersteren
einen subjektiven Denker, den anderen einen objektiven Denker nennen möchte, ist durch nichts begründet.
(15) TRENDELENBURG A., Logische Untersuchungen, Bd. 1, S. 381
(16) BECKER K.F., Organism der Sprache, S. XV
(17) ebenda, S. XIX
(18) ebenda, S. XV

**Geistes,** in welchem bereits ein Allgemeines (Tätigkeit) mit einem Besonderen (Sein) zur Einheit verbunden ist, im Satz zum Ausdruck bringt. Die Formen des Ausdrucks sind von der Diachronie der jeweiligen Sprache bedingt. Der Satz ist demnach das erste Wort der sprachlich-geistigen Entwicklung. Seine Einheit des Gegensatzes von Tätigkeit und Sein wiederholt sich in der weiteren Entfaltung des Satzgedankens. Das Substantiv ist deshalb nicht mehr bloße Beziehung, sondern Begriff als Gegensatz zum Hauptbegriff, dem Verbum. Weil Bewegung und Tätigkeit ($\text{ἐνέργεια}$) die Prinzipien des Denkens sind, nimmt der Inhalt des Gedankens im Begriff der Tätigkeit seinen Anfang, der als Hauptbegriff des Satzes auch den Hauptton erhält. Der Gedanke schaut aber die Tätigkeit als Tätigkeit des Seins an; die Tätigkeit wird vom Sein prädiziert. Diese Prädikation meint die Einheit von Prädikat und Subjekt (auf der grammatischen Seite) als Einheit von Hauptbegriff und Beziehungsbegriff (auf der logischen Seite). Zwischen den beiden Begriffen besteht eine innere, notwendige Beziehung. Die Elemente der organischen Einheit des Gedankens sind also die Begriffe und ihre Beziehungen. BECKER nennt diese fundamentale Beziehung eine prädikative Beziehung. Aus ihr wachsen die attributive und objektive Beziehung hervor, in denen sich die prädikative Beziehung ständig wiederholt. Die Entwicklung des Satzes ist eine permanente Wiederholung dieser Beziehungsverhältnisse (19).

Ein Satz ist nur dann eine Einheit, wenn Prädikat und Subjekt in einer notwendigen Beziehung stehen. BECKER meint deshalb, daß der Satz uranfänglich e i n Wort war (20). Diese Auffassung ist nicht in der Diachronie der Sprachen zu begründen. Wir finden zwar in seinem Buch "Das Wort in seiner organischen Verwandlung" den

---

(19) Auch aus diesem Grund beschränkt sich die vorliegende Arbeit auf den einfachen Satz und seine logischen und grammatischen Verhältnisse.
(20) Organism der Sprache, S. 165

typisch romantischen Gedanken eines Wurzelbegriffs, den
er im Anschluß an die"Etymologien à la Kanne" (W.v.
HUMBOLDT) verfolgte, aber in seinem Hauptwerk stützt
er sich kaum mehr darauf. Die Einheit des Gedankens,
die in einem Wort zum Ausdruck kommt, ist vielmehr eine
heuristische Vorstellung zur Vermittlung von Denken
und Sprechen.(21). Das Prädikat als Anfangspunkt der
Entwicklung des Satzes und der Wörter weist noch auf
diesen Grundgedanken hin.
Die Differenz von Subjekt und Prädikat hat ihren Grund
in der außersprachlichen Wirklichkeit, auf die die
Denk- und Anschauungsformen als Vermittlung zwischen
Sprache und Wirklichkeit bezogen sind. Subjekt und
Prädikat sind Begriffe der Reflexion. Sie **übertragen**
die objektiven Gegebenheiten in die Form des Gedankens (22).
Der Gedanke gibt dem Stoff der realen Welt im Vorgang
der Reflexion seine Form. Zwar sind die Formen "das
Werk und Eigentum des Geistes", aber die Realität des
Stoffes geht bei der Reflexion keineswegs verloren.
Denn "das Reale ist in einer höheren Ordnung der Dinge
mit dem Geistigen dergestalt zu einer Einheit verbunden,
daß die realen Dinge auch den Formen des Geistigen
e n t s p r e c h e n" (23). Eine organische Beziehung
besteht also nicht nur zwischen Denken und Sprechen,
sondern auch zwischen der objektiven Wirklichkeit, über
die etwas ausgesagt wird, und dem Bereich der Reflexion.

Die Syntax als Einheit von logischen und grammatischen
Formen hat also vornehmlich diese beiden Bereiche zu
untersuchen: a) die Denk- und Anschauungsformen,
               b) die Satzverhältnisse.

---

(21) E. FIESEL konnte zeigen, daß die romantische Idee
einer Ursprache sich keineswegs auf eine historisch
nachweisbare Grundsprache bezog, aus der die einzelnen Sprachen herauswuchsen, sondern diese Idee
war ein "Sinnbild der ehemaligen und jenseitigen
Einheit" der Individuen. Vgl. Die Sprachphilosophie
der deutschen Romantik, S. 49
(22) BECKER verwendet für diesen Vorgang den Terminus
"geistige Assimilation" (Organism der Sprache,
S. 167 u.ö.)
(23) Organism der Sprache, S. 168

## § 4 DENK- UND ANSCHAUUNGSFORMEN IM RAHMEN DER SYNTAX

1. Auf dem Hintergrund des inneren Zusammenhangs von logischen und grammatischen Formen im organischen System BECKERs muß auch die Entwicklung der Denk- und Anschauungsformen gesehen werden. BECKER hat sich daher auch nicht auf die Unterscheidung der Redeteile nach grammatischen Kriterien (begriffswörtlich-selbständig und syntaktisch-unselbständig) eingelassen, weil eine Erklärung aus innersyntaktisch-strukturellen Verhältnissen zu einseitig wäre (1). Für die Erläuterung der syntaktischen Relationen hält er die aristotelischen Kategorien ($\H{o}\nu o\mu\alpha$, $\r{\rho}\tilde{\eta}\mu\alpha$ = Begriffswörter, $\sigma\upsilon\nu\text{-}\delta\varepsilon\sigma\mu o\acute{\iota}$ = Formwörter; vgl. de interpr 19 b 10) für angemessener, weil sie an einer inhaltsbezogenen bzw. aus den Bedeutungen aufgebauten, nicht formalen Logik orientiert sind. Da ihm viel daran gelegen war, für sein grammatisches System objektive Gültigkeit zu beanspruchen, weil es in allen einzelnen Sprachen vorfindbar wäre, reicht es nicht aus, die sprachlichen Elemente nach ihrer Form zu gliedern. Eine "innere Begründung" der Sprachgesetze ist nur durch Kategorien der Denkgesetze möglich, die sowohl dem Bewußtsein als auch der Struktur der objektiven Welt zugrunde liegen. Diese Seinsgesetze konstituieren im Denken die Bedeutung der Begriffe und ihrer Beziehungen (2). Die Struktur des Satzes läßt sich also nur durch den Bezug auf die allgemeinen, auch in der Sprache vorfindlichen Seinskategorien begründen. Jedoch ist dieser Bezug nicht unmittelbar auf die Realität des Seienden gerichtet, sondern wird durch die den Seinsgesetzen ent-

---

(1) HASELBACH G., Grammatik und Sprachstruktur, S. 141 sieht darin einen Fehler im System BECKERs.
(2) Da Begriff und Satz in einer notwendigen Relation stehen, können Syntax und Lexikologie nicht voneinander gelöst untersucht werden. Diese Notwendigkeit erweist sich z.B. bei der Analyse der Zeitverhältnisse im grammatischen Zusammenhang, wo sich Flexionsendungen, Hilfsverben und Adverbien als Ausdrücke der Zeit finden. Vgl. Organism der Sprache, S. 175

sprechenden Denk- und Anschauungsformen vermittelt. Sprache ist dabei einerseits die Ebene, auf der die allgemeinen Seinsgesetze sich verwirklichen, andererseits ist diese Verwirklichung die Bedingung der Möglichkeit, auf dem Wege der Anschauung Einsicht in die Struktur des Seienden zu erreichen, indem sie dem Verstand anschaulich entgegentreten. In diesem Vorgang erscheint bereits eines der fundamentalen Denkgesetze: der G e g e n s a t z. Ohne diese Konkretion und Individualisierung bleiben die Gegenstände dem Denken verschlossen (3). Denn Denken ohne anschaulich Erfahrung hat keinen Stoff und führt nicht zur Erkenntnis (4). Außerdem gibt es für BECKER nur diesen methodischen Weg, vom empirischen Sprachmaterial auszugehen und an den vorgefundenen Sprachformen den Niederschlag ontologischer Gesetze aufzuzeigen (5).

2. Diese Methodik steht durchaus im Rahmen der Naturphilosophie SCHELLINGs. Desgalb ist es eine Überinterpretation, wenn HASELBACH einen unterschiedlichen Ansatz der beweisführenden Erkenntnis bei SCHELLING und BECKER zu erkennen glaubt (6). Bei SCHELLING sei die spekulative, vom Erfahrungswissen unabhängige Erkenntnis beweisführend und die empirischen Tatsachen dienten nur zur Verifizierung deduzierter Thesen, während das BECKERsche Wahrheitskriterium als primären Vorgang ausdrücklich das empirische Auffinden einer Erkenntnis setze und die Deduzierbarkeit aus einem

---

(3) Vgl. § 2: Sprache in der Spannung von Dynamis und Energeia.
(4) Organism der Sprache, S. 13 f.; vgl. I. KANT, KrV B 1: "Daß alle Erkenntnis mit der Erfahrung anfange, daran ist gar kein Zweifel"! Der Bezug zur Philosophie KANTs wird gerade in diesem Zusammenhang deutlich, wenn BECKER die Denk- und Anschauungsformen der objektiven Welt gegenüberstellt. Eine Rezeption des kantischen Systems läßt sich aber nicht nachweisen.
(5) Organism der Sprache, S. XV
(6) Grammatik und Sprachstruktur, S. 21

allumfassenden Natursystem als sekundär notwendig kennzeichne.

Zu dieser Feststellung ist folgendes kritisch anzumerken:

a) Bei beiden Gelehrten ist die Idee des Organismus das leitende Prinzip. Weder das Allgemeine noch das Besondere besitzt einen Vorrang gegenüber dem anderen in der Beweisführung, sondern sie sind eine Einheit, wobei in jedem Besonderen unmittelbar wieder das Ganze durchscheint. Diese Verhältnisse sind nicht anders, wenn es um die Beweisführung in der absoluten Konstruktion geht. SCHELLING stellt gegenüber Mißverständnissen fest: "jenes, was demonstriert wird, und was nach der Voraussetzung immer dasselbe ist, ist die absolute Einheit des Endlichen und Unendlichen, und heiße ... das A l l g e m e i n e; das, woran demonstriert wird, ist eine bestimmte Einheit, heiße demnach das B e s o n d e r e. Nun ist aber Demonstration absolute Gleichsetzung des Allgemeinen und Besonderen, das was, und das woran demonstriert wird, also notwendig und in jeder Konstruktion schlechthin eins, und nur, sofern dies ist, kann überhaupt eine Konstruktion der Philosophie absolut heißen" (7). Aufgabe der philosophischen Erkenntnis ist deshalb, die Gegenstände ihrem Ursprung nach zu durchschauen; die notwendige Methode ist die intellektuelle Anschauung, durch die die ideelle Einheit des Individuellen als objektives Gesetz des Ganzen und der Ausdruck des ganzen Organismus in der individuellen Form einsichtig gemacht und begründet wird. Denn "nicht w i r k e n n e n die Natur, sondern die Natur i s t a priori, d.h. alles Einzelne in ihr ist zum Voraus bestimmt durch das Ganze oder durch die Idee einer Natur überhaupt" (8).

b) Wenn SCHELLING dem Einzelnen solches Gewicht zumißt, dürfte auch die Behauptung HASELBACHs nicht zu-

---

(7) Schriften von 1801-1804, Darmstadt 1968, S. 289
(8) Schriften von 1798-1801, Darmstadt 1967, S. 279

treffen, daß seine Erkenntnis vom Erfahrungswissen unabhängig sei. Bei der Konstruktion des Seins kann es kein Denken geben, das von der Erfahrung abgelöst ist. "Wir wissen nicht nur dieses oder jenes, sondern wir wissen ursprünglich überhaupt nichts als durch Erfahrung und mittels der Erfahrung, und insofern besteht unser ganzes Wissen aus Erfahrungssätzen. Zu Sätzen a priori werden diese Sätze nur dadurch, daß man sich ihrer als notwendiger bewußt wird, und so kann jeder Satz, sein Inhalt sei übrigens welcher er wolle, zu jener Dignität erhoben werden, da der Unterschied zwischen Sätzen a priori und a posteriori nicht etwa, wie mancher sich eingebildet haben mag, ein ursprünglich an den Sätzen selbst haftender Unterschied, sondern ein Unterschied ist, der bloß in Absicht auf unser Wissen und die Art unseres Wissens von diesen Sätzen gemacht wird" (9). An anderer Stelle heißt es in Entsprechung zur Auffassung BECKERs: "Begriff ohne Versinnlichung durch die Einbildungskraft ist ein Wort ohne Sinn, ein Schall ohne Bedeutung" (10).

c) Die Tendenzen der Werke SCHELLINGs und BECKERs sind verschieden. SCHELLING setzt sich durch sein ontologisch-metaphysisches System, das auf die unmittelbare Einswerdung des Wissens mit seinem Gegenstand ausgerichtet ist, von der Philosophie des Erkenntnisvermögens ("Erkennen des Erkennens") eines KANT ab. Denn KANT habe "Sich selbst eines leitenden Prinzips und einer zuverlässigen Methode für seine Untersuchung des Erkenntnisvermögens" nicht versichert (11). Es ist richtig, daß SCHELLING nicht von der bloßen Erfahrung ausgeht, was manchmal fälschlicherweise von KANT behauptet wird (12). Auf die Explikation seiner Idee von einem unbedingten Prinzip

---

(9) Schriften von 1799-1801, Darmstadt 1967, S. 278
(10) Schriften von 1794-1798, Darmstadt 1967, S. 239
(11) Zur Geschichte der neueren Philosophie. Münchner Vorlesungen, Darmstadt 1959, S. 71
(12) Für KANT aber sind Erkenntnisquellen die Sinne und der Verstand, bzw. die Anschauungsformen und Verstandesbegriffe; Denkformen sind nach KANT die Bedingungen a priori der Möglichkeit der Erfahrung.

jeder Erkenntnis, das selbst nicht auch Gegenstand des Erkennens sein kann, mußte er viel Wert legen, weil nur dadurch die Einzelelemente, auch die Erkenntnismittel, des rechten Ortes und der ausreichenden Begründung versichert werden.

d) Für BECKER gilt das gleiche. Wenn er objektive Gültigkeit seines grammatischen Systems im Rahmen einer allgemeinen Grammatik anstrebt, kann weder die Deduktion aus einem allumfassenden Natursystem sekundär sein noch weniger kann der Ansatz beim empirischen Sprachmaterial ein ausreichendes Wahrheitskriterium sein. BECKER muß vielmehr sein System in den Denk- und Anschauungsformen begründen, die in der Vernunft aller Menschen gleich sind (13). HASELBACH hat an dieser Stelle das organische Prinzip der BECKERschen Sprachtheorie nicht ausreichend durchdacht. BECKERs Sprachanalyse und SCHELLINGs Philosophie der Natur beziehen sich auf ein und denselben Gegenstand der Erkenntnis, den sie nur von verschiedenen Seiten her betrachten.

3. Die Denkgesetze, auf die sich BECKER bezieht, bilden die Grundlage der grammatischen Beziehungen und sind in der Syntax vorzufinden. Da der Mensch sich durch Sprache seiner Welt vergewissert (14), kommt der Grammatik eine Erkenntnisfunktion zu. Zur Erfüllung dieser Aufgabe muß sie die Grundelemente der organischen Struktur selbst enthalten, d.h. sie muß die Erscheinung des allgemeinen Organismus sein.

BECKER sieht es als Aufgabe der Logik an, die allgemeinen Formen des Denkens nachzuweisen, in deren Rahmen sich die Erkenntnis und ihre Erscheinung in der Sprache vollzieht. Diese Formen können nicht selbst Gegenstand einer Erkenntnis sein, sondern gehören zur geistigen Anschauung (15), d.h. sie werden nicht erkannt, sondern verstanden. Insofern sie das Werk und Eigentum

---

(13) Organism der Sprache, S. XVIII
(14) Die gesprochene Sprache ist die Erscheinung der vom Geist gebildeten Weltanschauung. Organism der Sprache, S. 14
(15) ebenda, S. 13

des Geistes sind (16), können sie nur durch die Selbstreflexion der Vernunft erschlossen werden. Das Wesen ihrer organischen Struktur liegt dagegen darin, daß sie den allgemeinen Kategorien des Seins entsprechen. Sie sind der Grund der Möglichkeit, eine Erkenntnis, die einerseits aus empirischem Material der Sprache oder der außersprachlichen Welt gefunden ist, andererseits diesen allgemeinen Gesetzen entspricht, als wahr zu bezeichnen. Sofern in den grammatischen Beziehungen die Formen des Denkens in Erscheinung treten, gilt auch für sie das Wahrheitskriterium. "Die allgemeinen Denkgesetze und Anschauungsformen, durch welche und unter welchen der Mensch die Dinge wahrnimmt und zur Erkenntnis verarbeitet, müssen sich in jeder Sprache aufzeigen lassen" (17).
Auffallend ist die Benennung dieser Denkformen als "Werk" des denkenden Geistes. Das kann nichts anderes bedeuten als daß sie zwar potentiell Elemente des Geistes sind, aber erst im Moment des Erkennens, wenn die realen Dinge durch die Sinne vermittelt werden, sich als Grundstruktur des Erkenntnisprozesses aktuieren. Denn die Welt der Gedanken ist in ständiger Bewegung. Weil das Wesen des Denkens die Bewegung ist, läßt sich kein Punkt im Denken ausmachen, wo diese Formen fest ausgebildet bereitliegen, um tätig in den Prozeß der Erkenntnis und Gedankenbildung einzuschreiten. Diese Vorstellung käme dem Mechanismus gleich. BECKER nimmt vielmehr gemäß dem genetischen Prinzip des Organismus Entwicklungsperioden des Denkens an, insofern die Denkformen sich im Akt des Denkens selbst produzieren und entfalten. Die psychologische Beobachtung der Entwicklung der kognitiven Fähigkeiten des Kindes liefert ihm das Anschauungsmaterial für seine Theorie. Er versteht diese Beobachtung aber nicht als Beweis oder Begründung; denn diese ergibt sich ausschließlich aus den Prinzipien des Organismus, die sich auch in

---

(16) Organism der Sprache, S. 168
(17) ebenda, S. XVI

der Entwicklung des Denkens konkretisieren. Der innere Vorgang der Entwicklung, der sich unserer Wahrnehmung entzieht, schlägt sich in der Entwicklung der kognitiven Fähigkeiten nieder und wird dort beobachtbar (18). Weil nur durch die konstruktive Bewegung des Subjekts etwas als Individuum bestimmt werden kann, nennt BECKER die Denk- und Anschauungsformen Ausdrücke der subjektiven Beziehung. Denn das Allgemeine wird nur konkret, indem es sich in Zeit und Raum darstellt. Weil aber beim Denken und Sprechen eines Menschen diese allgemeinen Denk- und Anschauungsformen sich erst verwirklichen, nennt sie BECKER Beziehungen der Begriffe auf den Sprechenden. So entsteht durch diese Formen im Akt des Denkens ein Individuelles, das nach Raum und Zeit bestimmt ist (19).

Außerdem stammt die Denkstruktur keineswegs aus der sinnlichen Erfahrung. Sie bildet jedoch mit der sinnlichen Welt eine Einheit (der Gegensaätze), insofern die Dynamik des Seienden auch ihre Eigenart ist. Die Tätigkeit steht im Mittelpunkt dieser Dreier-Beziehung Natur-Geist-Sprache, weil sie die allen dreien gemeinsame Grundkategorie ist (20). In der Grammatik stellt das Verbum den Hauptbegriff des Satzes. Denn im Begriff der Tätigkeit schaut der Geist die Begriffe der Dinge an. Die Eigenart des Denkens ist bestimmt von der produktivität und Spontaneität des Geistes. Deshalb können die Formen der Syntax nur durch die Vorgänge im Denken verstanden werden, weil diese sich in der Syntax parallelisieren.

4. In der Betonung des Prinzips der Tätigkeit ist der Einfluß der Naturphilosophie SCHELLINGs festzustellen, die wiederum aus dem Gedanken der Seöbstproduktivität des Ichs in der Wirklichkeit bei FICHTE (21) erwuchs.

---

(18) Organism der Sprache, S. 173 f.
(19) ebenda; Ausführliche deutsche Grammatik, Bd. 1, S. 26
(20) Vgl. das Prinzip der Bewegung als Grundgedanke der aristotelischen Physik und Psychologie !
(21) Vgl. die Schrift "Vom Ich als Prinzip der Philosophie"

Das Verhältnis von Gegenstand und Gedanken ist nicht
als statisches Gegenüber zu betrachten, weil so keine
Vermittlung vorstellbar ist, es sei denn in einer unendlichen Idee wie bei SPINOZA. Beide Elemente müssen
von der gleichen produktiven Energie getragen und
entwickelt werden, damit die Gegenstände der realen
Wirklichkeit erkennbar sind. Natur, reale Welt steht
deshalb in einem Prozeß der Selbstorganisation, indem
sie die Zweckgerichtetheit ihrer geistigen Energie zu
erkennen gibt. Denn im Zweck bilden sich Begriff und
Realität in eins. "Der stete und feste Gang der Natur
zur Organisation verrät deutlich genug einen regen
Trieb... Es ist der allgemeine G e i s t der Natur,
der allmählich die rohe Materie sich selbst anbildet.
Vom Moosgeflecht an, an dem kaum noch die Spur der
Organisation sichtbar ist, bis zur veredelten G e -
s t a l t, die die Fesseln der Materie abgestreift zu
haben scheint, herrscht ein und derselbe Trieb, der
nach einem und demselben Ideal von Zweckmäßigkeit zu
arbeiten, ins Unendliche fort ein und dasselbe Urbild,
die reine F o r m  u n s e r e s  G e i s t e s auszudrücken bestrebt ist" (22). Die Dinge der Natur betrachten heißt sie auf den Ursprung ihrer Zweckmäßigkeit
zurückzuführen und neu zu schaffen. Denken und Sprechen sind deshalb eine Neuschöpfung der Welt in Formen des Bewußtseins. Die Welt ist in der philosophischen Betrachtung nicht Gegenstand, sondern ihre
Gegenständlichkeit wird aufgehoben in die Produktivität ihres Handelns, das ein Handeln des Geistes ist.
Der Begriff der Erfahrung meint deshalb nicht die Deskription der äußeren Organisation, sondern das Mit-
schaffen, die Neuschöpfung der Organisation des Geistes
in Gedanken und Begriffen und ihre Versinnlichung
im Entwicklungsprozeß des Satzes, der den Gesetzlichkeiten des sich selbst produzierenden und organisierenden Geistes unterliegt (23). Deshalb kann BECKER von

---

(22) SCHELLING F.W.J., Schriften von 1794-1798, S. 267
(23) Vgl. Einleitung zu dem Entwurf eines Systems der
  Naturphilosophie, in: Schriften von 1799-1801,
  S. 269-326

der Struktur des Satzes auf die produktive Kraft des Geistes rekurrieren und dort die Begründung suchen. Die sich entwickelnden Formen lassen die Kreativität des Geistes in der Einheit der Denkformen und der Gestalten der Natur hervortreten. Diesen Grundgedanken behauptet SCHELLING gegen die Erkenntnisphilosophie KANTs, die nicht erweisen konnte, "durch welchen - und zwar notwendigen - Prozeß unseres Innern wir genötigt sind, eine solche Welt mit diesen Bestimmungen und solchen Abstufungen uns vorzustellen" (24). Erkenntnis kann nicht mit reinen, apriorischen Verstandesbegriffen, die an die Dinge angelegt werden, ansetzen, weil noch keineswegs erwiesen ist, was der Grund ihrer Erkenntnisqualität ist. Bei der Betrachtung der Natur war der Mensch schon immer von der Idee einer sich selbst organisierenden Materie (Weltseele) geleitet, weil die Organisation der Natur nur in Bezug auf einen Geist vorstellbar ist, der die Wirklichkeit konstituiert und auf Grund seiner ursprünglichen Einheit mit der Natur diese erkennbar werden läßt. Der Grund der Dinge, auf den Erkenntnis abzielt, ist notwendigerweise sowohl in der Organisation der Natur als auch in dem allgemeinen Prinzip, das über die Faktizität hinausgeht, als Zweckmäßigkeit zu suchen. Begriff und Tätigkeit lassen die Idee denkbar und sichtbar hervortreten, in der sie ihren Grund haben. Eine Trennung von Anschauung und Begriff, Form und Gegenstand, Idealem und Realem, den die Reflexionsbegriffe vorgeben, ist inadäquat, "während die reine Anschauung oder vielmehr die schöpferische Einbildungskraft längst die symbolische Sprache erfand, die man nur auslegen darf, um zu finden, daß die Natur um so verständlicher zu uns spricht, je weniger wir über sie bloß reflektierend denken" (25).

5. Die Grundkategorie der Entwicklung ist der Gegensatz, in den die produktive Kraft des Geistes sich selbst entfaltet und zu sich selbst in eine Wechselwirkung tritt.

---

(24) Zur Geschichte der neueren Philosophie, S. 76
(25) Ideen zu einer Philosophie der Natur. Einleitung, in: Schriften von 1794-1798, S. 371

Der Gegensatz ist kein Schritt der Trennung, sondern der Polarität, des Aufeinanderbezogenseins der Elemente. In dieser Wechselwirkung verwandelt die schöpferische Einbildungskraft ihre Produkte gleichzeitig in neue Produktivität, indem der Gegensatz sich fortwährend wiederholt. Der Begriff des Lebens in der Philosophie SCHELLINGs gibt diese Grundbestimmung der Entwicklung wieder: "Der Grundcharakter des Lebens insbesondere wird darin bestehen, daß es eine in sich selbst zurückkehrende, fixierte und durch ein inneres Prinzip unterhaltene Aufeinanderfolge ist, und so wie das intellektuelle Leben, dessen Bild es ist, oder die Identität des Bewußtseins nur durch die Kontinuität der Vorstellungen unterhalten wird, ebenso das Leben nur durch die Kontinuität der inneren Bewegungen; und ebenso wie die Intelligenz in der Succession ihrer Vorstellungen beständig um das Bewußtsein kämpft, so muß das Leben in einem beständigen Kampf gegen den Naturlauf oder in dem Bestreben, seine Identität gegen ihn zu behaupten, gedacht werden" (26). Diese allgemeine Form des sich selbst produzierenden und selbstbewußten Geistes hat auf allen Ebenen gültigkeit, weil es seine erste und ursprüngliche Tat ist. Bereits der Anfang der Erkenntnis läßt sein Prinzip aufleuchten; denn dem Bewußtsein tritt das Reale als dessen polarer Gegensatz entgegen, in dem es sich selbst findet und bewußt wird.

Der Gegensatz von Sein und Tätigkeit beruht auf den aristotelischen Prinzipien, nach denen die Dinge der sinnlichen Welt aus Stoff, Form bzw. Formberaubung und Bewegung bestehen (Met $\wedge$ 1071 a 33). Die Bewegung ist eine eigenständige Größe, die sich an einem bestimmten Etwas findet (Met K 1068 b 12); sie ist nicht selbst Substrat (1068 a 20). Denn der Stoff kann sich nicht selbst in Bewegung setzen (Met $\wedge$ 1071 b 29); ebenso kann die Bewegung nicht auf sich selbst gehen (1074 a 25). Die sichtbaren Dinge treten also in den Gegensatz von Tätigkeit und Sein auseinander und werden

---

(26) System des transzendentalen Idealismus, in: Schriften von 1799-1801, S. 496

wieder zu einer Einheit verbunden. BECKER bezeichnet diesen Vorgang als "erste Tat des denkenden Geistes"(27), weil Vernunft und ihr Gegenstand in gleicher Weise von dem Prinzip der Bewegung geleitet sind. Sobald die Vernunft einen Gegenstand denkt, denkt sie sich selbst und erzeugt in sich selbst die Formen des Denkens, die der Wirklichkeit entsprechen. "Sich selbst denkt die Vernunft ( νοῦς ) in Ergreifung des Denkbaren; denn denkbar wird sie selbst, den Gegenstand berührend (θιγγάνων) und denkend, so daß Vernunft und Gedachtes (νοητόν) dasselbe ist" (Met Λ 1072 b 19-21). Der Begriff der Tätigkeit, der an dem Gegenstand unterschieden wird, setzt in der Einheit mit dem Gegenstand das Denken und das Gedachte in Bewegung und läßt den Gegenstand als bewegten hervortreten. Denn die Vernunft selbst ist in Tätigkeit, wenn sie den gedachten Gegenstand hat (Met Λ 1072 b 23). In der Bewegung legt die Vernunft den Gegenstand als Synthesis von Bewegung und Substrat auseinander, weil sie selbst als bewegte die Bewegung an einem Substrat zu denken vermag und selbst im Denken nur dadurch in Bewegung ist, daß sie etwas denkt. Tätigkeit und Etwas sind also Gegensätze in ihr selbst, die sie in ihrer Bewegung sowohl unterscheidet als auch ineinander vereinigt. Dieser erste Gegensatz, der sich gleichzeitig im Denken und Seienden findet, wird deshalb nicht erkannt, sondern durch geistige Anschauung verstanden. Mit dem Begriff Verstehen meinen wir die Selbstreflexion der Vernunft, die dem Akt des Erkennens von Gegenständen zugrunde liegt und in diesem Akt selbst hervortritt. Die fundamentale Denkform des Gegensatzes von Tätigkeit und Sein und ihrer Einheit wiederholt sich deshalb, wie BECKER behauptet, "in den mannigfaltigsten Gestalten in der Entwicklung und in allen Verhältnissen der Gedanken und Begriffe" (28). Die Vernunft erweckt mit der sinnlichen Anschauung der realen Dinge gleichzei-

---

(27) Organism der Sprache, S. 169
(28) ebenda

tig die mit der Natur kongruierende Denkform des Gegensatzes von Tätigkeit und Sein. Denn die Gegensätze sind Prinzipien des Seienden (Met A 986 b 3). Die geistige Anschauung vermittelt die sinnliche Anschauung mit den Denkformen, in denen die Begriffe der Dinge zu Gedanken verbunden das Denken zu neuen Einheiten von Sein und Tätigkeit weitertreiben. Dieser Fortgang der Gedanken gibt sich in der Entwicklung des Satzes in sinnlicher Gestalt zu erkennen. Das Verhältnis von Tätigkeit und Sein, die in jedem Individuum zu einer Einheit verbunden sind, wird in die Beziehung von Begriffen aufgenommen. Die Entwicklung dieser Beziehungen wird von der Bewegung als dem allgemeinen Prinzip von Sein und Denken geleitet, indem diese sich in die Individuen hinein konkret entwickelt. "In den Individuen ist das S e i n das aufs entschiedenste vorwaltende Moment" (29). Die Individuen der sinnlichen Anschauung aber stellen sich als in sich identisch dar. Erst die erkennende Vernunft, die von der gemeinsamen Kategorie der Bewegung ausgeht, führt das Individuum auf das Allgemeine der Tätigkeit zurück. IM Denken bilden Individuen und Allgemeines einen polarischen Gegensatz. Weil sich das Allgemeine in seine Arten scheidet, die nur durch ihre Beziehung zu dem Allgemeinen gedacht werden, schließen sich diese Begriffe nicht gegenseitig aus, sondern stehen in dem Beziehungsverhältnis des polarischen Gegensatzes (Vgl. Kat 6 a 17) (30). Dieser Gegensatz manifestiert sich in besonderen Begriffsformen, die sich im Allgemeinen der Tätigkeit zusammenschließen. Insofern jeder Begriff einer Tätigkeit immer als Tätigkeit an einem Etwas und jeder Begriff eines Etwas als ein tätiges Etwas oder als Objekt einer Tätigkeit gedacht wird, gibt die Subjekt-Prädikat-Struktur des Satzes diese Denkformen wieder. Deshalb werden Beziehungen der Begriffe auf Grund

---

(29) Organism der Sprache, S. 65
(30) BECKER spricht auch von "positiven Gegensätzen, die, einander negierend, an die Stelle des Negierten etwas Neues setzen, und in eine höhere Einheit können aufgenommen werden". Ausführliche deutsche Grammatik, Bd. 1, S. 21

der grammatischen Bedeutung hergestellt und der grammatischen Bedeutung der Begriffe liegt die Denkform des polarischen Gegensatzes zugrunde (31). Die Beziehungen und Verhältnisse der Begriffe sind demnach das ursprüngliche Werk des denkenden Geistes, in das wir im Erkennen Einsicht gewinnen. Das gilt in gleicher Weise für den aufhebenden Gegensatz, der die Wirklichkeit und Nichtwirklichkeit anzeigt. Hier kommt dem Zusammenhang von δύναμις und ενέργεια eine Funktion zu. Denn die Nichtwirklichkeit ist nur in der Beziehung von ενέργεια zu δύναμις zu bestimmen. Denn etwas, das nicht wirklich sein kann, ist auch dem Vermögen nach nicht. "Jedes Vermögen (δύναμις) geht zugleich auf den Gegensatz (ἀντίφασις); denn was nicht vermag zu sein, das kann sich auch nicht bei irgendeinem finden, aber das gleiche, das zu sein vermag, das kann auch nicht wirklich sein. Was also zu sein vermag, das kann sowohl sein als nicht sein, und hat also als ein und dasselbe das Vermögen sowohl zu sein als nicht zu sein" (Met Θ 1051 a 8-12; vgl. 1051 a 5). Der δύναμις nach besteht also der Gegensatz von Wirklichkeit und Nichtwirklichkeit, die einander aufheben, weil nicht beide zugleich wahr sein können (de interpr 17 b 16). Dieser Gegensatz wird als Verhältnis der Gedanken im Satz durch die Bejahung und Verneinung dargestellt. An der Negation als dem Gegenpol der Bejahung wird deutlich, daß die Satzverhältnisse ursprünglich durch Denkformen vermittelt werden; denn die Nichtwirklichkeit hat kein Gegenbild in der realen Welt, in der alles wirklich ist. Die Verhältnisse der Begriffe sind aber Verhältnisse des Denkens, das auf Grund der Korrelation von Denken und Sein über Wirklichkeit und Nichtwirklichkeit in dem Zusammenhang von δύναμις und ενέργεια zu entscheiden vermag. Denn "alles was Gegenstand der Reflexion (διανοητόν) oder des Denkens (νοητόν) ist, wird vom Denken bejaht oder verneint" (Met Γ 1012 a 2). Und das Falsche und Wahre

---

(31) Die grammatische Beziehung ist für BECKER auch der Grund für die Entwicklung der Begriffsformen

liegt nicht in den Dingen (πράγματα), sondern im Denken (διάνοια)(Met E 1027 b 25). ARISTOTELES sieht in diesen Denkformen des aufhebenden Gegensatzes von Wirklichkeit und Nichtwirklichkeit ein sicheres Axiom des Denkens überhaupt, für das es zwar keinen Beweis gibt, eine Widerlegung einer Gegenthese jedoch möglich ist (Met K 1062 a 30 - b 11).

6. Die Denkform des Gegensatzes wiederholt sich als nächstes in der Denkform der K a u s a l i t ä t. Die Ebene des Ursache-Wirkungs-Verhältnisses ist der Begriff der Tätigkeit, der sich in den Gegensatz der produzierenden und produzierten Tätigkeit scheidet, nicht die Ebene des Seins oder Stoffes, weil das zugrunde Liegende nicht seine eigene Veränderung bewirkt (Met A 984 a 22). Die Ursache ist deshalb ein Verhältnis von Tätigkeitsbegriffen, weil sie ein erstes ist, von welchem das Sein oder die Entstehung der Dinge oder die Erkenntnis eines Dinges ausgeht (Met Δ 1013 a 18). Aus dieser Formulierung des ARISTOTELES wird deutlich, daß die Frage nach der Ursache die eigentliche Erkenntnis des Dinges vermittelt, weil die Ursache des Seins und der Grund des Denkens in der Bewegung identisch sind. Die Kenntnis des Grundes gibt Auskunft über das Werden und Wesen einer Sache (Met α 993 b 29), denn alle Ursachen sind Prinzipien (Met Δ 1013 a 16). In den realen Verhältnissen drängt die Entwicklung immer auf etwas Bestimmtes; denn die allgemeine Bewegung individualisiert sich (32), indem sie sich an den Dingen vollzieht. Die Ursache für die Bestimmung als konkretes ist die Form (εἶδος)(Met Z 1041 b 8). Die Individualisierung der Dinge geschieht durch die konkrete Bestimmung der Bewegung, in der die eine Tätigkeit als Ursache der anderen erkannt wird und die Kausalität immer bestimmter wird. Umgekehrt wird eine bestimmte Tätigkeit als Ursache erkannt, wenn sie auf das Allgemeine bezogen wird, durch das erst Er-

---

in der Ableitung. Den Aspekt der Wortbildung muß diese Arbeit jedoch ausklammern. Vgl. Organism der Sprache, S. 69.
(32) TRENDELENBURG A., Logische Untersuchungen, Bd. 1, S. 341

kenntnis möglich ist. Erkenntnis des Allgemeinen ist aber Erkenntnis des Grundes einer Sache (33). Das Auffinden des Grundes ist eine Tat des schöpferischen Geistes, indem er eine Tätigkeit als Wirkung begreift und den Grund der Sache nachschafft, d.h. der Geist geht vom Äußeren zum Inneren, von dem, was notwendigerweise ist, zu dem, worin die Möglichkeit dieser jeweiligen Tätigkeit begründet ist. Die Denkform der Notwendigkeit, die von der individuellen Erscheinung des Gegenstandes ausgeht, macht deutlich, daß sich die Sache nicht anders verhalten könne (Met K 1065 a 13 f., An post 71 b 9). Die Notwendigkeit begrenzt die Entwicklung aus der Ursache auf ganz bestimmte Wirkungen. Die Erkenntnis weist die Einheit des Gegenstandes nach, indem sie auf die Einheit des Grundes reflektiert. Der notwendige Grund findet sich nur in einem Allgemeinen und das Allgemeine entwickelt sich im Wirklichen als seine Wirkung. Eine Wirkung ist deshalb notwendig, sofern sie allgemein ist. Von der Tatsache schließt das Denken auf den notwendigen Grund, in dem Denken und Sein eins sind. Deshalb nimmt das Denken das kausale Verhältnis in ein Begriffsverhältnis auf und stellt es in kausativen Verben dar.

Die Denkform der Möglichkeit ist ein ausschließliches Verhältnis des begreifenden Denkens, in dem das Gegenteil des Wirklichen aufzuweisen versucht wird. "Das Mögliche braucht nicht notwendig alles sich auf jene Weise zu verhalten" (Met B 1003 a 2). Die Möglichkeit bezieht sich deshalb auf den inneren Grund, weil das Gedachte noch nicht realisiert ist. "Denn vermögend zu sein ist das, was noch nicht ist ($\tau\grave{o}\,\mu\acute{\eta}\pi\omega\,\acute{o}\nu$)" (Met B 1003 a 4). Der innere Grund besitzt die Möglichkeit zu verschiedenen Realisierungen, deshalb kommt ihm nicht Notwendigkeit zu. Sobald aber die Verwirklichung des Gedankens beginnt, wandelt sich die Möglichkeit in Notwendigkeit. Denn nur in der Notwendigkeit wird die Einheit von Ursache und Wirkung, von

---

(33) TRENDELENBURG A., Logische Untersuchungen, Bd. 2, S. 179 f.

Denken und Sein, d.h. des Allgemeinen, manifestiert.
Die Möglichkeit dagegen läßt diese Einheit noch nicht
hervortreten; deshalb ist die Denkform der Möglichkeit
nur ein Verhältnis von Gedanken, die in Analogie zu
der Notwendigkeit sich in Begriffsverhältnissen im
Denken und Sprechen darstellt (Formwörter oder besondere Formen des Begriffswortes).

7. In der Darstellung seiner Theorie von Anschauungsformen des Raumes und der Zeit stützt sich BECKER
ganz auf die Philosophie TRENDELENBURGs. Raum und
Zeit sind allgemeine Formen der Anschauung, die nicht
von der Sinneswahrnehmung verursacht, sondern geistige
Voraussetzungen für die sinnliche Empfindung, d.h.
reine Anschauungen sind. Im Begriff der reinen Anschauung jedoch unterscheidet sich TRENDELENBURG von KANT,
dessen Beweisführung über die Anschauungsformen er
Einseitigkeit vorwirft, weil er zwar ihre Subjektivität
nachweise, jedoch die Objektivität unterschlage. Daher
würde im System KANTs nicht erkennbar, "wie die in uns
bereit liegenden Formen des Raumes und der Zeit zusammengehen und die Bewegung hervorbringen" (34). So
setzt denn auch BECKER mit dem "Urbegriff" der Bewegung
an, aus dem und mit dem sich im Geist die Anschauungsformen von Raum und Zeit entwickeln (35). Die Bewegung
ist der Vermittlungsbegriff der subjektiven Anschauung
und der objektiven Welt, weil sie die ursprüngliche
Eigenart des Denkens und Seins ist. Diese "Harmonie
des Subjektiven und Objektiven wird von KANT gewaltsam zerrissen" (36). In der Tätigkeit des Denkens, sofern es etwas denkt, treten gleichermaßen diese Anschauungsformen als Produkte der Bewegung des Denkens
und Seins hervor. Sie sind also nicht Produkte der
Empirie, weil ihre Vorstellung "aus der ursprünglichen
Tat des Geistes" stammt, "die alle Erfahrung vermittelt" (37). Deshalb sind sie als reine Anschauungsfor-

---

(34) Logische Untersuchungen, Bd. 1, S. 167
(35) BECKER K.F., Organism der Sprache, S. 171
(36) TRENDELENBURG A., Logische Untersuchungen, Bd. 1,
    S. 170

men zu bezeichnen, obwohl sie auf Grund der ursprünglichen Einheit von Denken und Sein in der Bewegung die Struktur der objektiven Welt mitkonstituieren. Ihre Entwicklung als Anschauungsformen verdanken sie der Spontaneität des Geistes, der sie als eine Vorstellung konstruiert, mit der wir die realen Dinge zu erfassen vermögen.
Diese Konzeption von Anschauungsformen ist durchaus im Zusammenhang mit der LEIBNIZschen "intuitiven Anschauung" zu sehen, nach der der Verstand unvermittelt das Ganze einer Sache zu überschauen versteht (38). Raum und Zeit sind stets eine Ganzheit und Einheit, also nicht diskursiv in Merkmale und Teile analysierbar. Denn Bewegung läßt keine Teile oder Zusammensetzung zu, weil sie einfach ist und nicht in eine andere Gattung gesetzt werden kann (Met K 1066 a 10). Weil sie nicht zerlegbar ist, ist sie nur der Intuition zugänglich, insofern sie auch das Prinzip des Bewußtseins ist. Als bewegte Bewegung hat sie ihr Prinzip in sich selbst, ja sie ist Prinzip (Met A 983 a 26) und Vollzug der Verwirklichung von Seiendem, das von der δύναμις zur ἐνέργεια übergeht (Phys 201 a 27).
Raum und Zeit haben ihren Grund in der einfachen Bewegung, weil sie nur entgegengesetzte Momente der identischen Bewegung sind. "Die Zeit ist in der Bewegung das innere Maß, der Raum ... die äußere unmittelbare Erscheinung" (39). Die in sich indifferente Bewegung differenziert sich in die Formen von Raum und Zeit. Die Unterscheidung von innen und außen ist nur durch den Gegensatz der Begriffsformen von Sein und Tätigkeit in ihrer wechselseitigen Bezogenheit erklärbar. Der Raum ist die in ihren eigenen Gegensatz tretende Tätigkeit, die sich im Sein äußerliche Bestimmtheit gibt. Als Raum ist das Sein aber nur in der Beziehung zur Bewegung als dem Allgemeinen begreifbar, indem wir ihn nur durch das eigene Denken nachschaffen und ihm durch die konstruktive Bewegung eine Bestimmtheit zu-

---
(37) Logische Untersuchungen, Bd. 1, S. 168
(38) LEIBNIZ G.W., Meditationes de cognitione, veritate et ideis (1684), in: Philosophische Schriften, Bd. 4, S. 422-426

weisen. Dadurch erscheint der Raum a n einem Seienden und tritt dadurch in einen organischen Gegensatz zur reinen, allgemeinen Tätigkeit.
SCHELLING stellt die Beziehung von Sein, Raum und Tätigkeit genauer dar (40). Der Raum ist weder ein Abstraktum, weil er in allen Räumen einer ist, noch etwas Konkretes, weil er nicht mehr einem Allgemeinen untergeordnet ist, sondern er ist "reines Sein mit Verneinung aller Tätigkeit". Sein Gegensatz ist die reine Bewegung ohne die Bestimmung eines Seins. Der Raum ist also eine Bestimmung am Seienden und wird deshalb als Beziehungsbegriff eines Begriffswortes dargestellt.
Die Zeit dagegen ist nicht an dem Seienden; sie wird deshalb auch nicht als Beziehungsverhältnis eines Seienden dargestellt. Sie gehört vielmehr zur Tätigkeit des Seienden, das in verschiedenen Veränderungen das gleiche bleibt. Die Zeit ist die Form des Denkens, in der die Tätigkeit des Seienden angeschaut wird. Sie erscheint deshalb als Beziehungsverhältnis des Verbums. Zeit ist überall, weil die Bewegung überall ist; sie ist deshalb ein Kontinuum, das nicht eingeteilt werden kann, weil es in sich nicht teilbar ist (41). Die Bezeichnung der Zeit als Gegenwart, Vergangenheit und Zukunft ist eine Tat des Bewußtseins und nur in dieser Beziehung zum Denken vorstellbar. Denn mit dem Bewußtsein verfolgt der Geist die Zeit, die sich in den Veränderungen des Seienden manifestiert. Diese Veränderungen sind aber nur vorstellbar durch die Spontaneität des Bewußtseins, das selbst von der Zeit geleitet ist. Die Spontaneität faßt die Veränderungen des Seienden als Nacheinander auf. "Zeit ist dergestalt das innere Moment in der objektiven Bewegung, daß wir sie für sich nur im Bewußtsein ergreifen" (42). Gegenwart ist deshalb nicht ein Punkt,

---

(39) Logische Untersuchungen, Bd. 1, S. 218
(40) Methode des akademischen Studiums, in: Schriften von 1801-1804, S. 485
(41) Vgl. den Zeitbegriff bei HARRIS, 1. Kapitel, § 3
(42) TRENDELENBURG A., Logische Untersuchungen, Bd. 1, S. 232

sondern die im Bewußtsein erfaßte Zeit, die durch die
Aktivität des Bewußtseins bestimmt und ausgefüllt wird.
Im Augenblick des Jetzt vermag daher die Spontaneität
des Bewußtseins die Gesamtheit des Denkinhalts in
einer Einheit zu ergreifen und die Zeit dadurch festzuhalten. Das Bewußtsein verknüpft die Reihe der Handlungen zu der Einheit des Zwecks, der den Anfang und
das Ende des Tuns zusammenschließt, und begründet die
Einheit des zeitlichen Ablaufs, indem es den Anfangs-
und Zielpunkt erfaßt. Die Bewegung des Denkens erfüllt die Bewegung der Zeit, indem das Denken sich
selbst in neue Gedankenverhältnisse entwickelt.
Die Denkformen des Raumes und der Zeit sind die Bedingung der Möglichkeit, die sinnlichen Eindrücke zu
Vorstellungen des Bewußtseins umzugestalten. Die Sprache enthält Bezeichnungen für räumliche und zeitliche
Vorstellungen; denn sie kann die Beziehungen der Begriffe erst dadurch fassen, daß sie diese als Vorstellungen im Raum darstellt. Besonders die Bezeichnung
des Individuellen wird durch die konkrete Raumbeziehung
exakter bestimmbar. Kausale Verhältnisse werden im
Sinne eines Nacheinander durch die Denkform der Zeit
erfaßbar. Weil aber die Vorstellung der Zeit durch
die Beziehung auf den Gegenstand und dessen Veränderungen bestimmt ist, werden oft die Formen von Raum und
Zeit nicht genau geschieden und viele Zeitverhältnisse werden als Raumverhältnisse gedacht (43). Z.B.
die Personendung des Verbs enthält sowohl Zeit- als
auch Raumbeziehung.

§ 5 DER SATZGEDANKE UND DIE SATZVERHÄLTNISSE

1. Die Einheit des Gedankens, der im Augenblick des
Bewußtseins aufscheint, entäußert sich in der Einheit
der Beziehungsverhältnisse des Satzes. Der Anfang der

---

(43) BECKER nennt als weitere Anschauungsform das
Größenverhältnis, d.h. die extensive Größe des
Seins und die intensive Größe der Tätigkeit. Darauf kann nicht mehr eingegangen werden.

Sprache ist der Gedanke, sowohl der Struktur nach als
auch beim Akt des Sprechens. Sprache ist auf der Ebene
von Deskription eine Ansammlung von Wörtern, die miteinander addiert werden; auf diesem Wege vermögen wir
aber nicht den in ihr ausgesagten Sinn zu entdecken.
Denn Sprache ist Aussage von etwas, das sie selbst ist,
ihrer Bedeutung, nicht von etwas, was erst durch Konvention in sie hineingelegt wird, wenn wir die Laute
lediglich als instrumentelle Zeichen betrachten. Sofern
Sprache eine Erkenntnisfunktion hat oder eine Weltanschauung vermittelt, muß sie die Einheit ihrer Bedeutung in ihrem äußeren Aufbau differenzieren, damit
die erkennende Vernunft sich in ihr selbst entdeckt
und durch die Analyse des gemeinten Gegenstandes oder
Sachverhaltes vergewissern kann. D.h. Sprache ist
ihrer Funktion als Darstellung oder Erkenntnisvermitt-
lung nach gar nicht anders denn in der Satzstruktur
vorstellbar. Wenn Sprache dennoch auf die Einheit von
Begriffen im Wort drängt, so macht sie dadurch deutlich, daß ihre Erkenntnis eines Gegenstandes oder
Sachverhaltes bereits einen gewissen Fortschritt erreicht hat. Denn sie vermag in der Aussage ohne weitere
Analysen einen Begriff für einen Sachverhalt zu setzen.
Zunächst aber beginnt der Gedanke sich im Satz zu
differenzieren und die Grundbegriffe des Seins und
der Tätigkeit zu produzieren, die in der Betrachtung
der realen Welt durch die Denk- und Anschauungsformen
entstehen. Wie die Begriffsbildung durch den Gedanken
bedingt ist, so die Wortbildung durch die Satzbildung (1).
Der Inhalt des Satzes ist die Bedeutung des Satzes, die
sich in den Begriffen und den Beziehungen der Begriffe
differenzieren. Diese Differenzierung geschieht jedoch
so, daß jeder Begriff und jedes Beziehungsverhältnis nur
durch und auf dem Hintergrund des Satzgedankens seine
Bedeutung erhält, d.h. die Differenz der Begriffe und

---

(1) Organism der Sprache, S. 175

Begriffsverhältnisse, die diese als individuelle hervortreten läßt, hat ihren Grund und Sinn nur in dem Allgemeinen des Satzgedankens. Die Grundstruktur des Satzes besteht also in der prädizierten Einheit von Subjekt und Prädikat (2). In dieser Struktur stellt sich das Bewußtsein allererst dar, sofern es einen Sachverhalt denkt. Denn der Satz vermag die Verhältnisse der Begriffe im Gedanken durch die Beziehungen der Wörter als Beziehungen der Bedeutung organisch abzubilden. Wie zwischen den Begriffen eine notwendige Beziehung herrscht, damit sie die Einheit des Gedankens abbilden, so müssen in einem sinnvollen Satz die Wörter in ein notwendiges Verhältnis zueinander treten, damit dem Satz Bedeutung zukommt. Letztlich erhält ein Begriffswort "gerade dadurch seine Bedeutung, daß es als Glied von einem... Satzverhältnisse in den Satz aufgenommen wird" (3). Über die Funktion eines Wortes im Satz entscheidet ausschließlich die Bedeutung, die ihm im Satzganzen zukommt, und nicht die Zugehörigkeit zu einer Klasse von Wörtern, z.B. Substantiven oder Verben. Denn die Sprache, die nicht an der Lautgestalt der Wortarten festgemacht ist (wenn sie darin auch eine gewisse Leitlinie der Sprachentwicklung findet), vermag auf Grund ihrer logischen Form einem Begriff die lautliche Gestalt zu geben, die zum Ausdruck seiner Bedeutung in der Beziehung zu anderen Begriffen notwendig ist, z.B. substantivierte Verben. Denn die logische Form ist nicht als Schema zu denken, sondern als bewegende Konstruktionskraft des Geistes.

2. Jedem Satz, jedem Satzverhältnis, ja jedem Begriff liegt das Urteil des erkennenden Bewußtseins zugrunde, das die Eindrücke der sinnlichen Welt im Augenblick der Rede in die prädikative Einheit von Tätigkeit und Sein einbringt und diese Einheit in der attribu-

---

(2) Organism der Sprache, S. 160 und 161
(3) Schulgrammatik 1831, S. 143, zitiert nach HASELBACH G., Grammatik und Sprachstruktur, S. 149

tiven und objektiven Beziehung eines Satzes wiederholt.
Wodurch aber kommt dem prädikativen Satzverhältnis die
Qualität des erkennenden Gedankens zu ? Die Begriffe
und ihre Beziehungen sind gleichzeitige Momente des
Gedankens, der die Vermittlung zwischen der objektiven
Welt und der Struktur und Bedeutung des Satzes herstellt. BECKER erkennt in der Differenz von Stamm und
Endung der Wörter die ursprüngliche logische Differenz
von Begriff und Beziehung, von Stoff und Form (4).
Die Synthese von Stoff und Form konstituiert nach der
aristotelischen Physik und Metaphysik die körperlichen
Substanzen, die realen Dinge. Die Struktur des Satzes
als organische Einheit von Begriffswörtern und Formwörtern ist für BECKER also ein Abbild der ontologischen Strukturgesetze (5). Die Sprache, insbesondere
der Satz gibt deshalb Erkenntnis von der Wirklichkeit,
sofern sie eine bewegte ist und immer neue Seinsver-
hältnisse setzt (Physik A). In der Sprache ist deshalb das Prädikat der zentrale Begriff des Satzes (6).
Denn die Bewegung ist ein Grundprinzip des Seienden,
insofern sie sich an einem zugrunde liegenden ($\hat{v}\pi o$-
$\kappa\epsilon\ell\mu\epsilon\nu o\nu$), beharrenden, der $\H{v}\lambda\eta$ (Phys 189 b 1, 190 b
13 f.) in Gegensätzen ($\grave{\epsilon}\nu\acute{\alpha}\nu\tau\iota\alpha$) vollzieht (Phys 188
b 25 ff.). Diese Gegensätze sind die Form ($\epsilon\tilde{\iota}\delta o\varsigma$),
die sich mit der $\H{v}\lambda\eta$ vereinigt und das Einzelne kon-
stituiert, und die Formberaubung ($\sigma\tau\acute{\epsilon}\rho\eta\sigma\varsigma$), die die
Materie im Zustand der $\delta\acute{v}\nu\alpha\mu\iota\varsigma$ als ein der Möglichkeit
nach Seiendes bestimmt, wenn dem Seienden noch die
wesentliche Bestimmung fehlt, um vom Zustand des Nicht-
Seins ($\mu\grave{\eta}\ \grave{o}\nu$) in den Zustand der Wirklichkeit über-
zugehen (Phys 191 b 14 f.)(7). Die Form läßt also die
der Möglichkeit nach existierende, der Wirklichkeit

---

(4) Organism der Sprache, S. 176
(5) "Wie bei allen natürlichen Dingen, so kann auch in
dem Gedanken und mithin auch in der Rede, als dem
gesprochenen Gedanken, der Stoff nicht ohne die
Form und früher als die Form hervortreten: beide
können nur zugleich und in inniger Einheit ins Leben
treten". Organism der Sprache, S. 176
(6) Auch für ARISTOTELES ist der Bereich des Seienden
nicht von dem der Sprache losgelöst, sodaß die

nach aber nicht-seiende ($\mu\grave{\eta}\ \overset{,}{o}\nu$) Materie in die Wirklichkeit treten, indem sie ihr die wesentliche Bestimmtheit verleiht (Met $\Theta$ 1048 b 4) und sie als Einzelding ($\tau o\acute{\delta} \epsilon\ \tau\iota$) konstituiert ($\epsilon\tilde{\iota}\delta o\varsigma\ \delta\grave{\epsilon}\ \lambda\acute{\epsilon}\gamma\omega\ \tau\grave{o}\ \tau\acute{\iota}\ \tilde{\eta}\nu\ \epsilon\tilde{\iota}\nu\alpha\iota\ \dot{\epsilon}\kappa\acute{\alpha}\sigma\tau o\upsilon\ \kappa\alpha\grave{\iota}\ \tau\grave{\eta}\nu\ \pi\rho\acute{\omega}\tau\eta\nu\ o\dot{\upsilon}\sigma\acute{\iota}\alpha\nu$ Met Z 1032 b 1 f.).

Dieses aristotelische Prinzip könnte in Anwendung auf die Grammatik BECKERs in folgender Weise formuliert werden: die Materie ist das rohe Begriffswort, das in sich noch keine Bedeutung und für sich allein noch keine Existenz hat; erst durch die Endung, die ihm Form verleiht, bekommt es seine eigentliche Bedeutung und wird ein wirkliches aussageträchtiges Element des Satzes. In der Sprachtheorie BECKERs hängen Endung als Ausdruck der Form und Beziehung als Konstitutivum der Bedeutung des übergeordneten Satzes eng zusammen. Welcher Zusammenhang besteht aber zwischen Form und Bedeutung ? Bei dieser Frage muß bedacht werden, daß ARISTOTELES den Begriff $\epsilon\tilde{\iota}\delta o\varsigma$ in doppeltem Sinne verwendet. Einerseits steht $\epsilon\tilde{\iota}\delta o\varsigma$ höher als $\ddot{\upsilon}\lambda\eta$ und ist mehr als diese ($\pi\rho\acute{o}\tau\epsilon\rho o\nu\ \kappa\alpha\grave{\iota}\ \mu\tilde{\alpha}\lambda\lambda o\nu$) (Met Z 1029 a 5 ff.); deshalb muß sie auch über dem Einzelding (sprich: Begriffswort plus Endung) stehen, das aus Materie und Form zusammengesetzt ist ($\sigma\acute{\upsilon}\nu\delta\epsilon\tau o\nu$, $\dot{\epsilon}\kappa\ \tau o\acute{\upsilon}\tau\omega\nu$). $E\tilde{\iota}\delta o\varsigma$ ist so der $o\dot{\upsilon}\sigma\acute{\iota}\alpha$ verwandt, die ebenfalls nicht für sich existierend und nicht ein Einzelding ist (Phys 209 b 22 ff., Met Z 1033 b 21 f.). ARISTOTELES verwendet die Begriffe $\epsilon\tilde{\iota}\delta o\varsigma$ und $o\dot{\upsilon}\sigma\acute{\iota}\alpha$ mehrmals so, als ob sie austauschbar wären (Met Z 1033 b 17, $\Delta$ 1022 a 14, Z 1035 b 15 f.). Wenn wir $o\dot{\upsilon}\sigma\acute{\iota}\alpha$ - über ARISTOTELES hinausgehend - mit Bedeutung oder Sinn übersetzen, dann kann in der Form die Vermittlerin

---

Elemente der Sprache nicht nur Reflexionsbegriffe sind, sondern die Verhältnisse des Seienden wirklich aufzudecken vermögen. Diese Interpretation der aristotelischen Physik vertritt E. TUGENDHAT in seiner Rezension des Buches von W.WIELAND, Die aristotelische Physik, in: Gnomon 35 (1963) 543-555.

(7) ARISTOTELES entwickelt diesen Gedanken auf Grund der Aporie, in die die eleatische Lehre mit ihrer Auffassung, daß aus Nichtseiendem nichts entstehen könne, gekommen ist. Auf diesen Zusammenhang kann hier nicht näher eingegangen werden; vgl. Phys 191 a 27 ff. und b 13 ff.

der Bedeutung, die im Ganzen des Satzes zum Ausdruck
kommt, gesehen werden. Die Bedeutung aber ist das
Allgemeine, das sich in den Begriffen und Beziehungen
der Begriffe individualisiert und hervortritt. Genauso
hat die Form keine Existenz unabhängig von den Dingen,
an denen sie hervortritt. Die Form vermittelt also
das Begriffswort mit der übergeordneten Bedeutung,
insofern sie Bedeutung i s t. Andererseits existiert
die Form als ein bestimmendes Element an dem Einzelding (sprich: Begriffswort), als der λόγος des jeweiligen Dinges (Met H 1042 a 28 f.). In dieser Zusammensetzung mit der ὕλη konstituiert sie das Einzelne als
Wesenheit. Durch den Ausdruck der Beziehung konstituiert
die Form den Begriff bzw. die Wortform im Satz. Denn
die Wortformen sind nicht im voraus festgelegt, sondern
entwickeln sich erst im Kontext mit anderen Elementen
des Satzes. Erst durch die Einordnung in den Satz
erhält die Wortform ihre Bedeutung. Der Endung des
Wortes kommt deshalb die Funktion des Ausdrucks der
Beziehung zu (8); die Beziehungen meinen die Denk-
und Anschauungsformen und die Satzverhältnisse, also
die grammatische Form (9). Als solche kann die Beziehung auch durch Formwörter ausgedrückt werden. Endungen und Formwörter fallen in die Kategorie der σύν-
δεσμοί , die eigentlich erst die Syntax als solche
konstituieren.

3. Die Satzverhältnisse beruhen auf den Beziehungen
der Begriffe untereinander, während die Denk- und Anschauungsformen aus der Beziehung zum Denkenden entstehen. Da letztere Beziehung die allgemeinere ist
und die Vermittlung von realer Welt und Sprache leistet, kommt ihr im Prozeß der Erkenntnis ein Vorrang zu.

---

(8) Organism der Sprache, S. 179
(9) Die Entwicklung der Begriffswörter gehört der Wortbildung an, die hier nur gestreift wird. Vermutlich
wird sie im Zusammenhang mit dem aristotelischen
Begriff der ὕλη zu sehen sein.

Wenn ein Begriff zu einem anderen in Relation gesetzt wird, muß er erst in seiner Funktion durch die Denk- und Anschauungsformen bestimmt sein, die sich mit und in den Begriffen entwickeln. Die allgemeinsten Beziehungen sind die Raum- und Zeitverhältnisse, die die Bedeutung des Begriffs im Akt der Erkenntnis bestimmen. Diese Formen treten in ihrer jeweiligen Bedeutung auch erst durch den Gegensatz hervor, z.B. Vergangenheit und Zukunft als Gegensätze zur Gegenwart, und finden dadurch eine Flexionsform als unterscheidendes Merkmal. Die Anschauungsformen sind die Bedingung dafür, daß die Beziehungsform der Wirklichkeit entstehen kann, die durch das Urteil des Sprechenden im Akt des Sprechens und mit Hilfe der Subjekt-Prädikat-Struktur ausgesagt wird. Durch die Prädikation wird das besondere Sein in das Allgemeine, die Tätigkeit, aufgenommen und dabei werden die Zeit- und Raumverhältnisse wirksam. Durch den Modus des Prädikats wird die bejahte, d.h. wirkliche Einheit von Tätigkeit und Sein ausgesagt. Der Modus findet sich als Beziehung des Prädikats, weil das Verbum als Hauptbegriff die Bewegung des Denkens äußerlich werden läßt. Das Prädikat ist deshalb auch das Allgemeine, das sich in seiner Beziehung auf das Besondere individualisiert und in ihrer eigenen Differenz räumlich und zeitlich bestimmt. Das Prädikat ist deshalb auch die am meisten entwickelte Begriffsform. Ein verneintes Prädikat bringt dann die Aufhebung der Einheit von Sein und Tätigkeit, insofern sie die Nicht-wirklichkeit darstellt. Auch dieser Satz ist ein Urteil des Denkens im Sinne einer Entscheidung über wirkliche und nichtwirkliche Sachverhalte. Im Modus der Möglichkeit und Notwendigkeit drückt die Sprache die Beziehung der Kausalität aus.

Die so prädizierte Einheit der Tätigkeit und des Seins, die am Modus des Prädikats deutlich wird, ist der Ausgangspunkt der Satzverhältnisse. Denn jedem Satzverhältnis liegt eine solche nach Anschauungs- und Denk-

formen bestimmte prädikative Einheit von Tätigkeit
und Sein zugrunde. Die Differenz von Subjekt und Prädikat hat ihre Entsprechung in den Dingen, in denen
ein Allgemeines sich im Besonderen darstellt und diese
Beziehung sich nach dem Prinzip der Bewegung gestaltet.
"Der Geist will die Welt in sich wiedererzeugen...
Ohne eine solche Beziehung auf die Dinge gibt es kein
Urteil, sondern nur Begriffe, die für sich gleichgültug dahinschweben (10) und in dem prädizierenden Vervum wird außer dem Begriff der Tätigkeit, der in der
Sache liegt, diese Beziehung des Geistes ausgedrückt"(11).
Durch die Denk- und Anschauungsformen wird dem Satz
die Bedeutung vermittelt, die die Begriffe und die
Beziehungen mit den ontologischen Kategorien zur ursprünglichen Einheit bringt.
Der prädikative Satz ist die Grundlage für die Verhältnisse der Begriffe und die Konstitution der Wortbedeutungen. Er ist deshalb auch der logische Ausdruck,
ohne den alle übrigen grammatischen Formen nicht möglich wären.

4. Im attributiven Satzverhältnis wird das ursprüngliche Streben des Denkens, alle Elemente in einen Begriff zu vereinen, deutlich. Der Begriff erfaßt das
Wesen der Sache in seiner Bestimmtheit, indem die Wahrnehmung von Einzeldingen zu einer Einheit entwickelt
wird (An post 100 a, Met Z 1029 b)(12). Durch den
ὁρισμός (Definition) wird der Begriff seinen Elementen
nach aufgedeckt: das Geschlecht und der artbildende
Unterschied (Top 103 b 15). Der Begriff ist so das Ergebnis einer διαίρεσις, die vom Besonderen zum Allgemeinen aufsteigt (An post 96 b 15 - 97 b 25). Das
attributive Satzverhältnis faßt die Elemente der
διαίρεσις, die prädizierte Einheit einer Tätigkeit mit
einem Sein, in einem Begriff zusammen. Ein Urteil über

---

(10) Sind das aber Begriffe und nicht vielmehr Worthülsen ohne Inhalt ?
(11) TRENDELENBURG A., Elemente der aristotelischen Logik, S. 82. Vgl. 2. Kapitel § 2.
(12) Vgl. Organism der Sprache, S. 163 und 265

die Wirklichkeit einer Prädikation, in welchem ein
Begriff eines Seins durch Aufnahme in das Allgemeine
der Tätigkeit zu einem Artbegriff entwickelt wird,
wird grammatisch als attributives Satzverhältnis dargestellt und als ein einfacher Begriff durch ein Substantiv ausgedrückt. Das Urteil über diesen Sachverhalt
ist vorläufig abgeschlossen und in einem Begriff manifestiert, der dann als attributives Satzverhältnis in
ein neues prädikatives einzugehen vermag (als Objekt
oder Subjekt). Weil dem Begriff ein Urteil der Wirklichkeit zugrunde liegt, hat das Zeitverhältnis keine
Funktion mehr; lediglich das Raumverhältnis (Personalendung) wird durch die Geschlechts- und Kasusendung
dargestellt. Die Kongruenz der Endungen bezeichnet
die Einheit von Tätigkeit und Sein, die diesem
Begriff zugrunde liegt.

5. Das objektive Satzverhältnis entwickelt sich aus
der Differenz des Tätigkeitsbegriffes, der als allgemeinster Begriff auf vielfache Beziehungen zu Besonderem zurückgeführt werden kann und dadurch individualisiert wird. Zwar geschieht die Individualisierung des Allgemeinbegriffs der Bewegung bereits durch
das Subjekt, aber der Charakter des Allgemeinen bleibt
noch erhalten, da er ein Artbegriff ist. Deshalb ist
eine weitere Individualisierung durch eine objektive
Beziehung nötig, die dann der Tätigkeit eine Richtung
gibt. Diese eigentlich individualisierende Beziehung
geschieht ebenso primär auf der Ebene der Anschauungsformen. Weil nun die Bedeutung der Zeitform in engster
Verknüpfung mit der Form des Raumes steht (13) und
diese miteinander in der Einheit der Bewegung einen
Gegensatz bilden, wird durch die Denkform des Gegensatzes eine weitere Individualisierung im Bereich des
Raumverhältnisses möglich. Das Verbum nimmt deshalb

---

(13) Organism der Sprache, S. 172

ein Richtungsverhältnis als individuelle Differenz im Akt der Rede oder auch, wenn sich daraus ein fester Artbegriff bildet, in idiomatischen Wendungen in sich auf. Die Beziehung der Gedanken wird also durch räumliche Verhältnisse versinnlicht und anschaubar (für den Sprechenden und Hörenden). Kasus und Präposition haben ihre Funktion als Ausdruck von Beziehungen nur auf Grund der Bedeutung. Auch hier gilt also, daß nur auf der semantischen Ebene die Struktur des objektiven Satzverhältnisses erklärbar ist. Das grammatische Objekt tritt nur auf der Ebene der Darstellung "für den Augenblick der Rede" (14) hervor, weil die lebendige Rede das Allgemeine in individueller Gestalt expliziert - Sprache bedeutet Individualisierung. Die Phonetik und Morphologie zeigen lediglich die Verschiedenheit der Sprachen und die Wandelbarkeit der Formen, während die Bedeutung der Beziehung auf Grund des einen Gedankens gleich bleibt. "Das grammatische Verständnis der objektiven Beziehungen ist nicht möglich, so lange man diese nur aus den Formen des Objekts erklären will. Auch hier, wie überall in der Sprache, deutet die Form der Darstellung zwar auf die Form des Gedankens ; aber die Form der Darstellung kann nur aus der innerlich angeschauten Form des Gedankens verstanden werden" (15).

## § 6 SATZ UND URTEIL IN LOGISCHER UND SYNTAKTISCHER BETRACHTUNG

1. Die Verknüpfung von Denken und Sprechen wird für uns deutlich, wenn wir die Syntax des einfachen Satzes in Relation zu den Akten des Denkens setzen. Auf diesem Wege gewinnen wir Einsicht in den Zusammenhang und den Unterschied von Satz und Urteil. Wir müssen bei der

---

(14) Organism der Sprache, S. 307
(15) ebenda, S. 313

Betrachtung dieses Problems von der gesprochenen Sprache ausgehen. Von dem Akt des Sprechens, nicht von der Sprache als einer Sammlung von Begriffen und Satzformen aus läßt sich sachgerecht über Satz und Urteil sprechen. Die Arbeit der Sprachphilosophie kann sich nur an der gesprochenen Sprache entzünden. Wenn sie dagegen die erstarrte Gestalt eines Zeichensystems zu ihrem eigentlichen Objekt macht und die Bewegung der semantischen Gestalt von Sprache hintansetzt, läuft sie Gefahr, daß ihr der Gegenstand unter der Hand entschwindet. Denn Sprache ist wesentlich V e r s t ä n d i g u n g über Sachverhalte. BECKERs Grammatik ist daher keine Grammatik der Schriftsprache, sondern der gesprochenen Sprache.

Diese Verschiedenheit möglicher Sprachbetrachtung mag auch der Grund der Differenz von K.F. BECKER und J. GRIMM gewesen sein. Während J. GRIMM seine Sprachauffassung historisierend an dem Aufbau erstorbener Sprachen (am Gotischen, Althochdeutschen u.a.) entwickelte, kam K.F. BECKER in seinen Forschungen immer mehr von der Etymologie ab und wandte sich der Syntax als dem Erscheinungsbild des Denkens im Akte des Sprechens zu (1). Man könnte sagen: Sprachbetrachtung ist für BECKER primär ein hermeneutisches Unternehmen (2). Die hermeneutische Arbeit entfaltet sich dabei auf der Ebene der Bedeutung des Sprachzeichens, nicht in der Untersuchung der Formen. Diese Seite der Sprache kann nur erhellt und begründet werden, wenn die Aussagen auf die Strukturgesetze des Denkens zurückgeführt werden können (3). So gibt nicht die Etymologie, die seit der Zeit der Stoiker zur Aufgabe der Sprachwissenschaft gehört, Aufschluß über die Denkgesetze, sondern

---

(1) Vgl. die Vorrede zur zweiten Auflage des "Organism der Sprache"!
(2) Vgl. GADAMER H.G., Wahrheit und Methode, Tübingen 1965, S. 361-465.
(3) BECKER K.F., Organism der Sprache, S. XIII

nur die Syntax, die die Einheit des Gedankens anschaulich macht (4). Für BECKER ist Sprache nur im Zusammenhang mit der Logik zu bearbeiten, wenn Sprachphilosophie einen festen Grund haben soll (5). Die Rezeption der Schrift 'De interpretatione' von ARISTOTELES ist unverkennbar, wenn BECKER auch auf Grund seiner etymologischen Forschungen an vielen Stellen über ARISTOTELES hinaus detailliertere Aussagen zu machen versteht. Man kann deshalb Theodor BENFEY zustimmen, wenn er die Grammatik K.F. BECKERs "mehr philosophisch als linguistisch" nennt (6).

2. Blicken wir zunächst zurück auf die aristotelische Auffassung von Urteil und Sprache: Wörter haben nur Bedeutung, insofern sie Symbole für Abbilder der Dinge im Denken sind. Der Bezugspunkt für die Entscheidung über ihre Richtigkeit ist nicht die objektive Welt, sondern die Vorgänge und Akte des Denkens, durch die bei allen Menschen in gleicher Weise die objektive Welt dem Geist vermittelt wird. Von ihrer Struktur her läßt sich erst etwas über die Qualität der Sprache ausmachen, denn die Sprache ist Spiegelbild der Denkvorgänge. Von einer umgekehrten Beziehung, daß nämlich die Sprache eine Eigengesetzlichkeit besitze und dadurch dem Denken die Richtung und die Form weise, spricht ARISTOTELES nirgendwo (7). Der Hintergrund der Sprache ist nicht ein statisches Gebilde eines festgelegten Gegenstandes, auf den sich der Sprechende bezieht, sondern die Dynamik und Entwicklung des Denkens, ein Prozeß, in dem Begriff und Bedeutung allererst entstehen und bestimmt werden. Eine Analyse der Sprache, die an der Zeichenfunktion entlanggeht, verfährt äußerlich und vermag nicht ihrer lebendigen Entwicklung

---

(4) Es ist auffallend, daß BECKER gleich zu Beginn seiner Abhandlung über die Arten der Begriffe vom Urteil als dem Fundament der Begriffsbildung spricht (Organism der Sprache, S. 70).
(5) Zum Begriff der Logik vgl. 3. Kap. § 2!
(6) Geschichte der neueren Sprachwissenschaft, S. 663
(7) DÜHRING I., Aristoteles, S. 66 zitiert dazu eine Untersuchung von STIGEN, in: Symbol. Osl. 37 (1961) 15-44

zu entsprechen; denn der Grund der Entwicklung wird nur durch die Einsicht in die Bedeutung, die im Denken entsteht, zugänglich. Bevor Sprache als Bezeichnung von etwas hervortreten kann, muß die Bedeutung als Abbild in der Seele etwas Bestimmtes symbolisieren (De an 420 b 32), d.h. eindeutig sein.
Die Form des Wortes ist im Vergleich zu der von der Seele bestimmten Bedeutung, auf die es letztlich ankommt, von geringerem Gewicht (An post 76 b 24). So macht TRENDELENBURG darauf aufmerksam, daß aus der Wortform nicht beurteilt werden kann, ob ein Begriff positiv oder negativ sei. Darüber vermag allein sein Inhalt Aufschluß zu geben (8). Auch der Satz dient der Bezeichnung, aber seine Bedeutung und vor allem seine Berechtigung als Aussage über Wahres und Falsches erhält er ausschließlich von den Vorgängen und Gedanken der Seele. Der Satz als Verknüpfung von Worten ist ein reines Bezeichnungssystem, das aus den Vorgängen des Denkens seine Aussagekraft erhält und Verständigung ermöglicht. Insofern die Gedanken sich im Satz darstellen, ist eine Verständigung der Menschen möglich. Diese muß jedoch mißlingen, wenn die Bedeutung eines Zeichens nicht bestimmt ist und der Gebrauch nicht eindeutig über den Inhalt des Zeichens Auskunft gibt. Im Gespräch muß klar sein, WOVON man redet. Dazu ist die Verwendung bestimmter Sprachzeichen von untergeordneter Bedeutung. Sinn und Bedeutung eines Sprachzeichens werden auch nicht primär durch dessen Platz in einer äußeren Struktur eines Satzes bestimmt, obgleich sich gewisse Wortarten, die aus der syntaktischen Zuordnung entstanden sind, in allen Sprachen nach einem allgemeinen Schema klassifizieren lassen, auf Grund deren Sätze generiert werden können (9). Diese Auffassung wird der Funktion von Sprache im Erkenntnisprozeß der Individuen nicht gerecht und sagt

---

(8) Logische Untersuchungen, Bd. 2, S. 285
(9) Vgl. LYONS J., Einführung in die moderne Linguistik, München 1971

wenig über ihren Verständigungscharakter aus. Erst
das 'Gespräch der Seele' verknüpft die Symbole für
die Dinge und läßt dadurch Bedeutung und Begriff
entstehen (Vgl. De an 418 a 3-6; 431 b 21). Gleichermaßen wird im Satz als Spiegelbild des Denkens durch
die Verknüpfung der Worte deren Bedeutung und die
Aussage des Ganzen bestimmt. Der Sinn eines Satzes
wird also begründet durch die Kenntnis der Bedeutung
oder durch die Einsicht in die Vorgänge des Denkens.
Der Sprachgebrauch ist damit keine verselbständigte
Gestalt, die eigenen Gesetzen folgt, sondern das Spiegelbild der Begriffsverknüpfungen in der Seele. Auch
eine Theorie, die von abstrakten Satztypen ausgeht,
vermag nicht den inneren Zusammenhang der Satzelemente
aufzuweisen. Wirkliche Erkenntnis findet erst dadurch
statt, daß Wörter (Begriffe) zu einer in sich schlüssigen Aussage verknüpft sind. Dieses Produkt des Denkens
ist das U r t e i l, dessen Kriterium für ARISTOTELES
darin besteht, ob in ihm die Aussage von Wahrem oder
Falschem stattfindet (De interpr 17 a 1). Denn das
Urteil ist eine Verknüpfung von Denkbestimmungen ($\sigma \upsilon \nu$-
$\vartheta \varepsilon \sigma \iota \varsigma \; \tau \iota \varsigma \; \nu o \eta \mu \acute{\alpha} \tau \omega \nu$ ) zu einer Einheit, bei welcher
Irrtum oder Wahrheit auftreten (De an 430 a 26 ff.).
Ohne die Verbindung oder Trennung sind aber die Gedanken weder wahr noch falsch, ebenso ihr sprachlicher
Ausdruck (De interpr 16 a 8 ff.). Die Verknüpfung oder
Trennung von Denkbestimmungen ist eine Leistung des
einheitswirkenden Geistes ($\tau \grave{o} \; \mathring{\varepsilon} \nu \; \pi o \iota o \widehat{\upsilon} \nu$)(De an 430 b 5).
Die Einheit der Denkbestimmungen ist die Grundlage des
Denkens überhaupt.

3. Durch diese Tätigkeit des Geistes wird über Wahrheit
und Irrtum der Sache entschieden. Denn Wahres sagt der,
der das (in der Sache) Getrennte für getrennt, das Zusammengesetzte für zusammengesetzt hält; Falsches
aber sagt der, der anders denkt als die Dinge sich
verhalten (Met $\Theta$ 1051 b 3; vgl. $\Gamma$ 1012 a 3 ff., E 1027

b 25 ff., de interpr 16 a 21). Irrtum und Wahrheit können also nicht an den Zeichen für die Denkbestimmungen haften, sondern liegen immer in der Zusammensetzung im Gedanken (De an 430 b 2 ff.). Der Terminus Urteil wird von ARISTOTELES also eindeutig auf Vorgänge in der Seele, auf den Akt des Erkennens abgestellt, wie es BECKER formulieren würde. Aufgabe der Sprachphilosophie ist es also, von dem Gebrauch der Sätze als Zeichen auf die Vorgänge des Denkens zu schließen. Dieses Tun selbst hat seinen Grund in der Struktur und Entwicklung des Geistes, der den Grund der Bedeutung und des Bedeutungswandels einer Aussage vermittelt. Ebenso läßt sich dadurch eine Einteilung der Sätze finden, ob berechtigterweise an sie das Kriterium von Wahrheit oder Irrtum angelegt werden kann, d.h. ob sie Urteile sind, oder ob sie zwar etwas bedeuten ( λόγοι σημαντικοί ), aber keine Behauptungen über Wesen und Einheit einer Sache sind. Denn Urteile sind erst als solche zu bezeichnen, wenn in ihnen eine begründete und notwendige Beziehung zwischen Subjekt und Prädikat ausgesagt werden kann. Nur dieser Zusammenhang qualifiziert einen Satz zu einem Urteil, indem es eine Erkenntnis zum Ausdruck bringt. Anders verhält es sich mit einem Befehl, Wunsch oder Gebet.

Das Urteil will über die Sache eine Aussage machen; deshalb muß es auf ähnliche Weise ( ὁμοίως ) wahr sein wie die Sache (De interpr 19 a 33). Im Urteil greift der Geist in die Sache ein und bestimmt sie ihrer inneren Struktur nach. Daher kann er einen inneren Zusammenhang aufweisen oder dessen Behauptung als Irrtum zurückweisen. Nur durch den Aufweis oder die Zurückweisung eines inneren Zusammenhangs eines sinnlich Gegebenen wird ein sinnvoller bejahender oder verneinender Satz möglich, der berechtigterweise etwas als wahr oder falsch aussagt.

Das Denken kann aber keine Entscheidung treffen ohne die Zeitbeziehung mitzudenken (De an 430 b 1)(10). Denn die

Zeit ist ein Merkmal des νοῦς, ja ohne Bewußtsein und Denken gibt es keine Zeit (Phys 223 a 25 ff.). Der aristotelische Zeitbegriff steht im Zusammenhang mit der Zahl und dem Zählen, d.h. einem bewußten Feststellen von Veränderungen in einem Prozeß. Ohne diese Fähigkeit des "Abzählens" würden wir keine Zeit empfinden, wir würden nur ein einziges Jetzt erleben (Phys 219 a 30). Dieser Zustand würde nicht von der Vernunft, sondern von der Begierde erwirkt, die nur am Jetzigen als dem schlechthin angenehmen und guten hängt, während die Vernunft auf Veränderung, d.h. auf Zukunft aus ist (De an 433 b 8). Insofern die Vernunft über einen Sachverhalt urteilt, tut sie es stets unter Berücksichtigung der Dimension der Zeit. Deshalb ist jede Aussage in einer durch die Zeitform bestimmten Wortkonstellation ausgedrückt, die sich am Verbum findet. Denn jede Bejahung ( κατάφασις ) und Verneinung ( ἀπόφασις ) wird entweder aus einem Namen (Substantiv) und Zeitwort oder aus einem unbestimmten Namen und Zeitwort bestehen. Ohne Zeitwort gibt es weder Bejahung noch Verneinung (De interpr 19 b 10).

4. Die Grundbedingung eines Urteils ist die Einheit der Denkbestimmungen (De interpr 17 a 8) im Sinne der Zusammengehörigkeit oder Trennung. Diese Einheit kommt zum Ausdruck durch die K o p u l a. Die Kopula hat für sich keine Bedeutung, weil sie keinen Gegenstand bezeichnet. ARISTOTELES unterscheidet deshalb sehr genau zwischen der Funktion der Kopula und der Bedeutung 'existieren' (Vgl. de interpr 21 a 25-29). Die Kopula 'ist' bezeichnet eine notwendige Relation zwischen Denkbestimmungen, bzw. 'ist nicht' bezeichnet den Ausschluß der Relation. Sie kann nur gesetzt werden, wenn das Denken in eine Sache eingedrungen ist, dessen innere Struktur aufgedeckt (analysiert) hat und die notwendige und begründete Relation zu verstehen gibt. Deshalb wird sie

---

(10) TRENDELENBURG versteht ARISTOTELES so, "daß Wahrheit und Irrtum nicht bloß in der einfachen Zusammensetzung von Begriffen, sondern auch in der die Zeit mitdenkenden Synthese gelegen sei". Aristotelis De Anima Libri Tres, Graz 1957, S. 415.

auch als Ausdruck der Prädikation bezeichnet: sie stellt die prädizierende Einheit von Subjekt und Prädikat, von Seiendem und Tätigkeit dar. In seiner Lehre vom Syllogismus macht ARISTOTELES sogar deutlich, daß das Subjekt im Prädikat ist (ἐν ὅλῳ τῷ A εἶναι, ὑπὸ τοῦ A εἶναι, τῷ A ὑπάρχειν)(11). In dieser Funktion ist der Begriff 'sein' in jeder Prädikation der Bedeutung nach enthalten. Die logische Darstellung des Satzes 'Sokrates sitzt' in der syntaktischen Transkription 'Sokrates ist sitzend' will nur in grammatischer Hinsicht diese Grundbestimmung des Prädikats ausdrücken und nicht die gewachsene Sprachgestalt aufheben.

Nach der Theorie BECKERs drückt die Kopula keinen Begriff der Tätigkeit aus, obgleich sie dem Prädikat angehört, sondern ist ein ursprüngliches Formwort, das nur "ein Verhältnis des Begriffs" darstellt (12) und die "prädikative Beziehung" (13) bezeichnet. Diese Beziehung soll eine Einheit der Begriffe des Seins und der Tätigkeit ausdrücken, bei der die Personalendung die Kongruenz der Begriffe herstellt. Durch die Kopula kommt überhaupt das Grundverhältnis des Satzes, die Einheit der Begriffe zum Ausdruck, die sich in der Form des Prädikats ausprägt; sie ist der Ausdruck der Aussage schlechthin. Die Einheit ist eine Einheit in Raum und Zeit. In der Personalendung des Prädikats sind Raum und Zeit ungeschieden enthalten. BECKER sieht daher auch eine Parallele in der Entwicklung des Pronomens und der Kopula aus ihrer ursprünglichen Identität in der Personalendung des Verbums. Als selbständige Wörter differenzieren sie sowohl der Bedeutung als auch der Form nach die ursprüngliche Einheit von Raum und Zeit in einem Gegensatz. Das Pronomen bezeichnet mehr das

---

(11) Die Formeln ὑπάρχειν (Mit Dativ), κατηγορεῖσθαι κατά τινος, εἶναι ὑπό τινος etc. machen den Unterschied zwischen Subjektbegriff und Prädikatbegriff deutlicher als die einfache Gleichsetzung. Dadurch wird die "logische Struktur der Sätze" in ihrem sprachlichen Ausdruck durchsichtig gemacht (PATZIG G., Die aristotelische Syllogistik, Göttingen ³1969, S. 22) und die Zusammengehörigkeit oder Nichtzusammengehörigkeit der Begriffe herausgestellt
(12) Organism der Sprache, S. 223

räumliche Verhältnis eines Seins (substantivische Form), die Kopula mehr das Verhältnis der Tätigkeit in der Zeit (14). Da sie nur Ausdruck von Begriffsverhältnissen, nicht von Begriffen selbst sind, zählt sie BECKER zu den Formwörtern.

5. Das Urteil ist die organische Reproduktion der objektiven Wirklichkeit auf geistiger Ebene. Die Einheit seiner Elemente spiegelt die Einheit des Gegenstandes die durch die Spontaneität des Geistes in Begriffen und Gedanken zum Vorschein gebracht werden. Denn die Sinne vermitteln nur die Dinge in ihrer Vereinzelung, die Vernunft erst vermag die einzelnen Eindrücke zu einer Einheit eines Ganzen zusammenzuschließen (15). Die Elemente der Einheit sind das ὑποκείμενον und das κατηγορούμενον, das Selbständige und die dem Subjekt zugesprochene Bestimmung. Insofern Substanz und Tätigkeit miteinander verknüpft die Einheit eines Gegenstandes ausdrücken, entsprechen sie der Struktur des Seins und seinen Verknüpfungen, die im Denken auf Grund der identischen Struktur von Denken und Sein aufscheinen. TRENDELENBURG spricht hier von einer Übereinstimmung des Subjektiven und Objektiven (16). Notwendige Voraussetzung dieser Analyse ist freilich, daß der Gegenstand von den Sinnen aufgefaßt wird und als Eindruck sich im Bewußtsein entwickelt. Denn die miteinander verbundenen Elemente des Urteils (ὄνομα und ῥῆμα) bilden die Struktur der Wirklichkeit ab. Das Urteil entfaltet die Wirklichkeit auf geistiger Ebene, indem es eine Synthese einer auf organische Weise entwickelten Begriffsdifferenz darstellt. Synthese heißt nicht, daß "zwei Begriffe und Wörter äußerlich mit einander zusammengesetzt", sondern "daß sie innerlich zu einer organischen Einheit verbunden sind" (17). Die Synthesis ist eine Funktion des Denkens. Die Sinnesdaten werden im erkennenden Bewußtsein auf die Einheit einer mit der Wirk-

---
(13) Organism der Sprache, S. 227
(14) ebenda, S. 228
(15) ebenda, S. 14
(16) Logische Untersuchungen, Bd. 2, S. 229
(17) BECKER K.F., Organism der Sprache, S. 19

lichkeit identischen Struktur gebracht (18). Die Erkenntnisqualität eines Urteils liegt für BECKER nur dann vor, wenn eine innere Gesetzlichkeit in diesem Vorgang waltet (19). Da die Bewegung dem Denken und Sein ihre grundlegende Struktur gibt, ist das Urteil, das die Tätigkeit einer Substanz zum Ausdruck bringt, die dem Gedanken entsprechende Darstellungsform.

Im Akt des Denkens greift der Verstand in die durch die Sinne vermittelten Erscheinungen ein und differenziert ($\deltaιαίρεσῃ$) die Einheit des Gedankens in den Namen eines Gegenstandes ($ὄνομα$) und den Namen einer Tätigkeit ($ῥῆμα$). Die prädizierte Einheit von Subjekt und Prädikat stellt den ganzen Gedanken dar (20). Dem Prädikat kommt dabei ein besonderer Rang zu. Als Ausdruck der Tätigkeit vermittelt es zwischen der Aussage und der objektiven Welt, deren gemeinsames Prinzip die Bewegung ist. Der Ausdruck der Tätigkeit, die einer Substanz zukommt, stellt so auch die Beziehung der geistigen Welt zu den Objekten her, über die etwas ausgesagt wird. Die Tätigkeit ist gleichermaßen Ausdruck der inneren Verbindung von Subjekt und Prädikat, nimmt also den Platz der Kopula ein, und Ausdruck der Beziehung der Gedanken zu den Dingen. TRENDELENBURG nennt es daher mit Recht den Hauptbegriff, der lautlich durch die Betonung hervorgehoben wird (21). Weil ein Urteil ohne diese Grundrelation keines ist, kann gesagt werden, daß jeder Satz, sofern er ein Urteil ausspricht, ein Verbum haben muß. Das Verbum stellt die Einheit des im Urteil Differenzierten dar. Weil die Tätigkeit nicht vom Subjekt verschieden ist, kann auch die innere Verbindung beider ausgesagt werden. Im Urteil wird vielmehr das unzertrennlich Vereinigte unterschieden und einander entgegengesetzt. Die bei der Unter-

---

(18) Es würde hier zu weit führen, die Differenz zur Theorie des Synthesis in der Philosophie KANTs aufzuweisen.
(19) BECKER K.F., Organism der Sprache, S. 13
(20) ebenda, S. 160
(21) Logische Untersuchungen, Bd. 2, S. 231

scheidung entstehenden Elemente besitzen nur in der
Vereinigung zum Ganzen ihre Bedeutung. SCHELLING betont, daß im Urteil keine Zusammensetzung geschieht,
sondern das Ganze "durch Wechselwirkung der Teile möglich ist". Der Geist urteilt, indem er "Teil und Ganzes,
Form und Materie wechselseitig aufeinander bezieht,
und nur durch und in dieser Beziehung erst entsteht
und wird alle Zweckmäßigkeit und Zusammensetzung zum
Ganzen" (22). Man kann deshalb mit TRENDELENBURG (23)
sagen, daß jedes Urteil sowohl analytisch als auch
synthetisch ist. Denn einerseits ist im Subjekt das
Prädikat inbegriffen (LEIBNIZ) andererseits vermag
das Prädikat als Allgemeines verschiedene Urteile
hervorzurufen, von denen eines unmittelbar hervortritt
und einen Sachverhalt zur Kenntnis bringt.

6. Vom Prädikat aus erschließt sich der Inhalt einer
Aussage. Im Prädikat wird der allgemeine Grund des
Seienden vermittelt, der sich nach ARISTOTELES als
tätiges Prinzip im Einzelnen darstellt. Durch dieses
vermittelte Allgemeine wird das Einzelne in den Zusammenhang mit dem allen Einzelnen Gemeinsamen gestellt
und auf das Prinzip gebracht. Das Prinzip aber ist der
Grund des Seienden, der im Denken am Einzelnen aufgedeckt wird und dem Einzelnen Notwendigkeit verleiht.
Erst wenn wir die Prinzipien und Gründe erfaßt haben,
halten wir ein Einzelnes für erkannt (Phys 184 a 10).
Der νοῦς geht auf dieses Allgemeine, das als πρότερον
τῇ φύσει dem Einzelnen zugrunde liegt. Als νοῦς ποιητικός ist er selbst wirkendes Prinzip und als solches mit dem Allgemeinen eins (Vgl. De an 430 a 10 ff.).
Denn die Vernunft ist Vernunft der Prinzipien ( νοῦς
τῶν ἀρχῶν ) und Prinzip der Wissenschaft ( ἐπιστήμης
ἀρχή vgl. An post 99 b 20 ff.). In welcher Weise dieser
Zusammenhang von Denken und Sein zu nehmen ist, erörtert ARISTOTELES in seinen metaphysischen Untersuchun-

---

(22) Ideen zu einer Philosophie der Natur, in: Schriften von 1794-1798, S. 366
(23) Logische Untersuchungen, Bd. 2, S. 265 f.

gen, in denen er den Grund von Wissenschaft aufdecken
will (Vgl. besonders Met E 1025 b 7 ff.) (24).
Das Prädikat als Ausdruck der Tätigkeit stellt diese
allgemeine Beziehung her, durch die das Einzelne denkbar wird. Denn für das begründende Denken ist das Einzelne nur durch das Allgemeine zugänglich, während
die Tätigkeit in ihrem Prozeß auf das Einzelne geht
(Met M 1087 a 19 ff.; vgl. Phys 201 a 10 ff.). Das
Was-sein ist die höchste Bestimmung alles Seienden, aus
der alle sonstigen Eigenschaften hervorgehen und die
allen zugesprochen werden muß, sofern wir von etwas
reden (Met Z 1028 a 10 ff.). Denn zu wissen, was etwas
ist, ist dasselbe, wie zu wissen, woher und warum ($\deltaιὰ\ τί$) es ist (An post 90 a 31). Das Einzelne ist dagegen
als solches nicht wißbar und nicht definierbar (Met Z
1040 a 12 ff.). Wenn die Vernunft eine Sache definiert,
so gibt sie zunächst die allgemeine Gattung ($\gamma ένος$)
an, aus der durch fortschreitende Entfaltung die jeweiligen Differenzen auseinandergelegt und bestimmt werden.
Die Begriffsbestimmung geht also zuerst auf das $\gamma ένος$,
das Frühere, den Grund der Sache (Top 141 b 25). Dieses
Frühere gibt auch die Gewähr für die Einheit der Elemente in der Definition.
BECKER nennt deshalb den Tätigkeitsbegriff "das Erste",
"das wesentliche Element und den eigentlichen Inhalt
des Urteiles" (25). Man könnte ihn auch das Fundament,
den Ermöglichungsgrund des Urteilens nennen, so daß
die Annahme, im Begriff der Tätigkeit läge der Anfang
der Urteile, naheliegend ist. Die Sprache folgt diesem
Vorgang; denn "der Begriff des Seins wird überall in
der Sprache durch ein zu einem Substantiv gewordenen
Verb ausgedrückt, z.B. Glocke von klingen ($κλάζω$
N. klaha)" (26). Auf dem Hintergrund der aristotelischen
Physik kommen BECKER und TRENDELENBURG auch zu der Auffassung, daß der Begriff der Bewegung als die oberste

---

(24) Vgl. KAULBACH F., Einführung in die Metaphysik,
    Darmstadt 1972, S. 59-68
(25) Organism der Sprache, S. 70
(26) ebenda, S. 70

Einheit, als der eigentliche Urbegriff anzusehen ist, d.h. als das Allgemeine, aus dem sich die Arten der Tätigkeit an einzelnen Subjekten differenzieren (27). Die Bewegung als das Frühere und Allgemeine muß im Prozeß am Einzelnen als begrenzt hervortreten, am Subjekt, und wird deshalb vom Subjekt ausgesagt. Deshalb kann gesagt werden, daß Prädikate zu ihrem Subjekt gehören. Subjekt und Prädikat stellen eine innere Einheit dar, die im Prinzip der Bewegung ihren Grund hat. Die Einheit des Urteils ist nicht eine Summe von Begriffen, sondern ein Ganzes, in das die einzelnen Elemente eingehen. Die Beziehung auf das Allgemeine, das auch als Ganzes bezeichnet werden kann, verleiht dem Einzelnen "Dasein und Bedeutung" (28). Mag auch das Ganze ein Gebilde des abstrahierenden Denkens sein, so kommt ihm als notwendigem Erkenntnisschritt und -resultat nicht weniger Realität zu. ARISTOTELES erläutert den Unterschied von Ganzem und Summe an einem Beispiel aus der Sprache: die Silbe ist nicht einfach eine Aneinanderreihung von Buchstaben, sondern sie ist in ihrer Ganzheit noch etwas anderes (Met Z 1041 b 10 ff.).

7. Das Prädikat vermittelt der Aussage das $\tilde{ει}δος$, die einerseits die Einheit der Elemente leistet, andererseits das Einzelne zur Exsistenz bringt (Met $\Theta$ 1045 b 5 ff.). $Ειδος$ meint die Sache selbst. Das Wesen der Sache ist nur auf der Ebene des Urteils erfaßbar, gehört also selbst der sprachlichen Ebene an, insofern es allererst im Urteil herausgestellt werden muß. Der Begriff der Sache entsteht so einzig durch das Urteil, das die innere Struktur der Sache aufdeckt und ihre Einheit in der Einheit des Begriffs gedanklich erfaßt. TRENDELENBURG sieht den Beginn des Urteils, wie er in der Sprache auftritt, in den unpersönlichen Verben ("es blitzt"), in denen die Tätigkeit als ursprüng-

---
(27) Organism der Sprache, S. 71
(28) ebenda, S. 11 f.

liche aufgefaßt wird (29). Damit ist zunächst nicht der
historische Ursprung gemeint, sondern das innerste,
fundierende Strukturelement des Urteils. In der weiteren
Entfaltung des Urteils entsteht der Begriff, der die
im Urteil aufgedeckte Grundstruktur des Seienden als
Einheit seiner Elemente auf der Basis der Tätigkeit
darstellt. Nach der Sprachauffassung BECKERs ist der
wirkliche Begriff eines Seienden "Produkt eines Urteiles", das sich erst in der Verbindung eines besonderen
Seins mit dem Begriff einer Tätigkeit als ein Allgemeines entwickelt. Die Synthesis der Begriffe ist ein
Akt des Erkennens, in dem "das Sein unter einer Tätigkeit b e g r i f f e n wird" (30).
Mit den neu entstandenen Begriffen werden neue Urteile
entwickelt, welche aus der Differenz der allgemeinen
Bewegung an einer neuen Substanz auftreten. Diese Differenzierung findet nur statt, insofern ein neuer Inhalt erkannt wird. "Wir denken in Prädikaten" (31), d.h.
das Prädikat ist in der Weite seiner allgemeinen Bezeichnung der Leitfaden, an dem neue Inhalte und Gedanken sich entwickeln und bestimmt werden (32). Ein Urteil kann nicht entstehen, wenn die Vernunft nicht
einen Einblick in die Sache hat. Denn ein Urteil
muß E t w a s aussagen, das der Wirklichkeit entspricht
(Met $\ominus$ 1051 b 3). Als solches ist es nur der Ausdruck
der Einheit in der Synthesis von Begriffen (De an 430
a 28), und zwar der Begriffe einer Substanz und einer

---

(29) Logische Untersuchungen, Bd. 2, S. 231
(30) Organism der Sprache, S. 70; vgl. Ausführliche
deutsche Grammatik, Bd. 1, S. 17 f.
(31) TRENDELENBURG A., Logische Untersuchungen, Bd. 2,
S. 232
(32) TRENDELENBURG und BECKER haben auf Grund dieses Zusammenhangs in etymologischer Hinsicht in den Verben
die Wurzeln der Sprache gesehen, jedoch nicht ohne
darauf hinzuweisen, daß es sich um wissenschaftliche Abstraktionen handelt, "ohne daß sie irgend-
wann und irgendwo der wahrhaften Sprache angehör-
ten" (Logische Untersuchungen, Bd. 2, S. 235).
E i n Postulat muß aber an die "ersten Wörter" gestellt werden: sie müßten "schon einen vollen Gedanken enthalten" und "für sich ein Urteil bilden"
(Logische Untersuchungen, Bd. 2, S. 236).

Tätigkeit, die der Verstand an den wirklichen Dingen unterscheidet. In der Grammatik werden die Begriffe von Subjekt und Prädikat ihrer Bedeutung nach (nicht ihrer äußeren Struktur nach) nur in der ursprünglichen Beziehung zu den Begriffen 'Seiendes und Tätigkeit' verstehbar. Es ist ein Trugschluß zu meinen, das Urteil könne als rein formales Gebilde behandelt werden, dem eine Wirklichkeit erst nachträglich zugeordnet werden könnte. In der aristotelischen Logik ist der Realitätsbezug das eigentliche Fundament, das die Möglichkeit von Urteilen begründet.

Die prädikative Struktur wird dem Sinn eines Urteils allein gerecht, insofern im Moment des Urteilens die Verbindung von Begriffen stattfindet. Die Vernunft läßt im Moment des Urteilens die Sache auf geistiger Ebene allererst entstehen und bringt sie sich selbst zur Kenntnis. Wirkliche Einsicht kann im Subjekt nur dann entstehen, wenn nicht feste Formeln unbedacht appliziert werden, sondern der Akt des Urteilens immer neu sich auf die Sache selbst richtet und am Leitfaden der gemeinsamen Struktur von Sache und Vernunft die Inhalte begreifen lernt (33).

Sprache als Generieren von Sätzen, entspricht ja in der Subjekt-Prädikat-Struktur diesem kontinuierlichen Prozeß der Analyse von Sachverhalten, die im Fortschreiten neue Dimensionen der Sache zu verstehen gibt.

---

(33) Die Klage über die Entleerung der Sprache und die allerorts feststellbare Reduzierung der öffentlichen Diskussion auf Formeln, z.B. Entfremdung, Ausbeutung, Kapitalismus, Sozialismus u.a. hat ihren Grund darin, daß man sich kaum mehr die Mühe des Urteilens macht, sondern in ideologischer Manier einer Wirklichkeit echte Urteile als Formeln überstülpt. Ähnliches gilt für den Sektor der (Aus-) Bildung, in der das Lernen als Fähigkeit zum Urteilen zwar zum Schlagwort erhoben wird, in Wirklichkeit aber das reine Memorieren, Abfragen und Applizieren von Formeln den Meister macht. Weil die fundamentale Beziehung zum Denken außer acht gelassen wird, braucht man auch Sprache nurmehr als Formelsystem zu betrachten, ohne daß man sich einer Tatsache bewußt wird, die man als "Unfähigkeit zum Gespräch" (H.G.GADAMER) oder als Abnehmen des Grundcharakters von Sprache, der Verständigung über Sachverhalte, bezeichnen muß.

BECKER gebraucht zur Bezeichnung des Urteils die Verlaufsform "prädizierend", im Unterschied zu "prädiziert", womit er die Einheit des Begriffs als Resultat eines Urteils meint (34). Desgleichen sieht er den Grund der Möglichkeit eines attributiven und objektiven Satzverhältnisses ausschließlich in einem vorausgehenden prädikativen Satzverhältnis (35). Denn "jedem Begriff liegt ein Urteil zum Grunde" (36). Das Gespräch, vor allem das wissenschaftliche, besteht in der kontinuierlichen Abfolge von Urteilen, die im Anblick der Sache aufeinander aufbauend in positiver oder negativer Wendung tiefer in die Sache eindringen. Es entstehen Begriffe, die im weiteren Verlauf des Gesprächs (Urteil) die Sache lebendig werden lassen, indem sie für die jeweiligen Etappen die Einheit des Gegenstandes vermitteln und zur Sache zwingen. In der Entfaltung der Urteile werden Begriffe bestätigt oder neu bestimmt, wenn in dem diskursiven Prozeß ihr Umfang und Inhalt in Frage gestellt wird. Begriffe entstehen auf jeder Stufe oder Etappe des Gesprächs nur vermittels der Urteile. Durch die Abfolge der Urteile kann eine anfangs subjektive Aussage über einen Sachverhalt sich verschärfen zu einer allgemein einsichtigen Aussage, sofern die Einheit des Gedankens und der Sache gewahrt bleibt. Ein Gespräch ohne den Einblick in die Struktur des Denkens ist eine leere Anschauung im Sinne der kantischen Theorie. Auch hier wird deutlich, daß die Kritik STEINTHALs an der Auffassung BECKERs über die gemeinsame Struktur von Denken und Sprechen ins Leere stößt(37).

In dieser philosophischen Analyse wird deutlich, daß auch im Satz das Prinzip der Bewegung Geltung besitzt. Auf Grund dessen kann die Sprache auch als Phänomen betrachtet werden, an dem die Geschichtlichkeit des Menschen hervortritt; dies nicht nur im Sinne der Ver-

---

(34) Ausführliche deutsche Grammatik, Bd. 2, S. 2
(35) Vgl. 3. Kap. § 5.
(36) TRENDELENBURG A., Logische Untersuchungen, Bd. 2, S. 234
(37) Vgl. HASELBACH G., Grammatik und Sprachstruktur, S. 95 ff.

bindung von vergangenen und kommenden Generationen, sondern als Möglichkeit im Prozeß der Geschichte die Explikation des Geistes in der Entfaltung und Darstellung von Erkenntnissen voranzutreiben.

8. Insofern das Urteil die Wirklichkeit in ihren Verknüpfungen nachzeichnet, d.h. genetischen Charakter besitzt, zeigt es ein positives Verhältnis auf. Die positive, d.h. wirkliche Verbindung der Elemente zu einer Einheit kommt in jedem bejahenden Urteil zum Ausdruck ($\varkappa\alpha\tau\acute{\alpha}\varphi\alpha\sigma\iota\varsigma$). Das bejahende Urteil ist also das erste ($\pi\rho\tilde{\omega}\tau o\varsigma\ \lambda\acute{o}\gamma o\varsigma$), weil es einen wirklichen Sachverhalt in seiner Einheit bestimmt (De interpr 17 a 8). Erst auf dieser Basis wird das verneinende Urteil ($\dot{\alpha}\pi\acute{o}\varphi\alpha\sigma\iota\varsigma$) denkbar, das die Einheit der Begriffe aufhebt. THOMAS VON AQUIN führt zur Erklärung des Vorrangs bejahender Urteile vor den verneinenden drei Argumente an, die für die Sprachtheorie BECKERs auch Relevanz besitzen: a) Von der Sprache her gesehen ist das bejahende Urteil früher, weil es einfacher ist, denn das verneinende Urteil fügt über die Bejahung hinaus noch die Partikel mit negativer Bedeutung hinzu; b) von der Vernunft her gesehen ist das bejahende Urteil, das eine Synthese der Vernunft bezeichnet, früher als das negative, das eine Trennung desselben bezeichnet; denn die Trennung ist von Natur aus später als die Synthese, weil es nur Trennung von Zusammengesetztem gibt; c) von der Sache her gesehen ist es früher, weil es ein Sein bezeichnet, während das negative Urteil ein Nicht-Sein bezeichnet, wie nämlich der Habitus früher ist als die Beraubung (38).

Zuerst muß eine Einheit positiv gedacht werden, damit die Verbindung der Begriffe aufgehoben werden kann ($\dot{\alpha}\pi\acute{o}\varphi\alpha\sigma\iota\varsigma\ \delta\acute{\epsilon}\ \acute{\epsilon}\sigma\tau\iota\nu\ \dot{\alpha}\pi\acute{o}\varphi\alpha\nu\sigma\iota\varsigma\ \tau\iota\nu o\varsigma\ \dot{\alpha}\pi\acute{o}\ \tau\iota\nu o\varsigma$, de interpr 17 a 25). Bei der Aufhebung entsteht ein unendliches Urteil, weil in der Verneinung nicht gesagt werden kann, was etwas ist, dessen Verknüpfung verneint wird. Das verneinende Urteil kann nur aus dem Wissen über das positive Wesen einer Sache hervorgehen, insofern es

---

(38) In Aristotelis Libros Peri Hermeneias et Posteriorum Analyticorum Expositio, ed. R.M. Spiazzi, S. 38

andere Bestimmungen, die nicht das Wesen betreffen, abweist. Die Negation kann nur auf der Seite des Prädikats geschehen (genauer: der Kopula), das als Allgemeines in der Aussage das übergeordnete Ganze einbringt, von dem etwas, das nicht dazugehört, ausgeschieden wird. Die Verneinung hat für BECKER nur dann eine fundierte Funktion in der Sprache, wenn sie als Funktion des Urteils auftritt.

Die Sprache akzeptiert nur schwer Verneinungen am Substantiv, weil es dann unbestimmter Natur ($\text{ὄνομα ἀόριστον}$) ist und weder Sein noch Nichtsein von ihm ausgesagt werden kann (De interpr 16 a 30). Dem scheint die Form der Adjektive mit verneinender Vorsilbe (un-/in-) zu widersprechen. TRENDELENBURG weist im Anschluß an DESCARTES' Meditationes (Kap. 3) darauf hin, daß solche Wörter der Ausdruck der Verhältnisse sind, die zwar den Sinnen entzogen, deshalb aber nicht minder positiv in ihrer Bedeutung sind. Einige bezeichnen auch nur einen Mangel des Positiven (39). Jedoch auch hier ist der Genese nach der positive Begriff die Grundlage für die Denkbarkeit der Begriffe mit verneinender Bedeutung.

Die Verneinung ist ein Akt des setzenden Denkens, dessen Ursprung in einem positiven Urteil seinen Grund haben muß, sofern etwas ausgesagt wird. Auf dem Wege über das Allgemeine kann einer positiven Aussage eine negative entgegengesetzt werden, denn das Allgemeine vermittelt beide Aussagen, insofern es den gemeinsamen Bezugspunkt ($\text{γένος}$) darstellt, auf den das eine ausgerichtet und von dem das andere ausgeschlossen wird. Da das Allgemeine nur auf der Ebene des Denkens existiert, muß die Verneinung als ein reines Verhältnis von Gedanken bestimmt werden. Weil ein Urteil über ein Wirkliches Aussagen macht, das der Anschauung zugänglich ist, kann ein verneinendes Urteil nur als Verhältnis von

---

(39) Logische Untersuchungen, Bd. 2, S. 282

Gedanken betrachtet werden. Es liegt primär auf der Ebene der Erkenntnis, nicht auf der Ebene der objektiven Sache.

Außerdem ist es weder sprachlich noch logisch möglich, daß ein bejahendes und ein verneinendes Urteil über denselben Sachverhalt gleichzeitig wahr sind. Denn das bejahende und das verneinende Urteil stehen zueinander in einem Gegensatz ($\dot{\alpha}\nu\tau\iota\kappa\epsilon\iota\mu\epsilon\nu o\nu$), indem sie sich in Bezug auf die gleiche Sache gegenseitig ausschließen. Es kann einer Sache nicht eine Bestimmung gleichzeitig als zukommend ($\upsilon\pi\alpha\rho\chi o\nu$) und nicht zukommend ausgesagt werden (Met $\Gamma$ 1005 b 19; de interpr 17 a 26). Alles Wahre muß mit sich selbst in jeder Hinsicht übereinstimmen; d.h. weil ein Begriff als solcher bestimmt sein muß, kann ihm nicht die gleiche Aussage zu- und abgesprochen werden (An pr 47 a 8; Eth. Nic. 1098 b 11), es sei denn die Begriffe wären homonym.

Die Sprache entzieht sich, sofern sie etwas aussagt, d.h. eine Bedeutung zum Ausdruck bringt, keineswegs diesem Prinzip. Mag es in Hinsicht des Zeichencharakters möglich sein zu sagen "zwei und zwei ist fünf" oder "schwarz ist weiß" (40), so müssen diese Aussagen vom Sinn her, der nur auf dem Wege des Urteils, d.h. des Denkens erschlossen werden kann, nicht nur als falsch, sondern auch als fehlerhaft im semantischen Sinne bezeichnet werden. Jede Aussage ist falsch, wenn sie auf nicht Seiendes bzw. auf etwas anderes bezogen wird als das, wovon sie wahr ist (Met $\Delta$ 1024 b 27 ff.). Welche Verwirrung käme in die Verständigung über Sachverhalte, wenn falsche Aussagen nicht auch sprachlich markiert werden könnten und die Eindeutigkeit auch der sprachlichen Ebene nicht hergestellt werden könnte ! Die Bestimmtheit des grammatischen Zeichens kann daher nur durch die Prozesse des Denkens gelingen, die mit dem Sprechen einhergehen.

---

(40) Vgl. BENFEY Th., Geschichte der Sprachwissenschaft, S. 10.

9. Das Urteil muß aber noch in weiterer Hinsicht betrachtet werden: das Denken macht es möglich, die Synthesis von Begriffen als eine Einheit zu betrachten, die ihre Wirklichkeit ($\tau\grave{o}$ $\dot{v}\pi\acute{a}\rho\chi\epsilon\iota\nu$), ihre Notwendigkeit ($\tau\grave{o}$ $\dot{\epsilon}\xi$ $\dot{\alpha}\nu\acute{\alpha}\gamma\kappa\eta\varsigma$ $\dot{v}\pi\acute{a}\rho\chi\epsilon\iota\nu$) oder ihre Möglichkeit ($\tau\grave{o}$ $\dot{\epsilon}\nu\delta\acute{\epsilon}\chi\epsilon\sigma\theta\alpha\iota$ $\dot{v}\pi\acute{a}\rho\chi\epsilon\iota\nu$) aussagt (An pr 25 a 1). Diese sind die verschiedenen Modi der Erkenntnis, die in verschiedenen Arten von Urteilen zum Ausdruck kommen. Die gedachte Einheit der Begriffe ist zunächst ein Urteil der Möglichkeit, das noch unbestimmt ist. Die inneren Begriffsverhältnisse müssen aber auf ein potentiell Wirkliches Bezug haben, damit ihnen Sinn und Bedeutung zukommt (41). Dem Möglichen kommt deshalb die Zeitbestimmung des Futurs zu. Ein Urteil ist dann ein Urteil der Möglichkeit, wenn im Gedanken zwar alle Bedingungen vorhanden sind, aber der Übergang vom Potentiellen zum Aktuellen nicht geleistet und die Ganzheit der Bedingungen noch nicht hergestellt ist. Wenn letzteres eintritt, haben wir das Urteil der Wirklichkeit als Ausdruck der Einsicht in die notwendigen und fundierenden Begriffsverhältnisse, die dem Urteil der Möglichkeit in gleicher Weise zugrunde liegen muß. Insofern eine Sache der Einheit ihres Wesens nach bestimmt wird, resultiert daraus ein Urteil der Wirklichkeit (Met H 1045 a ff.). Das Urteil der Notwendigkeit setzt die Bestimmtheit des Begriffs voraus, indem der Grund der Sache aufleuchtet. Die Einsicht in den Grund der Sache begründet das Urteil, das über Begriffsverhältnisse aussagt, daß sie sich nicht auf mehrere Weise zueinander verhalten können, sondern daß sie sich so und nicht anders verhalten ($\tau\grave{o}$ $\mu\grave{\eta}$ $\dot{\epsilon}\nu\delta\epsilon\chi\acute{o}\mu\epsilon\nu o\nu$ $\ddot{\alpha}\lambda\lambda\omega\varsigma$ $\ddot{\epsilon}\chi\epsilon\iota\nu$)(Met $\Delta$ 1015 a 34). Denken und Sein stehen hier in einer Einheit, die der allgemeine Grund der Dinge und Gedanken ist (42).

---

(41) Hier ist das Verhältnis von $\delta\acute{v}\nu\alpha\mu\iota\varsigma$ und $\dot{\epsilon}\nu\acute{\epsilon}\rho\gamma\epsilon\iota\alpha$ mitzudenken. Vgl. 3.Kap. § 2.
(42) Auf das Verhältnis von Notwendigkeit und Freiheit kann in diesem Zusammenhang nicht eingegangen werden. Vgl. TRENDELENBURG A., Logische Untersuchungen, Bd. 2, S. 207 ff.

10. BECKERs Sprachanalyse ist zugleich eine Analyse der Prozesse der Vernunft im aristotelischen Sinne, in denen die Möglichkeiten des Menschen begründet liegen. Seine Logik ist ebenso Psychologie und die Psychologie ist nicht von der Logik getrennt darzustellen. Das gleiche gilt für die Grammatik. BECKER reflektiert zwar nicht über den Unterschied zwischen Erfahrung als Quelle für die Bildung der Allgemeinbegriffe ($\dot{\epsilon}\mu\pi\epsilon\iota\rho\acute{\iota}\alpha$) und der wahren Erkenntnis der Prinzipien, zu der man durch die $\dot{\epsilon}\pi\alpha\gamma\omega\gamma\acute{\eta}$ (An post 100 b 4) gelangt. Aber seine fortlaufende Rede von der organischen Struktur des menschlichen Denkens und Sprechens legt nahe, daß damit ebenso diese Prinzipien der Erkenntnis ($\dot{\alpha}\rho\chi\grave{\eta}$ $\tau\tilde{\eta}\varsigma$ $\dot{\epsilon}\pi\iota\sigma\tau\acute{\eta}\mu\eta\varsigma$) gemeint sind, die den Grund der Dinge und des Denkens darstellen ($\nu o\tilde{\upsilon}\varsigma$ $\tau\tilde{\omega}\nu$ $\dot{\alpha}\rho\chi\tilde{\omega}\nu$ An post 100 b 12; Eth.Nic. 1141 a 7). Sofern Vernunft überhaupt etwas aufzunehmen und in der Sprache darzustellen vermag, muß ihr Anfang und erster Akt ein Akt der Erkenntnis sein, der von den Prinzipien geleitet ist. D.h. die Vernunft muß die Differenzverhältnisse der Einheit eines Gegenstandes eingesehen und bestimmt haben. Diese Einsicht ist - wie gesagt - eine Einsicht in die Prinzipien und das Allgemeine. Die Erkenntnis findet ihren Ausdruck im Urteil, in welchem das Besondere und das Allgemeine vermittelt werden. Für BECKER ist daher das Urteil das Fundament und der Ermöglichungsgrund jeder anderen Art von Aussagen. Mit dem Terminus Urteil ist primär ein Verhältnis von Gedanken, nicht von Worten gemeint. Da das Urteil seiner Struktur nach die Einheit der Differenzverhältnisse von Begriffen aufweist, kann gesagt werden, daß nur auf der Grundlage eines Urteils sinnvolle Aussagen jeglicher Art gemacht werden können. Denn das Urteil formt alles Empfundene, Angeschaute, Erstrebte usw. zu einsehbaren Verhältnissen von Gedanken; man kann deshalb auch das Urteil eine Funktion des verarbeitenden

Bewußtseins nennen. Eine rein formale Betrachtung wird
schon deshalb nicht der Sache gerecht, weil der Ort
des Urteils, das Bewußtsein, nicht auf eine strenge
Form festgelegt werden kann. Denn das Bewußtsein ist
der Schnittpunkt der Innen- und Außenwelt und wird
daher wesentlich durch seine Inhalte bestimmt, die
ihm erst die jeweilige Form geben. Insofern die vielen
Perzeptionen im Bewußtsein zu einer Einheit gebracht
werden, kann man von einem Urteil sprechen. Das Urteil
ist daher primär nicht eine Satzform, sondern der Grund
von Sätzen und Wörtern überhaupt.
Das Urteil zeigt das Allgemeine (der Bewegung), das sich
an einem besonderen Seienden differenziert. Man könnte
auch sagen: es bestimmt wie der $\dot{\delta}\rho\iota\sigma\mu\dot{o}\varsigma$ durch den Bezug
auf das $\gamma\acute{\epsilon}\nu o\varsigma$ dessen artbildende Unterschiede und macht
deshalb die Struktur einer Sache einsichtig. Ohne die-
sen primären Vorgang der Vernunft vermöchten wir niemals etwas zu denken und wir wüßten nicht, WOVON wir
sprechen, d.h. die Sätze und Wörter hätten keine Bedeutung. Für die Begriffsbildung ist das Urteil insofern die Grundlage, als es durch die Darstellung der
Differenz von Tätigkeit und Sein den (Ur-)Begriff der
Bewegung in seine Arten scheidet, die nur durch die
Einsicht in ihre Grundbeziehung zu einem Subjekt unterschieden werden können (der Vogel fliegt; der Fisch
schwimmt)(43). Das gleiche gilt für die Bildung der
Begriffsformen Substantiv und Verbum, die durch das
Urteil ihre individuelle Gestalt erhalten (44).
Das Urteil stellt die Einheit des ganzen Gedankens dar,
in der das einzelne Wort seine Bedeutung und Funktion
erhält (45). Es ist das übergeordnete Ganze, das früher
als seine Teile ist, und nicht eine Summe seiner Teile,
der Wörter und Laute. Das Urteil begründet den über-
zeichenmäßigen Charakter der Sprache, indem es die
Aussage in den Bereich der Erkenntnis stellt, so daß
Sprache etwas auszusagen vermag. Sprache ist lediglich

---

(43) Organism der Sprache, S. 72 ff.
(44) "Es gibt daher für eine nicht durch ein Sein individualisierte Tätigkeit und für ein nicht durch eine
Tätigkeit individualisiertes Sein eben so wenig

Darstellung eines Gedankens, wie BECKER im Anschluß an W.v. HUMBOLDT sagt (46), und mit dem Denken untrennbar verknüpft.
Das Urteil ist das Abbild eines seinen Differenzverhältnissen nach bestimmten Ganzen. In dieser Funktion macht es die innere Struktur von Dingen einsichtig, vermittelt es Erkenntnis. Seiner Struktur nach ist daher das Urteil der Ursprung des Satzes überhaupt, den BECKER als "Ausdruck des zu einer Einheit verbundenen Gegensatzes von Tätigkeit und Sein" (47) bezeichnet, und der Satzverhältnisse (48). Jedem sprachlichen Ausdruck geht ein Urteil voraus, insofern über Sachverhalte Aussagen gemacht werden. Sprache basiert allererst auf dem Urteil, weil Vernunft objektive Sachverhalte auf diesem Wege erkennt und darüber in verschiedenen Zeichen Auskunft gibt. Ohne den Einblick in eine Sache könnte die Vernunft sich nicht darüber äußern. Unter Vernunft oder Geist versteht BECKER nicht primär die wissenschaftliche Vernunft, sondern das Denken über Dinge, wie es sich in einem Volke seiner Kultur entsprechend entwickelt hat und weiterhin entwickelt: "nur der Geist des V o l k e s ist eigentlich der bildende Sprachgeist; und nur was aus ihm hervorgeht, stellt sich auch in der Sprache in seiner organisch gesunden Form dar" (49).

11. Der Satz ist in seiner prädikativen Struktur die dem urteilenden Bewußtsein gemäße Aussageform (50). Aufgabe der Grammatik ist nun die "Deutung des Satzes und seiner Glieder nach Inhalt und Form: sie kann nur dadurch zu einem wahrhaften Verständnisse der Sprache führen, daß sie alles Besondere in der Sprache in seinen Beziehungen zu dem Satze auffaßt und darstellt" (51).

---

einen Begriff in unserem Vorstellungsvermögen, als ein Wort in der Sprache". Organism der Sprache, S. 82
(45) ebenda, S. 175; Ausführliche deutsche Grammatik, Bd. 1, S. 83
(46) Organism der Sprache, S. 161
(47) ebenda, S. 161
(48) Auch die Apposition ist Ausdruck eines Urteils; vgl. Organism der Sprache, S. 282
(49) ebenda, S. 15

Da wir viele verschiedene Satzformen und -arten in
der Sprache feststellen können, stellt sich die Frage:
welche Stellung haben die verschiedenen Satzarten in
der Grammatik ? Welche Beziehung haben sie zum Urteil ?
Kommt ihnen auch Aussage- und Bedeutungscharakter zu ?

Die erste Feststellung, die wir in der Betrachtung von
Sätzen machen müssen, lautet: weil nicht jeder Satz
der Ausdruck von Erkenntnis eines objektiven Sachverhalts ist, müssen verschiedene Weisen des Denkens die
Aussagen fundieren. BECKER nennt diese "die Modus der
Aussage" (52), die vom Modus des Prädikats (bejahte
oder verneinte Wirklichkeit, Möglichkeit und Notwendigkeit) zu unterscheiden sind. Im Anschluß an die
aristotelische Schrift "Über die Seele" (De an 432
a 15 ff.) unterscheidet er das Erkenntnisvermögen
($\deltaιάνοια\ καὶ\ αἴσθησις$ ) und das Begehrungsvermögen
($τὸ\ ὀρεκτικόν, ὄρεξις$ ) als Konstituentien von Sätzen.
Diese Grundkräfte sind nicht voneinander getrennt, denn
der Akt des Begehrens kann nur dadurch wirklich werden,
daß das Begehrte gedacht oder vorgestellt wird (De an
433 b 12). In der Nikomachischen Ethik sagt ARISTOTELES: ein Handeln kommt nur in Gang, wenn eine Entscheidung getroffen ist. Der Ursprung der Entscheidung
ist aber das Streben und Denken, welches das Ziel des
Handelns aufzeigt. Ohne Verstand und Denken gibt es
keine Entscheidung. Denn eine Entscheidung kann nur
durch einen vom Streben gesteuerten Erkenntnisakt oder
durch ein vom Denken gesteuertes Streben zustande kommen (Vgl. Eth. Nic 1139 a 22 - b 5). Das Gedachte
($νοητόν$) und das Erstrebte ($ὀρεκτόν$) ist im ursprünglichen Sinne identisch, denn das Erstrebte bewegt und
auch das Gedachte bewegt, ohne bewegt zu werden. Wir
erstreben etwas, weil wir es für gut h a l t e n, nicht
umgekehrt. Prinzip ist das Denken ($νόησις$). Und die

---

(50) HASELBACH G., Grammatik und Sprachstruktur, S. 215
 stellt mit Recht fest, daß BECKER den Terminus
 Aussagesatz nicht verwendet, weil für ihn Satz
 und Aussage identisch sind.
(51) Ausführliche deutsche Grammatik, Bd. 1, S. 83
(52) ebenda, Bd. 2, S. 59

Vernunft ($νοῦς$) wird von dem Denkbaren in Bewegung gesetzt (Met Λ 1072 a 25-32). K.F. BECKER sagt: der Akt des Begehrens enthält auch den Akt des Erkennens (53), weil nur das Gedachte das Ziel des Begehrens sein kann.

ARISTOTELES weist diesen Zusammenhang der praktischen Vernunft ($νοῦς$ $πρακτικός$) zu, die um eines Zweckes willen ($ἕνεκά του$) überlegt und urteilt (De an 433 a 14). Insofern ein Zweck als Ausgangspunkt der praktischen Vernunft vorhanden ist, vermag diese sich zu bewegen (De an 433 a 16 ff.) und sich zu äußern, d.h. sich in sätzen darzustellen. Was bei der Überlegung, die zum Zwecke führen soll, das letzte ist, das ist beim Beginn der Handlung der Ausgangspunkt. Sachbezogenes Handeln ist nicht möglich, wenn wir nicht zuerst Einblick in die Sache und damit in den Zweck des Handelns gewonnen haben. Das $ὀρεκτόν$ ist der Beweger der Handlung, insofern es als Prinzip $νοῦς$ und $ὄρεξις$ in sich vereinigt. Die Vermittlung von $νοητόν$ und $ὀρεκτόν$ geschieht im intuitiven Verstand, der sich als theoretische Vernunft sowohl auf die letzten Prinzipien richtet als auch in praktischer Hinsicht das Einzelne und Veränderliche erfaßt (Eth. Nic. 1143 a) (54). Der intuitive Verstand schließt beide zusammen nach dem aristotelischen Grundsatz, der sich auch schon bei PLATON (Pol 508 e) findet, daß die Erkenntnis auf Grund einer Ähnlichkeit ($καθ' ὁμοιότητα$) und Verwandtschaft ($οἰκειότητα$) mit den Dingen zustande kommt (Eth. Nic. 1139 a 10). Denn die

---

(53) Organism der Sprache, S. 252
(54) H. CASSIRER hat m.E. den Zusammenhang von $νοητόν$ und $ὀρεκτόν$ zu wenig in Betracht gezogen, wenn er eine scharfe Trennung von theoretischer und praktischer Vernunft in der Philosophie von ARISTOTELES vorzufinden glaubt (Aristoteles' Schrift 'Von der Seele' und ihre Stellung innerhalb der aristotelischen Philosophie, Nachdruck Darmstadt 1968, S.125 ff) Daß sie unterschieden werden müssen, darüber besteht kein Zweifel; denn die theoretische Vernunft betrachtet den Gegenstand ohne Stellungnahme (De an 432 b 29), weil die Prinzipien der Dinge eine zwingende Erkenntnis beinhalten (Eth.Nic. 1140 a 31; 1139 b 20), während in der praktischen Vernunft

Seele ist gewissermaßen die Gesamtheit der Dinge (De an 431 b 22); jedoch gehören Wahrnehmung des Einzelnen und das Denken des Grundes verschiedenen Teilen der Seele an. Während die theoretische Vernunft der Sache auf den Grund geht, handelt die praktische Vernunft auf Grund einer Entscheidung und um der Sache willen (Eth. Nic. 1144 a 20) (55). Der νοῦς existiert als νοῦς πρακτικόν, wenn der Wille auf Grund richtiger Überlegung über eine Sache eine Entscheidung trifft, die das Handeln in Gang setzt und sich auf die Erfüllung des Zweckes ausrichtet. Vernunft handelt also in der Einheit mit dem Streben (De an 433 a 12). Die Entscheidung über einen Zweck fällt die praktische Vernunft aber durch ein U r t e i l, das man ein Urteil der Praxis nennen könnte. Bemerkenswert ist die Aus-

---

eine Entscheidung über ein bestimmtes Einzelnes getroffen werden muß, weil es sich so und auch anders verhalten kann (De an 433 a 29). Für die Unterscheidung eines vernünftigen und unvernünftigen Teils der Seele (De an 432 b 5) mag diese Abgrenzung berechtigt sein. Für den Bereich des Willens aber, der Entscheidungen über den Zweck durch Überlegung trifft, fällt es schwer, den Grundcharakter des νοῦς, das begründende Denken nicht als wirksam anzusehen. Vgl. De an 434 a 9. Denn durch die Willensentscheidung muß eine Aussage darüber gemacht werden, wie die Sache sich nun verhalten soll, d.h. es muß eine causa formalis bestimmt werden, die dem Wesen der Sache möglichst nahekommen soll. Der Wille aber qualifiziert die praktische Vernunft als eine von der theoretischen unterschiedene, weil das Gebiet des Handelns nicht mit der Einsicht in notwendige Zusammenhänge identisch ist und weil es veränderliches betrifft (Eth.Nic. 1140 b 30). Jedoch ist für ARISTOTELES der Zusammenhang von praktischer Vernunft mit der richtigen Überlegung unabdingbar für die Praxis (Eth.Nic. 1140 a 31), die als Zweck das Einzelne im Blick hat. Bei der theoretischen Vernunft hat der Wille und das Begehren keine Bedeutung, weil diese auf das Allgemeine geht und die Gegenstände des Wissens fest bestimmt sind.

(55) Auf die Auseinandersetzung um die sokratische Auffassung, daß Tugend gleich Wissen sei, kann in dieser Arbeit nicht eingegangen werden. Vgl. Eth. Nic. 1144 b 17.

drucksweise von ARISTOTELES, daß die praktische Vernunft in einem Syllogismus abläuft, der auf das Handeln zielt, und dazu einen Ausgangssatz hat, der lautet: Nachdem das Endziel, der oberste Wert, so und so beschaffen ist... (Eth.Nic. 1144 a 28). Dieser praktische Syllogismus geht ebenso von Urteilen aus wie die Analytik, wo die Form der Urteile bestimmt wird (An pr 24 b 18-20)(56). Jedoch der Schluß des praktischen Syllogismus ist nicht ein Satz (d.h. ein Urteil), sondern das Handeln. Der Ausgangspunkt des Schlußverfahrens aber muß ein allgemeiner Satz sein, der auf wirklicher Erkenntnis beruht. Als Obersatz ist er lediglich ein potentielles Wissen, das erst durch die Bewegung des Handelns wirksam wird. Für den Bereich der Grammatik kann daraus gefolgert werden: ein Wunsch- oder Befehlssatz, der aus einem Akt des Begehrens hervorgeht, kann nicht in der Form eines wirklichen Urteils formuliert werden, obgleich ihm ein Urteil zugrunde leigt, weil er nicht auf die Erkenntnis des Gegenstandes angelegt ist, sondern mit der Einsicht in den Zweck zum Handeln antreiben will.

ARISTOTELES unterscheidet die Vernunft, auf Grund deren ($\tau\tilde{\omega}$ $\nu\tilde{\omega}$ De an 433 a 8) Entscheidungen getroffen werden, in die theoretische und die praktische Vernunft (De an 433 a 13). In der praktischen Vernunft ist die Theorie miteingeschlossen, weil nur etwas sachgerecht erstrebt oder begehrt werden kann, dessen causa formalis dem $\nu o\tilde{\upsilon}\varsigma$ einsichtig geworden ist (Vgl. Eth. Nic. 1146 a 30; 1147 a 2). Denn das erstrebte Einzelne muß als ein artspezifischer Unterschied eines Allgemeinen gesehen werden. Das Denkbare ist freilich unbewegt, wenn es nicht in die Praxis übergeführt wird (De an 433 a 22 f.). Denn die Vernunft bewegt nicht, wenn kein Zweck eine Handlung einleitet. Sofern die Vernunft eine Sache einsichtig macht, ist der Wille die bewegende Kraft des Handelns. ARISTOTELES sieht jedoch im Strebevermögen

---

(56) G. PATZIG hat in seiner Untersuchung über die aristotelische Syllogistik herausgefunden, daß der Syllogismus nach der Theorie von ARISTOTELES immer ein Satz ist, der ausmehreren Sätzen zusammengesetzt ist (Die aristotelische Syllogistik, S. 14 und 19).

auch eine Fähigkeit, die sich entgegen der Überlegung verhalten kann, d.h. nicht mit Einsicht in die Sache zum Handeln kommt (De an 433 a 25). Denn das Begehrungsvermögen schreibt er allen Wesen zu, die auch die Fähigkeit zur Wahrnehmung haben. Sie besitzen die Begierde und können Lust und Schmerz ausdrücken (De an 413 b 23; 414 b 4). Denn die ἐπιθυμία gehört auch zur ὄρεξῃ (De an 414 b 2). Man darf vermuten, daß BECKER hierin den Grund für die Ausdrücke des Affekts sieht.

12. Die Satztheorie K.F.BECKERs basiert auf der aristotelischen Theorie vom Aufbau der Seele, wenn er einerseits vom Gedanken des Erkennens, in dem die Dinge angeschaut und in logischen Verhältnissen des Urteils und der Frage (als ein unvollständiges Urteil) bestimmt werden (=theoretische Vernunft), andererseits vom Gedanken des Begehrens spricht, in dem moralische Verhältnisse walten (=praktische Vernunft) (57). Moralisch heißt hier: auf ein konkretes Tun, ein konkretes Verhalten bezogen, dessen Grund ein Wollen ist (58). Alle anderen Seelenvermögen (Wahrnehmung, Einbildungskraft, Denken) werden von ARISTOTELES "kritische Vermögen" (τὸ κριτικόν)(De an 432 a 16) genannt, weil sie über eine Sache und ihre Struktur urteilen; sie sagen jedoch nicht, wie man sich zu den erkannten Gegenständen verhalten soll, ob sie erstrebt oder gemieden werden sollen (De an 432 b 26). Dazu bedarf es eines bewegenden Vermögens, der ὄρεξῃ, die schon deshalb von der διάνοια unterschieden werden muß, weil sie auch im unvernünftigen Bereich wirksam ist. Sofern jedoch das Begehren von einer Überlegung begleitet wird, gehört es dem Bereich der Vernunft an und ist eine Entscheidung des Willens (βούλησῃ)(De an 432 b 5), also der praktischen Vernunft.

---

(57) Ausführliche deutsche Grammatik, Bd. 2, S. 60
(58) ebenda, S. 72 und 252

Einer Satzart, die einen Wunsch oder Befehl ausdrückt, muß also ein Akt der Erkenntnis in praktischer Hinsicht vorausgehen. Denn im Akt des Begehrens wird in der gleichen Weise wie bei der theoretischen Vernunft etwas bejaht oder verneint, d.h. erstrebt oder gemieden (De an 431 a 8). Diese Einsicht ist jedoch keine Erkenntnis der Prinzipien um ihrer selbst willen, sondern sie ist von einem INteresse geleitet: das Erkannte solle sich auch erfüllen. Der Zweck ist das Interesse, um dessen willen die Handlung erfolgt. Sofern Überlegung zum Zweck hinführte, ist das Interesse Sache des Willens; sofern es ohne Überlegung geschieht, Sache der Begierde ($\overset{\circ}{\epsilon}\pi\iota\vartheta\upsilon\mu\iota\alpha$) und des Mutes ($\vartheta\upsilon\mu\acute{o}\varsigma$)(De an 432 b 5). Aus diesen Gründen kann man auch sagen: auch einem Wunsch liegt ein Urteil zugrunde, dessen Prädikat eine logische Möglichkeit ausdrückt (Konjunktiv). Die prädikative Struktur des Urteils muß also auch in solchen Sätzen vorherrschen, sofern sie etwas bedeuten. Oder umgekehrt: ein Wunschsatz ist bedeutungsleer, wenn nicht auf der Seite des Sprechenden und Hörenden eine Verständigung über den Inhalt durch ein Urteil in praktischer Vernunft zugrunde liegt bzw. zustande kommt. Auch das Verstehen eines Wunsches oder Befehles setzt die Einsicht in die notwendigen Verhältnisse von Subjekt und Prädikat voraus, die zur Einheit eines Urteils verbunden sind. Denn wenn die Einheit der Elemente vorhanden ist, kann von einem Gedanken gesprochen werden. Im Falle des Ausdrucks des Begehrens ist dieser Gedanke das Erstrebte, das zum Handeln, d.h. zum Aussprechen des Wunsches oder Befehles, bewegt (De an 433 a 19). Das Erstrebte ist im Gedanken nur als logisches Verhältnis der Möglichkeit vorhanden, das zur Verwirklichung strebt ($\overset{\circ}{\epsilon}\nu\tau\epsilon\lambda\acute{\epsilon}\chi\epsilon\iota\alpha$). "Der Sprechende will, daß das real mögliche Prädikat ein real wirkliches werde" (59).
BECKER hat mit dem Terminus "Weisen des Denkens" die aristotelische Auffassung vom $\nu o\tilde{\upsilon}\varsigma$ aufgenommen, der sich als $\nu o\tilde{\upsilon}\varsigma\ \vartheta\epsilon\omega\rho\eta\tau\iota\kappa\acute{o}\varsigma$ und $\nu o\tilde{\upsilon}\varsigma\ \pi\rho\alpha\kappa\tau\iota\kappa\acute{o}\varsigma$ differenziert

---

(59) Ausführliche deutsche Grammatik, Bd. 1, S. 25; Organism der Sprache, S. 252

und verschiedene Modi von Aussagen begründet. Insofern das Urteil Grundlage jeder Aussageart ist, muß zwischen dem Urteil in theoretischer Vernunft und dem Urteil in praktischer Vernunft unterschieden werden. Beide konstituieren auf Grund ihrer gleichen prädikativen Struktur die prädikative Struktur des Satzes, jedoch verschiedene Modi der Aussage, die BECKER als logische und moralische Verhältnisse bezeichnet. Der Satz stellt immer einen einheitlichen, d.h. logischen Gedanken dar, sofern er etwas bedeutet. Der Begriff des Logischen ist aber in Hinsicht auf die Urteile der theoretischen und der praktischen Vernunft zu differenzieren (60). Die Arten der Sätze können nach diesem Schema als Darstellung eines Aktes des Erkennens (Urteil und Frage) oder des Begehrens (Wunsch und Befehl) unterschieden werden.

13. Ein wesentliches Kriterium des Urteils ist für ARISTOTELES, daß bei der Verbindung oder Trennung seiner Elemente Wahrheit oder Irrtum stattfindet (Met $\Theta$ 1051 b). Für die Entscheidung, die auf ein Handeln ausgerichtet ist, gilt ein ähnliches Kriterium, jedoch ein Kriterium der praktischen Vernunft (61). Vernunft und Streben als Ausgangspunkt des Handelns verlangen eine Entscheidung, die von der Erkenntnis des Richtigen gesteuert wird (Eth.Nic. 1139 a 18). Wie im Bereich der theoretischen Vernunft durch Bejahung oder Verneinung etwas als wahr oder falsch bestimmt wird, so trifft die praktische Vernunft durch Bejahung und Verneinung eine Entscheidung über Richtiges und Falsches. Was erstrebt wird, ist richtig, wenn es mit Vernunft geschieht; was gemieden wird, ist aus gleichem Grunde falsch (Eth.Nic. 1139 a 22). Das Ziel des Strebens, sofern es ein Akt des Willens, nicht der Begierde ist, muß stets mit dem identisch sein, was das

---

(60) Deshalb kann gesagt werden, daß BECKER den Begriff Logik nicht eindeutig verwendet. Jedoch kann ich nicht der Auffassung W.LUTHERs (Sprachphilosophie als Grundwissenschaft, Heidelberg 1970, S. 36) zustimmen, wenn er BECKERs Grammatik als pseudologisch bezeichnet.

Denken bejaht (Eth.Nic. 1139 a 25). Die Überlegung muß
dem Handeln ein Ziel setzen, welches der Sache entsprechen und richtig sein muß (62). Das Handeln ist dann
richtig, wenn das richtige Ziel einsichtig und gesetzt
worden ist. Wenn Vernunft und nicht Sinneswahrnehmung
über etwas entscheidet, kommt ihm Richtigkeit zu, denn
"alle Vernunftentscheidung ($νοῦς$) ist richtig" (De an
433 a 27). Das Streben und die Vorstellung geben durch
ihre Inhalte keine Auskunft über Wahrsein oder Falschsein. Erst durch die Vernunftentscheidung kann beurteilt werden, ob das Erstrebte richtig oder falsch
ist (Eth.Nic. 1139 a 28). Jedoch nur durch das Streben
kann die Vernunftentscheidung wirksam werden (63).

Auf Grund dieses Zusammenhangs sind auch Wunsch- und
Befehlssätze zu den $λόγοι\ σημαντικοί$ zu zählen. Durch
Akte der praktischen Vernunft bekommen sie ihre Gestalt und ihren Sinn, denn sie sagen etwas über einen
von der sprechenden Person erkannten Zweck aus, der
dann richtig ist, wenn er mit Vernunft gesetzt ist.
Sinn haben diese Sätze also nur, insofern in ihnen
ein durch Überlegung gesetzter Zweck wirksam ist. Ohne
diese Vernunftrelation bleiben sie Ausdruck eines Em-
pfindens, bei dem kein Zweck bewußt sichtbar gemacht
wird. Eher ist die mit der Wahrnehmung verbundene Vorstellung ($φαντασία\ αἰσθητική$), die sich auch bei den
Tieren findet, die Antriebskraft für solche Äußerungen
als die mit der Planung verbundene ($βουλευτική$), die
den mit Vernunft begabten Lebewesen ($τοῖς\ λογιστικοῖς$)
zukommt (De an 434 a 5 ff.). Das bloße Streben ohne
Vernunft ist irrational, geschieht ohne Willensent-

---

(61) Das Handeln aus Begierde ohne Überlegung, wie es
bei den Tieren vorzufinden ist, braucht in unserem
Zusammenhang nicht erörtert zu werden.
(62) ARISTOTELES setzt an die Stelle des Begriffspaares
"wahr und unwahr" das Begriffspaar "richtig und
falsch".
(63) Wie das Streben und die Vernunft miteinander vermittelt sind, wird bei ARISTOTELES nicht im letzten einsichtig dargestellt. Dazu bedürfte es wohl
einer ausgeführten Theorie der Identität des individuellen Bewußtseins, in welchem das Allgemeine
der begründenden Vernunft mit dem Einzelnen als
Ziel der sittlichen Handlung vermittelt wird. Erst

scheidung (De an 434 a 12). Denn es bleibt am Einzelnen hängen, das nur mittels der Wahrnehmung erfaßt werden kann. Die reine Begierde hält es von Veränderungen ab, weil sie nur auf das Jetzt fixiert ist. Die λογιστικοί können Entscheidungen treffen, weil sie die Fähigkeit besitzen, aus mehreren Vorstellungen eine einheitliche zu machen (De an 434 a 9), d.h. sie können einen Gegenstand so auf der Ebene des Geistes reproduzieren, daß man von einem Urteil sprechen kann, das in praktischer Hinsicht auf das Einzelne gehend den Zweck einer Handlung im Verein mit dem Strebevermögen zu setzen vermag. Durch die Aktivität des Strebevermögens wird das Prädikat in ein Verhältnis der moralischen Notwendigkeit gesetzt (64). Dem ausgesprochenen Wunsch oder Befehl kommt durch das bestimmte Handeln, das den Zweck verwirklicht, Notwendigkeit zu.

14. Auf der sprachlichen Ebene ist die angemessene Ausdrucksform der Wunsch- oder Befehlssatz, der den Zweck noch nicht als Erkenntnis eines Wahren oder Falschen aussagt, sondern zur Verwirklichung des gesetzten Zweckes drängt. Erst nach vollbrachter Tat kann in einem Urteil der theoretischen Vernunft ausgesagt werden, ob in den Zusammenhang des gesetzten (bzw. ausgedrückten) und verwirklichten Zieles Wahrheit oder Irrtum stattfindet. Es bleibt also Aufgabe des "kritischen" Denkvermögens, Aussagen jeder Art, ob es sich um Urteile oder um Wunschsätze handelt, darauf zu überprüfen, ob in ihnen das Denken oder nur das Wahrnehmen oder Vorstellen wirksam ist. Denn für den Ausdruck jeder Form von Beziehungen in der Seele hält die Sprache die prädikative Struktur bereit, die ursprünglich mit dem Ausdruck des Urteils verbunden ist.
Der Satz ist demnach die Darstellung eines Gedankens als ein prädizierendes Urteil (65). Jeder Modus der

---

bei LEIBNIZ wird dieser Zusammenhang in der Monadenlehre sichtbar. Vgl. HORN J.C., Die Struktur des Grundes, S. 178-194.
(64) Vgl. Organism der Sprache, S. 252
(65) Ausführliche deutsche Grammatik, Bd. 2, S. 2

Aussage setzt ein prädizierendes Urteil voraus, entweder ein Urteil aus theoretischer Vernunft oder ein Urteil aus praktischer Vernunft. Ersteres ist ein Urteil im Sinne der traditionellen Logik, letzteres konstituiert Sätze, die einen Wunsch oder Befehl beinhalten. Diese Satzart geht von einem Urteil der Möglichkeit aus. Beide Arten von Sätzen haben ihren Sinn darin, daß sie eine Verständigung über eine Sache in theoretischer oder praktischer Hinsicht ermöglichen. Wirkliche Verständigung gelingt aber nur dann, wenn die Aussage auf dem Wege des Denkens vermittelt wird. Denn Denken ist entweder urteilen oder wünschen (66). Aber erst durch den Akt der kritischen Vernunft wird erkennbar, ob das Ausgesagte das Signum der Wahrheit berechtigterweise trägt. Die verschiedenen Modi der Aussage werden durch Veränderung des Prädikats bezeichnet. Zwar bezeichnet der Modus des Prädikats primär die Art des Urteils, ob es sich um Bejahung oder Verneinung und um ein Urteil der Wirklichkeit, Möglichkeit oder Notwendigkeit handelt (67); aber da alle Sätze sich auf der gedanklichen Ebene aus einem Urteil entwickeln, können wir aus der Form des Prädikats auch den Modus der Aussage erschliessen. Der Konjunktiv als Form der Möglichkeit ist der Modus des Begehrens, d.h. dessen, was sein sollte, weil der Wunschsatz auf einem Urteil der Möglichkeit basiert. Der Modus eines Satzes entspricht dem logischen Verhältnis des Prädikats: "die Möglichkeit des Prädikats kann nicht als Wirklichkeit in ein Urteil des Sprechenden aufgenommen werden" (68).

In engem Zusammenhang mit den Modusverhältnissen steht für BECKER die Bedeutung der Zeitverhältnisse (69). Die Wirklichkeit ist der Zeit nach indifferent, weil sie stets an das jeweilige Jetzt gebunden ist und nicht noch auf anderes bezogen wird. Deshalb ist das Präsens

---

(66) Ausführliche deutsche Grammatik, Bd. 1, S. 6
(67) Vgl. Organism der Sprache, S. 169-171
(68) ebenda, S. 241. Auf die syntaktischen Formen von Konjunktiv, Imperativ und Optativ wird in dieser Arbeit nicht eingegangen, weil der Schwerpunkt auf der philosophischen Begründung liegt. Ebenso bleibt der Konditionalis außer acht, weil er in seiner Syntax über die Struktur des Hauptsatzes hinausgeht.

auch der Modus der Wirklichkeit des Prädikats und wegen
der Indifferenz ohne Flexion, außer der Personalendung.
Vergangenheit und Zukunft dagegen, die nur in Bezug
auf die Gegenwart des Sprechenden verstehbar sind, sind
differente Verhältnisse, weil die Vernunft sie in Gegensatz zur Einheit der Gegenwart stellt (70). Das Präsens
steht in enger Verbindung mit dem Ausdruck der logischen Wirklichkeit, das Futur mit dem Ausdruck der logischen Möglichkeit. Die realen Zeitverhältnisse des
Präteritums stellen das Möglichkeitsverhältnis des Prädikats dar; weil ihnen die Beziehung auf die Wirklichkeit des Sprechenden fehlt, können sie nicht mehr auf
dieselbe Weise wie die absoluten Zeitverhältnisse die
Wirklichkeit bezeichnen. So entwickeln sich in der
Sprache die Modusverhältnisse aus dem Empfinden der
Zeitbeziehung, die eine Eigenschaft des νοῦς ist (Vgl.
Phys 223 a 25 ff.).

So wird auch in dieser Hinsicht deutlich, daß jedes
Sprechen in den Akten des Denkens seinen Grund hat
und die Aussagen ihrer Bedeutung nach von dieser Relation getragen werden. Eine Analyse von Sprachen nach
Satztypen bringt unser Wissen über die Sprache nicht
weiter, solange sie nicht von der Einsicht in die
Struktur unseres Denkens ausgeht. Denn Grammatik ohne
Logik weiß nicht recht, W O V O N sie redet und was
sie im letzten m e i n t.

---

(69) Organism der Sprache, S. 253-265
(70) ebenda, S. 428

## SCHLUSSBEMERKUNGEN

Die Untersuchung über die Sprachtheorie K.F. BECKERs wurde begonnen mit dem Anspruch, in einer transzendentalen Betrachtung den Stellenwert von Sprache im Denken, das als Prozeß verstanden wird, aufzuweisen. Dieser Anspruch konnte von keinem anderen Ansatz ausgehen als dem Begriff des λόγος, der seit dem metaphysischen Denken der Griechen den fundamentalen Konnex von Vernunft und Sprache enthält. Um diesen Zusammenhang von statisch-ontologischer Einschätzung zu bewahren, muß die Werdensstruktur oder Dynamik des heraklitischen Logosbegriffs stets gegenwärtig sein.

Die historische Entwicklung der Theorie einer allgemeinen Grammatik, die in diesem Logosbegriff ihren Ansatz hat, ist ganz von der Diskussion über den Zusammenhang von Denken und Sprechen geprägt, wiewohl auch hierin stark differierende Konzeptionen vorgelegt wurden, wie schon ein Vergleich von HARRIS, MEINER und FICHTE zeigen würde. Karl Ferdinand BECKER wurde in die Tradition dieser wichtigen Vertreter der allgemeinen Grammatik hineingestellt. Dabei wurde der Grundintention nach eine größere Nähe zu HARRIS sichtbar, der konsequenter als MEINER den metaphysischen Zusammenhang der Sprachtheorie in der griechischen Philosophie mitbedachte. In der Begründung der Sätze, die beide auf der aristotelischen Theorie von den Seelenvermögen des Erkennens und Begehrens aufbauen, ist BECKER durch seinen Ansatz bei den "Weisen des Denkens" sorgfältiger vorgegangen. Von HARRIS unterscheidet BECKER ein sehr viel stärkerer spekulativer Zug seines Sprachdenkens. Das wird vor allem darin deutlich, daß er nicht die Schrift 'De interpretatione' von ARISTOTELES nur aufgreift und weiterführt - ja er hat sich von dem Bezug auf philosophische Autoritäten fast ganz freigemacht -, sondern in eigener Reflexion über Sprache deren Grund und Zweck in ihrer Verflechtung mit der

Spontaneität des menschlichen Geistes zu explizieren versucht. BECKERs spekulative Sprachbetrachtung intendiert nicht die Deskription grammatischer Verhältnisse sondern einen Erklärungs- und Begründungszusammenhang der Sprache, der die Wirkungsweise der Vernunft und die vernunftbezogene Aussagestruktur der Sprache analysierend zum Verstehen bringen will.

Da jedes Denken unter bestimmten Voraussetzungen steht, kann auch BECKERs Theorie davon nicht ausgeschlossen sein. Seine Bemerkung, er meine mit der Logik der Sprache nicht das logische System irgendeiner Schule (1), kann nur so verstanden werden, daß er sich von dem Schematismus der Systeme ablösen und die Sprache ihrer Bedeutungsstruktur nach untersuchen wollte. Dieser Weg entspricht wohl auch dem Sachverhalt Sprache am meisten. Unzweifelhaft deutlich wurde dabei aber, daß er in seiner Sprachbetrachtung stark von der Metaphysik und der Seelenlehre des ARISTOTELES und von der Natur-Philosophie SCHELLINGs geleitet ist. Sein Verhältnis zu diesen Philosophen ist nicht das der sklavischen Imitation und Übertragung vorgegebener Systematik, die so auf jeden Fall von einem inadäquaten Sachverständnis ausginge. Denn Übertragung erklärt nichts. BECKER versuchte vielmehr mit deren Methode und Erkenntnisprinzipien den Sachverhalt Sprache aufzuklären mit der Intention, "die Sprachlehre zu einer Denklehre zu machen" (2). Das wurde vornehmlich im Zusammenhang seiner Theorie von Erkennen und Darstellen, vom Satz in seiner energetischen Gestalt und dem Verhältnis von Satz und Urteil erkennbar. BECKER will nicht in der Art moderner Linguistik eine Sprachanalyse in Richtung auf Oberflächen- und Tiefenstruktur leisten. Ausgehend von der Grundannahme, daß Sprache wesentlich Verständigung über etwas bedeutet, steht für ihn die Frage an, ob und in welcher Weise sich auf der Ebene

---

(1) Organism der Sprache, S. XIV
(2) WILLMANN O., Art. Becker, Karl Ferdinand, in: ROLOFF E., Lexikon der Pädagogik, Bd. 1, Freiburg 1913, Sp. 366

der Grammatik "die allgemeinen Denkgesetze und Anschauungsformen, durch welche und unter welchen der Mensch die Dinge wahrnimmt und zu Erkenntnissen verarbeitet"(3), aufzeigen lassen.

Die Explikationsebene seiner Theorie ist die Idee des Organismus, die für ihn nicht das Gerüst zur Einordnung von Begriffen darstellt, sondern ein sachgerechtes Instrument der Vermittlung zwischen Denken und Sprechen, Verstehen und Darstellen hergibt. Denn der Organismus lebt vom Wechselverhältnis des Ganzen und Einzelnen; er ist ein Schnittpunkt, in dem Objektives und Subjektives zu neuer Gestalt vermittelt werden; daher ist er stets als Prozeß, nicht als Produkt, als Konstitutivum, nicht als System zu nehmen. Die Idee des Organismus ist ein Wesensmoment von Vernunft, insofern in der Bewegung der eine Wirklichkeit konstituierenden Gedanken die Vermittlung zwischen Subjekt und Objekt stattfindet; diese Vermittlung ist nicht in der Struktur einer formalen Logik fundiert, sondern in der Organisation des existierenden Bewußtseins, welches die Zusammengehörigkeit von Innen und Außen, von Geist und Natur aufweist. Es wäre auch eine arge Simplifizierung, ja Verfälschung der Sprachtheorie BECKERs zu meinen, er wolle aus den Redeteilen direkt auf die Elemente einer formalen Logik übergehen. Welchen Stellenwert die Sprache in der Organisation des Bewußtseins einnehmen soll, das kann nur aufgewiesen werden, wenn wir von ihrem semantischen Charakter ausgehen. BECKER setzt deshalb seine Sprachbetrachtung mit der Reflexion über die Bedeutung an, nicht mit der Kategorisierung von Wortformen und -arten, bei der immer noch die Frage nach ihren Prinzipien offenbliebe. Die Klassifikation von Wortarten ist nicht seine erste Intention und auch nicht streng durchgeführt. Denn bevor solches möglich ist, muß zu allererst eine Begründung

---

(3) Organism der Sprache, S. XVI

des Wortgebrauchs geleistet werden. Die Pragmatik hat ihren Grund in der Entwicklung des Bewußtseins als Konstituens von Wirklichkeitsverständnis und Sprache. Die Erzeugung von Sätzen hängt auch nicht primär von der syntaktischen Funktion der Wörter ab. Mag auch die Subjekt-Prädikat-Struktur die Grundstruktur des Satzes sein, so darf diese Theorie nicht so verstanden werden, als ließen sich die Elemente des Satzes in festen Wortformen und -kategorien ausmachen und als wären die übrigen Wörter nur Satzergänzungen. Gerade diese Sichtweise mindert den Stellenwert der Begriffe in der Aussage und den Charakter des Satzes als Ausdruck von Sinn. Auch morphologische Unterschiede oder Gleichheiten lassen noch nicht den Grund für die Bestimmtheit der Wörter als Ausdruck von Begriffen erkennen. Nur die Beziehung zur Struktur des Bewußtseins, die auf der Ebene der Bedeutung vermittelt wird, bestimmt Sprache in ihrer Ausdrucks- und Darstellungsgestalt.

BECKERs Terminologie würde falsch verstanden werden, wenn man seine Grammatik zu einem System zusammenschließt oder auf die grammatischen Kategorien reduziert und von dem Hintergrund seines Geistbegriffes abhebt. BECKER genügt nicht die Deskription der vorfindlichen Regelmäßigkeiten einer Sprache - damit wäre Sprache zu sehr System -; viel wichtiger ist für ihn ein begründeter Aufweis des Verhältnisses von Denken und Sprechen als Akt des Bewußtseins. Am Element der gesprochenen Sprache, die für ihn ein notwendiger Ausdruck des sich entwickelnden Bewußtseins ist, erfahren wir, wie der Mensch denkt. Dieses Wie macht aber Sprache nicht zum Gegenstand analysierender Unternehmungen, sondern zur Darstellungsform von Denken in unmittelbarer Identität mit der Vernunft. Denn Sprache enthält die Struktur von Vernunft und Vernunft ist ihrem energetischen Zustand nach auch

sprachlich, so daß in der Sprache e t w a s zum Verstehen gebracht wird. Allen Mißdeutungen zum Trotz scheint der Begriff des Organismus diesem Sachverhalt am besten zu entsprechen, sofern der Begriff nicht unbesehen und unverstanden auf jeden beliebigen Gegenstand angewandt wird.
Eine solche Betrachtung impliziert auch Kritik der Sprache und Kritik des Verstehens, die von BECKER allerdings nicht geleistet wurde. Er konnte sie auch nicht leisten, weil er sich seiner eigenen Theorie nicht ausreichend vergewissert hat. BECKER hat zwar die Reduktion auf das Bewußtsein, das Sprache konstituiert, vollzogen, ist aber dort stehen geblieben. Das Bewußtsein in seinem Selbstwerdungsprozeß als Selbstbewußtsein liegt außerhalb seiner analytischen Anstrengungen; d.h. wir finden bei ihm keine Methodenreflexion, die in die Sprachbetrachtung die Vermittlungsinstrumente der Wirklichkeitserkenntnis einbezieht. Er reflektiert nicht über die Entwicklung von Welt und Geschichte, die sich in der Sprache niederschlägt (4), obgleich er diesen Charakter des Denkens in elementarer Weise seiner Theorie zugrunde legt. Lediglich Grundlinien eines sprachkonstitutiven Bewußtseins werden bei ihm sichtbar, wenn er zwischen Erkennen und Verstehen unterscheidet oder das Gewicht der Denk- und Anschauungsformen im Sprachprozeß zu bestimmen versucht. Eine Theorie von Sprache im Anschluß an BECKER müßte sich gerade diesen Fragen zuwenden: welches Gewicht hat Sprache in der Selbstkonstitution von Vernunft ? wie lassen sich Sprachkritik und Theorie des Bewußtseins verbinden ?

---

(4) Organism der Sprache, S. 3